ERICH SCHÜTZ
Bombenbrut

TÖDLICHE ERFINDUNG Es ist ein heißer Sommer. Das Ferienparadies Bodensee ist Ziel von Millionen Touristen, aber auch von skrupellosen Waffenschiebern und internationalen Geheimdiensten. Der Erfinder Herbert Stengele hat eine sensationelle Strahlenwaffe entwickelt, sie könnte den Krieg der Sterne entscheiden. Das enorme Zerstörungspotenzial dieses neuen Super-Teleskops hat bereits die Aufmerksamkeit sämtlicher Großmächte auf sich gezogen.

Der Journalist Leon Dold dagegen ahnt von all dem nichts. Er will nur eine Fernseh-Dokumentation über den Flugpionier Claude Dornier drehen, und auch über den legendären Graf Zeppelin. Doch plötzlich steckt auch er mitten in diesem Krieg am Ufer seines idyllischen Bodensees …

Erich Schütz, Jahrgang 1956, ist freier Journalist. Er arbeitet als Autor von Fernsehdokumentationen und kulturellen Reiseberichten und ist Herausgeber verschiedener Restaurantführer. Aufgewachsen im Südbadischen, lange Zeit in Berlin und Stuttgart zu Hause, hat sich Erich Schütz einen Traum erfüllt und wohnt heute in Überlingen am Bodensee. Konsequenterweise spielen seine Kriminalromane in der Landschaft, die er besonders kennt und liebt.

Bisherige Veröffentlichungen im Gmeiner-Verlag:
Judengold (2009)
Doktormacher-Mafia (2011)

ERICH SCHÜTZ
Bombenbrut

Kriminalroman

Original

GMEINER

Personen und Handlung sind frei erfunden.
Ähnlichkeiten mit lebenden oder toten Personen
sind rein zufällig und nicht beabsichtigt.

Besuchen Sie uns im Internet:
www.gmeiner-verlag.de

© 2011 – Gmeiner-Verlag GmbH
Im Ehnried 5, 88605 Meßkirch
Telefon 07575/2095-0
info@gmeiner-verlag.de
Alle Rechte vorbehalten
1. Auflage 2011

Lektorat: Claudia Senghaas, Kirchardt
Herstellung: Julia Franze
Umschlaggestaltung: U.O.R.G. Lutz Eberle, Stuttgart,
unter Verwendung eines Fotos von: © ariwari und
© Gerisch / Fotolia.com
Druck: Fuldaer Verlagsanstalt, Fulda
Printed in Germany
ISBN 978-3-8392-1176-2

Es ist ein heißer Sommer. Das Ferienparadies Bodensee ist Ziel von Millionen Touristen, aber auch von skrupellosen Waffenschiebern. Der Erfinder Herbert Stengele hat eine sensationelle Strahlenwaffe entwickelt, sie könnte den Krieg der Sterne entscheiden. Die Geheimdienste der Großmächte schicken ihre Agenten an den sommerlichen See. Leon Dold, der investigative Journalist, hat den Auftrag, das Leben des Luftfahrtpioniers Claude Dornier nachzuzeichnen, doch plötzlich steckt er mitten im Krieg der Sterne am Ufer seines idyllischen Bodensees.

Für Hermann Hügenell,
    der mit seiner Erfindung eines neuartigen Teleskops die
Vorlage für diesen Politthriller lieferte.

Alle unsere Bemühungen, etwas Vernunft in die Geschichte des Menschen zu bringen, um sie vor Gräueln des Krieges zu warnen, haben nichts genützt. Ihr habt nichts dazugelernt. Denkt keiner an das Ende des vorigen Krieges?

Tami Oelfken (dt. Schriftstellerin † 1957)

1

Herbert Stengele lacht bitter. Die Untertöne klingen grell, er ist verzweifelt. Es ist ihm zum Kotzen zumute, er versteht die Welt nicht mehr. Er wollte immer nur ein Erfinder sein, nicht mehr; zugegeben, ein genialer Erfinder. Er wollte die Unendlichkeit des Weltalls erforschen, er wollte einen kleinen, aber wesentlichen Stein zur Lösung des Weltall-Puzzles hinzufügen. Doch jetzt dämmert ihm, dass er einen ganz anderen Weg gegangen ist. Er hat mit seiner Erfindung ein Fass geöffnet, das nun überschäumt. Plötzlich ist er im Visier sämtlicher Geheimdienste dieser Welt.

Sein Herz rast. Er greift mit der rechten Hand an seine linke Brust und massiert sie kräftig, aber gemächlich, ganz betulich, als könne er seinen viel zu schnellen Herzrhythmus so verlangsamen. Er geht zum Fenster, reißt es auf, öffnet seinen Mund weit und schnappt gierig nach frischer Luft. Er zieht den kühlen Sauerstoff tief ein, dann überfällt ihn eine Angst, fast Panik. Er hört ein Rascheln in einem Busch vor seinem Reihenhaus, er blickt ins Dunkel, schnell schließt er das Fenster wieder.

»Du wirst keine Ruhe mehr finden, bis deine Erfindung verkauft ist«, hatte ihn sein Kollege Matthias Kluge gewarnt, »deine Formel ist zu begehrt, sie kann – das wissen jetzt alle – den nächsten Krieg entscheiden.«

Stengele fühlt sich in einer Falle. Er sitzt in den Nesseln, will es aber nicht hören, doch Matthias ist in Rage und poltert weiter. »Chinesen, Russen, Amerikaner – die werden uns nicht zusehen, wie wir in unserem Trödelladen dein angebliches Teleskop-Patent verramschen. Die wissen, was

Sache ist, sie alle werden uns den Arsch aufreißen«, hatte Matthias ihn angebrüllt und die Tür mit der Drohung zugeknallt: »Ihr wisst doch gar nicht, wen ihr da am Hals habt und zu was die imstande sind!«

Stengele geht eilig weg vom Fenster, zurück in den vermeintlich Schutz bietenden großen Wohnraum, bleibt vor seinem stählernen Schreibtisch stehen und blickt auf ein Modellteleskop. Es ist eine Abbildung des Hubble-Space-Teleskops, ein Teleskop, das die US-Regierung seit Jahren im Weltall kreisen lässt. Der Vorteil: Im All gibt es keine störenden Luftbewegungen, keine lästigen elektromagnetischen Wellenlängen und auch keine fremden Lichteinwirkungen auf das Teleskopauge. Deshalb schafft das Hubble-Teleskop Bilder, die die Welt noch nie gesehen hat.

»Pah«, entfährt es Herbert Stengele und er greift sich unkontrolliert in seine schwarze Mähne, die wirr von seinem kantigen Kopf absteht. Am liebsten hätte er das Modell zwischen seinen großen Pranken zermalmt und zum Fenster hinausgeworfen.

Dabei war er als junger Student ein glühender Anhänger des US-Astronomen Edwin Hubble, dem Vater des größten Teleskops der Welt. Doch das war lange her. Denn kaum hatte er sich mit dem Teleskop während seines Studiums an der Uni in Stuttgart beschäftigt, hatte er bald erkannt, dass das Hubble-Teleskop längst nicht so optimal ist, wie es die Amerikaner angeben.

In dem größten Teleskop der Welt sind verschiedene Spiegel miteinander verbunden, um eine einzige, riesige Spiegelfläche zu schaffen. Aber die Übergänge der großen Glasplatten zu einem Ganzen sind problematisch. Von Beginn an war die Fläche begrenzt, größer ging nicht, oder es hätte keine spiegelglatte Einheit mehr geboten.

Herbert Stengele lacht erneut auf. Jetzt noch greller und

lauter als zuvor, aber auch freudiger. Er scheint selbst darüber erschrocken und hält seine auffallend großen Hände vor seinen breiten Mund. Er richtet sich stolz auf und blickt zufrieden auf ein weiteres, bedeutend großflächigeres Teleskopmodell, das neben dem Hubble-Modell steht, hinunter. Es zeigt in einer geöffneten Kugel einen übergroßen, leicht nach innen gewölbten Spiegel, wie eine riesige Schüssel. Stengeles schwarze Augen flackern unruhig hinter seinen dicken Brillengläsern. Er blickt konzentriert auf die große Spiegelfläche und sieht mit Stolz seine rechteckigen, ineinander verzahnten Glasplatten. Der gesamte Spiegel starrt aus der geöffneten Kugel wie ein einziges gewölbtes, überdimensionales Auge – und vor allem, auch bei näherem Betrachten, zeigen die einzelnen Waben keine unterbrochenen Flächen, sondern gehen nahtlos ineinander über.

Ich hab dich berechnet, ich kann dich unendlich groß schaffen, schießen die Gedanken des Erfinders, bei seinem Blick auf den Spiegel, durch seinen Kopf. Er kniet nieder, um sein Werk auf Augenhöhe zu betrachten. Erneut flackern seine schwarzen Pupillen lebhaft hin und her. Es ist das Modell eines mehr als 20 Meter großen Teleskops, wie es die Welt noch nie gesehen hat.

»Es ist alles nur eine Frage des Schliffs«, weiß er heute. Der Teleskopspiegel in der geöffneten Kugel setzt sich aus vielen kleinen, gewölbten, achteckigen Augen zu einem einzigen, überdimensionalen Insektenauge zusammen. Die Aneinanderreihung der Achtecke war bisher für alle Wissenschaftler das Problem. Doch jetzt, mit seiner Formel des genialen Schliffs der Gläser über die Zentralachse, ist jeder Übergang leicht und überaus glatt zu polieren. Für ihn ist klar: Jetzt erst, mit seiner Erfindung, ist das Hubble-Teleskop geschlagen.

»Du kannst ja darauf malen lassen: ›Nur zur friedlichen

Nutzung verwendbar‹‹, hatte Matthias ihn ausgelacht, als er ihm gegenüber die Möglichkeiten eingeräumt hatte, dass man mit diesem überdimensionierten Teleskopspiegel, als Laserwaffe verwendet, eine hochgradige zielgenaue Energie abfeuern kann. Den Krieg der Sterne wird gewinnen, wer diese Formel besitzt, das war auch ihm klar geworden.

Im zivilen Bereich könnte man mit dieser geballten Energiemenge aber auch leicht durch riesige Bergmassive Löcher schießen, dass sie danach aussehen würden wie Schweizer Käse. »Denk mal, wie problemlos man damit einen Tunnel durch das riesige Aral-Massiv schießen könnte«, hatte Stengele versucht, gegen Kluge zu argumentieren.

»Wenn die Chinesen einen Tunnel wollen, lassen die ihn von unzähligen gelben Männchen buddeln«, hatte dieser gelacht, »was willst du eigentlich? Einen Platz im Himmel oder endlich deine Erfindung verkaufen und zu guter Letzt allen zeigen, was du wirklich drauf hast?« Matthias war während des Gesprächs gereizt und erbost: »Du spielst hier den Heiligen, während ich den Arsch hinhalte. Verstehst du denn nicht? Seit ihr die Scheiße als Patent angemeldet habt, ist das alles öffentlich! Ich habe keine Ruhe mehr. Jeden kleinen Wirtschaftsspion habt ihr aufgescheucht, von den Geheimdiensten gar nicht zu reden.« Matthias Kluge wurde immer lauter, während Herbert Stengele kein Wort mehr sagte.

»Glaub mir, ich würde gern verhandeln, aber das tun diese Leute nicht. Die feilschen nicht lange rum wie auf einem Basar für einen Berber-Teppich. Wir haben eine Topwaffe unter der Ladentheke, die Herren fühlen sich von ihr bedroht, und ich bin nun mal in den Augen dieser Affen der Ladenbesitzer.«

»Und ich bin der Erfinder!«, sagt Herbert Stengele trotzig vor sich hin, winkt mit der rechten Hand energisch ab und beendet damit seine Erinnerungen an das Streitgespräch mit seinem Kollegen.

Bisher hatte sich immer alles nur um ihn gedreht. Matthias gilt für alle als die Spitzenkraft in ihrem kleinen Unternehmen Defensive-Systems, er ist der Vertriebschef, Starverkäufer und Sonnyboy. Doch jetzt ist Schluss damit, jetzt ist er, Herbert Stengele, dran. Er hat die Sensation geschaffen, er hat den stärksten Spiegel der Welt erfunden! Pah, verkaufen kann er diese Erfindung auch allein.

Jahrelang hatte er daran getüftelt, jetzt, noch keine 50 Jahre alt, will er seinen eigenen Erfolg ernten. Nein, er wird sich nicht beiseite schieben lassen. Nein, jetzt will er das Geschäft machen. Er, und dieses Mal nicht sein Freund Matthias Kluge.

Dr. Matthias Kluge. Ja, der Titel ist dem Mann wichtig, zu mehr hat er es auch nicht gebracht, denkt Herbert Stengele, dieser wissenschaftliche Knilch!

Matthias war während des Physikstudiums sein Kommilitone in Stuttgart. Er war ein glänzender Musterstudent, aber nur nach außen. In Wirklichkeit ist er ein Blender, weiß Herbert Stengele, dagegen war er schon immer der geniale Kopf.

Die Professoren allerdings sind Matthias auf den Leim gegangen. Er hatte sich glänzend verkauft, das Diplom mit summa cum laude abgeschlossen und anschließend auch noch promoviert. Während er, Herbert Stengele, sich langsam durch die Semester quälte und immer allein zu Hause in seinem Kämmerlein Teleskopspiegelflächen berechnete.

Aber jetzt, jetzt fordert er endlich Genugtuung für all die Jahre, in denen er verkannt wurde. Jetzt will er endlich das Geld, das ihm zusteht. Er will sein Werk verkaufen. Vielleicht braucht er Kluge noch, aber nur vielleicht, spricht sich Herbert Stengele Mut zu: »Diese Erfindung bedarf keines Schwätzers!«, brummelt er selbstsicher vor sich hin.

Mit entschlossenem Schritt geht er um seinen großen

Schreibtisch herum, öffnet die obere Schublade und nimmt eine SIG Sauer Pistole heraus. Ein Nachbau des Klassikers von Dynamit Nobel. Er weiß, dass er in Gefahr ist. Seine Erfindung ist gefragt, sogar von zwielichtigen Gestalten. Aus seiner Erfindung wurde über Nacht ein sogenanntes ›Dual-use-Gut‹. Verwendbar in zivilen Bereichen wie im Krieg.

»Verdammt, das war nie und nimmer mein Ziel. Ich bin doch kein Rüstungsspekulant!«, wehrt Stengele sich gegen die neuen Erkenntnisse, die ihm die Erfüllung seines Traums, neue Planeten zu entdecken, zerstören könnten.

Aber gleichzeitig steigt seine Erregung. Seine Tüftelei, von vielen jahrelang verspottet, ist auf einmal die Begierde vieler Staaten. Mit der Bedeutung dieser Erfindung steigt sein Marktwert als Wissenschaftler. Bisher fühlte er sich nicht ernst genommen von seinen Kollegen. Nur weil er das Studium nicht beendet hatte, hatte er immer das Gefühl, sie würden ihn nicht anerkennen. Doch das wird sich bald radikal ändern, freut sich Stengele.

Dabei streichelt, fast schon zärtlich, seine linke Hand die kalte Sauer Pistole, die er noch immer in der Rechten hält. Er hatte nicht umsonst den Nachbau von Dynamit Nobel gekauft. Vielleicht erging es ihm wie dem Gründer der Dynamit Nobel AG, Alfred Nobel. Auch er wollte in erster Linie nur den Menschen in den Bergwerken unter Tage eine Erleichterung verschaffen. Er wollte einen sicheren Sprengstoff entwickeln und wurde bald zum größten Munitionsproduzenten im Deutschen Reich. »Und zu einem der reichsten«, lacht Stengele selbstzufrieden in sich hinein.

Oder freut er sich zu früh? Wieder steigt in ihm diese Angst auf. Matthias hatte ihm die Probleme beim Verkauf seines Patents dargelegt, er hatte ihm zum Kauf der Pistole geraten. »Es ist heiß, zu heiß«, hatte er beschwörend auf ihn eingeredet, »wir sitzen auf deiner Erfindung wie auf einer glühenden Herdplatte.«

Herbert Stengele wird es erneut speiübel. Er wollte ja nur ein Riesenteleskop schaffen, the great eye. Jetzt hat er es berechnet, das Patent ist angemeldet, die ersten Interessenten haben angefragt. Wo liegt, verdammt noch mal, eigentlich das Problem?

Übertreibt Matthias mal wieder hemmungslos? Kann er ihm überhaupt noch vertrauen? Nach all seinen bisherigen Erfahrungen mit seinem alten Kommilitonen wittert Herbert Stengele eine Falle. Matthias geht über Leichen, wenn es ihm zum Vorteil gereicht. Doch bisher brauchten sie sich gegenseitig. Herbert ist der Erfinder, Matthias der Verkäufer. So hatten sie gemeinsam den kleinen Laden Defensive-Systems, bei Immenstaad am Bodensee, von Gunther Schwanke, hochgebracht.

Kluge hatte dabei richtig gut verdient, auch Schwanke wurde reich, und endlich bin ich an der Reihe, schwört sich Herbert Stengele.

Er geht zu seinem CD-Player und schiebt eine Klassik-CD ein: ›Verleih uns Frieden‹ von Felix Mendelssohn Bartholdy.

Stengele legt sich in seinen großen Ohrensessel, verschließt die Augen und will nur noch das Kammerorchester hören. Das ganze Leben kommt ihm meist wie das gesamte Leiden Christi vor. Allein in der Musik, da findet Stengele Erlösung. Er hört die ersten Klänge, sieht ein tiefes Universum vor sich. Sterne, Planeten und das unendliche, geheimnisvolle All.

2

Die Leiche ist durch die schwarz-weiß-Zeichnung des Okulars kaum zu erkennen. Im Sucher der TV-Kamera schimmern nur Grautöne. Dabei lässt die Morgensonne das blaue Wasser des Sees, am romantischen Friedrichshafener Seeufer des Seemooser-Horns, golden glitzern. Im Gegenlicht tanzen die Sonnenstrahlen ein Morgenballett über die leicht gekräuselten Wellen. Im Sucher zeichnen sich klar und deutlich die Kanten der Schienen der Slipanlage des württembergischen Jachtklubs ab.

Doch was ist das?, fragt sich der junge Kameramann ungläubig und streicht sich eine Haarsträhne aus seinem Gesicht. Simon Class presst erneut sein rechtes Auge fest auf das Okular. Mit den Händen wehrt er störende Sonnenstrahlen vor dem Objektiv ab. Er stiert durch seinen Sucher und sieht deutlich einen Gegenstand unter den Schienen, der aussieht wie der Oberkörper eines Menschen.

Der junge Kameramann des Fernsehteams winkt aufgeregt seinen Redakteur, Leon Dold, zu sich: »Drehen wir einen Dokumentarfilm oder einen Tatort?«, lacht er unbedarft, »das musst du gesehen haben, sieht aus, als läge da ein Toter im Wasser.«

Leon Dold stöhnt. Er hat am frühen Morgen keine Lust auf die Scherze seiner ausgeschlafenen Kollegen. Es ist kurz vor neun, für ihn noch immer mitten in der Nacht. Der Kameramann soll gefälligst die paar Schnittbilder zügig drehen, die er benötigt, denn der Drehplan für den heutigen Tag ist proppenvoll, schnaubt Leon in seinen nicht vorhandenen Bart.

Vor allem nervt ihn dieser Tonmann, der zu jedem einfachen Schnittbild einen passenden Originalton einfangen will, als sei er hinter dem Ton-Grammy-Award her. Gerade streckt er einem Entenpaar, das friedlich auf den leichten Wellen des Sees döst, den Puschel seines Richtmikrofons unter den Schnabel, als wolle er die beiden interviewen. Doch bevor der Mann seine Tonangel in Position bringt, hat sich das Entenpaar auch schon laut schnatternd davongemacht.

Leon bläst hörbar genervt die Luft aus seinen aufgeblähten Wangen, lässt sich des lieben Friedens willen auf die Aufforderung seines Kameramanns ein und beugt sich zum Okular der Kamera, um hindurchzuschauen. »Bleib einfach totaler, dann sieht man da nichts und mach fertig«, rät er seinem Teamkollegen, »zwei Schnittbilder von der alten Slipanlage und gut ist«, weist er ihn mürrisch zurecht.

Doch er selbst fährt, kaum hat er das Sucherbild vor seinem rechten Auge, den Zoom in den extremen Telebereich. Gespannt schwenkt er die Kameralinse über die Slipanlage. Im Fokus hat er die alten Eisenschienen, über die Claude Dornier schon vor rund hundert Jahren seine berühmt gewordenen Wasserflugzeuge in den Bodensee setzte. Hier am Seemooser-Horn in Friedrichshafen kann Leon noch heute sichtbare Reste der einstigen Gründung der Dornier-Werke zeigen, die heute als Startblock des Weltunternehmens und Rüstungskonzerns EADS gelten.

Das ist der Auftrag, den Leon Dold hat. Er soll in einer halbstündigen Fernsehdokumentation den Aufstieg des legendären Luftfahrtpioniers Claude Dornier zum Rüstungsunternehmer darstellen. Von den Anfängen des jungen Ingenieurs, als Adjutant des legendären Grafen Zeppelin, bis zu dem heutigen Konzerngeflecht der EADS mit Beteiligung des Daimler-Konzerns.

Allerdings scheint ihm da etwas anderes vor die Linse geschwommen zu sein. Ohne Zweifel ein Körper, der einem Menschen verdammt ähnelt. Es scheint, als ob der Oberkörper eingeklemmt wäre, genau an dem Punkt, an dem die alten Eisenschienen in das Wasser eintauchen.

»Sakradi«, nuschelt Leon undeutlich und läuft sofort los. Was er entdeckt hat, sieht zu deutlich nach einem Menschen aus. Es sind keine hundert Meter von seinem Standort bis zu der fraglichen Stelle. Und je näher Leon der Slipanlage kommt, umso deutlicher werden die Umrisse. Schnell wird ihm klar: Da schwimmt tatsächlich ein Mensch. Der Körper wird festgehalten von dem gleichmäßigen Druck der zum Ufer strömenden Wellen und zwei Dolmen, die die Eisenstränge der Slipanlage stützen.

Leon überlegt nicht mehr, er läuft immer schneller, läuft einfach weiter, watet, ohne zu zögern, durch das Wasser und bleibt direkt vor dem Fund stehen. Jetzt sieht er deutlich: Vor ihm schwimmt eine Leiche mit dem Gesicht nach unten. Im Hinterkopf klafft ein aufgerissenes, großes Loch. Leon hat so etwas noch nie gesehen, aber dass dieses Loch ein Einschuss ist, ist auch für ihn offensichtlich. Exakt in der Mitte des Schädels ist die Kugel in den Hinterkopf eingedrungen. Die Entfernung des Lochs zum Scheitel wie auch zum Kragen dürfte auf den Zentimeter identisch sein, ebenso die akkurate Koordinate zwischen den beiden Ohren.

Der Anzug und die Körperstatur verraten Leon, dass es sich um eine männliche Leiche handelt.

Irritiert schaut er sich um. Soll er den toten Körper drehen, ihn aus dem Wasser ziehen? Klar ist, dass jede Hilfe zu spät kommt, der Tote muss allem Anschein nach schon länger im Wasser liegen.

Er muss ein gutes Leben gehabt haben, denkt Leon unwillkürlich und mustert die Ausstattung der Leiche: Der edle, grau melierte Anzug beweist trotz der Nässe gute Qualität, die Jacke zeigt auch im Wasser noch Form. Am linken Armgelenk zieht, unbeirrt der schwappenden Wellen, der Sekundenzeiger einer Rolex seine Runden. Zwischen Kopf und rechtem Arm schwimmt die Schärpe einer Seidenkrawatte.

Der Tote liegt vor Leon wie ein ungeübter Brustschwimmer, Oberkörper und Kopf ragen zu einem Viertel aus dem Wasser, seine Beine sind unter Wasser.

Das Gesicht ist nicht zu erkennen, kopfunter ragt nur der Hinterkopf aus dem See. Das Wasser hat seine Schusswunde im Schädel längst ausgespült, Blut ist lediglich auf seinem weißen Hemdkragen im Nacken und dem grauen Jackett zu sehen.

Leons Neugierde ist geweckt. Er greift aufgeregt nach der Leiche, berührt sie, zieht den Leichnam unter den Schienen hervor und dreht ihn um. Er will ihm ins Gesicht sehen, so als ob er ihn kennen könnte. Beim Anblick muss er sich fast übergeben. Die Kugel ist durch den Schädel des Toten gedrungen und im Stirnbereich wieder ausgetreten.

Er wendet sich zuerst ab, kann sich dennoch nicht ganz davon lösen. Das Gesicht der Leiche ist aufgedunsen, die Nasenlöcher sind extrem gedehnt, die Pupillen starren weit, direkt in Leons Augen. Der breite, viereckige Schädel wirkt schwabbelig aufgequollen und dadurch so quadratisch, wie er im Leben wohl nie ausgesehen hat. Ein buschiger, schwarzer Oberlippenbart ist ausgefranst, die Lippen sind geschwollen.

Auf Brusthöhe des Toten funkelt eine überproportionierte, goldene Krawattennadel. Sie gleicht der legendären Apollo-Kapsel der ersten US-Raumfahrer. Leon erinnert die Nadel auch an Satelliten, mit denen er gerade bei Dornier zu tun hat. Auf der kleinen Satellitenkapsel prangen in Gold die zwei Buchstaben ›DS‹.

»Was isch mit dem?«, ruft Simon, der Kameramann, in breitem Schwäbisch.

»Nichts mehr«, antwortet Leon leise und ruft laut: »Los, bring die Kamera her, wir drehen schnell einige Bilder von ihm.« Leon wird plötzlich klar, dass er die Bilder exklusiv haben wird. Weit und breit ist noch kein Segler des Jachtklubs zu sehen und schon gar kein Journalistenkollege.

»Komm schon«, treibt Leon seinen Kameramann an und sieht, wie der Tonmann sein Richtmikrofon in Position bringt. »Von dem bekommst nicht mal mehr du einen Pups zu hören«, wimmelt er ihn ab schultert die Kamera selbst, steigt noch tiefer ins Wasser und geht um den Toten herum. Dabei dreht er hemmungslos die Leiche, eine Totale, eine Große, einmal mit Verbindung zum Ufer und einmal im grellen Gegenlicht der Morgensonne. Das Gesicht wird so zur bizarren Fratze.

»Wir müssen die Polizei rufen«, drängt Simon.

»Das kommt jetzt auf ein paar Minuten früher oder später auch nicht mehr an«, beruhigt Leon sein Team, reicht Simon die Kamera zurück und beginnt, die Taschen des Toten zu durchwühlen, als würde er die polizeiliche Untersuchung durchführen. Simon ruft entgeistert: »Was machsch? Lass des, des darfsch it.«

»Das weicht doch sonst alles nur auf«, rechtfertigt Leon seine Neugierde.

»Wir müssen die Polizei rufen«, blafft nun auch der Tonmann ungeduldig.

»Wenn ich hier fertig bin«, beruhigt Leon sein Team, während er die Brieftasche des Toten durchstöbert.

Leon Dold ist Journalist durch und durch. Er weiß, was er jetzt in Erfahrung bringt, wird ihm nach dem Eintreffen der Polizei verwehrt sein. Zwar ist der Tote nicht sein Auftrag, aber was er auf die Schnelle nebenbei an Informatio nen bekommen kann, nimmt er als Journalist sicherheitshalber immer mit. Sollte sich nichts Sensationelles finden, dann werden ihn die weiteren polizeilichen Untersuchungen nichts mehr angehen, denn ein Mord ist auch, selbst wenn er am idyllischen Bodensee geschieht, keine Weltsensation. Und für regionale Polizeigeschichten ist die hiesige Redaktion vor Ort, in Friedrichshafen, zuständig. Ihr wird er nachher die Bilder übergeben und schleunigst versuchen, seinem eigenen Job nachzugehen.

Denn ›Claude Dornier – ein Leben für die Luftfahrt‹ heißt seine halbstündige Dokumentation, die er möglichst schnell abzudrehen hat. Verdammt, da bleibt für irgend so eine Leiche keine Zeit, überhaupt, er hat ein randvolles Drehbuch für den heutigen Tag in der Tasche. Am besten, er vergisst den Toten schnell und überlässt alles Weitere tatsächlich der Polizei und den Kollegen des aktuellen Teams.

Ratlos zieht er seine Achseln hoch und lässt sie ebenso hilflos wieder fallen. »Scheiße, das war's wohl für heute Morgen«, erkennt er resigniert. Das Pensum seines geplanten Drehtages ist nicht mehr zu schaffen und jetzt muss er auch noch warten, bis die Polizei eintrudelt.

In der Hand hält Leon noch immer die Brieftasche des Toten. Er zieht ein Bündel nasser Geldscheine heraus und eine Kreditkarte: ›Dr. Matthias Kluge‹.

»Na und?«, denkt Leon Dold, »kenn ich nicht.«

3

Die schwere Limousine bahnt sich zeitraubend einen Weg durch das bunte Treiben von Menschen. Hinter dem Steuer sitzt ein Asiate, der nur mühsam über sein teures Mahagonilenkrad blicken kann. Seine kleinen Finger betätigen ununterbrochen die laute Hupe. Doch die Menschen auf der Straße scheinen ihn nicht hören zu wollen. Sie treten beschwerlich in die Pedale ihrer alten Stahlrösser, die zum Teil beladen sind wie Packesel der Schweizer Bergarmee. Dazu knattern um den weißen 500er Mercedes unzählige kleine Mopeds. Auf manchen der Zweiräder halten sich gleich mehrere Personen aneinander fest, oft die gesamte Familie auf einer einzigen schmalen Mopedbank, die ursprünglich für nur zwei Personen gebaut wurde.

Alle Fahrer, ob auf dem Rad, dem Moped oder im Auto, jagen in jede Lücke der vollgestopften Straße, als würden sie während eines Grand-Prix-Rennens um die Poleposition kämpfen. Gegen den selbst ausstoßenden Smog und Gestank haben sich die Hunderte von Moped- und Radfahrern ein weißes Tuch vor Nase und Mund gebunden. Sie sehen aus wie eine OP-Brigade vor dem Eingriff. Den noblen, hupenden Mercedes beachten sie kaum. Jeder ist nur bemüht, dass er unbeschadet und schnell vorwärtskommt.

Björn Otto kennt dieses wuselige Bild. Er sitzt im Fond seines klimatisierten Daimlers und blättert in der ›Berliner Zeitung‹, die ihn aber eigentlich auch schon längst nicht mehr interessiert. Seit zehn Jahren wohnt er in diesem Sieben-Millionen-Moloch von Ho-Chi-Minh-Stadt, im Süden Vietnams, und da wird er so schnell auch kaum wegkommen. Die Geschäfte laufen zu gut, ein Ende ist nicht abzusehen.

Nicht nur zu Hause, im fernen Deutschland, zählt sein Unternehmen DigDat zu den günstigsten Datenverarbeitern. Längst hat sich sein Angebot weltweit herumgesprochen. So günstig wie DigDat mit seinen hundert Vietnamesen Daten speichert, verarbeitet und vor allem, wenn es sein muss, auch mal abgleicht, so günstig ist weltweit kein zweiter, und schon gar nicht so diskret. Längst kennen selbst die Inder ihren Marktwert, auch die Thailänder, jetzt sind die Vietnamesen in der untersten Lohnstufe obenauf. Für keine 100 Euro im Monat arbeiten sie 30 Tage fast rund um die Uhr.

Björn Otto hat die kostengünstigste Lösung im offiziell sozialistischen Vietnam für die kapitalistische Welt gefunden. Er war schon in Vietnam, als die Mauer in Berlin noch stand. Damals war er im Auftrag des APN, des ›Außenpolitischen Nachrichtendienstes‹ der DDR, zum Wohle der Völkerfreundschaft unterwegs.

Heute ist er Computerspezialist. Schon bevor die meisten Menschen wussten, was digitale Datenspeicherung heißt, hat er sich im Auftrag des MfS in Berlin um Datensammlung im großen Stil gekümmert. Genauer: Er war einer der aufstrebenden, jungen Offiziere des SWT, des ›Sektors wissenschaftlich technische Aufklärung‹. Diese Abteilung war der Hauptverwaltung Aufklärung unterstellt, zählte aber mit der zunehmenden Digitalisierung immer mehr zum wichtigsten Standbein des DDR Ministeriums für Staatssicherheit.

Björn Otto hatte seine Affinität zur Computerwelt frühzeitig genutzt. Er war noch ein kleiner Mitarbeiter der Stasi, als die ersten IBM Computer in die DDR gebracht worden waren und in Karl-Marx-Stadt im Kombinat Robotron zerlegt wurden. Schnell war den verantwortlichen Offizieren klar, dass diese Teufelsgeräte in der DDR produziert werden mussten, wollte man den Anschluss an die Weltentwicklung nicht verpassen.

Doch Björn Otto interessierte etwas ganz anderes. Er war sich schnell bewusst darüber, dass diese Geräte die Informationsflut des MfS kontrollieren konnten. Ihm war gleichgültig, woher die Geräte kamen, das gigantische Potenzial, das auf den Festplatten gehortet werden konnte, war ihm viel wichtiger. Wer auf ihnen gespeichert war, der ließ sich vortrefflich verwalten und überwachen.

Björn Otto schmunzelt und legt die ›Berliner Zeitung‹ neben sich. Gerade hat er die Überschrift ›Datenskandal bei Telekom‹ gelesen. Oft genug hatte er in Deutschland gepredigt, die Firmen sollten alle ihre Daten in Vietnam speichern und hier in seinen Servern bearbeiten lassen. Schon allein dieses Unwort amüsiert ihn: ›Datenskandal!‹ – Solch einen Begriff gibt es in Vietnam nicht. Denn wo es keine Gesetze gibt, gibt es auch keinen Skandal. Hier am Saigon River ist die Welt noch einfach gestrickt.

Er hatte schnell erfahren, dass nach dem Zusammenbruch der DDR sein Know-how auch im Westen gefragt war. Was die Stasi, dank den Abschnittsbevollmächtigten, an Informationen über jeden einzelnen Bürger sammelte, will im Westen auch jeder Kaufmann an der Ecke wissen: Welche Zigarettenmarke raucht Herr Müller, welchen Sekt bevorzugt Frau Maier oder benötigt Familie Huber nicht bald einen neuen Fernseher? Abgesehen davon, ob Herr Müller und Frau Maier nicht doch …?

Björn Otto war schon während seiner Tätigkeit bei der Stasi klar geworden, dass alle diese Informationen von Bedeutung sind. Nicht nur für den Staat, sondern heute, im kapitalistischen Westen, für Kaufhäuser, Banken und vor allem Versicherungen. Er musste nach der Wende nicht lange für seine Fähigkeiten werben. Großunternehmen erkannten ihre Chance und griffen auf das Fachpersonal des MfS der DDR zurück. Björn Otto hatte Erfahrungen im Sammeln von Daten und vor allem bei deren Auswertung.

Und nichts weiter war bei der Telekom geschehen. Schließlich will man doch wissen, wen man beschäftigt?, denkt Björn Otto. Warum nur diese Aufregung? Das ist schließlich das tägliche Brot seines Unternehmens DigDat.

»Auferstanden aus Ruinen und der Zukunft zugewandt ...« Chorgesang und ein voll besetztes Symphonieorchester lässt plötzlich die alte DDR-Hymne im Fond des noblen Daimlers erklingen. Björn Otto zieht sein Handy aus der Jackentasche, blickt auf die Uhrzeit und betätigt die Freisprechanlage. »Du solltest um diese Zeit im Bett sein«, lacht er laut, »du weißt doch, wir erledigen hier eure Arbeit und stehen deshalb früher auf. Also, leg du dich wieder hin.«

»Ich werde mich gleich hinlegen, habe gerade auch schon genügend auf unseren Erfolg getrunken, aber das muss ich dir noch schnell mitteilen: Wir haben's!« Die Stimme des Anrufers klingt jung, fröhlich und hell, der Mann scheint aufgekratzt und lässt die Katze schnell aus dem Sack: »Wir werden die Daten der ›Exklusiv Krankenkasse‹ übernehmen, wir werden über unsere Firma in Nürnberg den Auftrag erhalten und intern an euch weiterleiten.«

Björn Ottos Miene erhellt sich. Solche Neuigkeiten aus Deutschland gefallen ihm.

»Das Gesundheitsministerium hat vergangene Woche ausdrücklich erlaubt, dass Krankenkassen ihre Daten an externe EDV-Dienstleister zu Verarbeitung weiterleiten dürfen, das war der Durchbruch!«

Dank ihrer zielgerichteten Lobbyarbeit in Berlin haben Björn Otto und seine ehemaligen Stasikollegen die wichtigsten Entscheidungsträger in den BRD-Ministerien überzeugt. Datenverarbeitung muss zur Sicherung der Arbeitsplätze in erster Linie Unternehmen entlasten. Und wo bitte ist denn das Problem? Krankenkassen sind nun mal keine Datenverarbeitungsspezialisten.

Sein Erfolgsrezept ist einfach. In Deutschland ist offiziell der Sitz seiner Datenverarbeitungsfirma. In Nürnberg sitzt der Vertrieb, der die Aufträge ködert. Dadurch wird dem Kunden ein seriöser Datenschutz, streng nach deutschen Gesetzen, vorgegaukelt. Aber was denken sich denn die Kunden?

Um die bestechend günstigen Preise in Deutschland zu bieten, werden die Daten dort weder verarbeitet noch verwaltet, das schaffen nur billige Arbeitskräfte im Fernen Osten.

Björn Otto blickt nochmals auf dieses Unwort ›Datenskandal‹ und lacht dann aus vollem Hals: »Frag doch mal bei der Telekom an, ob wir denen nicht auch helfen können.«

»Wir sind schon in Verhandlungen«, antwortet die aufgekratzte Stimme vergnügt, »nur im Augenblick will die Telekom erst mal ein bisschen Ruhe, aber wir haben ihnen die Vorteile auf den Tisch gelegt.«

Längst lassen die meisten europäischen Großfirmen ihre Daten bei DigDat in Vietnam bearbeiten. Die Übertragung der Daten aus jedem Winkel Europas nach Ho-Chi-Minh-Stadt dauert den Bruchteil einer Sekunde. Oft werden im teuren Europa Informationen nur noch hingeschrieben, Aufnahmeformulare für Kundenkarten einfach per Hand ausgefüllt, dann werden die Papiere eingescannt und im billigen Vietnam erst aufwendig in die Systeme eingegeben und verwaltet. So ruhen in den Servern von DigDat unzählige Namen vor allem deutscher Bürger, ihre Geburtsdaten, Bankverbindungen, Einkaufsverhalten, Schuldenstand und jetzt auch noch ihre Krankheitsbilder. Für Björn Otto als ehemaliger Stasischnüffler geradezu paradiesische Zustände, die er auch zu nutzen weiß.

Der Mercedes biegt aus der Nguyen-Huri-Cáhn-Straße über die Saigonbridge in die Xa-lo-Ha-Noi-Straße ein. Jetzt kann der Chauffeur endlich das Gaspedal durchtreten. Die alte Hauptstraße in Richtung Hanoi im Norden ist frei und breit. Der kleine Asiate lenkt den Wagen am Saigon River entlang in den nordöstlichen Teil des Ho-Chi-Minh-Bezirks.

Nach etwa 20 Minuten verlangsamt er seine Fahrt. Inmitten trostloser Häuserfassaden liegt eine grüne Oase. Eine hohe Mauer umzäunt das Anwesen. Dahinter hat Björn Otto mit einer Investmentgroup seine Firma DigDat hingestellt. Er hat alte Hütten abreißen lassen und einen Gewerbepark angelegt, wie sie zu Hause rund um Berlin, Leipzig oder Dresden nach der Wende aus dem Boden schossen. Er hat verschiedene Bürogebäude hochgezogen, einige an europäische Firmen vermietet, allein für sein Unternehmen DigDat hat er ein gläsernes Gebäude für über 500 Arbeiter errichtet. Björn Otto gehört zu den Vorzeigeunternehmern des sehr unsozialistischen Staates Vietnam mit real–kapitalistischen Strukturen.

Für einen Unternehmer mit der Vergangenheit Björn Ottos ist Vietnam ein ideales Terrain. Er kennt sich aus mit kommunistischen Funktionären und weiß, wie der ehemalige Klassenfeind tickt. Die Kapitalisten hatte er dank intensiver Marx-Schulungen schnell durchschaut, und noch schneller wurde er einer von ihnen.

Kaum ist er seinem Prestigewagen entstiegen und hat sich von einem Fahrstuhl in das 13. Stockwerk seines Büros hochhieven lassen, kommt ihm schon Phebe Delia entgegen. Sie ist seine zierliche, hellhäutige Vorzimmerdame und trägt, wie von ihm gewünscht, den für vietnamesische Frauen klassischen langen Rock Ao Dai. Sie hat es offensichtlich eilig, trotzdem senkt sie den Blick, kaum hat sie ihren Chef gesehen. Vor der großen, weißen Langnase hält sie kurz inne und macht mit ihrem Oberkörper eine tiefe Verbeugung.

Björn Otto lächelt selbstgefällig. Offensichtlich genießt er den Respekt, den ihm diese junge Frau entgegenbringt. Dann sieht er durch seine Goldrandbrille einen weißen Zettel, den sie in der rechten Hand hält. Da er nun schon vor ihr steht, entreißt er ihr das Stück Papier ungeduldig und liest: »Romeo und Julia beendet, Ödipus läuft.«

Phebe Delia weiß nicht, was das heißt, sie kann kein Deutsch, sie weiß jedoch, jede Meldung mit diesem Absender aus Deutschland will ihr Chef sofort sehen.

Er lächelt zunächst irritiert, gleich darauf erleichtert und zufrieden, während er die Meldung liest. Es ist seine Sprache, wenn er auch sonst von klassischer Literatur, oder gar von griechischen Sagen, keine Ahnung hat. Aber es ist die Sprache der Geheimdienste, diese verschlüsselte Botschaft versteht er. Zwar ist ihm die erste Meldung noch ein Rätsel, warum ›Romeo und Julia‹ beendet ist, aber wenn ›Ödipus‹ schon läuft, dann ist sein Mann beziehungsweise seine Frau vor Ort weiterhin am Ball.

4

Wer auf der Autobahn der A 8 von Stuttgart nach München rauscht, sieht auf der linken Seite, fast verborgen, kurz vor Augsburg, ein riesiges, fragiles Spinnengewebe aus Stahl und Draht. Form und Ausmaß erinnern an die Allianz-Arena, die aber erst in München zu sehen ist. Die Erbauer dieser Arena wollen allerdings auch gar nicht, dass man sich ihr Kunstwerk näher betrachtet. Im Gegenteil, viele Schilder warnen: Militärisches Sperrgebiet. Bereich der amerikanischen Streitkräfte. Fotografieren, Anfertigen von Notizen oder Zeichnungen verboten!«

Sergeant Johnny Miller ist einer der wachhabenden Soldaten. Der Mann ist noch nie auf einem Schlachtfeld gestanden oder in einem Panzer gesessen. Sein Kriegsschauplatz sind Büroräume voller elektronischer Kommunikationsgeräte, seine Waffen das Echelon der NSA und unzählige ausgefuchste, technische Hilfsmittel, mit denen die Amis sämtliche Kommunikationsdaten des Telefonverkehrs abfangen.

NSA, das übersetzen Zyniker mit ›never say anything‹ –, denn hinter dem Kürzel verbirgt sich die ›National Security Agency‹, der amerikanische Auslandsgeheimdienst.

Johnny Miller hatte an der Reading High School in Michigan studiert und hat sich danach sofort von der NSA anheuern lassen. Heute ist er Experte für Linguistik in der Fernmeldeaufklärung und übersetzt abgefangene Texte. In seiner Hand hält er ein Papier, das der automatische Worterkenner aus dem Wust der abgehörten Telefonate aussortiert hat. Bei dem Wort ›Strahlenwaffe‹ hatte das Aufzeichnungsgerät

sofort eingehakt, den Anschluss der beiden Gesprächsteilnehmer notiert und das weitere Gespräch aufgezeichnet:

»... das ist keine Strahlenwaffe, das ist ein Teleskop!«

»Herbert, red jetzt keinen Unsinn, Matthias ist tot! Mann,
überleg doch mal, was das heißt. Er war schon mitten in den
Verkaufsgesprächen, wer soll ihn denn sonst umgebracht
haben? Das hat mit uns und unserem Zentralachsenspiegel
zu tun. Wir müssen jetzt schnell handeln, den Deal abschließen, bevor Schlimmeres passiert oder gar das Verteidigungsministerium uns den Verkauf verbietet.«

»Das habt ihr dieses Mal nicht zu entscheiden, dieses Mal
entscheide ich!«

»Ich habe die Patente, mein Lieber, ich und unsere Firma,
und du stehst auf meiner Gehaltsliste. Glaube mir, so ist es
das Beste. Schau dir Matthias an, das alles ist eine Nummer
zu groß für uns. Mensch, der Matthias, wer soll denn jetzt
den Vertrieb übernehmen?«

»Ich verkaufe diese Erfindung allein, gute Nacht!«

Gesprächsende: 20:47 pm.

Vor dem gemütlich wirkenden Sergeant liegen mehrere
Stapel Papier auf dem Schreibtisch. Von Augsburg aus kann
der amerikanische Nachrichtendienst mit dem weltweit
größten elektronischen Überwachungssystem jedes Telefongespräch, jede E-Mail und jedes Fax auf der Welt abfangen und auswerten. Dabei verwendet der US-Geheimdienst
das Abhör- und Auswertungssystem Echelon, zu Deutsch:
Staffelung. Rund um den Globus sind rund 120 Abhörzen-
tralen aufgebaut.

Johnny Miller weiß, was er zu tun hat. Das Stichwort
›Strahlenwaffe‹ hatte den Alarm ausgelöst, und als dann noch
herauskam, wer die beiden Gesprächsteilnehmer waren,
beginnt der Apparat des 40.000-Mann-Heeres des Auslands-
geheimdienstes der USA zu arbeiten. Noch in der gleichen

Nacht fahren vier NSA-Agenten vom europäischen Hauptquartier Eucom in Stuttgart an den Bodensee.

Herbert Stengele schwankt seit der Nachricht des Mordes an Matthias Kluge zwischen tiefer Trauer um seinen Freund und wilder Entschlossenheit, jetzt erst recht seinen eigenen Weg zu gehen. Sein Misstrauen gegen Matthias ist verflogen. Sein Tod hat ihn erschüttert, in seinen Erinnerungen sieht er sich und Matthias in der unbeschwerten Studentenzeit durch Stuttgarts Bohnenviertel ziehen.

Er steht im Pyjama in seinem großen Wohnzimmer, schaut auf sein Teleskopmodell und friert mitten in der lauen Sommernacht.

»Was Gunther jetzt vor hat?«, fragt er sich, »und Verena?« Er öffnet eine Schreibtischschublade und nimmt ein Bild heraus. Es lag obenauf und zeigt ihn mit Matthias und seiner bildhübschen Verena. Unter dem Gruppenfoto liegt ein zweites Bild, es ist schon ziemlich abgegriffen und auch ein bisschen verblichen. Darauf zu sehen ist nur Verena, strahlend, lachend, eine Hand in ihren gelockten, brünetten Haaren, mit der anderen wirft sie dem Fotografen einen neckischen Handkuss zu und gestattet ihm nebenbei einen tiefen Blick in ihr Dekolleté. Der Fotograf war er selbst.

Herbert hatte die Bilder vor vielen Jahren gemacht, als sie noch gemeinsame Ausflüge unternahmen. Verena, Matthias und er. Doch das ist lange her.

Jetzt sieht Herbert Stengele vor seinen Augen andere Bilder, weitaus ältere. Verena, damals fast noch ein Teenager, als sie alle in Stuttgart wohnten. Damals war sie seine Freundin. Sie war für ihn die schönste Kommilitonin der ganzen Uni gewesen. Sie beide waren ein Traumpaar, bis der Traum platzte und sie plötzlich Matthias bevorzugte. Jetzt ist er tot und sie wieder zu haben.

Bei diesem Gedanken wird es Herbert Stengele wärmer. Er muss sie anrufen, allerdings nicht gleich, nicht heute, er ist, seit die Polizei ihn am Nachmittag aufgesucht und mit Matthias' Tod konfrontiert hatte, nicht mehr in der Lage, mit irgendjemandem zu sprechen. Das Telefonat eben mit Gunther war ihm bereits zu viel, jetzt ist er total erschöpft.

Aber plötzlich, mit den Erinnerungen an Verena, wird er wieder aufgekratzt und lebenshungrig. Was will Gunther machen? Warum hat er mich angerufen? Was hat er vor? Will er jetzt meine Patente verkaufen?, ängstigt sich Stengele.

Er geht ins Bett, will einschlafen, aber seine Gedanken lassen ihm keine Ruhe.

»Ich habe die Patente!«, dieser letzte Satz von Schwanke hallt ihm nach wie vor in den Ohren. Jedoch hatte er ihm klar und deutlich erwidert: »Ich verkaufe meine Erfindung allein!«

Jawohl, spricht sich Herbert Stengele Mut zu, ich werde mir morgen früh sofort Matthias' Adressliste in seinem Büro vornehmen und seine Kunden direkt kontaktieren. Ich werde ihnen sagen, dass ich der Erfinder bin, und dass ich zur Zusammenarbeit bereit bin; das wäre ja gelacht.

Beruhigt durch seine Entscheidung steht er nochmals auf, schlurft ins Badezimmer, nimmt zwei Schlaftabletten aus seinem vollgestopften Apothekerschrank und schiebt sie sich in den Mund, mit einem Schluck Wasser spült er sie hinunter.

Trotz der Tabletten schläft Herbert Stengele sehr schlecht. Wirre Träume jagen durch sein Gehirn. Er sieht sich als Gast der NASA, er wird gefeiert und geehrt, gleichzeitig hetzen ihn Raketen und Laserkanonen durch das Weltall, dann hört er wieder die beiden Polizeibeamten, wie sie ihm den Mord an seinem Freund Matthias Kluge nahebringen.

Verschwitzt und völlig benommen wacht er endlich auf.

Es ist schon hell, ohne zu zögern wuchtet er seinen langen Körper aus dem Bett und stellt sich unter den kalten Duschstrahl. Er will die planlosen Träume aus seinem Kopf vertreiben, will fit sein für den Tag, dabei sagt er gebetsmühlenartig immer wieder vor sich hin: »Ich werde meine Erfindung selbst verkaufen, auch ohne Matthias, jetzt erst recht!«

Kaum ist Stengele aus dem Bad, klingelt es Sturm. Unsicher schleicht er sich zum Spion seiner Wohnungstür. Er sieht zwei Männer, salopp gekleidet, ordentlich frisiert und aufgestellt wie Handlungsreisende der Zeugen Jehovas.

Kurz flackert bei Herbert Stengele eine Angst auf, doch beherzt drückt er die Klinke und öffnet die Tür, vermutlich zwei Polizisten, denkt er.

Die beiden Männer stellen sich jedoch mit einem nicht zu verbergenden Pidgin-Englisch vor. »We are from the En-S-Ai«, sagen sie.

Herbert Stengeles Augen beginnen zu strahlen, erfreut wiederholt er: »En-Ai-S-Ai – you are welcome!«

»Ja«, lacht der eine, »so it is!«

Stengele führt die beiden Herren in sein Arbeitszimmer. Er glaubt fest, zwei Vertreter seiner verehrten ›National Aeronautics and Space Administration‹ – kurz NASA – vor sich zu haben.

Herbert Stengele fühlt sich in seiner Rolle sicher. Die beiden Herren scheinen sich in seiner komplizierten Materie tatsächlich auszukennen. Stengele blüht auf, die Amerikaner sind an seiner Erfindung interessiert! – Ha, der Matthias – soll ihn doch der Teufel holen. Hätte er gleich mit denen verhandelt, vielleicht würde er dann noch leben?

»Das Geheimnis der Fläche meines Spiegels ist der Schliff«, erläutert Stengele wie ein Musterschüler vor der Prüfungskommission, »darauf muss man schon bei der Produktion der Zentralachse achten.«

»Wo lassen Sie produzieren?«

»Das können nur Spezialisten, wir lassen gerade in Frankfurt bei einem absoluten Technologiespezialisten für Quarzglas einen Prototyp erstellen«, verrät Stengele ohne Scheu. Die beiden Herren verstehen, notieren und fragen.

Herbert geht zwischendurch in die Küche, um den Gästen und sich einen Kaffee aufzubrühen, vor lauter Freude über die Besucher legt er zwei tiefgefrorene Croissants in die Mikrowelle. Wow, die beiden Gentlemen sollen sein Entgegenkommen erkennen.

Die zwei Männer im Wohnzimmer arbeiten sich derweil durch Stengeles wissenschaftliche Aufzeichnungen. Sie fotografieren ganze Seiten aus den Unterlagen und notieren sich, was für sie von Interesse scheint.

Herbert Stengele lässt sie gewähren. Matthias war eben nur auf das Geld aus, denkt er. Er aber, er würde gern als einfacher Wissenschaftler für die NASA tätig werden, es wäre die Erfüllung seines Traums. Wie einst Wernher von Braun sein Raketen-Know-how, so würde er als Morgengabe sein ZAS-Know-how mit über den Atlantik bringen. Dann hätte er es geschafft! Bei Defensive-Systems ist in der Zukunft ohne Matthias sowieso kein Blumenstrauß mehr zu gewinnen. Der alte Schwanke wird ohne ihn den Laden kaum vorantreiben können, warum sollte ich mir nicht eine eigene rosige Zukunft in Amerika ausmalen. Herbert Stengele strahlt und presst den beiden Herren noch einen frischen Orangensaft.

5

Gunther Schwanke schwimmt, wie jeden Morgen, im See. Das Wasser hat sich auf 23 Grad erwärmt. Seit Wochen hat es nicht geregnet, es ist ein sonniger August wie im Bilderbuch, die Touristiker am Bodensee reiben sich die Hände. Schwanke genießt die Ruhe, noch sind keine Boote auf dem Wasser, die Enten und Haubentaucher geben den Ton an. Fischer Martin Maichle aus Hagnau zieht seine Netze ein, der Morgendunst wabert über dem blauen Horizont.

Gunther Schwanke dreht gemütlich seine Runden, aber in seinem dicken Schädel arbeitet die Denkfabrik auf Hochtouren. Er dreht seinen massigen Körper in die Rückenlage, legt den runden Kopf in den Nacken, hebt seinen aufgedunsenen Bauch aus dem Wasser und paddelt mit seinen dünnen Beinen sanft plätschernd im Kreis. Nebenbei überlegt er fieberhaft, mit wem er Kontakt aufnehmen kann.

Er braucht Kluges Timer und seine Adressliste. Verdammt, er muss sofort ins Büro, er muss dort sein, bevor Herbert auftaucht. Diesem Kerl ist in dieser Situation nicht zu trauen, schwant ihm, so wie der Bursche gestern mit ihm gesprochen hat, scheint er total durch den Wind.

Gunther Schwanke ist der Chef und Eigentümer der exklusiven High-Tech-Schmiede Defensive-Systems am Bodensee. In den Reihen der großen Rüstungskonzerne, am nördlichen Ufer des idyllischen Ferienparadieses, zählt Defensive-Systems zu den kleinen Betrieben. Schwanke selbst zählt seinen Laden offiziell gar nicht dazu, da er fast ausschließlich zivile Aufträge ausführt, wie er sagt. »Satellitentechnik aller Art«, gibt er gerne als Auskunft, wenn er gefragt wird, was er produziert. Sollen die Leute diese Definition deuten, wie sie wollen.

Satelliten heißt für viele Bürger einfach Fernsehempfang, für manche auch noch GPS. Wer weiß schon, dass das Navigationssystem GPS im Auftrag des US-Verteidigungsministeriums entwickelt wurde, und dass nun ›Galileo‹ im Rahmen der ›Europäischen Sicherheits- und Verteidigungspolitik‹ aufgerüstet wird. Galileo ist ein typisches Geschäft für Gunther Schwanke, an dem auch sein Defensive-Systems mitarbeitet. Nach außen zivil, in erster Linie aber gefordert vom Militär.

Gunther Schwanke war viele Jahre als Ingenieur bei Dornier beschäftigt. Dort hatte er schnell erkannt, wie der Hase im Rüstungsgeschäft läuft, und wusste früh, dass er, dank seiner Beziehungen auf diesem Markt, selbst bestehen konnte. Wichtig ist: Man hat gute Bekannte beim Militär, die ihren strategischen Wunschzettel verraten. Und man braucht einige Freunde in den Ministerien, die die Wünsche der Militärs erfüllen wollen.

Schwanke hatte bei Dornier diese Entscheidungsträger auf der Hardthöhe in Bonn kennengelernt. Dazu wurde er Mitglied in der großen Volkspartei des Landes, übernahm ein paar Funktionen auf lokaler Ebene und wurde in doppelter Hinsicht fettleibig. Seinem Unternehmen war das alles zuträglich, seiner Gesundheit weniger. Das tägliche Schwimmen, heute vom Arzt verordnet, hilft nicht viel dagegen, aber es gefällt ihm, er fühlt sich nun mit seinen fast 70 Jahren, 170 Zentimetern Größe und 100 Kilo Lebendgewicht sowie mit seinem stattlichen und erfolgreichen Unternehmen rundum pudelwohl.

Doch jetzt muss er seine Firma neu ordnen. Im nächsten Jahr hatte er die Geschäftsführung an Matthias Kluge übergeben wollen. Nun aber muss er nochmals selbst ran. Seine

Firma braucht dringend eine finanzielle Spritze. Er hatte an der Börse zu viel Geld verloren, die weltweite Wirtschaftskrise tat das ihre dazu, mit der Bankenpleite sind auch seine ausländischen Immobilienwerte rasant gesunken. Er muss unbedingt Stengeles Teleskopspiegel schnell verkaufen.

Schwanke ahnt, warum die westlichen Staaten sich bisher nicht für die neue Erfindung interessieren. Kluge hatte nur dort Käufer gesucht, wo ein hoher Preis garantiert ist. Höchste Preise für westliches Know-how bezahlen in erster Linie China, Russland, Indien, Pakistan und einige arabische Länder.

Die NATO dagegen kann bei eigenem Kaufinteresse jeden Kaufkonkurrenten aus dem Ausland schnell ausschalten. Das Verteidigungsministerium sitzt mit dem Außenministerium im Bundesausfuhramt. Von dort würde der Verkauf von Stengeles Zentralachsenspiegel, bei tatsächlichem Eigeninteresse der West-Militärs, durch ein Ausfuhrverbot schnell gestoppt. Also wollte Kluge den Deal leise und ohne große Aufmerksamkeit irgendwo im östlichen Ausland über die Bühne bringen. Kluge ist ein Schlitzohr gewesen. Aber jetzt muss er den Part seines ermordeten Angestellten selbst zu Ende spielen. Er muss den Verkauf abschließen, bevor womöglich die Amerikaner das Geschäft verhindern.

Gunther Schwanke ist zurück zu seinem Bootssteg geschwommen. Er lässt seine Füße durch das Wasser auf den Grund gleiten und stellt sich aufrecht hin. Sein halber Oberkörper schaut aus dem See. Mit den Fingern der rechten Hand klemmt er seine Nasenlöcher zu, mit der linken Hand fährt er zu einem auffallend langen, einsamen Büschel Haare, das ihm einseitig vom Kopf absteht. Dann beugt er seinen Oberkörper und senkt dabei seinen Kopf unter die Wasseroberfläche. Mit der linken Hand zieht er die einzig verbliebene graue Haarsträhne von der rechten Seite des

Schädels über die gesamte Kopfhaut bis hinüber zum linken Ohr. Erst mit verdeckter Glatze schwimmt er erhobenen Hauptes Richtung Terrasse seines Hauses.

Schwanke hat direkt am Seeufer ein barockes Schlösschen erworben. Einst gehörte das Anwesen, zwischen Immenstaad und Hagnau, zum Schlosspark Kirchberg. Ein Wäldchen schirmt den Fleck gegen neugierige Blicke ab. Nackt besteigt er die Terrasse, wo sich früher nur adlige Kirchenfürsten der Salemer Abtei bewegten. Er benötigt nicht lange, um sich abzutrocknen und im maßgeschneiderten Sommeranzug am gedeckten Frühstückstisch zu erscheinen.

»Ich muss schnell rüber ins Büro«, nuschelt er seiner jungen Frau Ines zu, während er ein halbes, mit fetter Leberwurst beschmiertes Brötchen in seinen Mund schiebt, »ich muss drüben sein, bevor Herbert kommt«, sagt er mit vollem Mund.

»Setz dich durch, du bist der Chef!«, antwortet Ines, die sich täglich dem Abbild einer alternden Barbiepuppe mit überbordenden Fettpölsterchen nähert. Sie hat ihre blond gefärbten Haare hochgesteckt, ist in einen rosa Bademantel gehüllt und schaut durch ihre himmelblauen Kontaktlinsen bewundernd zu ihrem Mann auf.

»Das werd ich auch bleiben«, antwortet dieser ungerührt, »deshalb, meine Süße, lass dir mal dein Müsli schmecken, ich muss eben das mit dem Chef noch mal einigen Herren da drüben deutlich machen.«

»Wieso? Matthias ist doch tot, der kann dir nichts mehr«, flötet Ines naiv und selbst für ihren Mann erschreckend frivol.

»Das ist ja das Problem«, schnauft Gunther verärgert und marschiert voller Tatendrang hinüber in sein Unternehmen.

Mitten in das kleine Wäldchen hat er, neben das barocke

Wohnschlösschen, seine eigene kleine High-Tech-Schmiede gesetzt. Ein heller, gläserner Flachdachbau, bewusst modern, im Gegensatz zu der alten historischen Schlossfassade.

Er hat nur wenige Meter hinüberzugehen, grüßt mürrisch den Wachmann in seiner Pförtnerloge, hält den Chip seines Ausweises an ein Lesegerät, gibt seine Codenummer ein und marschiert schnurstracks in Kluges Büro.

Zuerst ist es ihm ein bisschen mulmig. Wenn ihn jemand am Schreibtisch des erst gestern verstorbenen Kollegen entdecken wird?

Auf der anderen Seite ist er verantwortlich, dass der Laden weiterläuft. Deshalb muss er auch Kluges Geschäfte weiterführen. Er muss die Namen wissen, mit denen Matthias in Verhandlungen stand. Die Patente haben ihn bis heute viel Geld gekostet und vor allem die Produktion des Spiegels in Frankfurt, dieser Prototyp, wird ein Vermögen verschlingen. Die Auslagen müssen zurück in die Kasse, dringend.

Kluges Büro liegt im Parterre, am Ende des Gangs. Der Raum ist postmodern eingerichtet, wie alle Büros bei Defensive-Systems. Ein Innenarchitekt hatte die Gestaltung und die Möblierung übernommen. Rundum grauer, glatter Rauputz, an einer Wand das solide Schweizer Schrankwandsystem USM in verchromtem Messing und dunkelgrünen Metallplatten. Die Wand gegenüber der Eingangstür besteht nur aus Glas, das Grün der Wandschränke setzt sich im Garten Schwankes fort und es scheint, als würde der in der Morgensonne glitzernde See davor mit zu dem kargen Raum gehören. Die linke Wand steht in allen Räumen des Unternehmens frei, so wollte es der Architekt, und in allen Büros liegt in der Mitte des Raums eine gläserne Schreibtischplatte auf einem verchromten Messinggerüst, baugleich wie der Büroschrank.

Doch von der Glasplatte ist in Kluges Büro nicht mehr

viel zu sehen. Haufenweise Prospekte und Produktbeschreibungen von Satellitensystemen türmen sich darauf, als würde die Welt keine anderen Verkaufsartikel mehr kennen. Im All wird die Zukunft der Menschheit entschieden. Wer die Vormachtstellung im Kosmos hat, ist der Gewinner! – Dies ist das heutige Glaubensbekenntnis aller Wehrexperten.

Schwanke durchstöbert die Prospekte, findet die eigenen zum Zentralachsenspiegel, entdeckt aber weder einen Timer noch ein Adressbuch von Kluge. Er stöhnt und flucht, die ersten Schweißperlen bilden sich am frühen Morgen auf seiner Glatze, schließlich erinnert er sich an Kluges iPhone. »Mehr braucht es heute nicht mehr«, hatte Matthias ständig gesagt und das Ding immer bei sich getragen.

Eilig durchsucht Schwanke den Büroschrank, findet dort aber nur Aufzeichnungen von längst abgeschlossenen Projekten.

»Verdammt«, schießt es ihm durch den Kopf, »ich brauche dieses Mistgerät …« Zornig dreht er sich in dem Zimmer um, liest Kluges alte Urkunden an der sonst kahlen Wand. Lächelt feinsinnig über die Promotionsurkunde, die Matthias schon am ersten Tag seines Einzugs aufgehängt hatte, und erinnert sich an den Wegweiser vor der Tür, auf dem unbedingt stehen musste: ›Dr. Kluge, Key-Account-Manager‹.

Mit einem süffisanten Lächeln auf den Lippen verlässt Schwanke das Büro. Er denkt an Matthias, das Großmaul, erinnert sich aber auch, was er dem Prahlhans zu verdanken hat. Daraufhin wechselt seine Stimmung schnell, traurig schaut er zurück in das verwaiste Büro, bevor er die Tür von außen leise, wie ein Einbrecher, schließt.

Im Keller hat die Firma einen abhörsicheren Raum eingebaut und eine digitale Kommunikationseinrichtung, die von außen nicht zu durchdringen ist. Die Wände sind isoliert gegen jede Art von Antennen, die die elektronischen Impulse aufzeichnen könnten. Alles, was der Computer nach außen ins Netz abgibt, wird dreifach verschlüsselt. Jedes Unternehmen, das Rüstungsaufträge der NATO annimmt, darf nur mit dem Code des amerikanischen Geheimdienstes kommunizieren.

Schwanke erinnert sich, dass Kluge fast alle seine Mails zu Kunden nur aus diesem Raum gesendet hatte. In letzter Zeit war er besonders oft im Keller anzutreffen gewesen. Auf der Festplatte mussten demnach die Mailadressen seiner Kunden zu finden sein. Über das Treppenhaus hastet er hinunter, sodass das Fett seines Bauches und das seiner Wangen in Bewegung gerät und er den Schwingungen seines Gewichts nachzulaufen scheint.

Der Kellerflur ist zu seiner Überraschung hell erleuchtet. Schwanke ist erstaunt und bremst seinen schnellen Schritt, dann schleicht er leise zum Kommunikationsraum. Die Stahltür ist geöffnet, das Deckenlicht brennt grell, im Raum ist es still. Die Wände sind ausstaffiert mit dicken Stahlplatten, nur in der Mitte des Raumes steht ein runder Tisch. Darauf flimmern drei Monitore, die Bildschirmschoner drehen 3-D-animiert das moderne Firmenlogo ›DS‹.

Schwanke geht hinein. Niemand scheint sich im Raum aufzuhalten. Nur das leise Brummen der Ventilatoren ist zu hören. Er setzt sich irritiert an den Tisch und bewegt eine Maus, die auf einem Pad liegt. Die Bildschirmschoner schalten sich weg, in großen Buchstaben erscheint auf allen drei Monitoren die Warnung: ›Don't sell!‹

»Ich weiß auch nicht, was das soll.«

Schwanke erschrickt, springt auf, sein Stuhl fällt um, Stengele kommt hinter der angelehnten Stahltür hervor.

»Was machst du denn hier?«, herrscht er Stengele an.

»Das kann ich auch dich fragen.«

»Was geht hier vor? Was soll das?« Schwanke deutet auf die Warnung. »Was soll ich nicht verkaufen?«

»Vermutlich, was dir nicht gehört«, grinst Stengele frech. Er ist immer noch euphorisch von seinem eben geführten Gespräch mit den vermeintlichen NASA-Vertretern. Als er die dunkel funkelnden Augen seines Chefs sieht, schiebt er schnell nach: »Ich weiß auch nicht, was hier vor sich geht. Als ich kam, war die Tür geöffnet, das Licht brannte und dann habe ich Schritte gehört und mich schnell hinter der Tür versteckt.«

»Warum?«

»Ich wusste ja nicht, dass du es bist.«

»Wer denn sonst?«

»Mann, Gunther, hier stimmt einiges nicht. In meinem Büro war der Kopierer an, und ich bin mir sicher, dass ich einige Ordner, die daneben lagen, hier im Keller im Archiv stehen hatte.«

»Heinomol! Glaubst du, es hat sich jemand eingeschlichen, das ist doch bei uns unmöglich?«

»Du meinst Matthias' Mörder?« Stengeles Stimme wird verhalten, unsicher hält er flugs die rechte Hand vor seinen Mund, als wolle er sich selbst das Weitersprechen verbieten.

Gunther Schwanke winkt ärgerlich ab, hebt den Stuhl hinter sich auf und setzt seine 100 Kilo wieder vor den Rechner. Er will herausfinden, was in seinem Unternehmen vor sich geht. Er will die letzten Arbeitsgänge im Computer nachvollziehen. Es ist für ihn ein Leichtes, festzustellen, auf welche Dateien vermeintliche Einbrecher zugegriffen hätten.

Hastig tippt er über die Tastatur des Großrechners. Zwischendurch bewegt er die Maus und stöhnt dabei immer öfter und lauter. Schon bald steht für ihn fest, dass alle Dateien, die den Zentralachsenspiegel betreffen, in der Nacht geöffnet worden waren. Manche Dokumente wurden von dem Server direkt an eine ihm unbekannte Mailadresse verschickt. Diese Adresse nachzuprüfen, kann er sich schenken, sie ist fingiert, das ist ihm klar. Auch die Uhrzeit des Mailverkehrs, 3.37 Uhr, ist eindeutig: Da waren Profis von außerhalb am Werk, die sich trotz höchster Sicherheitsmaßnahmen in sein Unternehmen eingeschlichen hatten.

Schwanke wird es heiß. Erneut bilden sich dicke Schweißperlen auf seiner Platte. Er atmet tief ein, sieht Stengele durchdringend an. Er muss jetzt gerade vor dem Kerl Überlegenheit demonstrieren. Die Mailadressen von Matthias' Kunden, weshalb er in den Keller gekommen war, will er später, ohne Herbert kopieren. Jovial legt er seinen Arm um Stengele und schiebt ihn aus dem abhörsicheren Raum zum Aufzug. »Komm, lass uns hochfahren, wir haben noch einiges zu besprechen«, fordert er ihn freundschaftlich auf.

Stengele nickt zustimmend und steigt als Erster in den Aufzug. Das Gebäude hat offiziell nur drei Stockwerke, aber oben, über dem dritten Stock, hat sich Schwanke auf dem Dach ein Chefzimmer in einer Art gläsernem Penthouse eingerichtet. Der Fahrstuhl führt direkt in das Chefzimmer.

Der Aufzug ist für vier Personen gebaut, wobei Schwanke, mit seinem riesigen Bauch, Platz für zwei beansprucht. Die Enge und zwangsläufige körperliche Nähe ist für die beiden alten Bekannten kein Problem, bis der Aufzug plötzlich im ersten Stock stoppt. Die Tür geht auf, vor ihnen steht Verena, die frischgebackene Witwe.

Sie hat sich modisch schnell umgestellt. Ihre brünetten Locken fallen über ein schwarzes Kleid, das figurbewusst betont, dass sie auch als Witwe noch überaus weibliche Reize zu bieten hat. Ihr Make-up gibt ihr einen blässlichen Teint, ihre Lippen sind, dem Anlass angepasst, ausnahmsweise nicht grell-, sondern bordeauxrot geschminkt, ihre Augen schwarz umrandet.

Hüftabwärts allerdings scheint sie ihre neue Rolle noch nicht verinnerlicht zu haben. Der Rock reicht knapp über ihre festen Pobacken, die Netzstrümpfe sind weitmaschig genäht und blau, während ihre hochhackigen High Heels in knalligem Rot kreischen.

Die beiden Männer schauen Verena überrascht an, danach sich gegenseitig ratlos.

»Freunde, ihr könnt mich jetzt nicht im Stich lassen«, appelliert Verena Kluge lautstark, »ich bin total überfordert.« Dabei drückt sie sich hemmungslos in den engen Fahrstuhl, verschafft sich Platz vor Herbert Stengele, verstreut den plumpen Duft ihres süßlichen Parfums und blickt den beiden Männern provokant ins Gesicht.

»Meine liebe Verena«, beschwichtigt Schwanke in leisem Ton, »wir sind immer für dich da, das ist doch klar, Matthias war unser Freund, und du gehörst zu uns, wie zu einer Familie. Auch nach diesem schrecklichen Unglück.«

»Unglück! Unglück?«, schreit Verena schrill, »Mord ist Mord! Das ist kein Unglück, das ist in eurem Sprachgebrauch vielleicht ein Betriebsunfall! Ein Ergebnis eurer Arbeit in diesem unmenschlichen Business.«

Herbert Stengele schaut unsicher zu ihr. Gunther Schwanke schiebt lächelnd seine für seinen Bauchumfang viel zu kurzen Arme nach vorn, um Verena zu umarmen.

Sie haucht ihm zwei Küsschen, eines rechts eines links, auf die Wange, um sofort schrill fortzufahren: »Da könnt ihr euch nicht einfach aus der Verantwortung stehlen, ich habe der Polizei gesagt, dass der Mord nur mit seinem Job zusammenhängen kann. Wer hätte ihm denn sonst so etwas antun wollen?«

Herbert Stengeles Muskeln in der rechten Wange beginnen nervös zu zucken, doch er beißt standhaft die Zähne zusammen und malmt dabei seinen Unter- gegen den Oberkiefer, während er hilflos zu seinem Chef schaut. Für ihn selbst ist der Moment unerträglich. Am liebsten würde er Verena in seine Arme nehmen, so wie es eben Schwanke tat. Doch er steht unbeholfen neben den zweien, weiß nicht, wohin mit sich und seinen Händen, ist sich unsicher, wie er ihr begegnen soll. Er denkt noch immer, dass sie ihn in den Studententagen verlassen hat, weil Matthias immer Geld hatte, und er nicht. Scheu schaut er zu ihr, begierig saugt er ihren süßlichen Parfumduft ein, bald wird er reich sein!

Sie begegnet seinem schmachtenden Blick cool und faucht böse: »Du, du hast die ganze Scheiße zu verantworten, dein ewiges Getue um dein Teleskop. Seit hundert Jahren hast du nichts anderes im Kopf. Das ist der Grund. Dieser Spiegel, um den es Matthias seit Wochen ging.« Sie schnappt nach Luft, ringt nach Atem, zerrt an ihrem viel zu tief ausgeschnittenem Dekolleté. Ein Knopf löst sich und springt von ihrem engen Kleid ab. Daraufhin lässt sie einen verzweifelten Schrei los.

Gunther Schwanke lächelt still vor sich hin. Herbert Stengele ist aufgebracht. Er will Verena zur Hand gehen, er will den Knopf aufheben, will sich bücken, aber es ist zu eng in dem kleinen Fahrstuhl. Er stößt mit seinem Kopf an ihre pralle Brust und hält, damit er nicht stürzt, sich schnell mit beiden Händen an ihren breiten Hüften fest. Schließlich bricht er sein Unterfangen wieder ab und steht mit hochrotem Kopf vor ihr.

Sie stöhnt genervt. »Herbert, du, grad du! Reiß dich zusammen, was ist mit deinem Fuck-Teleskop, warum wurde mein Matthias ermordet?«

»Ich habe die Lösung!«, platzt es aus Stengele voller Stolz heraus, »ich hab's doch immer gewusst. Jetzt hab ich's geschafft!«

»Dann guck mal, wo die Lösung liegt, dass dieser Fahrstuhl sich endlich wieder in Bewegung setzt«, fährt Schwanke ungeduldig dazwischen, »ich will in mein Büro, da können wir in Ruhe weiterreden. Verena, es tut mir leid, aber bitte beruhige dich erst einmal, Heinomol!«

Herbert Stengele nimmt die Gelegenheit wahr, um sich aus dem Fahrstuhl zu zwängen. Im Hinausgehen drückt er die Taste für das Chefzimmer im obersten Stockwerk und wendet sich zum Gehen, aber nicht ohne zuvor doch noch mutig Verenas Hand zu ergreifen und ihr fast schuldbewusst »Es tut mir leid!« zuzuflüstern.

Bevor sich die Aufzugtür schließen kann, antwortet sie unbeeindruckt: »Das werden wir ja noch sehen. Markus wird den Verkauf für Matthias übernehmen.«

Bevor Stengele antworten kann oder er die Antwort von Schwanke hört, schließt die gläserne Tür. Er sieht nur noch, wie Gunther bei Verenas Erwähnung von Markus seine Augen entsetzt aufreißt.

Markus ist der Sohn von Verena und Matthias. Er ist noch keine 30 Jahre alt, war jedoch des Öfteren mit seinem Vater auf Verkaufstour im Nahen Osten und Asien. Der Kerl hat Verkaufstalent und scheint skrupelloser zu sein als sein Vater, das hat er bereits häufig bewiesen.

Doch wie ein Mantra schwirrt es seit dem Tod Matthias' durch Herberts Kopf: »Ich verkaufe meine Erfindung selbst, Punkt!«

6

Von wegen romantische Luftfahrt, denkt Leon. Der Zeppelin NT schnurrt friedlich, von Friedrichshafen kommend, über seinen Kopf hinweg, Richtung Überlinger See. Doch Leon hat für seine Dokumentation recherchiert und er weiß: Dafür wurde die heute von den Seeanwohnern verehrte silberne Zigarre ursprünglich nicht gebaut.

Er steht an Bord des Katamarans ›Fridolin‹ und lässt sich auf dem schnellsten Weg von Konstanz nach Friedrichshafen schippern. Mit zweimal 800 PS will das Schnellschiff die beiden Seemetropolen miteinander verbinden. Nur die Badener in der historischen Kulturstadt Konstanz, am südlichen Teil des Sees, und die Württemberger, in der neureichen Industriestadt Friedrichshafen am nördlichen Ufer, lassen sich nicht so leicht füreinander begeistern, obwohl der alte Graf Zeppelin am Glanz seiner Luftfahrtgeschichte beide Städte teilhaben lässt. Denn der legendäre Graf ist in Konstanz geboren und hat in Friedrichshafen den Grundstein für den heutigen wirtschaftlichen Erfolg der Seeanwohner gelegt. Ihm ist es zu verdanken, dass die Region um die schwäbische Seestadt Friedrichshafen geprägt ist von den größten Rüstungsbetrieben des Musterländles.

Es war im Jahr 1863, als sich Ferdinand Graf von Zeppelin zum ersten Mal den Kampf großer Kriegsschiffe in der Luft vorgestellt hatte. Er war in den Vereinigten Staaten von Amerika, um dort als Beobachter auf der Seite der Nordstaaten am Sezessionskrieg teilzunehmen. Am 19. August 1863 unternahm er in St. Paul, nahe der Grenze zu Kanada, seinen ersten Flug beziehungsweise die erste Fahrt, in einem

Aufklärungsballon der Armee der Nordstaaten. Von diesem Tag an war ihm klar, die Kriege der Zukunft werden aus der Luft entschieden.

Seinen nächsten Krieg erlebte der Graf 1870 in Frankreich. In Paris sah er erneut diese riesigen Ballons in den Himmel steigen. Die Soldaten in den verdammten Ballonkörben waren seinem Heer überlegen. Er saß, als deutscher Offizier, auf seinem Pferd. Die französischen Aufklärer erspähten ihn und sein Regiment aus sicherer Entfernung unausweichlich aus der Luft. Seine fixe Idee: Mit diesen verfluchten Ballons über Paris zu fahren, um aus heiterem Himmel die Stadt in Schutt und Asche zu legen. ›So kann man in Zukunft jeden Krieg gewinnen‹, propagierte er seit diesem Erlebnis.

Leons Auftrag ist zwar, ein Filmporträt über den Flugzeugpionier Claude Dornier zu produzieren. Doch Dornier zu würdigen, ohne diesen verklärten Seeheiligen Zeppelin zu erwähnen, geht gar nicht. Der verrückte Graf hatte den jungen Ingenieur Dornier einst mit seinen Flausen der Luftschifffahrt an den Bodensee gelockt. Deshalb war Leon in Konstanz, um im heutigen ›Inselhotel‹, der Geburtsstätte dieses besessenen Grafen, zu drehen.

Heute ist in der gräflichen Geburtsstube eine fürstliche Bar einer renommierten Hotelkette untergebracht. Geschäftsmänner aus aller Welt stoßen am Tresen der erlauchten Herberge des ›Inselhotels‹ auf Vertragsabschlüsse an, die es vielleicht ohne den alten Grafen gar nie – zumindest am idyllischen Bodensee – gäbe.

In einer Stunde hat Leon einen Termin bei Gunther Schwanke. Der Mann ist gebürtiger Häfler und Zeit seines Lebens ein begeisterter Zeppelinjünger und Flugingenieur. Vor allem aber, hatte Leon recherchiert, arbeitete er als einer der letzten lebenden Zeitzeugen noch eng mit Claude Dornier selbst zusammen. Deshalb will er ihn interviewen.

Leon ist mit seinen Dreharbeiten schwer in Verzug geraten. Dieser Tote, vergangene Woche am Seemooser-Horn, hat den gesamten Produktionsplan auf den Kopf gestellt. Nachdem er die Polizei alarmiert hatte, war der Tag für ihn gelaufen. Dreimal musste er immer wieder seine gleiche Version, wie er den Toten gefunden hatte, erzählen. Zu allem Überfluss arbeitete sein alter Bekannter, Hauptkommissar Horst Sibold, in der schnell einberufenen Sonderkommission.

Der Mann hatte seine Glupschaugen schon verdreht, bevor er ihn wahrgenommen hatte. »Nicht auch noch der«, hatte Sibold laut und für alle vernehmlich gestöhnt und das erste Protokoll mit Leon einem jungen Kollegen überlassen. Nahezu unbeteiligt war der Kommissar danebengesessen, während er erzählen musste, wie er die Leiche unter der Slipanlage hervorgezogen und sie auf den Rücken gedreht hatte.

Der sonst eher gemütliche Kommissar sprang bei diesem Teil der Schilderung von seinem Stuhl auf und schrie Leon an: »Goats no? – Das glaub ich nicht, das darf doch gar nicht wahr sein, Mann, Herr Dold! So blöd sind Sie doch nicht?«

Er hatte nüchtern geantwortet: »Sorry, aber ich finde nicht jeden Tag einen Toten, da fehlt mir einfach die Routine.«

Fassungslos stand der Kommissar vor ihm, schlug sich mit beiden Handflächen ins Gesicht, fuhr mit der einen Hand hoch über seine Glatze und durch seinen abstehenden Haarkranz, mit der anderen Hand knetete er seine dicke Knollennase nach allen Regeln der Kunst. Leon fürchtete, er reiße sie sich aus, bis er endlich seine Arme wieder sinken ließ, nach Luft rang und erbost aus dem Raum stampfte.

»Ich hoffe, ich werde Sie, bis der Fall abgeschlossen ist, nicht mehr sehen müssen«, hatte er ihm erbost zugezischt und danach die Tür hinter sich zugeschlagen.

Leon erinnert sich an die Erlebnisse mit dem Kommissar. Er hatte ihn in Singen kennengelernt, als er zur deutsch-schweizerischen Grenze recherchiert hatte. Der Fall damals ging für ihn und den Kommissar aus wie das Hornberger Schießen; am Ende hatte der Polizist keinen Täter und er keine Story, doch Leon war dem Irrtum aufgesessen, sie hätten gemeinsam eine neue Freundschaft gefunden. Aber er musste erkennen, dass dem wohl nicht so war. Der Kommissar jedenfalls schien über das Wiedersehen wenig erfreut gewesen zu sein.

Leon geht in Friedrichshafen direkt vom Fährbahnhof, am Zeppelin-Museum der ehemaligen königlich-schwäbischen Eisenbahn vorbei, ins Parkhaus. Dort hatte er am Mittag seinen alten Porsche abgestellt. Viel Platz bietet der sportliche Zweisitzer im Cockpit bekanntlich nicht. Zudem hatte er, bevor er in Überlingen wegfuhr, die Karre noch mit sperrigen Gartenabfällen füllen müssen. Seine über 90-jährige Vermieterin, Helma, hatte am Morgen auf seinen versprochenen Gartenarbeiten bestanden. Haselnusssträucher und Efeu waren in den Gartenweg hineingewachsen. Äste hatten sich auch schon vor ihren Briefkasten geschoben.

»Wie sieht das denn aus?«, hatte sie schon vor Wochen moniert, und Leon hatte sie immer nur vertröstet. Doch heute Morgen war Schluss. Die resolute Villenbesitzerin baute sich vor ihrem Mieter auf, als er gerade eine Runde joggen gehen wollte, und stellte ihm ein Ultimatum. »Leon, jetzt reicht's!«, warnte sie, »du schneidest jetzt die Äste oder ich rufe einen Gärtner und schlage dir die Rechnung auf deine Miete auf.«

Leon grinste. Er liebte diese alte Frau, besonders wenn sie so resolut ihren Willen durchsetzte. Sie hatten einen klaren Deal vereinbart. Er wohnte zu einem fairen Preis in ihrer Einliegerwohnung, dafür musste er den Garten pflegen.

Schnell allerdings hatte sich das Missverständnis zwischen den beiden offenbart: Gartenpflege bedeutet für Helma etwas anderes als für Leon.

Gerade heute Morgen machte sie ihm wieder einmal unmissverständlich klar, wie der Garten um ihre Villa, nach ihrem Geschmack, auszusehen habe. Er habe dafür zu sorgen, dass weder Gras noch Sträucher zu lang und zu dicht wuchsen. Und, klare Ansage der alten Dame: Das Gras kommt auf den Kompost, aber nicht die dickeren Zweige, und schon gar nicht die Haselnusszweige. Leon hatte die Grünabfälle zur städtischen Deponie zu fahren. Es blieb ihm nichts weiter übrig, als die Zweige zu bündeln und in seinem Zweisitzer zu verstauen. Der kleine Kofferraum des Porsches war schnell voll, also verstaute er einen Teil der Äste auf der Rückbank und dem Beifahrersitz.

Jetzt nervt ihn das Grünzeug. Wie er in seinen Wagen einsteigt, muss er sich neben das störende Blattwerk drücken. Er schwört sich, das lästige Geäst noch heute Nacht irgendwo auf der Heimfahrt abzuladen. Zunächst muss er sich allerdings sputen, Gunther Schwanke erwartet ihn in seinem Büro. Mit den ersten Tönen von Jan Garbareks Saxofonspiel ›In Praise of Dreams‹ aus dem CD-Player fährt Leon los.

Er will Schwanke zu Dornier befragen, doch plötzlich muss er an den Toten vom Seemooser-Horn denken. Immer wieder kreuzen sich die Wege seiner Recherchen mit dem des Ermordeten. Gunther Schwanke bat ihn, erst spät am Abend zu kommen, er sei gerade, seit dem überraschenden Tod eines leitenden Angestellten, viel beschäftigt. Leon zählte zwei und zwei zusammen und erinnerte sich an die Krawattennadel des Toten und die beiden Buchstaben ›DS‹. Die Verbindung zu Schwankes ›Defensive-Systems‹ liegt auf der Hand, er leitete ab, dass Schwanke mit seinem toten Mitarbeiter nur Dr. Kluge vom Seemooser-Horn meinen konnte.

Leon nestelt an der Sonnenblende seines Wagens, um seine Augen gegen die tief stehende Abendsonne aus dem Westen zu schützen. Es ist zwar nach 19 Uhr, aber die Sonne demonstriert noch immer strahlend ihre Sommerstärke. Im Gegenlicht sieht er den Zeppelin von seiner Reise über den Überlinger See zurückkommen. Die Passagiere haben an solch einem Abend eine wundervolle Aussicht. Ideales Licht für Märchenbilder vom Bodensee, träumt Leon, doch sein Kamerateam ist in Konstanz zurückgeblieben. »Feierabend«, hatte der Kameramann gelacht und sich an das Konstanzer Hörnle zum Baden verdrückt.

Der Kapitän des Zeppelins NT, Lars Pentzek, hält den Joystick locker in der linken Hand, sekündlich muss er das Schiff bei jeder kleinen Windböe ausgleichen, damit die Gashülle nicht nach eigenem Gutdünken auf den Luftwellen tanzt. Graf Zeppelin hatte vor hundert Jahren mit ganz anderen Widrigkeiten zu kämpfen, seine Luftschiffe hatten andere Dimensionen, sie waren viermal so groß wie die heutigen und von wegen NT. Neue Technologie von 1900, das hieß damals rund 250 Meter lang, fast 50 Meter hoch und mit 200.000 Kubikmeter Wasserstoff gefüllt.

Die heutige silberne Zigarre ist in ihren Ausmaßen ein müder Abklatsch. Trotzdem wird die Autoschlange zwischen Friedrichshafen und Meersburg unwillkürlich noch langsamer, als der Zeppelin vorüberzieht. Fast alle Fahrer schauen verträumt zu dem tanzenden Luftschiff hoch.

Dabei schiebt sich auf der Straße die Blechlawine ohnehin nur mühsam voran. Es ist der sommerliche Touristenverkehr von Friedrichshafen über Fischbach nach Immenstaad und Meersburg. Die Tagesausflügler sind auf dem Weg nach Hause, die Frischluftschnapper haben alle Zeit der Welt und blicken lieber auf den schimmernden See und zu dem Zeppelin, als dass sie sich auf den Verkehr konzentrieren.

Leon steckt mitten in der Schlange. Die zweispurige Bundesstraße hat zwei Gesichter. Mit dem einen werben die Fremdenverkehrsorte: ›Oberschwäbische Barockstraße‹ nennen sie die Bundesstraße zwischen den beiden Kuppeltürmen der alten Friedrichshafener Schlosskirche und der Wallfahrtskirche Birnau, kurz vor Überlingen.

Gleichzeitig dient die Bundesstraße auch als Produktionsstraße. Sie verbindet die Betriebe der mtu, heute Tognum AG, Lieferant von Motoren für Panzer und Zerstörer sowie U-Boote; mit der ZF, hier werden Getriebe für Panzer und Militär-Lastwagen produziert, und der Firma Avitech, hier tüfteln Ingenieure an IT-Lösungen zur Luftraumüberwachung, sowie der EADS Astrium in Immenstaad, sie verkauft Satellitenüberwachungsanlagen, während daneben die EADS Cassidian Flugsteuerungen in die Eurofighter einbaut.

Leon wird klar: Hinter all den sauberen Werksfassaden, an denen er vorbeitrödelt, sichert allein die Rüstung die schönen, hoch bezahlten Arbeitsplätze. Er schwankt zwischen Anerkennung und Ablehnung und denkt an die einst tollkühnen Männer zu Zeiten von Claude Dornier in ihren fliegenden Kisten und gleichzeitig an die heute ausgetüftelte, perfekte High-Tech-Wissenschaft für Tötungsmaschinen auf perfideste Art, die hinter den Fassaden dieser Unternehmen entwickelt werden.

Über die Firma Defensive-Systems von Gunther Schwanke hat er recherchiert, aber die Firma zeigt sich nach außen verschlossen. Auch im Internet gibt das Unternehmen nicht viel preis: ›An excellent partner for system solutions in space and terrestrial monitoring demanding efficiency in system engineering and system management.‹, steht nicht sehr vielsagend auf der Homepage.

Zum Management wird auf Schwanke verwiesen, und

da mit Stolz auf seine ehemalige Zugehörigkeit zu Dornier: ›Defensive-Systems was founded by former executive managers of Dornier Satellitensysteme GmbH / Astrium GmbH.‹

Mehr Persönliches fand er über Gunther Schwanke in den Archiven der Lokalpresse. Dort wird der Mann gefeiert als ein engagierter Bürger in den örtlichen Vereinen, Präsident des Segelklubs, Präsident des Musikvereins und Mitglied des Kirchengemeinderats.

Nach Immenstaad, vor dem Schloss Kirchberg, setzt Leon den Blinker links und fährt einen schmalen Weg in einen Rebhang hinunter. Der See liegt vor ihm, rötlich flirren die Wellen in der Abendsonne, gegenüber schimmert die Alpenkette. Nur undeutlich kann er die Säntisspitze erkennen. Ein gutes Zeichen, hat er von Helma gelernt, die ihm ihre Weisheit verriet: Sind die Alpen abends im Dunst, erweist die Sonne am nächsten Morgen ihre Gunst!

Er folgt einem kleinen Hinweisschild ›Defensive-Systems‹ und hält schließlich vor einem eisernen Tor. Er sieht, wie eine Kamera auf ihn zoomt, er winkt, das Tor öffnet sich automatisch. Zunächst fährt er durch einen dicht bewachsenen Park, dann plötzlich steht er vor einer modernen, gläsernen, dreistöckigen Fassade.

Leon stellt seinen Porsche auf den fast leeren Parkplatz, nur noch wenige Beschäftigte scheinen in der Firma zu sein. Er steigt aus und lässt sich von einem Portier, der angestrengt auf verschiedene Monitore stiert, die das Gelände rund um das Anwesen beobachten, den Weg ins Chefbüro erklären.

Mit einem Fahrstuhl fährt er direkt in das oberste Stockwerk, die Tür öffnet sich leise und Leon steht unvermittelt in einem großen, hellen Raum. Ihm ist, als würde er auf einem Dach ohne Wände stehen. Rundum nur Glas, der Blick reicht ungehindert über den See und in die Weinberge.

»Willkommen«, geht Gunther Schwanke mit einnehmendem Lächeln auf Leon Dold zu, »Sie sind der Journalist, der mit mir über alte Zeiten reden will?«

»Auch«, sagt Leon, »aber ebenso, wie man zu solch einem traumhaften Arbeitszimmer kommt, mit dem gigantischen Ausblick.«

Gunther Schwanke lacht geschmeichelt, winkt bescheiden ab und sagt voller Inbrunst: »Schaffe! Mein Lieber, schaffe!«

Leon schüttelt angesichts dieses überwältigenden Ambientes ungläubig den Kopf, geht einen Schritt auf Schwanke zu, reicht ihm die Hand und schaut sich weiter staunend um. »Gratuliere, Sie haben's tatsächlich g'schafft!«

Der Blick über die Seelandschaft ist phänomenal. Man sieht über den See bis hinüber zu den Alpenspitzen in der Schweiz und Österreich sowie über die gesamte Seelänge von Konstanz im Westen bis Bregenz im Osten.

Aber auch die Einrichtung und Aufteilung des riesigen Büroraums besticht. Leon kommt sich im biederen Oberschwaben plötzlich vor, wie in einem modernen Loft im Obergeschoss des Guggenheim-Museums. Im Zentrum des Raums liegt eine runde, gläserne Arbeitsplatte auf zwei großen Chromböcken. Gunther Schwanke steht daneben und räumt schnell einige ineinander gerollte technische Zeichnungen vom Tisch. Leon erkennt ein paar Skizzen, die aussehen, als zeigten sie eine überdimensionale Satellitenschüssel. Auf einem gesonderten Blatt sieht er in der Schüssel deutlich achteckige Flächen, die sich, miteinander verbunden, wie ein Oktogon zu einer runden Fläche zusammensetzen.

»Sieht aus wie ein überdimensionaler Übertragungssatellit von Astra oder Eutel«, zeigt Leon auf die Skizzen, bevor Schwanke sie abräumen kann. »Sind wir TV-Kollegen?«, strahlt er den Firmenchef unbedarft an.

»Ja«, gibt dieser freundlich zurück, »in Satelliten machen heute alle, selbst Leute, die gar nichts davon wissen. Aber ohne Satelliten würde sich diese Welt nicht mehr drehen.«

»Dabei drehen sich doch gerade die Satelliten um die Welt«, lächelt Leon und schiebt mit einem unbekümmerten Tonfall nach, »nur für Dr. Kluge, Ihren toten Mitarbeiter, da dreht sich leider gar nichts mehr.«

Schwankes Gesicht verfinstert sich, er hält in seinen Aufräumarbeiten inne, schaut Leon fragend an und murmelt schroff: »Was geht Sie das an?«

»Eigentlich nichts, aber ich habe zufällig den Mann im See gefunden.«

Schwanke lässt die Skizzen fallen, seine Augen weiten sich. Er blickt Leon verunsichert an. Dann fährt er sich mit der linken Hand über den Schädel, glättet seine lang gezogene Haartolle über seiner Glatze und lässt sich mit offenem Mund auf den Schreibtischstuhl plumpsen. Ungläubig mustert er Leon, winkt ihn schließlich zu sich und deutet ihm an, Platz zu nehmen.

»Heinomol, Dr. Kluge war einer unserer fähigsten Mitarbeiter«, sagt er langsam und in weinerlichem Tonfall. »Unser Key-Account-Manager. Gestern erst war die Beerdigung, schrecklich.«

Leon schaut sich, bevor er Schwankes Handbewegungen Folge leistet, genauer in dem großen Büro um. Er sieht hinter sich an der Wand mehrere Fotografien hängen. Zielstrebig geht er darauf zu und erkennt auf mehreren Bildern Gunther Schwanke. Die Sammlung überschreibt Leon mit dem Titel: ›Schwanke und die Großen dieser Welt‹. Neben dem Firmenchef erkennt er den Verteidigungsminister mit hochdekorierten Militärs, den Ministerpräsident des Landes, wie er Schwanke die Hand schüttelt, Schwanke mit der Frau Bundeskanzlerin und Deutschen Offizieren, Militärs aus anderen Ländern, vermutlich aus Afrika, und auf einem anderen Bild auch asiatische Offiziere.

Dazwischen auf einem Brett fein säuberlich angeschraubt verschiedene militärische Orden, aus aller Herren Länder. Unter einem liest Leon: ›Hero of freedom‹.

»Ein Held des Friedens«, stichelt Leon, »das wird man doch nicht nur mit Fernsehschüsseln?«

»Kommt ganz auf das Programm an«, gibt Schwanke verhalten zurück, »aber was wollen Sie denn jetzt? Ich denke, Sie sind wegen meiner Zeit bei Dornier und wegen dem alten Claude hier?«

Leon lässt die Bildersammlung hinter seinem Rücken hängen, geht zu dem Firmenpatriarchen an den Tisch und setzt sich ihm gegenüber. »Es lässt mir einfach keine Ruhe. Ich habe den Mann im Wasser gefunden, ich habe das Einschussloch gesehen und die Austrittswunde, brutal! Das Bild werde ich nie vergessen.«

»Das glaube ich Ihnen, aber das alles wird unseren Herrn Dr. Kluge auch nicht mehr lebendig machen«, winkt Schwanke sachlich ab. »Das Leben geht weiter. Ich habe jetzt Riesenprobleme, ich muss den Mann ersetzen, so einen Mann wie Kluge, mit seinen Connections, so einen bekommen sie nicht vom Arbeitsamt zugewiesen.«

»Weiß man denn schon etwas Genaueres? Hat die Polizei einen Verdacht – oder Sie?«

Schwanke schüttelt ratlos seinen dicken Kopf. Dann wuchtet er seine nicht unerhebliche Masse aus seinem Vitra-Stuhl, geht zu einem halbhohen Sideboard, bückt sich und kommt mit zwei Cognac-Schwenkern und einer Flasche original Courvoisier XO Imperial zurück.

»Zumindest ein würdiger Drink«, lobt Leon beim Anblick der unverwechselbaren Flasche, bohrt aber unbeeindruckt weiter: »Wer soll ihn denn umgebracht haben? Und vor allem auf diese Art und Weise? Sah aus wie eine Hinrichtung.«

Schwanke geht auf die Frage nicht ein. Konzentriert füllt er die Gläser.

Leon weiß nicht warum, aber er kann von dem Thema nicht lassen. Dabei hat er sich um den toten Kluge in den letzten Tagen keinen Deut gekümmert. Doch jetzt, wo er in dem Unternehmen sitzt, in dem er gearbeitet hat, schwirren ihm plötzlich etliche Fragen durch den Kopf. »Entschuldigung, aber Sie müssen schon verstehen, Herr Schwanke«, lässt er nicht locker, »das Loch, das hätten Sie sehen sollen.«

Schwanke nickt unsicher, reicht Leon ein Glas und prostet ihm zu. »Auf Matthias, er war mein Freund und mein bester Mitarbeiter.«

»Key-Account-Manager«, nickt Leon. »Sagen Sie, was ist das denn, was macht so ein Manager genau?«

»Sie können auch Vertriebs- oder Verkaufschef sagen. Kluge hat immer mehr in der Außenvertretung der Firma meine Stelle eingenommen. Ja, er war schon längst meine rechte Hand.«

»Das heißt, er war wie Sie auf den Fotos an der Wand, bei den Militärs unterwegs und hat ihre Waffen in aller Welt verkauft?«

»Junger Mann«, Schwankes Stimme klingt verärgert, »wir kommen vom Thema ab. Fragen Sie zu Claude Dornier, was Sie wissen wollen, und dann machen wir Feierabend.«

»Entschuldigen Sie, ich bin eben interessiert, was Sie machen und diese Skizzen ihrer Satellitenanlagen sehen doch sehr gewaltig und beeindruckend aus.«

»Das ist ja das Problem«, zeigt sich Schwanke versöhnlich, »der alte Claude hätte sich über diese Neuentwicklung gefreut, er hätte gewusst, wie man diese Erfindung verkauft. Aber das waren auch ganz andere Zeiten.«

»Warum?«

»Tja, damals war die Welt zweigeteilt«, beginnt Schwanke zu plaudern, »da gab es kein langwieriges Hin und Her abzuwägen. Man wusste genau, wer Feind und wer Freund ist. Und der Westen hat alles genommen, was man an technisch Neuem anbot. Aber heute …«.

Leon hat sich angewöhnt, seine Klappe zu halten, wenn Interviewpartner aus dem Nähkästchen plaudern. Er bleibt ruhig sitzen, lächelt Schwanke höflich zu und wartet geduldig ab.

Schwanke nippt an seinem Glas, schaut Leon prüfend an und nimmt schließlich den Faden wieder auf: »Wir haben da einen gigantischen Schritt ins All gewagt. Wir haben das berühmte Hubble-Teleskop geschlagen, um Welten! Wir besitzen die Formel, wie man ein Superauge bauen kann, mit dem man bis in die Tiefen des Universums blicken kann, wie dies den Menschen bisher noch nie möglich war.« Schwanke richtet seinen Oberkörper in seinem modernen Designerstuhl stolz auf, legt seine Hände um seinen dicken Bauch und endet fast traurig: »Kluge hatte diese geniale Erfindung so gut wie verkauft, das wissen wir heute. Jetzt beginnen die Verkaufsverhandlungen von Neuem, ich muss wieder ganz von vorn anfangen.«

Gunther Schwanke war in den Tagen seit Kluges Tod nicht untätig. Er hatte sich das iPhone bei der Polizei abgeholt und Kluges letzte Termine vor seinem Tod gecheckt. Der Mann war die Woche vor seinem Tod zweimal kurzfristig nach Asien geflogen. Er hatte Stationen in Delhi, Rangun, Peking und Moskau eingelegt. Für Schwanke deutliche Hinweise, dass Kluge für den Zentralachsenspiegel von Stengele Interessenten außerhalb der NATO auf seiner Liste hatte. Auch der E-Mail-Verkehr Kluges dokumentiert intensive Verhandlungen mit den Ministerien in diesen Ländern. Er weiß nur nicht, mit wem Kluge tatsächlich vor einem Abschluss stand. Doch vermutlich teilen Dritte dieses Wissen, und denen hatte der Deal offensichtlich gar nicht gepasst. Denn das ist auch Schwanke klar: Kluge wurde hingerichtet. Und warum, wenn nicht wegen dieser verdammten Strahlenwaffe? Dieser Journalist ist auf der richtigen Spur, die Schusswunde deutete auf eine Exekution hin. Aber alle diese Gedanken hat Schwanke weder der Polizei gesteckt noch hat er vor, sie diesem Schreiberling auszuplaudern.

Geschickt steuert Schwanke das Thema an, über das er sich bereit erklärt hatte, zu reden: »Der Verkauf neuer, technischer Errungenschaften ist und bleibt ein Problem, junger Mann«, Schwanke hebt seine Stimme deutlich an, um Leon seinen angestrebten Themenwechsel zu signalisieren. »Das ist heute so, war aber wie gesagt früher zu Zeiten Claude Dorniers ganz anders. Wenn wir damals sensationelle, neue Erfindungen gemacht haben, wussten wir, wem wir sie anzubieten hatten, die NATO war immer unser Ansprechpartner.«

Schwanke prostet Leon zu, lacht kurz auf, scheint auf einmal anderen Gedanken nachzuhängen, nimmt jedoch genauso unvermittelt wieder neuen Anlauf und plaudert weiter: »Klar, die große Zeit Claude Dorniers begann vor dem Zweiten Weltkrieg, aber das wissen Sie ohnehin. Ich war ja erst danach dabei.«

Schwanke gehört den sogenannten ›Weißen Jahrgängen‹ an, die erst nach Kriegsende ins Wehralter kamen, 1956 zur Wiederbewaffnung der Bundesrepublik aber schon zu alt für die Wehrpflicht waren. Trotzdem hatte er sich, aus seiner Sicht, schon in jungen Jahren um die Sicherheit der Bundesrepublik Deutschland verdient gemacht. Denn Gunther Schwanke hatte bei der Planung und Weiterentwicklung militärischer Flugzeuge bei Dornier mitgewirkt, als dies in der Bundesrepublik der Nachkriegszeit noch verboten war.

Claude Dornier war es von den Alliierten untersagt, nach 1945 in der Flugzeugindustrie wieder tätig zu sein. Er wurde nach Ende des Krieges eine Zeit lang in Frankreich interniert. Sein Unternehmen zählte zu den führenden Rüstungsbetrieben der NS-Zeit. Vor allem die ›fliegenden Bleistifte‹, ›made am Bodensee‹, waren im Krieg von den späteren Siegern gefürchtet. Die Do 217 war ein wendiges, schnelles Kampfflugzeug. Das Heereswaffenamt hatte Dornier schon früh damit beauftragt, und mit der Tarnbezeichnung ›Schnellverkehrsflugzeug‹ wurde schon bald nach 1933 am Bodensee aufgerüstet. In Friedrichshafen erlebten so alle Produktionsbetriebe der ehemaligen Zeppelinwerke und ihre Zulieferer vor dem Zweiten Weltkrieg ein wirtschaftliches Hoch. Während die deutschen Panzer mit Maybach-Motoren und ZF-Getrieben auf das Kriegsfeld rollten, produzierte Dornier für die Luftwaffe. Die Dornier-Werke hatten sich von dem Luftschiffbau-Konzern gelöst und kamen mit dem Beginn der Aufrüstung groß ins Geschäft.

Nach dem Krieg waren die Dornier-Werke vollständig zerstört, ein Wiederaufbau war zunächst verboten und Dornier selbst musste erst seine »Entnazifizierung« belegen.

Die Frage, ob aus Friedrichshafen nach dem verheerenden Ende des Zweiten Weltkrieges ein friedliches Fischerdorf werden sollte oder wieder ein Rüstungsindustriezentrum, wurde nur kurz diskutiert. Obwohl noch 30 Jahre vor der traurigen Zerstörung in Friedrichshafen keine Industrie zu finden war, und auch der Nachkriegsbürgermeister, Josef Mauch, sich die Stadt nach den fürchterlichen Erfahrungen des Krieges als Fremdenverkehrszentrum mit landwirtschaftlichem Hinterland vorstellen mochte, zeigten die führenden Industriebosse kein wirkliches Interesse für die Losung ›Schwerter zu Pflugscharen‹.

Nur der zweite Sohn Claude Dorniers, Peter Dornier, ging neue Wege. Er eröffnete 1946 in Lindau ein Ingenieurbüro und entwickelte damals schon Windkraftanlagen sowie ein Fertighaus in Stahlskelettbauweise. Richtungsweisend ein vorausschauender kluger Kurs, den aber die Rüstungskapitäne nicht mitsegeln wollten.

Claude Dornier selbst wich lieber ins Ausland aus und gründete im fernen Madrid erneut eine Rüstungsfirma. Unter dem Diktator Franco entwickelte er für die spanische Luftwaffe weiter Militärflugzeuge. Gunther Schwanke, der junge, aufstrebende Friedrichshafener Ingenieur, folgte ihm.

»Damals«, erinnert er sich schwermütig, »hatten wir schon verkauft, bevor wir planten. Es waren goldene Zeiten, das muss man zugeben, und erst recht nach der Wiederbewaffnung Deutschlands.«

»Und heute?«

»Pah, erst Gorbatschows Perestroika«, winkt Schwanke ab, »und nun noch die klammen Haushalte der Staaten. Doch wer sonst, wenn nicht der Staat, kann sich zum Beispiel um die Erforschung des Alls kümmern?«

»Kauft Ihnen denn nicht der deutsche Staat Ihr neues Superteleskop ab?«, fragt Leon naiv.

»Heinomol, der deutsche Staat! Gibt es den noch? Heute müssen sie mit den Gremien der ESA oder ESTEC oder wie diese europäischen Klugscheißerrunden alle heißen, verhandeln. Und das braucht Jahre!«

»Warum?«

»Wissenschaftler sind eine Gattung für sich. Da sind einige gleicher als andere. Wir haben den Spiegel des Superteleskops ausgeweitet. Die Einflüsterer und Geförderten des Wissenschaftsministeriums dagegen setzen auf die Verdopplung der bisherigen Spiegel. Unseren Weg lehnen diese Damen und Herren arrogant ab, ohne ihn richtig zu kennen«, raunzt Schwanke gehässig, »das ist doch klar, jahrelang haben sie vom Forschungsministerium für ihre Verdoppler Gelder kassiert, jetzt können sie nicht plötzlich ihren Irrtum zugeben und dem Forschungsministerium sagen: Das ist aber interessant, was Defensive-Systems in ihrem kleinen Schuppen da unten am Bodensee Neues entwickelt hat. Da hat diese kleine Klitsche den Spiegel in der Fläche einfach ausgeweitet, das sollten sie jetzt bitte fördern.«

Noch während Schwanke spricht, erklingt ein sachter Ton, wie aus einem fernen Schiffshorn. Seine Augen starren auf die Fahrstuhltür. Auch Leon dreht sich um und schaut zum Aufzug. Dieser öffnet sich, heraus stürmt ein junger Mann, der, ohne auf Leon zu achten, direkt auf Schwanke zueilt und diesen angiftet: »Wo hast du das iPhone meines Vaters? Wie kommst du dazu, dir seine privaten Sachen einzustecken?«

Schwanke springt, als hätte er seine 100 Kilo und 70 Jahre vergessen aus seinem bequemen Stuhl und positioniert sich wie ein Rammbock vor dem Eindringling. Die beiden stehen sich frontal gegenüber, nur der dicke Bauch Schwankes hält sie auf Distanz.

»Heinomol, Markus, lieber Markus«, säuselt der stattliche Chef mit sanfter Stimme, »nun mach mal langsam, Junge, du siehst doch, ich habe Besuch.«

Der junge Mann würdigt Leon nur eines kurzen Blickes und fährt unbeirrt fort: »Onkelchen, das ist mir scheißegal, du gibst mir sofort Vaters Handy!«

»Das kannst du gern haben – wenn es auch der Firma gehört. Lieber Markus, ich wollte es nur bei uns haben, nicht bei der Polizei.«

»Lüg nicht, du hast damit Vaters Kunden kontaktiert, das weiß ich. Aber das sind jetzt meine Kunden. Ich werde sein Geschäft übernehmen und weiterbetreiben. Seine Kunden gehören mir. Ich rate dir, lass die Finger von ihnen!«

Leon erkennt sofort, der Kerl muss der Sohn von Dr. Kluge sein. Der Bursche wirkt jugendlich, hat eine knabenhafte, hoch aufgeschossene Figur, einen frechen, unfrisierten, blonden Haarschopf, einen halblangen Schnitt, ein blasses Gesicht, von Bart keine Spur, sanfte Gesichtszüge, noch keine Ahnung einer einzigen Gesichtsfalte, eine lange Nase, darauf eine runde Nickelbrille, wie einst John Lennon sie trug, sein Mund ist der eines Mädchens, seine Augen wirken sanft und dunkel – aber die grazile Erscheinung ist gerade höchst explosiv.

»Ich bitte dich, Markus«, appelliert Schwanke flehentlich, »lass uns allein darüber reden, Herr Dold ist Journalist.«

»Wo ist das Problem?«, lacht Leon freundlich, steht auf, um Markus Kluge seine Hand zu reichen.

Doch der junge Mann ignoriert sie und hält seine leere Handfläche direkt vor Schwankes dicken Bauch. Dabei stößt er in deutlichem Befehlston hervor: »Handy her!« Seine zarten, langen Finger piken in die massige, weiche Fettschicht.

Schwanke beeilt sich, dem Wunsch nachzukommen und zaubert hinter seinem Schreibtisch das iPhone aus einer Ablage. »Hier, Markus, ist doch kein Thema. Lass uns vernünftig über alles reden.« Ergeben legt Schwanke das Handy in Markus Hand.

Markus ist erleichtert und sagt plötzlich, überaus freundlich: »Alles klar, Onkel Gunther, ich komme morgen vorbei, dann sage ich dir, wie ich weiter vorgehen werde.«

»Ja, das ist gut«, seufzt Schwanke gelöst, als der junge

Kluge schon längst wieder im Aufzug Richtung Parterre unterwegs ist.

Leons Neugier ist erwacht. Markus' Auftritt hat ihn irritiert, er fragt sich, wo das Problem der beiden liegt. Schwanke hatte gerade erklärt, wie schwer es sei, das Superteleskop zu verkaufen, der junge Kluge aber sagt, sein Vater hätte es schon so gut wie verkauft gehabt. Was ist das Geheimnis dieses Teleskops? Und was hat es mit dem vermaledeiten Mord auf sich? Es muss einen Zusammenhang geben!

»Ich rufe Sie an, Herr Schwanke, dann machen wir einen Drehtermin aus, und Sie erzählen mir in kurzen Zügen aus der Zeit mit Claude Dornier in Spanien, ja?« Leon verabschiedet sich hastig, greift nach der Hand des verdutzten Unternehmers und eilt ebenfalls zum Aufzug.

Auf dem Parkplatz sieht Leon gerade noch einen schwarzen Porsche den Rebhang zur Bundesstraße hinaufrauschen. Ein edles Blech, erkennt er, Carrera 4 S Cabrio, 385 PS, Höchstgeschwindigkeit 300 Stundenkilometer, Preis über 100.000 Euro. Ein anerkennender Pfiff entfährt Leons Lippen, das Geschäft der Kluges muss sich lohnen.

Er selbst zwängt sich schnell in seinen alten 911er. Seine 231 PS des alten 86er-Modells müssen reichen, um den jungen Schnösel einzuholen, spornt sich Leon zur Eile an und drückt das Gaspedal durch, dass die Kieselsteine unter seinen Rädern hervorschießen.

Noch bevor Markus sich von der Zufahrt auf die B 31 einfädeln kann, steht Leon hinter ihm. Er hupt, doch Markus interessiert sich offensichtlich nicht für ihn, sieht eine Lücke in der Verkehrslawine und fädelt sich ein.

Leon bleibt nichts weiter übrig, als sich ziemlich rücksichtslos in den fließenden Verkehr zu drängeln, um den Anschluss nicht zu verlieren. Der Autofahrer hinter ihm hupt aggressiv. »Neidhammel!« Leon zeigt ihm den Mittelfinger.

Lange bleibt er nicht vor dem nervigen Autofahrer, der nicht aufhört, aufgeregt Zeichen zu geben. Er schießt auf einer Abbiegespur frech aus der Lücke, als wolle er links abzweigen, überholt aber nur ein paar Autos und schafft es bis auf die Höhe von Markus' Porsche. Er hupt mehrmals, drückt das lästige Geäst auf dem Beifahrersitz nach unten, um Blickkontakt zu Markus zu schaffen.

Dieser schaut nur ganz kurz nach links zu Leon rüber, schüttelt energisch seinen Kopf und winkt genervt ab.

Leon gibt Gas und zwängt seine Karre direkt vor Markus' Stoßstange. Er fährt vor dem jungen Kluge her, bis in Fischbach eine Ampel den Verkehr zum Stehen bringt. Hier springt er aus seinem Wagen, rennt nach hinten und brüllt Markus in seinem Cabrio an: »Fahren Sie hinter mir her, ich habe Ihren Vater gefunden, ich zeige Ihnen, wo ich ihn aus dem Wasser gezogen habe.«

Daraufhin springt er wieder in seinen Wagen und fährt wieder an, als die Ampel auf grün springt. Im Rückspiegel sieht er, dass Markus ihm folgt. Beim Seemooser-Horn, kurz vor Friedrichshafen, wird es spannend. Leon setzt den Blinker, sieht im Rückspiegel erleichtert, dass Markus es ihm gleichtut. Die beiden fahren hintereinander her zu dem Gelände des Jachtklubs, wo Leon vor einer Woche Dr. Kluge im Wasser entdeckt hatte.

Leon stellt seinen Wagen direkt neben der Slipanlage ab, steigt aus und geht auf Markus zu, der hinter ihm parkt. Auch der junge Kluge steigt aus, die beiden geben sich kurz und unverbindlich die Hand.

»Leon Dold, ich habe Ihren Vater hier gefunden, seither lässt mir die Erinnerung an den Anblick keine Ruhe mehr, mein Beileid.«

Markus schaut den Journalisten aus seinen dunklen Augen kritisch an. Er ist mit einer teuren Gucci-Hose und einem Armani-Hemdchen gekleidet, Leon in billigen Jeans und T-Shirt.

»Ich weiß, der Tod des eigenen Vaters ist ein schmerzhaftes Erlebnis. Meiner starb im hohen Alter, aber friedlich in seinem Bett. Aber so, mit einem Loch im Kopf – da fragt man sich doch, warum?«

»Du bist der Arsch, der der Polizei im Handwerk rumgepfuscht hat?« Markus Kluge baut sich vor Leon auf und geht vor lauter Ärger direkt zum Du über.

»Wenn die das sagen«, antwortet Leon unsicher und setzt – ebenfalls ins Du wechselnd – hinzu: »Komm, ich zeig dir die Stelle.«

Leon will ein bisschen Nähe zu Markus gewinnen. Er erzählt ihm, wie sein Vater im Wasser lag und vor allem, wie das Einschussloch ausgesehen hatte.

Markus wirkt bald weniger cool. Leon merkt, es nimmt ihn weitaus mehr mit, als er zugeben will. Das ist seine Chance, jetzt mehr über den Job des Toten zu erfahren, und vielleicht auch über die möglichen Mörder. »Der Einschuss sah aus wie bei einer Hinrichtung, das war ein sauberer Durchschuss, in aller Ruhe abgefeuert. Ich denke, dein Vater kannte seine Scharfrichter.«

Markus schluckt, fixiert einen Punkt am Horizont des Sees, irgendwo am gegenüberliegenden Ufer in der Schweiz, und antwortet nur mit einem tonlosen »Ja.«

»Was heißt, ja?« drängt Leon.

»Ja, ich denke auch, dass Vater seine Mörder kannte, aber ich kenne sie nicht.«

»Könnten sie etwas mit Schwanke und der Firma zu tun haben?«

»Ja.«

»Mann, nun lass dir nicht alles aus der Nase ziehen, und red endlich.«

»Warum? Was geht dich das an?« Markus löst seinen Blick vom See und starrt Leon gehässig an.

»Ich habe deinen Vater gefunden, ich sitz bei Schwanke, du kommst und machst einen Terz wegen deines Jobs, wobei Schwanke mir gerade vorjammert, dass er nun das Teleskop ohne die Hilfe deines Vaters verkaufen muss. Dabei willst offensichtlich du das Teleskop verkaufen, das aber wiederum will anscheinend er nicht. Also, was steckt hinter diesem Wirrwarr?«

Markus lächelt überheblich. Er schaut Leon abfällig an. »Weißt du, was Defensive-Systems verkauft?«

»Was alle hier am See verkaufen, Waffen«, antwortet Leon vorschnell und schiebt nach: »Und seit Neuestem wohl auch noch ein sensationelles Superteleskop.«

»Tja«, lacht Markus, seine dunklen Augen funkeln gefährlich. »Waffen! Der Superteleskopspiegel holt dir im Krieg der Sterne jede Rakete direkt aus dem All herunter. Sensationell, ein Joker im SDI-Programm. Du kannst dabei bleiben, wir verkaufen Waffen! Ja, und zurzeit haben wir wohl eine der besten im Sortiment!« Bei seinen letzten Worten strafft Markus stolz seinen durchtrainierten Körper und schaut, obwohl gleichgroß wie Leon, sein Gegenüber von oben herab an. Dann schnaubt er verächtlich und geht an Leon vorbei zu seinem Wagen.

Leon ruft ihm nach: »Und was hat das mit dem Mord an deinem Vater zu tun?«

Markus sitzt schon in seinem Porsche, lässt den Motor aufheulen, ruft Leon »Vergiss es!« zu und braust davon.

Leon flucht. Jetzt weiß er mehr, aber nicht genug. Verdammt! Schwanke sitzt offensichtlich auf einer begehrten Waffe. Kluge hätte sie fast schon verkauft, dann wird er erschossen, hingerichtet, da gibt ihm Markus recht.

Leon geht zu der Slipanlage zurück. Vor seinem inneren Auge sieht er Matthias Kluges toten Körper, an die Dolmen der Anlage geschwemmt. Ob Kluge wohl hier vor Ort erschossen worden ist oder ob die Leiche von woanders her in die Bucht getrieben wurde?

Leon bückt sich, hebt ein paar flache Steine auf und wirft sie über die Wasseroberfläche. Er schaut ihnen nach, zählt ihre Aufsetzer und flucht, wenn sie nur wenige schaffen.

Über dem See sieht er dunkle Gewitterwolken aufziehen, die Sturmwarnung des Württembergischen Jacht-Clubs schickt grell ihre orangen Blitze in die Dämmerung. Der Sommertag geht zu Ende, wie es aussieht, wird es in der Nacht regnen.

Leon nimmt einen großen Steinbrocken in beide Hände, wuchtet ihn hoch und wirft ihn mit aller Kraft so weit er kann ins Wasser. Verdammt, er sollte sich um Dornier kümmern, um seinen Film und nicht um Waffengeschäfte und tote Waffenschieber an seinem geliebten Bodensee. Und endlich mal wieder um Lena.

Wegen Lena ist er vor zwei Jahren in den südlichsten Zipfel der Republik gezogen, seitdem er hier wohnt, sieht er sie aber weniger als früher, als er noch in Stuttgart beim Sender arbeitete. Damals hatten sie sich jedes Wochenende füreinander Zeit genommen. Wann immer er konnte, ist er den Spätzle-Highway von Stuttgart an den See gebrettert. Seit er umgezogen ist, hat er immer anderes zu tun. Es wird Zeit, dass er sich bei ihr meldet. Heute Mittag hatte sie ihm eine verschnupfte Kurzmitteilung gesendet.

Statt ihr zu antworten, fährt er zu ihr, ins Hinterland des Bodensees. In Taisersdorf, auf den Höhen des Salemer Tals, wohnt sie in einem alten Bauernhaus. Er freut sich auf einen schönen Abend mit ihr und weiß, sie hat einen frischen Rosé vom Weingut Aufricht im Keller, alles Weitere wird sich dann ergeben. Sie ist für ihn nach wie vor seine Traumfrau, er liebt sie, er will sich in nächster Zeit wieder mehr um ihrer beider Liebesleben kümmern, das schwört er sich.

Unterwegs in ihr Bauerndorf will er das Grünzeug irgendwo aus seinem Wagen werfen. Das Gestrüpp auf dem Beifahrersitz muss endlich raus aus der Karre.

7

Es ist der zweite Sonntag im August. Die Seebäder rund um den Bodensee sind proppenvoll. Jedes Schattenplätzchen unter den Bäumen ist belegt. Die Lufttemperatur klettert gegen Mittag an die 40-Grad-Marke. Der Bademeister des Friedrichshafener Seebades gibt erstmals in diesem Jahr die Wassertemperatur geringer an, als er diese tatsächlich gemessen hat. Aber wer will sich schon in einem 25 Grad warmen See erfrischen?

Björn Otto, im fernen Ho-Chi-Minh-Stadt, stört sich an solchen Temperaturen längst nicht mehr. Im Saigon River, der gemächlich an seinem Bürogebäude vorbeifließt, sind 30 Grad Wassertemperatur keine Seltenheit. Und 40 Grad Lufttemperatur ist ein ganz alltäglicher Wert im Süden Vietnams, von der enormen Luftfeuchtigkeit ganz zu schweigen. In jedem Raum seines modernen EDV-Unternehmens DigDat schnurren die Klimaanlagen Tag und Nacht leise vor sich hin.

Seine Uhr zeigt, sieben Stunden versetzt zu Europa, jetzt kurz vor Mitternacht an. Für Björn Otto keine ungewöhnliche Arbeitszeit. Erst spät kommen die für ihn interessanten Daten aus Deutschland in Ho-Chi-Minh-Stadt an. So kann er sie fast live lesen. Alles, was im Westen tagsüber digital eingegeben und bei seiner Firma verarbeitet werden soll, erfährt er im fernen Osten im Bruchteil einer Sekunde. Dank der heutigen Technik hätte die Stasizentrale Mielkes statt mitten in Berlin in der Normannenstraße auch in Moskau oder sonst wo stehen können.

Björn Otto sitzt vor seinem Bildschirm und starrt auf Listen, Zahlenreihen und Tabellen. Er schließt das eine Browserfenster und öffnet ein anderes. Er ruft unendlich viele Informationen aus seinem Hauptrechner ab. Auf einer nur ihm zugänglichen Festplatte wird gespeichert, was seine Rechner, auf seinen Befehl hin, aus allen anderen Servern filtern und ihm zuspielen. Das Auswahlverfahren braucht Zeit, denn DigDat verwaltet unzählige Daten für viele private Kreditinstitute, Versicherungen, verschiedene Kundenkartenanbieter, Fluggesellschaften und seit Neuestem auch für Krankenkassen aus Europa.

Jeder Bürger, beziehungsweise Kunde, im fernen Europa wähnt sich im Glauben, er gäbe seine Daten nur der einen Firma, die sie von ihm fordert. Doch die meisten Unternehmen leiten die ihnen anvertrauten Daten zur Bearbeitung an fremde EDV-Firmen weiter; immer mehr von ihnen an DigDat nach Ho-Chi-Minh-Stadt. Das dadurch entstandene Meer an Daten verwaltet Björn Otto nach den Wünschen seiner Kunden, doch gleichzeitig fischt er für sich heraus, was ihm für seine anderen Geschäfte von Nutzen ist.

Die Verwaltung oder besser gesagt das Auffinden, das Lesen und vor allem das Einordnen der Daten war für die Stasi ein nicht zu bewältigendes Problem, an deren Masse sie schließlich scheiterte. Doch Björn Otto hat daraus gelernt: Zielpersonen digital zu observieren, sie herauszufiltern, ihre Datenspuren zu verfolgen, dies alles ist für ihn heute ein Kinderspiel.

Björn Otto tippt den Namen ›Herbert Stengele‹ ein, drückt auf ›search‹ und geht den Flur entlang in den Aufenthaltsraum. Die Großraumbüros sind leer, Ottos vietnamesische Angestellte arbeiten in zwei Schichten, von 4 bis 13 Uhr und von 13 bis 22 Uhr. Länger können sich auch die fleißigsten Asiaten nicht vor den flimmernden Bildschirmen konzentrieren.

Otto nimmt aus dem Kühlschrank eine eiskalte Coca-Cola. Er setzt die Dose an und stürzt den Inhalt in einem Zug hinunter. Achtlos wirft er das leere Blech in einen Papierkorb und schlurft in seinem grauen Anzug in sein Büro zurück.

Björn Otto ist im Tal der Ahnungslosen, bei Zittau, aufgewachsen. Seine Eltern hat er nie kennengelernt, seine Pflegemutter war Telefonistin und eifrige Informantin der Stasi, der Stiefvater hatte sie schon bald verlassen. Seine Mutter hatte immer wieder andere Männer mit nach Hause gebracht. Er fühlte sich meist allein, hatte wenig Freunde und galt als schwieriger Außenseiter.

Er wollte weg aus dem letzten Winkel der DDR und bewarb sich beim Ministerium für Staatssicherheit. James Bond, dachte er damals, nicht schlecht, und: Offizier des MfS, ein ehrenwerter Beruf.

Allerdings blieb er auch in der Kaserne der Staatssicherheit ein Einzelgänger, aber er hatte Förderer, seine mathematische Begabung führte ihn bald zur Eliteabteilung des MfS ›Wissenschaftlich-technische Aufklärung‹. Nachrichtentechnik, Mikroelektronik und Datenverarbeitung wurden zu seinem Fachgebiet. Die Stasi ermöglichte ihm ein Studium, bis zum Ende der DDR blieb er ein treuer Kampfgefährte seiner Genossen.

Selbst heute beweist er der DDR noch sichtbar seine Treue. Die Westmode hatte er schon immer als dekadent verurteilt. Außer seinem Mercedes hat er von den Verführungen des Westens wenig angenommen. Seine Anzüge stammen noch immer aus den ehemaligen Textilkombinaten, seine legeren Jacken sind nach wie vor Ostjeansimitate, heißen ›Wisent‹ und ›Boxer‹ und stammen aus dem Erzgebirge. Er hat den Ostslogan verinnerlicht: ›Gehst du Lederol bekleidet, jeder Westler dich beneidet.‹ Nur seine Goldrandbrille ist modern, sie ist vom West-Discounter Fielmann, seine gelben Zähne dagegen verlangen, wie zu DDR-Zeiten, noch immer nach einer anständigen West-Pflege.

Doch Björn Otto pfeift auf sein Aussehen, er ist der Boss! Er lässt die Burschen in seiner Firma nach seiner Pfeife tanzen und Frauen, die sind für Männer wie ihn, mit seiner Machtfülle, noch nie ein Problem gewesen.

Der Computer rattert laut, ein akustisches Signal beendet die Auflistung der gesammelten Informationen zu Herbert Stengele, die Suche ist abgeschlossen, Datensätze flimmern auf seinen Bildschirm.

Er setzt sich an den Schreibtisch und liest gespannt. Doch er erfährt wenig Neues, das meiste kennt er schon, er hat Herbert Stengele seit drei Monaten im Visier. Das Unternehmen Defensive-Systems hatte damals das Wunderteleskop ZAS im Münchner Patentamt angemeldet. Zusätzlich ließ sich das Unternehmen ein weiteres Patent sichern, welches das Teleskop als ein Tunnelvortriebssystem beschrieb. Ohne umständliche Erklärung gab das Patentamt freizügig bekannt: ›Zur Verwendung beim Tunnel- und Stollenvortrieb wird ein asymmetrischer Primärspiegel vorgeschlagen, dessen Oberfläche als Teilfläche eines gedachten, rotationssymmetrischen Großspiegels geformt ist, die sich neben der optischen Achse des Großspiegels befindet.‹ Und dann kam es überdeutlich: ›Der Primärspiegel dient als Reflektor für energiereiche Strahlung, insbesondere von einem Hochenergie-Laser stammende Strahlung.‹

Das war nicht misszuverstehen. Jahrelang sind die Mitglieder der zur Stasi gehörenden Feindaufklärung darauf getrimmt worden, alle neuen Patente im Westen abzuklopfen, ob sich dahinter nicht eine neue, mögliche Hightech-Waffe versteckt.

Björn Ottos Gewährsmann in München hatte sofort

reagiert. Er hatte für Ottos Abteilung schon zu DDR-Zeiten jedes neue Patent im Westen kritisch beäugt, um im Falle einer Neuentwicklung von technischen Waffensystemen das genannte Unternehmen auszuspionieren.

Nach dem Fall der Mauer wäre der Münchner Patentschnüffler, wie auch Björn Otto, ohne Papa Mielke auf der Straße gestanden. Doch Björn Otto hatte schnell reagiert und sich noch zu Zeiten der Modrow-DDR mit einigen Kollegen selbstständig gemacht. Konspirative Wohnungen der Stasi übernahm die Seilschaft kurzerhand als ihr Firmeneigentum sowie Kapital, das noch in den schwarzen Kassen des geheimen Ministeriums gebunkert lag.

Björn Otto gründete schnell, was viele Westfirmen mit ihrer Ansiedlung in den ersten Monaten im Osten vermissten: Eine Security-Firma. Manchmal ließ er bei der Akquise neuer Kunden vorsichtig durchschimmern, dass einige Mitarbeiter seiner Firma früher bei der Staatssicherheit gearbeitet hätten. Zu seiner Überraschung aber lachten die Wessis, wenn er vollmundig propagierte: »Und glauben Sie mir, wir verstehen etwas von Sicherheit!«

Erneut ertönt ein akustisches Signal, Björn Otto schaut wieder gespannt auf den Bildschirm, bewegt die Maus und liest: Überweisung von Konto Herbert Stengele 244 Euro. Zweck: Bahnfahrschein Friedrichshafen–Frankfurt. Die Überweisung wurde von Stengele mit einer Kreditkarte vorgenommen, das Kreditkarteninstitut lässt alle Kundenpunkte sorgfältig von DigDat verwalten.

Björn Otto greift zur Tastatur, öffnet sein Postfach und tippt eine Mail: ›Troja für Stengele und Kluge‹.

Wer genau Iokaste war, interessiert Otto so wenig, wie wo Troja lag. Doch er weiß, was am fernen Bodensee geschehen muss, damit er möglichst schnell hinter das Geheimnis dieses Teleskopspiegels kommt, und er kennt die nötigen Befehlsformeln, damit seine Leute in die Computer der genannten Zielpersonen Scanprogramme installieren.

Er hat schon vor Wochen seine besten Kräfte auf Defensive-Systems angesetzt. Eine Schwalbe hatte diesen Matthias Kluge am Wickel, es hätte eigentlich nichts schiefgehen dürfen, doch seit dem Mord an dem Key-Accounter ist unübersehbar, dass da noch andere mitpokern.

DigDat ist bei Westfirmen als ziviler Datenverarbeiter bekannt. In Geheimdienstkreisen aber hat sich das Unternehmen längst einen ganz anderen Namen gemacht. Elektronische Einbrüche in Rechner von Ministerien oder Firmen sind ein weiteres Spezialgebiet der ausgefuchsten DigDat-IT-Spezialisten. Unerkannt nehmen sie im fernen Berlin oder Washington Großrechner der CIA oder NSA ins Visier, knacken im Bundeskanzleramt den Rechner, um einen Keylogger zu installieren, oder mal kurz mehrere Gigabytes aus fremden Regierungsrechnern abzusaugen.

›Outsourcing‹, hatte er schon gleich nach der Wende erfahren, ist das Zauberwort der sparsamen Unternehmen und auch der Regierungsdienststellen. So, wie die Amerikaner die wirklichen Drecksarbeiten der Armee im Irakkrieg den outgesourcten Soldaten des Unternehmens Blackwater überlassen, bietet DigDat allen Geheimdiensten outgesourcte Agenten.

Björn Otto ist schnell auf dem kapitalistischen Markt angekommen. Dank der Vernetzung seiner alten Stasiseilschaft und seiner Datenbank erkennt er oft Angebote, bevor Nachfragen auf dem Markt sind. So wie dieser ominöse Teleskopspiegel vom Bodensee. Ihm war sofort klar, dass diese verteufelte Technik jeder Staat will. Wenn er alle Fakten vorliegen hat, wird er das Know-how verkaufen.

8

Herbert Stengele steigt am Morgen auf Gleis 1 des Friedrichshafener Hauptbahnhofs in den Regionalzug nach Ulm.
In Ulm steigt er um in den ICE, in Frankfurt lässt er sich
von einem Taxi ins Quarzwerk fahren.

Noch sind im hessischen Bundesland Sommerferien, sodass
in der Glasschmelze nur ein kleiner Stamm der Belegschaft
versammelt ist. Im Ingenieurbüro des Technologiekonzerns
für Spezialgläser freut sich Herbert Stengele über den Empfang. Er steht stolz vor einem gläsernen Quarzmodell, das
ihm die Leitung des Unternehmens präsentiert.

In den großen Werkshallen kann der Erfinder vom Bodensee die Vorrichtung besichtigen, in der die ersten Teile seines
Spiegelteleskops hergestellt wurden. Ein überdimensionales Gestell wurde von den Modellbauern fabriziert. Hierin
soll jetzt der Primärspiegel aus 36 hexagonalen Spiegelseg-
menten, die wabenförmig die Spiegelfläche bilden, geformt
werden. Die Herstellung der Einzelteile selbst ist äußerst
problematisch. Es handelt sich bei diesen um achsferne Ausschnitte eines Paraboloids, die sechseckig zugeschnitten werden müssen. Bei der Herstellung wird von einem kreisförmi-
gen Rohling ausgegangen, der durch am Rand ansetzende,
genau definierte Scher- und Biegekräfte verbogen wird. In
den gebogenen Rohling wird eine Kugelform eingeschlif-
fen. Danach werden die aufgebrachten Kräfte wieder entfernt. Sofern die Kräfte richtig gewählt wurden, nimmt das
Spiegelsegment bei der Entlastung die gewünschte Form
des Paraboloid-Ausschnittes an. Es zeigt sich jedoch, dass
beim Schneiden in die hexagonale Form Verwerfungen auf-

treten, sodass die Herstellung der einzelnen Spiegelsegmente äußerst aufwendig ist. Die Kosten belaufen sich schon heute auf fünf Millionen Euro.

Doch Geld, das ist für Stengele kein Argument. Er fühlt sich seinem Ziel so nah wie nie zuvor in seinem Leben. Die Ingenieure der Quarzschmelze geben dem Erfinder das Gefühl, dass sie ihn und seine Entwicklung mit Ehrfurcht achten. Die ersten Artikel über seine revolutionäre Erfindung stehen in den Fachmagazinen und auch anerkannte Professoren der berühmtesten Hochschulen für Astronomie nennen seine Berechnungen eine Sensation.

Allerdings wird erst in der Praxis deutlich, wie diffizil die Umsetzung seiner Formeln ist. Herbert Stengele muss zum Teil neu berechnen, nachbessern, praktische Unwägbarkeiten einkalkulieren, kurzum seine Theorien der Praxis anpassen, doch gerade in dieser Phase beweist sich die Richtigkeit seiner Vision.

Endlich kann ein Teleskopauge über beispiellose neue Spannweiten geformt werden, das ist jetzt sicher und das gestehen ihm immer mehr Koryphäen seines Fachgebietes zu. Es ist die späte Anerkennung für den Studienabbrecher vom Bodensee, auf die er jahrelang warten musste.

Die damit verbundene Ehrung hat Stengele vor einer Woche, am Tag nach Kluges Beerdigung, erfahren. Er, Herbert Stengele, ist als Gast zur Tagung der ›Internationalen Astronomischen Union‹, kurz IAU, geladen. Die Jahrestagung findet in einer Woche in Tokio statt, er darf vor dem Fachauditorium seine neue Erfindung präsentieren, was einem Ritterschlag gleichkommt.

Stengele ist mehr denn je davon überzeugt, dass er Schwanke endgültig nicht mehr benötigt, auch nicht Matthias oder gar dessen Sohn Markus. Er wird seine Erfindung allein verkaufen! Er ist im Kreis der erlauchten Astronomen angekommen und wird vor den einflussreichsten Angehörigen der IAU sprechen, die 86 Länder und 65 nationale Mitglieder vertreten. Für ihn ist die Einladung nach Tokio wie für einen Politiker der erste Auftritt vor der UNO.

»Da haben Sie uns eine knifflige Aufgabe gestellt, Herr Stengele«, säuselt der leitende Ingenieur der Quarzwerke, »wir bringen einen hohen Einsatz, auch finanziell. Es gibt weltweit keine Vorgaben, an die wir uns anlehnen können. Ich glaube, dass Sie in Europa kein anderes Unternehmen finden, das Ihnen diesen Spiegel bauen könnte.«

»Das ist mir bewusst, es gab bisher auch noch keine Berechnungen, die solche Dimensionen in Angriff nehmen. Aber Sie werden damit weltweit Bekanntheit erlangen und sicherlich Nachfolgeaufträge bekommen«, antwortet Stengele selbstsicher.

»So einfach wird das nicht sein, Sie haben unser Werk mit Ihrem Auftrag nahezu lahmgelegt. Unsere Controller sind über den Auftrag bisher nicht erfreut.«

»Warten Sie es ab, sobald die weiteren Hürden genommen sind, lässt sich mit exakten Zahlen rechnen.«

»Wir haben exakte Zahlen, unsere Berechnungen der Kosten stimmen.«

»Das kann doch nicht wahr sein? Das ist doch nicht das Kriterium«, echauffiert sich Stengele, »wir werden mit dem Spiegel so tief ins All sehen wie nie zuvor. Erst dann wird man sich über den tatsächlichen Wert meines Big Eye im Klaren sein. Als Nächstes werden die Amerikaner bei Ihnen stehen, um diesen Spiegel für ihre Forschungsstation nachzubauen, dann gibt es kein Halten mehr.«

»Wir werden sehen«, lächelt der Ingenieur, »solange Ihre Firma Defensive-Systems die Abschlagssummen überweist, soll es mir recht sein.«

Herbert Stengeles Augen funkeln. Er schluckt, fährt sich

mit der flachen Hand durch seine schwarzen Haare, zerrt an seiner Brille. Jetzt über den schnöden Mammon zu reden, ist für ihn unter seiner Würde. Genervt winkt er ab, dann schaut er noch mal auf das Glasmodell vor sich und lächelt milde. Stolz kommt in ihm auf, so schön hatte er seine Berechnungen noch nie umgesetzt gesehen. Er betrachtet erneut ganz bewusst die Zentralachse des Spiegels. Seine Pupillen tanzen, seine Augen lachen. Am liebsten würde er es einpacken und mit nach Tokio nehmen.

Nach drei Tagen intensiver Nacharbeiten und Berechnungen verabschieden ihn die Ingenieure vor dem Werkstor des Unternehmens. Jetzt können sie sich, mit einigen Korrekturen in der Tasche, an die Vollendung des Gesamtwerks machen. Herbert Stengele signalisiert der Ingenieurscrew noch aus dem Taxi mit einem in die Höhe gestreckten Daumen seine Zufriedenheit und spendet ihnen damit ein dickes Lob. Er ist von dem, was er gesehen hat, höchst begeistert und stolz wie ein Pfau.

Die Schranke der Fabrikausfahrt hebt sich, Stengele lächelt entspannt vor sich hin. Der dunkle Opel Astra auf der anderen Seite der Straße fällt ihm nicht auf. Die beiden Männer darin schauen Stengele nach, nicken sich zu, lächeln und machen es sich in ihren Sitzen bequem. Sie wissen, was sie in den nächsten Tagen und Nächten zu tun haben.

»Herbert, denk daran, noch bist du ein Mitglied unserer Firma. Ich habe dir die jahrelange Entwicklung ermöglicht. Ich bezahle alle laufenden Patente, das ist kein Pappenstiel, und ich zahle diesen Prototypen von Spiegel in Frankfurt, der ist arschteuer. Wenn da was schiefgeht, stehe ich mit dem Rücken an der Wand!« Gunther Schwanke schreit Herbert Stengele geradezu beschwörend an. Seine dünne, lange Haartolle steht ihm vom Kopf ab wie ein Sendemast in der

Landschaft. Er ist aufgeregt, seine dicken Wangen sind angespannt und knallrot. »Ich warne dich, schlag dir jeden Alleingang aus dem Kopf. Dir gehört nichts, gar nichts! Merk dir das, ich habe das Ganze bezahlt, die Patente gehören mir, ich muss alles refinanzieren, sonst bin ich auf meine alten Tage hin bankrott.«

Herbert Stengele hatte gerade Gunther Schwanke voll Stolz von seinen neuen Erkenntnissen aus Frankfurt berichtet, jetzt steht er vor dem Firmenchef stramm wie ein Schulbub. Er schluckt trocken, öffnet immer wieder seinen Mund, als wolle er etwas sagen, bekommt aber keinen Ton heraus. Schließlich stammelt er: »Ich bin der Erfinder! Jahrelang habe ich an diesem Spiegel gearbeitet. Das ist mein Baby, das lass ich mir von dir nicht nehmen.«

»Baby«, lacht Schwanke höhnisch, »wenn ich das schon höre. Du bist mein Baby, jahrelang fütter ich dich durch und auf einmal kommst du mir mit solch einem Quatsch!« Seine Stimme wird freundlicher und zudringlicher. »Heinomol, Herbert, hier geht es ums nackte Überleben meiner Firma, von mir selbst und somit auch von dir. Lass uns das Kind zusammen schaukeln, dann wird's was. Dir ist das allein 'ne Nummer zu groß. Sieh dir doch Kluge an, verdammt, der Kerl ist noch nicht einmal richtig unter der Erde, da meinst du schon, du könntest dir seine Schuhe anziehen.«

»Das wollt doch ihr, du und Markus, aber ohne mich läuft nichts. Morgen fliege ich nach Tokio, danach weiß wirklich jeder, dass ich der Erfinder von ZAS bin, es wird weltweit in allen Zeitungen stehen.«

Schwanke wird wieder hörbar lauter: »Na, dann gute Nacht! Ich rate dir, halt bloß die Klappe zum Thema Strahlenenergiebündelung. Verdammt, wenn das publik wird, ist Schluss, sobald in diesem Zusammenhang das Wort Strahlenwaffe fällt, verkaufen weder du noch ich noch Markus, dann haben wir hier das Bundesausfuhramt auf der Matte stehen und die schieben uns einen Riegel vor.«

»Warum?«, lacht Stengele. »So läuft meine Erfindung endlich in die ordentlichen Bahnen, in die ich sie mir längst wünsche.« Er freut sich wie ein kleines Kind. »In dem Fall ist das Forschungsministerium außen vor, sie können anschließend nicht mehr behaupten, es sei nur Mist, was ich vorlege, so müssen sie Farbe bekennen und die Militärs müssen endlich sagen was Sache ist.« Er reibt sich die Hände. »Die NASA war schon bei mir und hat sich das alles angesehen. Wir verkaufen denen das Patent und alles findet seinen ordentlichen Gang.«

»Dein Wort in Gottes Ohr«, stöhnt Schwanke skeptisch, »ich habe bisher aus Berlin nur Ablehnungen und Vorbehalte gehört, und was die ESA in Brüssel zu unserem Spiegel sagt, weißt du.«

»Warte es ab«, lacht Stengele siegesgewiss, »ich werde auch mit denen in Tokio zusammentreffen, danach sieht die Welt besser für uns aus.«

»Viel Glück«, verabschiedet Schwanke seinen Angestellten mit einem freundschaftlichen Handschlag, »ruf an, wenn es etwas Neues gibt.«

Stengele geht so rasch er kann in sein Büro, sammelt ein paar Unterlagen ein, nimmt sein Flugticket nach Tokio und greift zu einem Holzkasten, den er um sein Modell des Zentralachsenspiegels gebaut hat.

Von einem Fahrer der Firma lässt er sich vom Fabrikgelände in Immenstaad zum Flughafen Friedrichshafen bringen, weist den Fahrer aber unterwegs an, am Schloss Kirchberg vorbeizufahren.

Im Innenhof des ehemaligen repräsentativen Sommersitzes der Salemer Äbte springt er aus dem Fond des Wagens, holt einen Blumenstrauß aus dem Kofferraum und klingelt an einer der in Gold gefassten Glocken. Die schwere Eisentür öffnet sich, Herbert kennt den Weg und stürmt zwei Stockwerke hinauf. In einer geöffneten Wohnungstür steht Verena Kluge.

Sie ist leicht bekleidet, trägt ein fast durchsichtiges, sommerliches Strandkleid, zeigt ihre braun gebrannten langen Beine und fasst sich beim Anblick Stengeles kokett in ihre volle Haarpracht. »Herbert, ich habe gehört, du bist in Tokio, und jetzt kommst du zu mir! Wie schön.«

Herbert Stengele strahlt, seine Augen funkeln. Verlegen stottert er: »Verena, ich musste dich noch sehen, ich will wissen, wie es dir geht. Ich wäre in diesen schweren Stunden gern für dich da, aber, ja, ich fliege gleich nach Tokio. Zum Weltkongress der IAU«, fügt er stolz hinzu, »der Internationalen Astronomischen Union.«

»Komm doch herein«, lächelt Verena ihn süß an, küsst ihn etwas länger als sonst üblich auf beide Wangen.

Er drückt ihren schlanken Körper fest an sich, errötet aber daraufhin sofort. »Ich muss gehen, der Fahrer steht unten, ich wollte dir nur sagen, dass ich mich nach meiner Rückkehr bei dir melde und dass ich dich nicht vergessen habe.«

Verena geht auf seine Worte gar nicht weiter ein, nimmt ihm den Blumenstrauß ab, haucht Herbert ein leises, »Och« und »wie süß« ins Ohr, küsst ihn erneut auf die Wangen und sagt lapidar: »Viel Glück in Tokio. Mach's gut, Herbert.«

Er strahlt sie an, geht zögernd rückwärts zur Treppe, dreht sich abrupt um und eilt zurück zum Wagen.

Von Friedrichshafen aus geht die Reise über Berlin und Moskau nach Tokio. Es ist der billigste Flug, Aeroflot, die russische Fluglinie unterbietet jedes Westangebot. Schwanke war nicht bereit, einen Direktflug zu bezahlen. Für ihn ist die Reise ein unnötiges Vergnügen des eitlen Stengele. Die

Astronomische Union besteht für ihn aus spinnerten Kopernikus-Jüngern, die von Geschäften wenig Ahnung haben. Die Mitglieder kümmern sich um Planeten und Monde im All, mit dem wirklichen Leben auf der Erde haben sie wenig am Hut. Stengeles Erfindung als Teleskop zu nutzen, macht ihn nicht reich, als Strahlenwaffe ist das Ding für ihn die finanzielle Rettung seines Unternehmens.

Herbert Stengele dagegen genießt seine Tage in Tokio. Er ist endlich in den Reihen angekommen, zu denen er sich immer zählte. Er spricht vor der Vollversammlung der Union und demonstriert die Herstellung seines Spiegels, die nun erstmals eine zusammenhängende Spiegelfläche von weit über 20 Metern ermöglicht. Wohlklingende Namen der Astronomischen Koryphäen umlagern ihn und bestaunen sein mitgebrachtes Modell. Er geht ganz in seiner neuen Rolle als internationaler, gefeierter Erfinder auf.

Der wegen seiner körperlichen Länge meist gebückt dastehende Stengele, steht heute aufrecht und stolz mit seinen fast zwei Metern im großen Kongresszentrum Bunka Kaikan. Er strahlt, redet, verteilt charmant Komplimente, erklärt immer wieder seine Berechnungen und hört nicht auf, auch dem letzten Hinterbänkler des Kongresses seine Fragen zu beantworten.

Jetzt müsste ihn Schwanke sehen, denkt er, oder gar Verena.

In diesem Moment kommt ein weiterer Professor, von der Harvard University aus Boston, auf ihn zu und zieht ihn zur Seite: »Sie wissen, mein Freund, welche Möglichkeiten Sie uns da vorgestellt haben?«

Herbert Stengele hört nicht auf, über alle seine Backen zu strahlen. »Yes, Sir«, sagt er stolz.

»Nun denn, ich habe hier einen Freund unserer Universität dabei, der möchte sich heute Abend in Ruhe mit Ihnen unterhalten. Sie wohnen im Palace Hotel, ein Wagen wird Sie um 20 Uhr dort abholen.«

»Yes, Sir!« Zu mehr kommt Stengele nicht, der vermeintlich berühmte Professor der noch berühmteren Hochschule hat sich bereits abgewandt und ist im Getümmel der Astronomen verschwunden.

Stengele hat keine Zeit, sich weitere Gedanken zu machen. Es scheint ihm, als würde jeder Teilnehmer der Tagung nur darauf warten, mit ihm, dem Gastreferenten, sprechen zu dürfen. Und er ist unaufhörlich bereit, lächelnd jedem Interessierten seinen sensationell großen Teleskopspiegel zu erklären.

Am Abend, pünktlich um 20 Uhr, sieht er eine Lincoln Limousine vor sein Hotel vorfahren. Entschlossen geht er auf den amerikanischen Schlitten zu, der Fahrer steigt aus, öffnet ihm die Hecktür und bittet: »Please, Mr. Stengele.«

»Thank you.«

»You are welcome«, und schon fährt der Wagen los.

Herbert Stengele erlebt die Tage in Tokio wie in einem unwirklichen Film. Vor dem Fenster des Wagens rauscht die Acht-Millionen-Metropole Japans an ihm vorüber. Er staunt wie ein kleines Kind in einer fremden Welt. Der Fahrer dagegen scheint sich in dem Gewirr der achtspurigen Straßen auszukennen, die Limousine gleitet ruhig dahin, Stengele ist selig.

Schließlich hält der Wagen irgendwo in einer Straßenschlucht leuchtender Hochhäuser, Stengele sieht durch die Scheibe ein kleines Restaurant, der Fahrer springt um den Wagen, öffnet die Tür und bittet ihn, ihm zu folgen. Gemeinsam betreten sie das Lokal, der Fahrer führt ihn an einen Tisch, zwei Männer stehen auf und reichen ihm die Hand.

»Miller«, stellt der eine sich vor.

»Blue«, der andere.

Blue gibt an, Wissenschaftler der NASA zu sein, Mr Miller ein Mitarbeiter der NSA. In Stengeles Ohren hat der Kerl gerade ein ›A‹ verschluckt, NASA, widerspricht er ihm in Gedanken und bekommt feuchte Hände.

Mr Miller lächelt und fragt in perfektem Deutsch: »Lieben Sie die japanische Küche, Herr Stengele?«

»Ja«, gibt der zurück, doch das Essen interessiert ihn nicht wirklich. Er ist viel zu gespannt, was die beiden Herren ihm anbieten wollen. Die aber lassen es langsam angehen und bestellen vorneweg für alle drei zunächst eine Misosuppe.

»So guten Wein wie bei Ihnen am Bodensee gibt es hier natürlich nicht«, lacht Mr Miller, doch bestellt für sich zunächst ein Wasser.

»Sie sind neugierig, warum wir Sie heute Abend eingeladen haben?« Mr Blue scheint der deutschen Sprache ebenfalls mächtig zu sein. »Nun, reden wir nicht lang drum herum: Vergessen Sie Ihr Teleskop, für das Sie die Herren und Damen Astronomen hier feiern mögen. Ihnen dürfte klar sein, dass Sie eine der gefährlichsten Strahlenwaffen der Welt entwickelt haben, und nur das interessiert uns.«

Das Lächeln in Stengeles Gesicht friert ein: »Sie haben sich mit meiner Entwicklung befasst?«

»Ja, und auch mit Ihnen. Sie wissen, was Sie tun?«

»Wie meinen Sie das?«

»Ihr Kollege Kluge hat weder uns noch den Chinesen oder Russen die Waffe angeboten. Er nannte aber Ihre Erfindung immer ganz offen beim Namen.«

»Und auch Sie selbst sprechen meist ehrlicherweise von einer Strahlenwaffe«, ergänzt Miller grob, »auf jeden Fall in Gesprächen mit Ihrem Chief, Gunther Schwanke!«

»Wieso? Was reden Sie da? Woher wollen Sie wissen, wie ich mit Herrn Schwanke spreche?« Stengele ist verwirrt, in seinem Gehirn beginnen sich Fragmente der Gespräche mit Schwanke in Erinnerungsprotokolle zu formen. Wann hat er mit Schwanke jemals öffentlich das Wort ›Strahlenwaffe‹ in den Mund genommen? Und wie sollte die NASA davon wissen? Die NASA doch nicht? Ungläubig starrt er die beiden Amerikaner an.

Mr Blue lehnt sich entspannt zurück und schaut der Bedienung in ihrem traditionellen Geishakostüm zu, wie sie die Suppen serviert und lächelnd eine Schale Reis auf den Tisch stellt.

»Was wollen Sie von mir?«, platzt Stengele dazwischen.

»Sie warnen«, antwortet Mr Miller kühl. »Packen Sie Ihr Modell wieder ein und fliegen Sie auf dem schnellsten Weg nach Hause. Ihre Zeit hier ist abgelaufen. Es gibt Gesetze, die Sie einhalten sollten. Der Waffenverkauf aus der Bundesrepublik Deutschland in das Ausland ist geregelt. Ihr Kollege Matthias Kluge sollte Ihnen als Warnung dienen, oder macht Ihnen das Sternegucken keinen Spaß mehr? Darauf sollten Sie sich beschränken.«

Die beiden Männer lächeln sich an, greifen zu den weißblau bemalten Keramiklöffeln und beginnen, ihre Suppe laut und genussvoll zu schlürfen.

Stengele erhebt sich. Er hat genug gehört. Nur weg hier, ist sein einziger Gedanke.

Miller, der ihm am nächsten sitzt, legt seinen Löffel beiseite, steht ebenfalls auf und stellt sich ihm in den Weg. »Sie fliegen morgen zurück nach Deutschland«, sagt er leise, aber bestimmt, »wir werden Sie zum Flughafen begleiten. Sie werden mit niemandem mehr hier in Tokio Kontakt aufnehmen. Unser Wagen steht draußen, wir fahren Sie selbstverständlich zurück in ihr Hotel.«

Stengeles Augen flattern, sein Puls rast, ihm wird schwindlig, es ist ihm, als würde er von einem Hochhaus in die Tiefe gerissen. Ohne Gegenwehr lässt er sich hinausführen und von dem Fahrer in den wartenden Lincoln bugsieren.

Selbst als er längst im fahrenden Wagen sitzt, scheint sich die Welt um ihn noch immer wie ein viel zu schnelles Karussell zu drehen. Er fragt den Fahrer zunächst auf Deutsch, und als er keine Antwort erhält, in englischer Sprache: »Sie arbeiten bei der NASA?«

Der Fahrer lacht, antwortet aber nur Japanisch.

Verwirrt entsteigt Stengele vor dem Hotel der Limousine und flüchtet schnurstracks in sein Zimmer.

Wie von den beiden Amerikanern angekündigt, steht am nächsten Morgen der Lincoln vor dem Hotel. Der Fahrer sitzt in der Lobby und springt auf, als er Stengele sieht. Er geht ihm entgegen, nimmt ihm seinen Modellkasten ab und führt ihn zum Wagen. Ohne ein Wort zu verlieren, fährt er ihn direkt zum Narita International Airport.

Stengele checkt am Schalter der russischen Aeroflot ein und bekommt überraschend einen Platz in der ersten Klasse zugewiesen.

»Das muss ein Missverständnis sein«, will er aufklären, doch die Stewardess lächelt ihn freundlich an und antwortet in fließendem Deutsch: »Nein, nein, Sie haben doch so viel Handgepäck«, dabei zeigt sie auf seinen hölzernen Modellkasten und erklärt freundlich: »Die Maschine ist nur halb belegt.«

Stengele hat sich langsam von dem Gespräch mit den beiden Amerikanern erholt. Er war zwar völlig verwirrt in sein Zimmer zurückgekehrt, hatte aber einige Schlaftabletten eingeworfen und war glücklicherweise bald eingeschlafen. Seine Träume schickten ihn wieder einmal auf die Reise durch das All. Er sah sich, wie so oft, als NASA-Entwickler, aber auch, von Raketen und Laserkanonen gejagt, durch das Weltall irren. Er ist jetzt froh, dass er nach Hause fliegen kann, die beiden Amerikaner haben ihm Angst eingejagt, vor allem fragt er sich seither, was es heißen mag, dass die NASA plötzlich sein Teleskop – und das ist es doch in erster Linie! – nur noch als eine Strahlenwaffe ansehen will?

Erschöpft bestellt er eine Bloody Mary bei der Stewardess und schläft kurz darauf ein.

Er träumt, wie er von fremden Menschen liebevoll umsorgt wird. Wie die charmante Stewardess eine dicke Decke um seinen Körper hüllt. Wie er sich in seinem Flugsitz völlig ausstrecken darf, und im Flugzeug sogar ein Bett zurechtgemacht bekommt.

Er glaubt, immer noch zu träumen, trifft aber endlich mit Gleichgesinnten zusammen, mit denen er über seine Erfindung reden kann, mit wahren Astronomen, die ihn verstehen. Es ist ihm, als wäre er zurück auf der Tagung in Tokio. Immer wieder erklärt er seine Berechnungen und die Kunst, die zurzeit die Quarzschmiede in Frankfurt vollbringt. Ihm werden Papiere hingehalten, auf die er die Formeln seiner Erfindung schreibt. Er sieht, wie die Männer und Frauen um ihn herum salutieren und mit Hochachtung über ihn sprechen, kurze Zeit später fällt er wieder in eine tiefe, müde Erschöpfung zurück.

Das erste Bild, das Stengele wieder bei vollem Bewusstsein sieht, ist eine alte Frau, die sich über ein großes Stück Fleisch hermacht. Sie hat einen riesigen Braten vor sich auf dem Tisch liegen, lacht hämisch aus ihrem zahnlosen Mund und schneidet an dem Fleischstück herum, als wolle sie den gesamten Fleischberg in kleinste Häppchen zerlegen. Nebenbei greift sie immer wieder zu einem großen Glas neben sich. Es sieht aus, als wäre Wasser darin, gierig trinkt sie daraus, rülpst hemmungslos und laut.

Herbert Stengele wagt es nicht, sich zu bewegen. Er bleibt, wie erstarrt, regungslos liegen. Nur seine Augen öffnen und schließen sich langsam im Wechsel. Sein Gehirn beginnt mühsam zu arbeiten, er versucht, die Augen bewusst wieder zu öffnen, die Pupillen suchen neugierig einen Halt. Wo ist er?

Er spürt eine Decke auf seinem Körper, betastet sie mit den Fingern, schielt an sich herunter und erkennt sie als ein Souvenir der Fluggesellschaft Aeroflot.

Also doch!, denkt er, ich war im Flieger der russischen Fluggesellschaft, die Maschine hatte in Tokio abgehoben. Und weiter? – Filmriss, er kann sich an nichts weiter erinnern. Er sieht das Bild der freundlichen Stewardess, die Bloody Mary und seine Traumbilder. Sie scheinen ihm unklar und weit weg, und doch real und nah. Er weiß nicht, was er denken soll, lächelt etwas gequält, schließlich lebt er noch.

Aber wo? Im Flugzeug ist er definitiv nicht mehr, und die scheußliche Babuschka ist auch keine freundliche Stewardess.

Er versucht, sich unbemerkt umzuschauen, lässt seine Pupillen schweifen, sieht nackte Wände um sich, herunterhängende Tapeten, Schimmel in den Ecken und wieder die alte Frau inmitten des Zimmers an ihrem Tisch in dem zähen Braten stochern. Über ihr hängt eine nackte Birne, die dem armseligen Raum ein bisschen Licht spendet.

Er selbst liegt an einer Wand gegenüber der Alten, vermutlich auf einer Couch, einem Bett oder sonst einer Liege. Er schließt die Augen, will zurück in seine Träume fliehen. Dann erinnert er sich, dass man sich zwicken soll, wenn man nicht weiß, ob man träumt oder wacht. Er will sich auf keinen Fall bemerkbar machen. Deshalb nimmt er zuerst seine rechte Hand, die unter der Decke steckt, und zwickt sich in den rechten Schenkel. Danach zwickt er sich mit der linken Hand in den linken Schenkel. Verdammt, es ist real! Er kann seine Finger bewegen, wie er will, seine Glieder gehorchen den Befehlen seines Gehirns, er spürt den Schmerz, wenn er sich kneift.

Verdammt, er träumt nicht, er liegt tatsächlich bei dieser alten Frau, irgendwo in einer versifften, verkackten Wohnung. Irgendwo.

Und es ist Nacht.

Vorsichtig öffnet er erneut seine Augenlider. Die alte Frau schüttet sich aus einem Plastikkanister ihr Glas voll, trinkt es wieder gierig aus und widmet sich ihrem Brocken Fleisch. Unbeholfen säbelt sie weiter einige Stücke ab und schiebt sie hungrig mit ihren dicken Fingern in ihren Schlund. Glücklich lächelnd, wie ein Kind, malmt sie zahnlos darauf herum.

Sie trägt ein blaues Kopftuch mit roten Punkten. Es ist am Hinterkopf geknotet, wie bei heroischen Kolchose-Traktorfahrerinnen. Darunter lugen graue strähnige Haare hervor. Sie hat breite buschige Brauen über dunkelbraunen Augen und eine riesige, knollige Nase. Dazu dicke Lippen und einen großen Mund. Sie selbst ist klein, dick, gedrungen.

Herbert Stengele entdeckt auf ihrer Knollennase eine dicke Warze, wie sie einst in seinem Märchenbuch die Hexe von Hänsel und Gretel zierte. Er muss sie ansehen, er kann nicht anders. Er schaut dem alten Weib zu, wie es frisst und säuft wie ein Tier. Es ängstigt ihn.

Sie dagegen nimmt ihn nicht wahr, ist mit sich und dem Braten beschäftigt und schmatzt zufrieden vor sich hin.

Stengele will sich weiter umsehen, erkennen, wo er sich befindet, was mit ihm passiert ist, doch er stellt bald fest, viel gibt es in dem Raum nicht zu erkunden. Er hört auch keine anderen Personen, nur gedämpft die Geräusche eines laufenden Fernsehers, vermutlich aus dem Raum oder gar der Wohnung nebenan. Er ist allein mit der Alten in diesem gottverlassenen Zimmer.

Es dauert, bis er einen klaren Gedanken fassen kann, er versucht zu überlegen, zunächst fieberhaft, dann wieder ruhiger.

Er spürt, dass er noch den Anzug trägt, den er am Morgen angezogen hatte, bevor er in den Flieger stieg. Dann kam die Bloody Mary und danach sein seltsamer Traum, oder war es doch Realität gewesen?

Die Stewardess hatte ihn jedenfalls in diese Decke gehüllt. Danach muss er aus dem Flieger herausgetragen worden sein. Das war kein Traum gewesen, er hatte wohl unbewusst mitbekommen, was tatsächlich mit ihm passierte. Verdammt, die Alte muss doch wissen, wie er hierher gekommen ist?

Unvermittelt spürt er, dass er dringend pinkeln muss. Er will es unterdrücken. Ängstlich horcht er in seine Blase, der Druck aber wächst stetig, seit er ihn wahrgenommen hat.

Er muss!

Jetzt.

Mit einem Ruck reißt er die Decke von seinem Körper und springt von der Liege auf. Mit seinen zwei Metern steht er plötzlich krachend auf den Dielen des kleinen Zimmers.

Die alte Frau erschrickt und flucht: »Jebem ti boga!« Dabei stößt sie vor Schreck ihr Glas um.

Stengele geht forsch auf sie zu und brüllt sie an: »Wer bist du? Wo bin ich? Wie komme ich hierher?«

Sie beginnt zu zittern, schaut ihn aus großen Augen an, dann lächelt sie und stellt mit einer stoischen Ruhe ihr Glas wieder auf den Tisch, nimmt ein zweites Glas hinzu und schüttet beide aus ihrem Kanister mit dem wasserähnlichen Inhalt voll. Währenddessen redet sie unaufhörlich, doch Stengele versteht kein Wort.

Er schaut sie nur fassungslos an.

Sie streckt ihm das zweite Glas hin und prostet ihm zu: »Vashe zdorovie!«

Stengele riecht an dem Glas, erkennt den Geruch von Wodka und glaubt endgültig zu wissen, dass er in Russland ist.

Verdammte Scheiße, wie ist er hierhergekommen?

Er redet auf die alte Frau ein, stellt Unmengen von Fragen, aber sie antwortet nur in ihrer eigenen Sprache, die Stengele als Russisch zu identifizieren meint. Immer wieder »Da, da, da« – Ja, Ja, ja, denkt Stengele, du mich auch.

Er geht an das einzige Fenster des Raumes, schaut hinaus, sieht eine Straßenschlucht, Wohnblocks und hinter fast jedem Fenster ein Licht. Das beruhigt ihn zunächst, bevor wieder neue Unruhe in ihm aufkeimt.

Er blickt sich in dem schäbigen Zimmer um. Es ist keine zehn Quadratmeter groß, nur der Tisch steht da, seine Liege an der Wand, daneben ein alter Schrank und ein Elektroherd sowie ein paar alte verschmutzte Töpfe darauf.

Die verwahrloste Frau stiert ihn an und zeigt auf ihren Braten und die Wodkagläser.

Stengele ignoriert die Einladung und fragt nach seinem Gepäck, malt einen Koffer in die Luft, doch die alte Vettel reagiert nicht.

Er geht mutig an die Zimmertür, öffnet sie, steht unvermittelt in einem dunklen Flur, sucht tastend an der Wand entlang nach einem Lichtschalter, findet ihn schließlich, drückt darauf, eine Birne glimmt auf. Er geht zum Ende des Flurs, eine Treppe führt hinunter. Er folgt ihr, tastet sich durch das dunkle Treppenhaus, hört nicht mehr auf zu gehen, bis er im Erdgeschoss steht, sieht hinter einer Glastür die Lichter der Straße und rennt entschlossen darauf zu.

Er ergreift die Klinke, drückt sie nieder, die Tür geht auf, er tritt auf die Straße und läuft los. Er rennt und rennt, als ginge es um sein Leben, rennt weg, so weit er kann.

Nach mehreren Straßenzügen bleibt er stehen. Die Luft wird ihm knapp. Er reißt den Mund auf, inhaliert tief, schnauft erschöpft und will sich erst mal beruhigen.

Ängstlich schaut er sich um, dann ist er sich gewiss, dass ihm niemand folgt. Doch wo soll er hin? Er weiß ja nicht mal, wo er ist. Eine Zwischenlandung hatte sein Flieger nicht eingeplant. Er musste in Moskau sein. Aber wo da?

Langsam geht er weiter. Er ist allein auf der Straße. Seine Armbanduhr zeigt 2 Uhr.

Jetzt endlich kann er pinkeln. Er muss, dringender denn je, und benutzt, wie ein streunender Hund, den nächstbesten Laternenpfahl.

Die Scheinwerfer eines Autos nähern sich. Er kann nicht aufhören, seine Blase zu leeren, lässt es einfach weiterlaufen. Die Pisse sucht sich einen Weg über den Bürgersteig in den Rinnstein.

Der Wagen hält direkt neben seiner Pissrinne an, er erkennt, dass es ein Polizeiwagen ist. Zwei Polizisten steigen aus und gehen auf ihn zu. Der eine schreit ihn an, doch Herbert Stengele kann nicht aufhören zu pinkeln.

Jetzt ruft ihm auch der zweite etwas Unverständliches zu.

Endlich ist Stengele so weit, schließt seinen Hosenstall und lächelt erleichtert. Dann zieht er sein Jackett enger um sich, denn plötzlich ist ihm kalt. Auf Englisch bittet er um Hilfe.

Die beiden Polizisten reden in ihrer Sprache immer heftiger auf ihn ein, Stengele umgekehrt auf sie, mal in Deutsch mal in Englisch, doch die beiden Herren verstehen ihn nicht. Sie wiederholen nur monoton, aber immer lauter: »Passport!«

Er deutet ihnen an, keinen Ausweis bei sich zu haben, auch keine Geldbörse. Er zieht das Futter aus seinen Taschen, die beiden Polizisten packen ihn hart an und verfrachten ihn auf die Rückbank ihres Wolgas.

Auf der Wache nehmen sie sich ihn noch rüder vor, doch außer gegenseitigem Anschreien kommt nichts dabei heraus. Die Polizisten demonstrieren ihre Macht, Stengele seine Verzweiflung. Dann stecken sie ihn in eine triste, dunkle Zelle.

Herbert Stengele ist jetzt am Ende seiner Kräfte. Er könnte heulen. Er steht an der kalten Wand seines Gefängnisses, lehnt den Kopf daran, sucht Halt und fühlt sich so verlassen wie schon lange nicht mehr.

Er denkt an Matthias, seinen alten Freund. Vielleicht hätte besser er selbst statt seiner ermordet werden sollen? Was will er nun ohne ihn anfangen? Wenn Matthias hier wäre, der würde sie beide herausboxen, aber er allein …

Schluchzend lässt er sich auf die Pritsche sinken und bleibt zusammengekauert sitzen. Er fühlt sich von allen bösen Geistern verfolgt. Sitzt unschuldig und von aller Welt vergessen in einem russischen Knast, er, der nie etwas Böses der Welt zugefügt hat. Er erinnert sich an Fritz Haber, einen Chemieprofessor der Universität Berlin, der Angst hatte, in ein russisches Gefängnis gesteckt zu werden, nachdem er mit Otto Hahn die ersten Giftgaseinsätze der deutschen Wehrmacht ermöglicht hatte. 5.000 tote Soldaten und 10.000 Schwerverletzte hinterließ sein Chlorgas nach einer Offensive. Doch 1918 erhielt er den Nobelpreis für Chemie. Mit diesem Gedanken nickt Stengele mit einem hoffnungsvollen Lächeln auf seinen Lippen weg.

Am nächsten Morgen geht alles sehr rasch. Herbert Stengele wird von zwei uniformierten Polizisten und einem Dolmetscher abgeholt.

»Sie werden uns einiges zu erklären haben«, verkündet der Dolmetscher auf Deutsch, »wissen Sie denn wenigstens, wie Sie heißen?«

Herbert Stengele ist erschöpft. Apathisch beantwortet er die Fragen. Name, Adresse, Beruf und Flug von Tokio via Moskau nach Berlin. Doch schon wieder stößt er auf Unverständnis und Misstrauen. Aber was soll er anderes sagen, er weiß doch selbst nichts Genaues.

Der Polizeiwagen fährt mit ihm quer durch den Zehn-Millionen-Moloch Moskau, wobei die Häuserzeilen um sie herum immer ansehnlicher werden. Stengele sieht Büsten von Lenin, immer wieder die russische Flagge und bald schon nobelste Limousinen aus dem Westen. Langsam löst sich die Anspannung in ihm. Schließlich traut er sich zu fragen, wo er denn aufgegriffen worden sei.

»Dort, wo alle Männer wie Sie in Moskau landen, in Arbat, wo die Frauen billig und willig sind«, antwortet der Dolmetscher abfällig.

Stengele muss an die Alte in dem schäbigen Zimmer denken, schweigt aber lieber. Ihm ist klar geworden, dass der russische Geheimdienst ihn aus der Aeroflot–Maschine entführt haben muss. Die freundliche Stewardess, die ihm so entgegenkommend die Bloody Mary serviert hatte, die in der Erinnerung hängen gebliebenen Szenen seines von ihm wohl wahrgenommenen Verhörs unter Freunden, das alles sind genügend Hinweise, die auf den KGB hindeuten. Die Amerikaner hatten ihn am Tag vor seinem Abflug gewarnt: »Vergessen Sie Ihr Teleskop, Sie haben eine der gefährlichsten Strahlenwaffen entwickelt, und nur das interessiert.«

Der Wagen fährt rasant über die breit ausgebauten Zubringerstraßen in die russische Metropole, überquert die Moskwa, fährt über die Kutuzovskiy in die Minskaya und biegt von dort in die Mosfilmovskaya Ulitsa ein.

Herbert Stengele sieht plötzlich eine deutsche Flagge vor dem Wagen im Wind flattern und fühlt sich schon etwas besser.

Einer der Polizisten und der Dolmetscher führen ihn in die deutsche Botschaft, der Verwaltungsweg nimmt seinen Lauf. In einem Wartezimmer werden sie vertröstet, auf dem Tischchen liegen deutsche Zeitungen, Stengele greift sich eine, lacht in sich hinein und denkt: Zu Hause geht das Leben seinen alltäglichen Gang und ich stecke hier im fernen Moskau in solch einer verzwickten Klemme. Doch plötzlich ändert sich seine gerade wieder gewonnene Gesichtsfarbe, die Haut wird blass, dann wird ihm schwindlig, sein Kreislauf sackt immer tiefer ab, noch will er lesen, was da vor ihm in der Zeitung steht, fällt aber schließlich kraftlos vom Stuhl und kippt vornüber auf den Boden.

In seiner linken Hand hält er noch die FAZ mit der Schlagzeile: ›Quarzwerk Frankfurt bis auf die Grundmauern abgebrannt – Brandursache unbekannt – Schaden geht in die Millionenhöhe!‹

9

Gunther Schwanke ist erleichtert. Unter diesen Umständen wird die Rechnung aus Frankfurt auf sich warten lassen. Und überhaupt: Warum sollte er sie denn bezahlen, wenn das Quarzwerk nicht mehr termingerecht liefern kann?

Gerade hat er auf N24, während er auf die Aktienkurse schielte, von dem Brand in Frankfurt erfahren. Der Fernsehsender zeigte Bilder des verwüsteten Werks, da saß kein Stein mehr auf dem anderen. Es muss eine verheerende Explosion gegeben haben. Die Polizei rätselt über die Brandursache, die Experten tappen im Dunkeln.

Schwanke lächelt gequält. Zwar kennt er die Brandstifter nicht, aber dass es die gleichen Herren sind, die auch Matthias Kluge erschossen haben, davon geht er hundertprozentig aus.

Mehr Sorgen bereitet ihm das Eilschreiben, das er heute Morgen empfangen hat. Das Bundeswirtschaftsministerium teilt ihm in zwei Zeilen lapidar mit, dass die Patente betreffs des ZAS-Spiegels, ab sofort als ›sensitiv‹ eingestuft sind und somit der Geheimhaltung unterliegen. Er hatte daraufhin gleich in München angerufen, der Präsident des Patentamtes wunderte sich, was plötzlich los ist. Erst vor drei Tagen seien Vertreter der US-Handelsakademie bei ihm gewesen und hätten sich genau diese Patente vorlegen lassen. Seit zwei Tagen liege auch ihm ein schriftlicher Hinweis des Bundesverteidigungsministeriums zur strengsten Geheimhaltung vor. »Es tut mir leid, da kann ich nichts machen, völlig unüblich, da haben Sie recht«, war die Einlassung des Präsidenten, mehr nicht.

Gunther Schwanke tigert durch sein herrschaftliches Büro in seinem noblen High-Tech-Unternehmen. Er rennt wie ein Marathonläufer im Rund eines Stadions um seinen großen Besprechungstisch. Auf dem See glitzern in der Augustsonne sanfte Wellen im Sommerlicht, die bunten Spinnacker einiger Segelboote sind dank eines leichten Ostwindes kräftig gebläht, die Alpen ruhen hinter dem Mittagsdunst in weiter Ferne, doch Schwanke will das alles nicht sehen, verdammt, er muss jetzt verkaufen, sofort! Am besten gestern.

Er geht zu seiner Klimaanlage, 20 Grad zeigt sie an, doch er schwitzt. Er tippt ›18‹ in das Modul und setzt sich tatendurstig hinter seinen Schreibtisch.

Er weiß, der nächste Schritt vom Bundesausfuhramt lässt nicht lange auf sich warten, dann kann er endgültig dieses verfickte Teleskop einpacken. Er muss jetzt schnell alle Adressen von Matthias abarbeiten, der erste potenzielle Kunde, der kaufen will, bekommt den Zuschlag, grad gleichgültig, wer und wo er ist. Zehn Millionen Dollar, und seine Firma wäre vorerst gerettet.

Schwanke sieht keinen anderen Weg mehr, zu lange hat er gewartet. Beherzt greift er zu einem Handy und wählt eine x-beliebige Telefonnummer aus der Liste von Kluge, vermutlich irgendwo in Asien, das erkennt er an der Vorwahl.

Kluge hatte vor seinem Tod öfter diese Nummer gewählt, das ist Schwanke aus den Abrechnungen, die ihm vorliegen, ersichtlich. Es ist eine Handynummer. Wo er mit seinem Anruf landen wird, weiß er nicht genau.

Er drückt mit seinen dicken Fingern auf die kleinen Tasten des Mobiltelefons, wartet gespannt ab, glaubt, die Entfernung in seiner Leitung zu hören, dann ein sanftes Klicken: »Yes, please«, sagt eine Männerstimme unvermittelt irgendwo.

Schwanke antwortet eloquent in englischer Sprache:

»Ich bin ein Kompagnon von Matthias Kluge, you know him?«

»Yes, please.«

»Hm, ich führe zurzeit seine Geschäfte weiter.«

»Yes, please«.

»Sie standen mit ihm in Verhandlungen?«

»Yes, please.«

Schwanke stöhnt, es ist ihm noch heißer geworden, aber er muss alles auf eine Karte setzen: »Sie kennen unseren ZAS-Teleskopspiegel?«

»Yes, please.«

»Haben Sie daran Interesse?«

»Yes, please.«

»Dann sollten wir uns baldmöglichst treffen, wir wollen das Geschäft abschließen.«

»Yes, please.«

Schwankes Anspannung legt sich. Er hört zwar ein monotones »Yes, please« nach dem anderen, doch er erkennt auch, wie der ihm unbekannte Gesprächspartner ihn, durch sein »Yes, please«, immer gebannter auffordert, weiterzureden.

Schwanke ist zu lange als Waffenverkäufer über die Kontinente getingelt, als dass er nicht diese Nuancen vernehmen würde. Er hört es und er spürt es, dieser Fisch ist am Köder interessiert. Jetzt muss er mit dem Köder spielen, ihn tanzen lassen, damit vom anderen Ende der Leitung eine Reaktion kommt, mehr als nur dieses verdammte »Yes, please«.

Forsch legt er eine Schippe oben drauf: »Mein Kompagnon hat mir zwei Telefonnummern gegeben, die ich wegen des Spiegels anrufen soll. Jetzt muss ich wissen, wie ernst es Ihnen ist, und wie wir weiter verfahren sollen. Können wir uns treffen?«

Das anschließende »Yes« kommt zögerlich, doch dann

schließt sich ihm eine Zusage an: »I call you back«. Damit ist die Leitung unterbrochen – der Mann hat aufgelegt.

Schwanke springt von seinem Schreibtischstuhl auf, greift in seine rechte Hosentasche, holt ein großes, seidenes Taschentuch hervor und fährt sich kreuz und quer über seine verschwitzte Glatze. Dann hält er inne, lächelt, brummelt sein »Heinomol!« und zieht seine letzten verbliebenen grauen Haarsträhnen wieder vorsichtig in Fasson über seine Platte. Der erste Anruf und schon ein Volltreffer, freut er sich, doch er weiß auch, er hat noch eine lange Liste mit vielen Telefonnummern vor sich liegen. Die Reaktion des ersten möglichen Interessenten stimmt ihn hoffnungsfroh. Er will sie nun alle anrufen, und dem Meistbietenden den Zuschlag erteilen. Doch Vorsicht ist geboten. Schwanke versteht den Mann, der die Telefonleitung unterbrach, bevor Näheres beredet wurde. Er selbst hat ihn mit einem Handy angerufen, in das er zuvor eine Prepaidkarte eingelegt hatte. Ihm ist klar, er darf im Telefonnetz keine Spuren hinterlassen, die zu ihm führen, weder für die Polizei noch für die Geheimdienste.

Erst recht nicht, seit der offiziellen amtlichen Mitteilung, dass die Patente des ZAS-Spiegels ab sofort der Geheimhaltung unterliegen. Denn jetzt gilt definitiv, er darf das Know-how seines Spiegels nicht verkaufen. Ein Export ohne Genehmigung des Bundesausfuhramtes widerspricht dem Gesetz. Im Ausfuhramt sitzen Vertreter des Verteidigungsministeriums, und sie haben die gefährliche Zweischneidigkeit der Dual-Use-Erfindung von Herbert Stengele erkannt. So sitzt Schwanke jetzt auf teuren Patenten, die er geradewegs in den See werfen könnte, außer die Amerikaner würden kaufen.

Die Crux: Das Forschungsministerium hält von der Erfindung als Superteleskop nichts, das Verteidigungsministerium dagegen hält die Erfindung für eine gefährliche Strahlenwaffe und stuft sie als geheim ein, und die Amerikaner rühren sich gar nicht.

Schwanke kommt sich vor wie die Henne auf dem goldenen Ei, die vergeblich auf ihr Küken wartet. Doch er weiß, das wird nichts.

Also geht er wieder an seinen Schreibtisch, greift zu seinem offiziell nicht existenten Handy, will eine weitere Nummer aus Kluges Liste anwählen. Da hört er das akustische Signal seines Schiffshorns und ist gewarnt: Der Aufzug bringt ihm gleich einen Besucher in sein Büro.

Er schaut auf, Markus Kluge stürmt herein. Schnell schiebt er die Telefonliste unter einen Stapel Papiere, springt auf und geht auf den jungen Mann zu: »Markus, mein Junge, wie geht es dir?«

Markus Kluge schüttelt tatkräftig mit seiner Rechten die Hand von Gunther Schwanke und klopft ihm kameradschaftlich mit der Linken auf die Schulter. Dann geht er um den Schreibtisch des Firmenchefs herum, als wäre er hier zu Hause, und fragt gelassen: »Was machen die Geschäfte? Bist du weitergekommen? Hast du den verdammten Spiegel verkauft? Hast du die Meldung aus Frankfurt gehört?«

»Nun mal langsam, Markus, du bist ja noch schneller, als dein Vater es immer war. Der Reihe nach: Die Quarzhütte in Frankfurt geht mir am Arsch vorbei. Wir haben interessante Ergebnisse während der Produktion erfahren und wissen nun, Herberts Berechnungen stimmen. Der Quarzspiegel nach seiner Methode ist makellos zu einem einzigen Spiegel mit einer Fläche zu montieren. Das ist sensationell – mehr war nicht zu beweisen.«

»Nun muss das Ding nur, wie eh und je, verkauft werden.«

»Ja, und das ist nicht so einfach, wie du weißt, jetzt wirft uns sogar das Verteidigungsministerium einen Knüppel zwischen die Beine. Die Patente stehen ab sofort unter Geheimhaltung.«

Markus lacht. »Da kommen die Herren wohl zu spät, wir haben die Patente doch schon weltweit angemeldet und somit veröffentlicht, wie sollen sie nun plötzlich wieder zu einem Geheimnis werden?«

»Das ist nicht so lustig! Erstens darf niemand die Patente nutzen; zweitens dürfen wir sie keinem Interessenten verkaufen. Und die besondere Crux ist, nutzt jemand die Patente, dürfen wir von ihm nicht mal Geld fordern, sonst hätten die uns am Arsch.«

»Pff, offiziell! Wir beraten und verkaufen im Ausland, wer will das hier mitbekommen? Die Patente sind in jedem Patentamt weltweit einzusehen. Du sagst doch selbst, ohne die Ergebnisse, die wir aus der Produktion der Glashütte in Frankfurt mitbringen, wird der Quarzspiegel nicht so einfach gebaut werden können. Damit sind wir als Berater voll im Rennen, ohne uns geht nichts!«

»Heinomol! Dir ist schon klar, dass wir uns da strafbar machen«, fragt Schwanke nicht, sondern stellt dies nüchtern und sachlich fest.

Markus Kluge dagegen lacht hell auf. Er geht leichten Schrittes durch das Büro zu dem großen Besprechungstisch, lässt sich auf einen der Designerstühle fallen und legt seine braun gebrannten Füße mit den bunten Badeschlappen auf Schwankes blank polierten Glastisch. »Ich habe einen Interessenten, der bezahlt uns mehr als die bisherige Summe. Wir müssen nur garantieren, dass wir ihm auch helfen, den Spiegel vor Ort zu installieren.«

Schwankes Ohren scheinen sich nahezu aufzustellen. »Was heißt das?«, poltert er aufgeregt.

»Dass der Mann mehr als deine zehn Millionen für das

Know-how bezahlt und zusätzlich die Beratungskosten übernimmt, die bei uns anstehen. Er weiß, dass er uns zum Bau braucht.«

»Wie soll das gehen?«, wird Schwanke mit Fassungslosigkeit in seiner Stimme laut.

»Joint Venture ist das Zauberwort«, bleibt Markus gelassen.

Die Augen des alten Firmenpatriarchen weiten sich. Er schaut den jungen Kluge entgeistert an. »Bist du bekloppt? Wo, in welchem Land soll das sein?«

»Warum?«

»Klingt nach China, kannst du dir abschminken«, ereifert sich Schwanke, »so was haben wir noch nie gemacht. Spinnst du, willst du uns alle in den Knast bringen?« Er fasst sich mit beiden Händen ins Gesicht und lässt sie erst wieder fallen, als Markus cool weiterredet.

»20 Millionen Dollar haben oder nicht haben! Hat sich die Welt bei Defensive-Systems so schnell geändert? Du schuldest meiner Familie noch ein paar Außenstände, die mein Vater nicht sofort eingefordert hat. Nach meiner Liste stehen noch rund 500.000 Euro Provisionszahlung aus.«

»Was soll das jetzt?«

»Hey, Onkel, ich weiß, wie es um den Laden steht. Schau doch der Realität ins Auge.« Markus Kluge steht auf, geht zu Schwanke und legt ihm seinen rechten Arm freundschaftlich um die Schultern: »Mensch, Onkelchen, ich habe einen Interessenten, der bezahlt uns mehr als die von uns anvisierten zehn Millionen Dollar für Patente, die sowieso schon öffentlich sind, und zusätzlich kassieren wir noch einmal zehn Millionen für die technische Leitung des Baus irgendwo im Kuhrud-Gebirge, wo eh keine Sau hinkommt. Wo ist denn da das Problem?«

»Im Iran?«, haucht Schwanke plötzlich leise, wie hinter vorgehaltener Hand. »Heinomol, Kuhrud-Gebirge!«, flüstert er entgeistert. »Bist du denn total verrückt, ausgerechnet Iran?«

»Warum denn nicht? Auch die bezahlen in Dollar, und wir bauen nur eine zivile Sternwarte mit dem größten astronomischen Teleskopspiegel der Welt. Den Deal haben wir unterzeichnet – beziehungsweise mein Vater kurz vor seinem Tod – bevor die Patente als geheim eingestuft wurden. Wo liegt das Problem?«

Schwanke schluckt trocken. Fährt sich mit seiner linken Hand über den Kopf, achtet dabei routiniert auf seine lange Haarsträhne, greift erneut zu seinem Taschentuch und wischt sich damit über die Stirn, während er Markus fassungslos anstarrt.

Der lächelt selbstsicher, seine hellen Augen funkeln hinter seiner John-Lennon-Brille, er wirft mit einer kurzen Kopfbewegung eine blonde Locke aus seinem jugendlichen Gesicht und zeigt sich als Businessman der globalen Welt. »Jetzt kommt der Hammer, Onkel: Wir liefern über Zypern und Dubai und den Irak. Alle inoffiziellen Lieferungen gehen zurzeit diesen Weg, das ist längst kein Problem mehr, ich habe das gecheckt.« Er lacht souverän, seine weiblichen Lippen verziehen sich zu einem schmalen Strich. »Das ist doch mein Job!« Dann dreht er sich von Schwanke ab, schaut auf den See und fährt unbeirrt fort: »Und bitte: Wer will uns denn was anhaben wegen solch eines Teleskops für Sternegucker, das nach Ansicht unseres Forschungsministeriums sowieso nichts taugt? Das haben wir ja amtlich!«

Schwanke schnaubt wie ein Pferd. Er stampft über sein edles Parkett, stolpert fast über den Perserteppich, der unter seinem Schreibtisch hervorlugt.

»Hey, den Deal hat mein Vater schon vor zwei Wochen abgeschlossen«, behauptet der junge Kluge mit einem hinterhältigen Lächeln, als wäre es wahr, »was sollen wir jetzt tun? Damals gab es noch keine Geheimhaltungs-Direktive. Willst du vertragsbrüchig werden?«

»Heinomol, Markus, ich habe dich unterschätzt. Ich weiß, du bist aus dem gleichen Holz geschnitzt wie dein Vater. Aber glaube mir, da hätte selbst er geschluckt. Mir ist nicht ganz wohl bei der Sache.«

»Lass mich mal machen«, lacht Markus frech, »wir bleiben dabei: Wir hatten das Teleskop längst verkauft, basta! Wir werden alle Verträge mit einem Datum vor dem Tod meines Vaters versehen. Ich unterschreibe nur mit meinem Nachnamen, wo ist das Problem? Das merkt niemand, meine Unterschrift ähnelt der meines Vaters.« Markus strahlt siegessicher. »Und gegen die nachträgliche Geheimhaltungs-Direktive des Verteidigungsministeriums legen wir sofort Einspruch ein. Als Zeugen rufen wir das Bundesforschungsministerium auf und legen deren negative Einschätzungen zu unseren Patenten bei – das wird sich hinziehen, bis die Beamtenärsche sich einig werden und da irgendetwas entschieden ist, ha!« Markus Kluge lacht zynisch, seine hellen Augen sprühen hinter den kleinen Gläsern seiner Brille. »Und so lange beziehen wir uns auf den Rechtszustand vor unserer Vertragsunterzeichnung.« Markus ist in Fahrt, er sieht seinen Onkel in der Defensive. Er fühlt sich plötzlich selbst in der Rolle seines Vaters, wie er ihn schon immer gesehen hat, als Chef von Defensive-Systems. Cool agiert er aus dem Schreibtischstuhl des Firmenpatriarchen und plappert unbekümmert weiter: »Und bis die Gerichte wissen, was sie wollen, haben wir das Teleskop im Kuhrud-Gebirge auf über 4.000 Meter längst gebaut und sind um rund 20 Millionen reicher.«

Schwanke steht fassungslos vor dem jungen Kluge, der so mir nichts, dir nichts seinen Schreibtisch in Beschlag genommen hat.

Der schaut seinem Onkel herausfordernd ins Gesicht. Davon hatte sein Vater immer geträumt, dass er auf diesem Stuhl sitzt und den Kurs des Unternehmens bestimmt. Er wäre jetzt sicherlich stolz auf ihn.

»Heinomol, Junge«, staunt Schwanke noch immer, »wie soll das alles gehen? Wenn das stimmt, was du da auftischst, hat genau dieser Deal mit Teheran jemandem nicht gefallen und deshalb wurde dein Vater erschossen. Ist dir das klar? Weißt du, auf was du dich da einlässt?«

»Ich leb ja noch«, grinst Markus leichtfertig, steht auf und klopft Schwanke wohlwollend auf die Schulter. »Ich treffe die Allah-Abordnung schon morgen Nachmittag. Keine Sorge, uns wird niemand sehen oder belauschen, wir treffen uns mitten auf dem See. Genial, oder?«

Lachend steht Markus vor dem unsicher wirkenden Schwanke. Zum ersten Mal kommt ihm der Junge wie ein gestandener Mann vor, nichts mehr erinnert ihn an den zarten Jungen mit seiner unsicheren, kindlichen Art. Er dagegen fühlt sich unwohl und alt wie noch nie. Er kämpft mit sich, schnappt nach Luft, sein Hemd ist verschwitzt, seine Haarsträhne hängt ihm wirr ins Gesicht.

Markus dagegen wirkt selbstsicher, fühlt sich unschlagbar, endlich ist er am Zug und kann zum ersten Mal zeigen, was er von seinem allseits so hoch geschätzten Vater tatsächlich geerbt hat. Jetzt, wo er tot ist, kann er beweisen, dass er ein ebenbürtiger Sohn ist. Immer erschien er vielen für den Job bei DS zu weich. Er sei unentschlossen, einfach kein richtiger Kluge, der zulangt und verkauft, hieß es hinter seinem Rücken. Er sei ein Feingeist, der Mozart liebt und lieber Geige spielt, als endlich sein BWL-Studium abzuschließen. Doch seit dem Tod seines Vaters fühlt sich Markus wie befreit, in diesem Augenblick ist er sich sicher, die Stelle des Key-Accounters bei Defensive-Systems ist genau auf ihn zugeschnitten.

»Ich komme nach unserem Meeting sofort zu dir. Mach dir mal keine Sorgen, ich halte dich auf dem Laufenden, aber jetzt muss ich los. Wir werden heute Abend wieder ein Gewitter bekommen, der Wind frischt auf, ich muss raus auf den See, du weißt, mein Kat will ausgeritten werden.«

Ohne eine weitere Reaktion des alten Herrn abzuwarten, verschwindet Markus Kluge siegessicher im Aufzug.

Schwanke schaut ihm bestürzt nach. Sieht über dem See, auf der Schweizer Seite, die Sturmvorwarnung gefährlich orange blinken. Aber noch herrscht, wie jeden Tag in diesem herrlichen August, auf dem Wasser unbeschwerter Sommerbetrieb.

Gunther Schwanke steht untätig da, wie ihn Markus verlassen hat. Er weiß nicht, was er denken soll. 20 Millionen Dollar und er hätte viele Sorgen weniger, da hat der Junge wohl recht. Er zermartert sich sein Gehirn. Sicher, es ist nicht ganz legal, was Markus ihm da vorschlägt. Auf der anderen Seite hat er die Verantwortung für die Arbeitsplätze in seinem Unternehmen. Und, Heinomol, was kann er für diese verzwickte Situation? Soll der Bund oder die NATO doch diese Scheißpatente kaufen, so wie es auch bei allen anderen militärstrategischen Erfindungen üblich ist, die ›sensitiv‹ eingestuft sind. Aber ihn jetzt, nach all den Entwicklungskosten, die seine Firma aufbrachte, nun einfach mit einem Verkaufsverbot zu belegen, das ist ja wohl auch nicht rechtens.

Seine Gedanken werden abrupt unterbrochen. Aus der Lautsprecherbox seines PCs ertönt ein akustisches Signal. Er läuft hinter seinen Schreibtisch, sieht ›Skype-Online‹ auf seinem Bildschirm aufleuchten, dann erscheint eine Textzeile. Schwanke setzt sich schnell die Lesebrille auf und liest: ›Wir haben gerade telefoniert, dieser Weg ist sicherer, noch besser wäre ein Vieraugengespräch, ich bin gerade im Lande, kann morgen schon bei Ihnen sein, 20 Uhr wäre möglich.

Dr. Holger Stocks.‹

Heinomol! Schwanke lächelt. Stocks also hatte sich unter der asiatischen Nummer getarnt, die er gerade von Kluges Liste angewählt hatte. Dr. Holger Stocks, dieser Mann unterhält die besten Drähte in den arabischen und asiatischen Raum und gleichzeitig in die Ministerien in Berlin und Brüssel. Demnach war sich auch Matthias Kluge über die Probleme des Waffenexportverbots längst im Klaren. Denn Stocks benötigt die Branche nur für Lieferungen im grauen Bereich. Dieser Mann ist mit allen Wassern gewaschen. Er soll schon Waffengeschäfte ermöglicht haben, die gegen alle legalen Exportvorschriften verstoßen haben. Stocks kennt immer einen juristischen Ausweg, er verhandelt nie mit den unteren Chargen, seine Beziehungen reichen bis in das Bundeskanzleramt. Er hat schon Panzer nach Saudi-Arabien geliefert und, als die Produktion nicht nachkam, sich einfach aus Beständen der Bundeswehr bedient. Seither zieht die Branche vor diesem Mann den Hut.

Dr. Stocks ist heute von Beruf ›Lobbyist‹, früher hätte man Waffenschieber zu ihm gesagt. Dabei saß der Mann nach seinem Jurastudium schon auf ordentlichen, deutschen Richterstühlen, er war Staatssekretär in einer Staatskanzlei, anschließend sogar Referent im Kanzleramt. Seit rund zehn Jahren unterhält er ein Büro im schweizerischen Zug, bei Zürich. Unzählige Handelsfirmen und Holdings aus der ganzen Welt wickeln über diesen kleinen Kanton ihre internationalen Geschäfte ab. Stocks Exportberatungsagentur fällt da kaum auf, gilt aber für internationale Waffenverkäufe als erste Adresse.

›Erwarte Sie mit Freuden‹, schreibt Schwanke erleichtert zurück. Ihm fällt ein Stein vom Herzen. Mit Stocks an der Seite ist jeder Deal denkbar, lächelt er hoffnungsfroh. Fast schon heiter darüber, nach dem Gespräch mit Markus einen für ihn seriösen Gesprächspartner zusätzlich an seiner Seite zu haben, schiebt Schwanke unbekümmert seine ihm dringendste Frage gleich nach: ›Iran will kaufen, Kluge Junior verhandelt. Können Sie vermitteln?‹

›Wann und wo trifft Kluge auf Iran-Delegation?‹

›Morgen Mittag.‹

›Wo?‹

›Auf dem See.‹

›Wir sehen uns um 20 Uhr bei Ihnen.

Gruß Dr. Stocks‹

10

Matthias Kluge röhrt mit seinem Porsche durch den Rebhang des nördlichen Bodenseeufers. Er fährt hochtourig, im zweiten Gang, die Karre dröhnt laut – aber im Innern des Sportwagens schwingen sanfte Töne aus einem iPod. Die Kolben des abgasgeladenen Sechszylinder-Boxermotors tanzen in fein abgestimmter Hightech-Harmonie, die Schellackplattenaufnahmen in längst überholter Monotechnik rauschen veraltet; doch Yehudi Menuhin führt seinen Bogen kunstvoll und ausgelassen über die Saiten seiner Stradivari. Er ist gerade mal zwölf Jahre alt, gibt aber sein wohl bedeutendstes Konzert. Er spielt 1929 in Berlin Bachs Violinkonzerte, es ist sein endgültiger Durchbruch. Auch Markus Kluge träumte in jungen Jahren von solch einer Karriere. Zweimal die Woche ging er in den Geigenunterricht. Seine Mutter hatte ihn gefördert, sein Vater verachtete seine musikalischen Bemühungen. »Damit verdienst du kein Geld!«

Heute gibt Markus seinem Vater recht. Ein Menuhin wäre er nie geworden, und Geld hätte er mit seiner für ihn stümperhaften Geigerei wohl auch kaum verdient. Zumindest nicht so viel wie jetzt. In einer Stunde wird er einen Millionendeal abschließen. Er, Markus, wird seinen Vater voll ersetzen. Vielleicht gibt es ja doch einen Himmel, denkt er, von wo sein Vater ihm zuschaut.

Er biegt zum Schloss Kirchberg ab. Im Innenhof der ehemaligen Schlossanlage stellt er seinen Wagen ab, schließt das Treppenhaus auf und nimmt in wenigen Sätzen die zwei Stockwerke zu seiner Mutter. Es ist kurz vor 15 Uhr, er klingelt an der Wohnungstür, zuerst einmal, dann mehrmals hintereinander. Endlich hört er, wie sich der Schlüssel dreht, die Tür wird einen Spalt geöffnet, seine Mutter steht im Morgenmantel vor ihm.

Markus schiebt die Tür auf, nimmt seine Mutter kurz in den Arm und fragt sie mitfühlend: »Hattest du dich hingelegt?«

Sie nickt, lächelt ihn an, schnürt den Bademantel enger und schaut verunsichert.

Er streichelt ihre Oberarme, lächelt ihr aufmunternd zu, schiebt sie sanft zur Seite und geht Richtung Wohnzimmer an ihr vorbei. »Ich hatte dich doch angerufen, ich brauche den Bootsschlüssel, ich habe einen Termin auf dem See, ich treffe mich mit Papas alten Kunden, hatte ich dir doch erzählt.«

»Auf dem See?«

»Ja«, lacht er schelmisch, »zu heiß, du weißt doch, ich denke mit den Turbanen muss man mich nicht sehen.«

»Pass auf dich auf!«

»Mach dir keine Sorgen, wir haben bald unser Geld von Onkel Gunther, dann brauchst du dir keine Gedanken mehr zu machen.«

Er geht zuversichtlich an eine Kommode zwischen Wohnzimmer und Flur, angelt sich aus der oberen Schublade den Schlüssel für das Motorboot, sieht einen Schatten im Schlafzimmer nebenan, ist irritiert und reißt die Tür auf.

»Ich bin Joseph«, begrüßt ihn ein unbekannter Mann.

Schon steht auch Verena neben dem Fremden. »Ach ja«, lacht sie frivol, »ich habe euch noch gar nicht vorgestellt. Das ist Markus, mein Sohn.«

Markus schaut die beiden fassungslos an, sein Strahlen ist verschwunden. Verächtlich blickt er seiner Mutter in die Augen.

Sie rechtfertigt sich schnell: »Hör auf! Du weißt, dein

Vater ging seine Wege, ich meine. Ich kann nicht allein sein. Jetzt erst recht nicht.«

Markus schaut zu dem ihm fremden Mann, der noch immer unbeweglich im Schlafzimmer seiner Mutter steht. Er ist nicht viel älter als er selbst, und ihm fällt auf, dass er eine gewisse Ähnlichkeit mit ihm hat. Nur der Typ ist schwarzhaarig, dunkler Teint, fast wie ein italienischer Gigolo. Er wirkt muskulös, sportlich und trägt Boxershorts, die er sich vermutlich schnell übergezogen hat.

»Wir kennen uns schon länger«, versucht er zu erklären und blickt zu Verena, »wir kannten uns schon, bevor …«

»Spar's dir«, schneidet Markus ihm energisch das Wort ab. Ihm fällt sein Termin ein. Nur kurz drückt er seine Mutter an sich. Dabei riecht er das Männerparfum an ihr. Lässt sie schnell wieder los, dreht sich um und geht durchs Treppenhaus zu seinem Wagen.

Mit aufheulendem Motor schießt er aus dem Schlosshof. Menuhin ertönt wieder. Sonata No. 3 in C Major BWV 1005 – Adagio. Nur das nicht!, flucht Markus innerlich und scrollt auf dem Display seines iPods ans Ende: Adagio, Ma Non Tanto, und dann Allegro. Er ist wütend und enttäuscht. Verdammt, warum hat sich seine Mutter nicht einmal im Griff? Sein Vater wurde gerade vor einer Woche beerdigt, er war immerhin ihr Mann, das hat er nicht verdient. Ob Joseph oder Peter, dieser Body-Akrobat ist ihm gleichgültig, und wenn er es sich recht überlegt, ist er es sicher auch seiner Mutter. Er ist nur einer mehr in der langen Liste ihrer bedeutungslosen Lover.

Manchmal hasst er sie für ihre hemmungslosen Ausschweifungen, dann fragt er sich: »Für wen mache ich das alles? Warum übernehme ich das Geschäft meines Vaters? Waffenverkäufer und jetzt auch noch gesetzeswidriger Waffenschieber, nur um sie vor dem Ruin und dem Ende ihres luxuriösen Lebensstandards zu bewahren?« Am liebsten würde er aus dem Geschäft aussteigen und endgültig etwas ganz anderes machen. Doch noch Musik studieren? Geige! Zu alt dafür ist er noch nicht. Ungehalten gibt er Gas und strebt seinem Verkaufstermin entgegen.

Im Jachthafen von Schloss Kirchberg liegen rund 500 Boote der Freizeitkapitäne des Bodensees. Auch Matthias Kluge hatte hier seinen ganzen Stolz untergebracht. Er hatte sich einen Oldtimer gekauft und diesen mit allen modernen technischen Schikanen ausstaffiert. Der alte Mahagoni-Schiffsrumpf der New Craft erinnert an die legendäre Riva, zählt aber mit zwei neuwertigen Mercruiser – je 327 PS – zu den schnellsten Rennjachten auf dem Binnengewässer zwischen Deutschland, der Schweiz und Österreich.

Markus kennt die Rennjacht seines Vaters in- und auswendig. Er ist auf ihr groß geworden. Gekonnt legt er ab, manövriert das Boot aus dem Hafen und steuert hinaus auf den offenen See.

Jetzt ist es kurz vor 16 Uhr, er hat es nicht eilig. Der Treffpunkt liegt exakt in der Mitte des Sees, zwischen dem deutschen Ort Fischbach und dem schweizerischen Uttwil. Er hält den Kurs südöstlich, sieht am Horizont die Fähren zwischen Friedrichshafen und Romanshorn pendeln und gibt dem automatischen Piloten den Längengrad 9°22'09'', und den Breitengrad 47°37'33'' ein. Es ist ein markanter Punkt des Bodensees, exakt über der größten Seetiefe von 254 Metern und weit weg von allen Ufern, mitten auf dem Wasser.

Die Gedanken an seine Mutter und an diesen Joseph wischt Markus beiseite. Er muss sich jetzt auf sein Vorhaben konzentrieren. Wen wird er treffen? Wie wird die Gegenseite sich verhalten? Wie weit war sein Vater schon mit den Verhandlungen fortgeschritten?

Er ist gut in der Zeit. Er hat sein GPS fest im Blick. Um ihn herum sind nur noch wenige Boote. Die meisten Sommerfrischler dümpeln mit ihren Schiffchen nahe an den Ufern entlang. Von ihm aus sind es inzwischen weit über fünf Kilometer zum nördlichen sowie zum südlichen Ufer, nach Westen oder Osten hin ist gar kein Land mehr in Sicht. Niemand ist ihm gefolgt und auch sonst scheint er weit weg von jeglichen lästigen Zeugen zu sein.

Der Ostwind hat überraschend nachgelassen, dafür blinken die Sturmwarnleuchten auch heute wieder hektisch in Erwartung eines aufkommenden Unwetters. Typisch Bodensee: Beinahe jedem heißen Sommertag folgt ein heftiger Gewittersturm zum Abend, meist aus Westen. Zunächst herrscht noch Ruhe vor dem Sturm.

Markus kann es recht sein. Er beobachtet, wie die meisten Freizeitkapitäne besorgt ihre Boote in den Hafen steuern. Nur eines nähert sich von Osten her unaufhaltsam dem offenen See in seine Richtung. Markus nimmt das Fernglas zur Hand. Er erkennt eine große Motorjacht mit hohem Kajütenaufbau. Er wartet ab, beobachtet, wie der Kahn weiterhin direkt auf ihn zusteuert, dann sieht er durch sein Fernglas die österreichische Flagge am Heck und einen Mann auf dem Bug stehen. Der Mann schaut ebenfalls mit dem Fernglas zu ihm.

Markus nimmt sein schwaches Gas jetzt ganz weg, bückt sich, hebt eine deutsche Flagge vom Boden auf und hält sie kurz in die Höhe.

Der Mann mit dem Fernglas geht zum Heck des Schiffs, zieht die österreichische Flagge aus ihrer Halterung und hebt auch sie kurz in den Himmel.

Das ist das verabredete Zeichen. Beide Schiffe nehmen nun direkten Kurs aufeinander.

Der Mann auf der Jacht legt drei Fender steuerbord aus,

Markus lenkt sein Boot auf die Seite des großen Schiffs zu und legt bei. Er wirft dem Mann zwei Leinen zu, belegt sie auf seiner Rennjacht und will sich an der Reling auf das große Motorboot hochziehen.

»Willkommen, mein Bruder«, sagt der Fremde auf dem Schiff und bietet Markus mit ausgestreckten Armen seine Hilfe an. Der greift zu und lässt sich von ihm an Bord hieven.

Markus war schon bei mehreren Verhandlungsgesprächen seines Vaters in arabischen Ländern dabei, er kennt das Ritual, verbeugt sich tief und weiß sich angebracht zu verhalten. »Es ist mir eine Ehre, Ihr Gast an Bord zu sein, Bruder«, antwortet er, streift dabei seine Sommerlatschen ab und geht barfuß zur Kajüte.

Vor deren Tür begrüßt ihn ein weiterer Mann. Doch während der erste sich, wie ein Sommertourist, mit leichtem T-Shirt leger an Deck zeigt, steckt dieser in einem engen, schwarzen Anzug und hat trotz Sommerhitze seine Jacke bis oben zugeknöpft. Er trägt einen dunklen Dreitagebart, und hat seine Augen hinter einer ebenso dunklen Sonnenbrille versteckt. Steif steht er vor Markus, legt seine Hände vor seiner Brust zusammen, verbeugt sich und nuschelt: »As-salāmu 'alaikum!«

»Wa 'alaikumu s-salām«, antwortet Markus weltmännisch.

Über das strenge Gesicht des Anzugträgers huscht ein freudiges Lächeln. »Ich sehe, wir sind Brüder.«

»Im Geiste sicher«, lächelt Markus, denkt dabei aber weniger an Allah, als an das Geschäft, das er abschließen will.

»Ich darf vorangehen«, sagt der Mann im Anzug und schiebt die gläserne, dunkel getönte Kajütentür zur Seite.

Markus blickt sich draußen noch einmal um, sieht kein

weiteres Boot in der Nähe und folgt dem Fremden. Es geht nur wenige Stufen in den Schiffsrumpf hinunter. Die Luken sind verhangen, aber es drängen genügend helle Sonnenstrahlen in den Raum. Ein untersetzter, älterer Mann steht in einem weißen Kaftan mit arabischem Tuch auf dem Kopf, grauem Vollbart im Gesicht und einer Goldrandbrille auf der kantigen Nase unvermittelt vor ihm. Er greift nach Markus' Hand und gibt sich, ganz im Gegensatz zu seinem Aussehen, betont westlich.

»Guten Tag, Herr Kluge, willkommen an Bord! Bitte, nehmen Sie Platz, ich habe uns ein kleines Erfrischungsgetränk kühl stellen lassen.«

Der Kaftanträger lächelt, während der Mann im Anzug eine Sektflasche öffnet und der offensichtliche Matrose im T-Shirt sich scheinbar unbeteiligt an der Kajütentür postiert.

Die erste Zeit plaudern Markus Kluge und der Kaftanträger, der sich ihm als Mr Farhat vorstellt, über viele unwesentliche Dinge. Mr Farhat erzählt ihm von dem Flug im eigenen Jet über Dubai bis zum Flughafen Altenrhein direkt am Bodensee, zwischen der Schweiz und Österreich. Die Jacht haben sie in Bregenz gechartert. Er fühle sich hier in Deutschland sehr wohl, schließlich habe er in Berlin studiert. Deutschland sei ein schönes, ein sauberes Land.

Markus schaltet ab. Nach einer halben Stunde aber hat er genügend Höflichkeiten gepflegt. Er hat genug von dem ineffizienten Geschnatter, hat auch, wie es sich gehört, den Sekt nicht angerührt, sondern nur ein bisschen vom Tee genippt. Er will endlich zum eigentlichen Zweck des Treffens gelangen, dafür ist er schließlich hier.

»Unser See ist launisch. Er bietet uns zwar einen idealen Treffpunkt, unmöglich uns hier abzuhören, aber schon bald kann ein Gewitter aufziehen, und es wäre doch gut, wenn wir bei eventuellen Blitzschlägen wieder im sicheren Hafen lägen?«

»Inschallah«, lacht der Iraner mit seinem dröhnenden Bass und Markus deutet es als Aufforderung an ihn, mit seinen Verhandlungen zu beginnen.

Er erzählt kurz von den neusten Entwicklungen und stellt klar, dass unter den jetzigen Umständen ein Verkauf der Patente durch die Bundesregierung verboten und so für Defensive-Systems nur schwer zu realisieren sei. Markus Kluge war bei seinem Vater in die Lehre gegangen. Er hat gelernt, nicht selbst zu verkaufen, sondern den Kunden kaufen zu lassen. Der potenzielle Kunde muss kaufen wollen, nur so kann man souverän den Preis bestimmen.

Das Geheimhaltungsgebot der Regierung kommt ihm da nicht ungelegen, er hat es dem Iraner nicht ohne Grund so redselig unter die Nase gerieben. Auf der einen Seite bestätigt es amtlich, dass Stengeles Teleskopauge mehr ist als nur ein Fernrohr, das ins All schauen kann, und auf der anderen Seite macht dieses Verkaufsverbot die ZAS-Patente noch wertvoller.

»Wandel durch Handel!«, lacht Mr Farhat, »das ist doch der Leitspruch der deutschen Regierung.« Mit seinem breiten Lachen gibt er Markus den Blick frei auf eine funkelnde Mauer von Goldzähnen hinter seinem ungepflegten Bart. »Junger Mann, machen Sie sich über unseren Deal mal keine zu großen Sorgen. Ihre Regierung weiß unsere Leistungen zu schätzen. Unsere Handelsbeziehungen mit allen Ländern der EU sind bestens. Wir haben eine Handelsbilanz von 15 Milliarden Euro jährlich. Ich denke, da fällt die Summe, die wir für Ihre Patente bezahlen wollen, kaum ins Gewicht«, lacht er höhnisch.

»Wir müssen uns an die Gesetze halten«, pokert Markus. So leicht will er sich nicht geschlagen geben, wenn Teheran die Patente will, muss es mit einem Aufschlag rechnen. Die Iraner benötigen zusätzlich das Know-how von Defensive-Systems, auch dafür sollen sie bluten.»Wir müssen einen für uns beide gangbaren Weg finden. Unsere Firma kann sich innenpolitisch keinen Skandal leisten. Wir müssen juristisch wasserdicht arbeiten und dabei still und leise vorgehen.«

»Ihre Regierung fürchtet sich vor der öffentlichen Meinung, vor Israel und den Amerikanern. Aber glauben Sie mir, wir haben längst unsere Handelswege und Joint-Venture-Abkommen gefunden, die Lieferungen in allen technischen Gebieten in unser Land ermöglichen, ohne öffentliche Aufmerksamkeit zu erregen. Ihre Regierung will Arbeitsplätze sichern, wir brauchen den technischen Fortschritt, warum also nicht ein Joint Venture zur Erforschung des Alls?«

Mr Farhat zeigt sich bestens vorbereitet. Er öffnet eine Aktenmappe und zeigt Markus verschiedene Papiere.»Ich hatte das schon alles mit Ihrem Vater ausgearbeitet. Wir sollten jetzt zügig vorankommen, wir waren uns in allen wesentlichen Dingen schon einig. Lesen Sie selbst!«

Markus nimmt den Ordner an sich und blättert die Seiten durch. Er erkennt Sätze, die sein Vater geschrieben hat. Zum Teil knapp und sachlich, wo er zum Verkaufsabschluss drängt; ausführlich und ausschweifend in den Punkten zum Aufbau des Teleskops, wo er vermutlich selbst noch unsicher war.

Markus dreht sich etwas zur Seite, um in Ruhe die Offerte zu studieren, während Mr Farhat auf die Schnelle zwei Gläser Sekt kippt. Der Mann im schwarzen Anzug behält Markus im Blick, der Matrose im T-Shirt lungert gelangweilt im Kapitänsstuhl vor der Kajüte.

Dass zur Wasseroberfläche kleine Luftblasen entlang des Schiffsrumpfs aufsteigen, sieht keiner der vier Bootsinsassen. Flach atmend schwimmt ein Taucher in der Tiefe unter ihnen bis zum Bug der Jacht. Erst dort, direkt an der Bugspitze, hält er inne, schnauft durch und schwimmt dann weiter zur backbord liegenden Außenwand. Dort, wo im Mantel des Schiffsrumpfs die Tankbehälter eingebaut sind, befestigt er vorsichtig ein kleines Paket und verschwindet unbemerkt in der Tiefe des Sees.

Markus, im Inneren der Kajüte, bekommt von all dem nichts mit und nickt das Gelesene zufrieden ab, stimmt der Offerte zu, fordert jedoch die bisher freien Leerstellen mit handfesten Zahlen zu vollenden.

»Wir haben in der Herstellung des Spiegels neue Erkenntnisse gewonnen, das war nicht billig. Die zehn Millionen für die Benutzung unserer Patente haben Sie schon mit meinem Vater besprochen. Aber wir müssen den Bau des Spiegels in Ihrem Land mit unseren Technikern begleiten, anders werden Sie beim Nachbau der einzelnen Spiegelteile Probleme bekommen. Die Berechnungen, die die Grundlage der Patente bilden, mussten zum Teil korrigiert und der Praxis angepasst werden. Vor allem die Verspannungsmodule machten Schwierigkeiten, die wir nun aber im Griff haben.«

Mr Farhat hört Markus Kluge interessiert zu, lächelt gelangweilt und stürzt ein weiteres Glas Sekt in seinen Schlund.

Markus will jetzt den Vertragsabschluss, wird mutig und erhöht den Einsatz im Pott: »Wie wir die Produktion gemeinsam durchführen werden, müssen wir noch im Detail besprechen, aber Ihr Ansatz, über ein Joint Venture unser Geschäft aufzubauen, ist der richtige Weg. Ich denke, Sie müssen dafür nochmals mit der gleichen Summe rechnen, wir reden also über 20 Millionen Dollar.«

Sein Gegenüber lächelt sanft: »Bruder, das ist doch im Kampf für den Frieden kein Problem für unser Land. Der

Verteidigungsminister hat mir freie Hand gegeben, lassen Sie uns alles baldmöglichst vertraglich regeln.«

Markus ist erleichtert. Das Geschäft scheint er in der Tasche zu haben. Er, ganz allein, ohne seinen Vater – der wäre jetzt mächtig stolz auf ihn, weiß er. Er spürt unvermittelt eine sentimentale Nähe zu ihm und fragt wohl deshalb: »Warum, glauben Sie, musste mein Vater sterben? Wer, denken Sie, sind seine Mörder?«

»Mossad«, zischt der Mann, neben den beiden stehend, im schwarzen Anzug.

Markus schaut erschrocken zu ihm auf, dann rüber zu Mr Farhat. Doch dieser winkt in seinem weiten Kaftan gelassen ab. »Wir Iraner sehen immer und hinter allem die Israelis. Aber so mächtig, wie wir deren Geheimdienst einschätzen, ist er auch wieder nicht. – Vielleicht waren es auch die Amerikaner? Inschallah.«

»Jedenfalls jemand, der unser Geschäft verhindern will?«, fragt Markus unsicher.

»Schon möglich, aber nun sind wir uns ja einig, und es gibt nichts mehr zu verhindern.«

»Ja«, lächelt jetzt auch Markus dem schon offensichtlich leicht beschwipsten Iraner zu, »ich melde mich noch heute Abend bei Ihnen, dann können wir uns mit meinem Chief Executive Officer Mr Gunther Schwanke schon morgen, am besten hier an gleicher Stelle, wieder treffen, um alles Weitere festzuzurren. Wir werden die Verträge mitbringen, die Unterzeichnung allerdings vordatieren. Bitte haben Sie dafür Verständnis, es muss so aussehen, als hätten wir den Vertrag lange vor dem offiziellen Verkaufsverbot der Bundesregierung abgeschlossen.«

»Inschallah, so dürfte ich baldmöglichst dieses schwankende Boot verlassen und wir könnten mit guten Nachrichten nach Hause fliegen.«

Markus steht auf, verbeugt sich nach morgenländischer Sitte mit gefalteten Händen vor Mr Farhat. Dabei merkt er, dass der See in der Zwischenzeit tatsächlich unruhig geworden ist. Das Boot schwankt spürbar, obwohl es fast 20 Meter Länge und fünf Meter Breite misst. Er geht aufrecht und konzentriert zur Treppe der Kajüte, hält sich am Geländer fest und steigt hoch ins Freie. Dort angekommen sieht er bereits weiße Schaumkronen auf den dunklen Wellen und am westlichen Firmament schwarze Wolken über dem See. »Ich muss mich beeilen, sonst werde ich nass«, ruft er den beiden Begleitern an Deck zu, steigt schnell in seine Schlappen und springt über die Reling an Bord seiner Rennjacht. Er landet sicher im Bootsrumpf, fängt die beiden Leinen auf, die ihm der T-Shirt-Mann zuwirft, startet seine zweimal 327 PS und rauscht mit Vollgas davon.

Er spürt die ersten Regentropfen. Sieht die schnellen orangen Blitze der Sturmwarnung, dazwischen die ersten grellen Blitze aus den Gewitterwolken und plötzlich einen unglaublich großen, hellen Schein.

Er erschrickt. – Was war das?

Markus dreht seinen Kopf nach links, zur Konstanzer Bucht, sieht dort in hundert Metern aber nur eine dichte, schwarze Regenwand. Er wendet seinen Kopf nach rechts, Richtung Friedrichshafen–Bregenz, sieht dort den Himmel noch blau, aber die Wellen des Sees schimmern in einem fremden Rot. Er dreht sich weiter nach hinten, will sehen, woher dieser rote Schein kommt, da erblickt er ein Feuer, hinter sich, mitten auf dem See. Auf der Wasseroberfläche schwimmen weit verstreut brennende Teile der Jacht, auf der er eben noch gewesen ist.

Mehr ist von ihr nicht mehr zu sehen.

Seine New Craft schießt nach vorn. Die Bootsschale schlägt hart auf jede Welle vor seinem Bug. Doch er steht wie benommen hinter dem Steuerrad, unfähig zu handeln. Er spürt weder die harten Schläge noch die peitschenden Regentropfen in seinem Gesicht.

Wie in Trance greift seine rechte Hand nach vorn, legt sich um den Gaszug und bremst endlich das viel zu schnelle Boot ab.

Gleichzeitig öffnen sich die Schleusen der Gewitterwolken über ihm. Die Regentropfen prasseln auf sein Haupt, aber Markus lacht. Er lacht laut, beinahe hysterisch. Es ist ihm klar, die drei Männer haben die Explosion nicht überlebt. Nur er, weil er glücklicherweise gerade von Bord gegangen war.

11

Leon sitzt in Immenstaad auf der Terrasse des Hotel Heinzler, direkt am See. Er genießt den typischen Seewein, einen Spätburgunder Rosé trocken aus dem Keller von Manfred Aufricht. Michael Heinzler, der stets gut gelaunte Frontman, setzt sich gerade zu ihm, um mit Leon einen Schluck des Aufricht-Weins zu genießen. Leon schiebt die Gräten seiner Seeforelle zur Seite, will sich gerade entspannt zurücklehnen, um mit Michael anzustoßen, da sieht er plötzlich einen Feuerball über dem See aufsteigen. Ungläubig stiert er zu der Stelle, woraufhin sich auch Michael umdreht.

»Zaptiloscht«, stößt dieser erstaunt hervor, »was isch denn des? Da hat dein Kameramann ja was zu drehen«, lacht er.

Simon Class hat es schon zuvor nicht mehr am Tisch ausgehalten. Über dem See hat sich ein meteorologisches Schauspiel angekündigt. Er ist aufgesprungen, hat sich die Kamera geschnappt und ist zum Ufer auf den Steg gegangen. Dort hat er sich positioniert und die rasant aufziehenden dunklen Wolken gedreht, wie sie sich vor die letzten, noch verbliebenen, grellen Sonnenflächen schieben.

Gerade schien das Wasser hellblau, dann dunkelgrün, jetzt wabert es rabenschwarz, wie in einem überdimensionierten Tintenfass. Starker Wind kommt auf, einzelne Böen jagen über den See zum Ufer.

Michael Heinzler lässt den guten Aufricht-Tropfen stehen und weist hektisch sein Servicepersonal an, alle freien Tische abzuräumen. Doch so schnell er auch die Anweisungen gibt, noch schneller sind seine Gäste selbst. Sie raffen ihre Gläser und Flaschen zusammen und flüchten schutzsuchend in das Innere des großen Restaurants.

Kaum haben die Gäste ihre Tische verlassen, hilft der aufkommende Sturm dem Personal, die zurückgelassenen Reste gänzlich vom Tisch zu fegen. Einige Böen reißen die Blumenvasen und selbst Weinflaschen davon, manche Tischdecken nimmt der Sturm gleich mit in Nachbars Garten, noch stärkere Böen werfen die großen Oleanderbüsche auf der Terrasse des Hotels einfach um.

Leon gibt sich nach außen gelassen. Nur Touristen eilen bei solchen, für den Bodensee typischen, schnell aufkommenden Wetterkapriolen ängstlich in sichere Räume. Wer aber ein echter Seebär sein will, der zeigt nach außen keine Regung, sondern bleibt stoisch ruhig und genießt das Schauspiel.

Es ist das Wetter der härtesten Surfer, die nun, wie aus dem Nichts, vor dem Heinzler auftauchen, ihre Bretter in den wogenden See werfen, das kleine Sturmsegel setzen und im Neoprenanzug in ihr Abenteuer jagen. Es ist auch das Wetter der Hobbyfotografen, die, mit wassersicheren Kameras ausgerüstet, den See auf ihre Speicherkarten bannen wollen, wie er sich bei Unwetter wild und mächtig wie ein tosendes Meer gebären kann.

Auch der Stuttgarter Kameramann Simon ist von dem Schauspiel begeistert. Er dreht ununterbrochen immer wieder Großaufnahmen der sich ständig neu bildenden Wolkenformationen am Himmel, dann wieder einige Totalaufnahmen des Sees mit den wechselnden Lichtatmosphären oder die immer größer werdenden aufpeitschenden Wellen.

Die ersten Aufnahmen zeigen ein noch harmloses, blaues Feriengewässer mit nur leichtem Wellenschlag. Jetzt aber ist der See unheimlich dunkel. Die weißen Schaumkronen stieben wie kleine Schneeberge über die aufgebrachte Wasseroberfläche.

Doch das Interesse am Wetterschauspiel findet für Leon und Simon ein jähes Ende. Dieser Feuerball, was war das? Die beiden sind wie elektrisiert. Leon läuft schnell zu seinem Kameramann auf den Steg. Er muss seinen Oberkörper weit nach vorn beugen, um gegen die starken Böen anzukommen. Neben Simon stehend, ruft er diesem laut ins Ohr: »Hast du das gesehen?«

»Ich war direkt drauf, ich habe die ganze Zeit auf das Boot da draußen gehalten, es hatte noch die letzten Sonnenstrahlen mitten auf dem rundum dunklen Wasser. Gigantisch, plötzlich diese Explosion«, brüllt er, von seinen Bildern begeistert, zurück.

»Explosion?«, schreit Leon, »meinst du, das war eine Explosion?«

»Ha, was denn sonscht? Wenn ein Schiff vor deinem Objektiv plötzlich – mir nichts, dir nichts – in die Luft fliegt! Das muscht du dir nachher ansehen.«

»Und was drehst du jetzt da drüben?«, ruft Leon Simon weiter ins Ohr, der, während er mit ihm spricht, immer nur stur durch sein Okular schaut und irgendwo im Westen, im Dunkeln vor dem Kirchberger Hafen, etwas zu suchen scheint.

»Mann, da war eine kleine Rennjacht, die ist von dem Boot weggefahren, bevor es in die Luft flog. Verdammt, ich habe das Ding doch gedreht, wo steckt es jetzt bloß?«

Leon schaut ebenfalls angestrengt in die Richtung, läuft dann los zum Kamerawagen und kommt mit einem extremen Teleobjektiv zurück. »Mach drauf, schnell«, weist er Simon an, »vielleicht finden wir es wieder.«

Simon wechselt das Objektiv, während der Tonmann genervt brüllt: »Das kannst du hier vergessen, was soll ich denn da für einen Ton aufnehmen?« Im gleichen Moment grollt ein kräftiger Donner, ein Blitz zuckt über den See und Leon erkennt in seinem hellen Schein eine kleine Jacht am Horizont, genau vor der Hafeneinfahrt zum Schloss-hafen Kirchberg.

»Ich habe das Boot!«, schreit Simon und Leon rennt los. Er überlegt nicht lange, es sind nur wenige Kilometer vom Heinzler in Immenstaad bis zum Jachthafen Kirchberg. Er springt in seinen Wagen und gibt Gas. Er prescht auf die Bundesstraße, ein heftiger Gewitterregen setzt ein, was die meisten Autofahrer dazu bewegt, noch langsamer zu fah-ren, als es für Leon erträglich ist. Dabei sieht er in seinem niedrigen Porsche vor lauter auffliegender Gischt über der Fahrbahn kaum zu seiner Frontscheibe hinaus. Die Schei-benwischer kommen ihrem Auftrag fast nicht mehr hinter-her, doch Leon gibt unbeeindruckt Gas. In der Hoffnung, dass jeder Autofahrer bei diesem Wetter sein Licht anhat, überholt er, wenn er keine hellen Scheinwerferstrahlen ent-gegenkommen sieht.

Verdammt, plötzlich steht doch ein Auto frontal vor ihm. Auf der rechten Spur schiebt sich ungerührt die Kolonne langsam neben ihm her, links ist nur der Straßenrand, vor ihm dieser verdammte Wagen ohne Licht.

Kurz entschlossen zieht Leon nach links, die Karre rum-pelt kräftig, es kracht unter seinem Bodenblech, dann dankt er der starken Radfahrer-Lobby des *Allgemeinen Deutschen Fahrradklubs*. Er ist auf dem parallel zur Bundesstraße ange-legten Bodensee-Radweg gelandet. Der Platzregen hat den Rundweg von Frischluftschnappern freigespült und Leon hat freie Fahrt, ohne Gegenverkehr, bis zum Jachthafen.

Nebenbei sucht er, wann immer es ihm möglich ist, mit seinen Augen den See ab. Irgendwo muss dieses verdammte Boot sein. Er will wissen, wer in dieser Jacht sitzt. Etwa der-jenige, der diese Wahnsinns-Explosion ausgelöst hat?

Doch der Regen ist zu dicht, Leons Sicht reicht nicht mal bis zur nächsten Kurve. Zu allem hin beschlagen sich von innen die Scheiben. Er muss das Fenster öffnen, hat das Gebläse voll aufgedreht und wehrt sich in jeder scharfen Rechtskurve gegen das verdammte Grünzeug auf seinem Beifahrersitz, das er noch immer, seit der Rodung der Haselnusssträucher von Helma, in seiner Karre herumfährt. Bei diesem dichten Regen könnte er das Geäst endlich rausschmeißen, kein Mensch würde ihn beachten, aber gerade jetzt hat er wirklich keine Zeit.

Die Zufahrt zur Hafenanlage ist normalerweise durch eine Schranke versperrt. Doch heute steht sie offen. Leon rast hindurch, rollt langsam zu einer Slipanlage, hält an, grollt über den Regen und Sturm, steigt aber trotzdem aus.

Innerhalb kürzester Zeit ist er völlig durchnässt, es ist, als würde man ihn mit Eimern voll Wasser überschütten. Er klettert über eine Absperrung auf den Anlegesteg und geht hinaus auf die Mole, vorbei an dicht gedrängten, teuren und edlen Jachten. Diese tanzen auf den in den Hafen brechenden Wellen, zerren an ihrem Tauwerk wie aufgeregte Hunde an der Leine. Um die Spieren und Wanten pfeift der Wind. Die Fender jammern zwischen den quetschenden Schiffsrümpfen.

Trotz des Regens ist die Luft warm geblieben. Langsam lässt der Niederschlag nach. Die ersten Gewitterwolken verziehen sich, ein leiser Nieselregen setzt ein, dem Sturm scheint die Luft ausgegangen zu sein, die Sicht auf den See wird wieder klar.

Leon schüttelt das Wasser von seinen dunklen Locken. Tropfnass sucht er angestrengt die Wasseroberfläche nach dem Boot ab. Dabei geht er immer weiter auf den Steg hinaus.

Die Wellen beruhigen sich, unschuldig liegt der See vor ihm. Keine Spur von einer Explosion eines Bootes, keine brennenden Teile auf der Wasseroberfläche und erst recht keine Spur von der fliehenden Rennjacht.

Leon will wieder gehen, dreht sich um, da fällt sein Blick auf das herrschaftliche Anwesen von Defensive-Systems.

›Schaffe! Mein Lieber, schaffe!‹, erinnert er sich an Schwankes Kommentar zu dessen Wohlstand und Reichtum. Über die Hintergründe dieser Aussage kann Leon nicht länger philosophieren, denn sein Augenmerk richtet sich auf etwas direkt am Steg des kleinen Seeschlosses. Ein Mann vertaut dort eine flache Jacht und streckt seinen langen Körper in die Höhe.

Leon erkennt vage die Silhouette einer Gestalt, mehr nicht. Er kneift seine Augen zusammen, der Mann ist gertenschlank und sehr groß. Die Figur kommt ihm bekannt vor, sie erinnert ihn an Markus Kluge, aber er kann ihn nicht eindeutig identifizieren. Verdammt, hat der Kerl das Boot auf dem See in die Luft gejagt?

Leon sieht die Gestalt über den Steg auf das barocke Schlösschen zugehen. Als wäre sein Kommen angekündigt, öffnet sich die Tür, und die unbekannte Gestalt verschwindet im Haus.

Leon spuckt in das unter ihm nur noch leicht schäumende Wasser. Die Wellen klatschen matt an die Kaimauer, nur die orange Sturmwarnung erinnert noch immer an den vorübergezogenen Sturm. Leon hat für das meteorologische Schauspiel kein Auge mehr. Er will jetzt nur wissen, ob die Silhouette, die er gesehen hat, tatsächlich Markus ist. Dann hätte er aller Wahrscheinlichkeit nach das Boot da draußen in die Luft gesprengt! Aber warum? Und vor allem: Waren Menschen darauf? Und wenn ja, wer?

Leon geht nachdenklich zu seinem Auto. Er zieht sein tropfnasses Hemd und seine nassen Turnschuhe aus und wirft die Klamotten neben seinen Sitz auf die Äste des Haselnussstrauches. Er fährt mit nacktem Oberkörper und barfuß in nasser Hose um den Hafen herum, am Kirchberger Schloss vorbei und biegt ab Richtung Defensive-Systems. Vielleicht sollte er einfach hineingehen und Gunther Schwanke zur Rede stellen? Dann würde er sehen, ob der Besucher Markus ist oder nicht.

Auf einmal sieht er im Rückspiegel hinter sich eine schwere, schwarze Limousine auftauchen. Er fährt auf dem schmalen Weg rechts ran und lässt den Wagen an sich vorbeigleiten. Die getönten Scheiben verhindern einen Blick in das Innere des Autos. Es ist ein monströser Chrysler mit dem schweizerischen Kennzeichen ›ZG‹ für Zug, bei Zürich.

Leon schaut dem Wagen nach, sieht, wie sich das schwere Eisentor zum Anwesen Schwankes automatisch öffnet und der Wagen im Gebüsch des Parks verschwindet.

Leon steigt aus, zieht schnell wieder seine nassen Turnschuhe an, läuft auf das Tor zu und joggt am Zaun entlang. Die nassen Schuhe quietschen bei jedem Schritt, sein Oberkörper streift die nassen Blätter der Bäume und Büsche, Äste schlagen ihm ins Gesicht, aber Leon ist getrieben von seiner Neugierde. Es sind gute zwei Kilometer, dann steht er am Wasser. Der Sicherheitszaun des Unternehmens ragt weit in den See hinein, Überwachungskameras sind rund um das Anwesen angebracht. Ein unbemerktes Eindringen ist so nicht möglich. Außer – außer vielleicht vom See aus?

Neugierig späht er durch den Zaun, watet ein Stück ins Wasser und versucht, einen Blick auf das Schloss zu erhaschen. Er fragt sich, welcher Geschäftspartner so spät am Abend aus Zug kommt.

Rasch entschlossen läuft er zurück zu seinem Wagen und fährt, so schnell es ihm möglich ist, zum Heinzler zurück. Dort wählt er sich mit Michael bei der Rezeption sofort ins

Internet ein, liest die neueste Meldung der Wasserschutz-
polizei und steht vor einem weiteren Rätsel. Die Wapo gibt
an, dass ein Charterboot mit Touristen die Sturmwarnung
ignoriert habe und trotz heftigen Gewitters auf dem See
vor Uttwil gekreuzt sei. Vermutlich sei das Motorboot von
einem Blitz getroffen worden, wodurch der Tank explodierte und die Jacht sofort unterging. Wie viele Menschen
an Bord waren, ist noch nicht bekannt, die Ermittlungen
dauern an.

Leon nimmt die Kamera, spult das Digitalband zurück
und schaut sich die Szene, die Simon vor der Explosion
gedreht hat, genau an. Es scheint zunächst wie ein friedliches
Bibelbild: In der Mitte der Seeidylle erkennt man deutlich
ein großes Boot mit einem Kajütenaufbau. Es steht direkt im
Lichtschein der letzten Sonnenstrahlen, um das Boot herum
fallen die ersten Regentropfen, darüber deutet sich ein bun-
ter Regenbogen an. »Wenn du durchs Wasser gehst, will ich
bei Dir sein, Jesaja 43,2. Dass dich die Ströme nicht erträn-
ken«, lacht Leon, der seine katholische Erziehung nicht ver-
leugnen kann.

»Dä Oine aber wollt' nit dabei sei«, erinnert Simon in seinem breiten Schwäbisch an die Rennjacht, die in der nächsten Szene, wie deutlich zu sehen ist, über den See nach Kirchberg davonbraust.

»Verdammt, ich glaube den Oinen kenn ich«, sagt Leon
und schaut sich nach dem Chefkoch Thomas Heinzler um,
von dem er weiss, dass der Mann leidenschaftlicher Segler
ist. »Du hast doch draußen einen Kat liegen, kann ich den
haben?«

»Der Wind lässt nach, du kommst zu spät«, lacht der
Koch.

»Geh du in deine Küche«, winkt Leon ab, »da herrscht
wohl gerade ein ganz anderer Sturm, draußen kam gerade

ein Bus an.« Er deutet Thomas Heinzler eine lange Nase an, lacht und geht hinaus vor das Restaurant. Es ist schon langsam dunkel geworden, Leon zieht erneut seine Schuhe aus, dazu die Hose und schiebt den Katamaran auf seinem Trailer von der Wiese in das Wasser.

»Komm mit«, lädt er Simon zu einer abendlichen Segeltour ein.

Es herrscht noch immer ein guter Westwind, der Katamaran nimmt schnell Fahrt auf und durchschneidet auf einer Kufe backbord die Wasseroberfläche von Immenstaad Richtung Kirchberg. Spielerisch plätschern die Wellen hinter der Heckflosse zusammen und ziehen eine gluckernde Wasserlinie. Das Großsegel ist gut gebläht und sorgt für schnelle Knoten, die Fock ist straff gespannt und gibt dem Tornado Halt, die Pinne pflügt hart durch das Wasser und bestimmt den Kurs eng am Ufer entlang.

»Wo willst du denn hin?«, fragt Simon, der schon bald die rasante Segeltour, immer auf gleichem Kurs gen Westen, mit nassem Po nicht mehr ganz so lustig findet. »Hättest mir ruhig was sagen können, dann hätte ich Thomas nach einem Neoprenanzug gefragt«, schimpft er und hebt sein Gesäß leicht an, während sich weiter die Wellen von unten durch das Netz des Trapezes auf die Sitzfläche des Boots brechen.

Aber Leon lacht nur hämisch: »Man macht keine Besuche in einem Neoprenanzug, schon gar nicht in so einem feinen Haus.« Während er spricht, zeigt er nach vorn auf das alte Seeschlösschen von Schwanke, das sich dem Wasser zugewandt von seiner herrschaftlichsten Seite zeigt. Noch ist das Gebäude klar zu erkennen, obwohl die Dämmerung schon eingesetzt hat.

Leon steuert den Kat zum Ufer und Simon kapiert erst jetzt, dass er am Schlossparkufer anlegen will. Er pfeift beim

Anblick des großen, alten Schlossgebäudes anerkennend durch die Zähne.

»Musch halt schaffe!«, belehrt ihn Leon und öffnet das Großsegel. Dadurch verlangsamt er die Fahrt des Kats, nimmt Kurs auf das Ufer und gibt dann die Fock dem Wind frei.

Der Katamaran kommt fast ganz zum Stehen, Leon schiebt sich vom Trapez und gleitet leise ins Wasser. Er steht auf festem Grund, dreht den Kat Richtung See und flüstert Simon zu: »Du bleibst so stehen. Wenn ich zurück bin, müssen wir vielleicht einen schnellen Start hinlegen. Halte die Fock fest und zieh sie straff an, sobald ich komme. Das Großsegel übernehme dann ich.«

Bevor Simon antworten kann, ist Leon im Dunkel der Uferbüsche verschwunden. Er orientiert sich an einer großen Glasfront des Gebäudes, die von innen beleuchtet ist. Es ist das einzige helle Fenster des Schlösschens, gern würde er wissen, ob Markus dahinter sitzt. Und vielleicht erfährt er so auch, wer der späte Besucher aus der Schweiz ist? Er schleicht sich vorsichtig am Ufer entlang, will zu der Veranda, die er in der einsetzenden Finsternis vor dem hellen Fenster gut erkennen kann. Der Lichtschein wird durch die Balkonfläche gebrochen, bevor er sich im Seewasser widerspiegelt. Er hofft, dass er aus dem Wasser auf die Balustrade steigen kann. Doch je näher er sich vortastet, umso deutlicher wird, dass die Veranda, zum Schutz gegen die manchmal tobenden Wellen, hoch gebaut ist. Er geht weg vom Ufer, huscht tiefer in den Park, sucht vorsichtig Schutz hinter einigen Bäumen, um nun vom Garten aus auf die Terrasse zu gelangen.

Er fröstelt leicht, die nasse Unterhose klebt am Hintern, das Wasser läuft an seinen Beinen hinunter, die verteufelten Schnaken stechen ungehindert hinein.

Vor dem Haupteingang der alten Seevilla sieht er mehrere Autos stehen. Er kann sie nicht zuordnen, weiß er doch nicht einmal, welche Autos von Schwanke selbst, seiner Frau oder anderen Hausbewohnern gefahren werden. Immerhin erkennt er den schwarzen Chrysler aus der Schweiz, der direkt vor der Eingangstür parkt.

Leon schleicht sich bis an die Hauswand und geht in ihrem Schatten zur Seeseite nach vorn. Von hier kann er jetzt leicht über ein Geländer auf die Terrasse steigen. Er bückt sich und geht vorsichtig, unter den Fenstersimsen hinweg, auf die große, helle Glasfront zu. Bevor er dort ist, legt er sich flach auf die Holzdielen, um weiterzurobben. Er muss in den beleuchteten Raum sehen, um zu wissen, ob Markus dort drinsitzt.

»20 Prozent, das ist heftig!«, hört er einen Mann poltern. »Das wären zwei Millionen für Sie und zwei Millionen für Ihre Partei.«

Dies ist der erste Satz, den Leon deutlich vernimmt. Voluminös und kratzig. Er schreibt ihn Gunther Schwanke zu, dessen dröhnende Stimme er noch im Ohr hat.

»Dafür kann ich Ihnen einen reibungslosen Verlauf Ihrer Geschäfte garantieren«, sagt eine deutlich verbindlichere, ebenfalls männliche Stimme. »Ich werde mich sofort mit dem Staatssekretär im Verteidigungsministerium in Verbindung setzen. Er ist ein alter Freund von mir, er soll mir mal erklären, warum Ihr Teleskop plötzlich als ›sensitiv‹ eingestuft wurde. Diese Geheimhaltungsklausel, zumal erst nach Erteilung der Patente, wird das Ministerium sicherlich wieder rückgängig machen können. Aber dafür muss man eben auch was tun. Ich werde dem Staatssekretär Ihre Parteispende direkt aushändigen.«

»Wir müssen erst einmal abwarten, bis die Iraner sich wieder melden, wir wissen doch gar nicht, ob die jetzt noch wollen oder wie sie nun reagieren werden.«

Markus, durchzuckt es Leon, seine knabenhafte Stimme

ist ihm schon beim ersten Treffen mit dem Hünen aufgefallen.

»Deine Iraner werden diesen Zwischenfall realistisch einordnen.« Jetzt spricht offenbar wieder Schwankes voluminöser Bass. »Wir haben Matthias verloren, die nun ebenfalls einen ihrer Unterhändler, also steht es eins zu eins. Davon lassen die sich nicht beeindrucken.«

Leon spitzt die Ohren. Er scheint im richtigen Augenblick vor dem Fenster zu liegen. Die Männer reden über den ermordeten Matthias Kluge, seinen, den von ihm gefundenen Toten. Eins zu eins! – Wer ist der andere Tote? Und wer ist der dritte Mann im Raum, der vier Millionen kassieren und damit im Verteidigungsministerium vorsprechen will?

»Machen Sie sich wegen der Iraner keine Sorgen, das manage ich für Sie. Wichtig ist, dass jetzt zuerst das Verteidigungsministerium die Geheimhaltung überdenkt«, der Fremde sprudelt erneut in einem honigsüßen Tonfall, »und machen Sie sich erst recht wegen der 20 Prozent keine weiteren Gedanken. Die Höhe des Aufschlags ist für jeden Araber nachvollziehbar. Bei solchen Geschäften ist es üblich, dass man hie und da etwas nachhelfen muss. Die Summe, die Sie mir bezahlen, dürfen Sie auf Ihre Rechnung für die Iraner aufschlagen und so können Sie sie sogar absetzen. Machen sie doch bei den Geschäften in Deutschland auch: 19 Prozent Märchensteuer, das zahlen wir doch alle!«

Nach diesen Worten hält es Leon nicht mehr in seiner sicheren Entfernung aus. Glücklicherweise stehen die Fenster offen, sodass er dem Gespräch leicht lauschen kann. Aber er will unbedingt diesen Typen sehen, der die deutsche Mehrwertsteuer einer arabischen Korruptionssteuer gleichsetzt. Oder warum sonst verlangt er zwei Millionen für seine Partei und zwei Millionen für sich? Verdammt, wer darf solche Honorarsätze fordern?

Vorsichtig schiebt er sich näher über die Holzbohlen an die gläserne Terrassentür heran, will aber nicht in ihren hellen Schein geraten und robbt deshalb auf der Terrasse ein kleines Stück zurück. Von dort aus hebt er im Liegestütz vorsichtig seinen Oberkörper, um endlich in den Raum blicken zu können. Er macht Schwanke links im Raum aus, in einem großen Sessel sitzend. Ihm gegenüber ein etwa 50-jähriger Mann, mit schwarzem Schnauzer, grauen, halblangen Haaren, schwarzem Anzug und einer auffallend großen, dunklen Hornbrille. Zwischen den beiden, auf der Couch, genau gegenüber von Leon, sitzt Markus Kluge in seinem legeren Freizeitdress.

»Wer, glauben Sie, hat meinen Vater umgebracht?«, fragt Markus unvermittelt an die Adresse des Schweizer Gastes.

»Schrecklich, junger Mann, schrecklich. Ich habe Ihnen noch gar nicht mein Beileid ausgesprochen.« Der Unbekannte redet ein astreines Hochdeutsch, mit leicht bayerischem Akzent. Er beugt sich aus seinem Sessel zu Markus und reicht ihm seine rechte Hand: »Ich kann gar nicht glauben, dass der Mord in Zusammenhang mit unserem Geschäft stehen soll. Nein, das ist sehr untypisch, wirklich; und warum auch? – Auf der anderen Seite, was eben vorgefallen ist, ist doch alles sehr diffus, nicht wahr? Ich weiß gar nicht, was ich davon halten soll, wer hat denn was davon, dass die drei Iraner nun im Paradies bei 72 Jungfrauen weilen? Gar nicht auszudenken, wenn Sie noch auf dem Boot gewesen wären?«

»Müssen wir uns um Markus Sorgen machen, ist er als Nächster an der Reihe?« Gunther Schwankes Stimme klingt ehrlich besorgt. Seine Angst scheint nicht gespielt, er mustert Markus fast liebevoll von der Seite.

»Die Explosion auf dem Motorboot könnte auch ihm gegolten haben, das kann schon sein«, stimmt ihm der fremde

Gast zu. »Die Täter schrecken offenbar vor nichts zurück. Aber Matthias wurde von Profis aus dem Weg geräumt, die drei Iraner auf ihrem Boot sind ebenfalls äußerst professionell in die Luft gejagt worden. Hätten sie Markus mit ins Jenseits befördern wollen, hätten sie das sicher geschafft, oder?« Er wendet sich dem verhinderten Todeskandidaten zu. »Haben Sie wirklich nichts bemerkt?«

»Nein, ehrlich, rein gar nichts. Mir ist das Herz in die Hose gerutscht, als ich die Explosion hinter mir wahrgenommen habe. Ich verstehe auch den Sinn nicht. Wenn jemand etwas dagegen hat, dass wir an die Iraner verkaufen, warum kauft er dann nicht ganz einfach selbst?«

»Das kostet Geld«, lacht der Fremde zynisch, »ein Mord und eine Explosion sind da weitaus günstiger, sie fordern schließlich einen hohen Preis.«

»Am besten, Sie übernehmen sofort alle weiteren Verhandlungen«, schaut Schwanke Markus um Zustimmung heischend an, dann blickt er zu dem Mann aus der Schweiz. »Ich will Markus da zunächst aus der Schusslinie nehmen – peinlich, aber genau das richtige Wort«, grämt er sich über den Lapsus seiner eigenen Wortwahl.

»Sie haben recht!«, nutzt der Schweizer wieder Süßholz raspelnd seinen Part, »überlassen Sie das weitere Vorgehen mir. Ich stecke die zwei Millionen nicht einfach so in meine Tasche«, lacht er jovial, »ich tu etwas dafür. Halten Sie sich bereit, ich werde Ende der Woche nach Berlin fliegen, dort könnte ich schon einiges in Ihrem Fall klären.«

»Dann sollten wir Nägel mit Köpfen machen«, treibt Schwanke den Deal voran, »ich komme übermorgen nach Zürich, wollen wir uns im ›Baur au Lac‹ treffen? Dann könnte ich Ihnen den Betrag bar aushändigen.«

»Das wird das Beste sein. Wir sollten die Ministerien nicht zu lange eigenmächtig handeln lassen. Ein Hinweis kann die Weichen schnell in unserem Sinne stellen. Je früher, desto besser. Sie wissen, ich habe schon öfter mit Matthias Kluge zusammengearbeitet und Unternehmen wie dem Ihren in Berlin weiterhelfen können. Man muss eben manchmal den Politikern sagen, wo und wie sie den Mittelstand im Land voranbringen können. Und eine kleine Spende fördert immer das Entgegenkommen, aber wem erzähl ich das.«

»Sicher, Herr Stocks, ich weiß, dass ich mich da hundertprozentig auf Sie verlassen kann, und wichtig ist vor allem, dass dies auch unseren Geschäftspartnern in den arabischen Ländern bekannt ist.«

Leon schluckt. Plötzlich wird ihm bewusst, was er gerade gehört hat. Er wollte nur sehen, ob Markus tatsächlich bei Schwanke ist, ob ihm die Rennjacht unten am Steg gehört, doch jetzt ist er Zeuge eines Waffengeschäfts geworden, mit – wenn er es richtig verstanden hat – einer geplanten Parteispende, die ein kriminelles Geschäft legalisieren soll.

Es reicht, denkt Leon, nichts wie weg! Er stützt sich in die Hocke, will sich umdrehen und davonschleichen, prallt dabei auf einen Mann, der wie aus dem Nichts neben ihm steht. Dieser muss, um nicht umzufallen, einen Ausfallschritt machen, tritt dabei laut auf eine knarrende Holzdiele, beide erschrecken. Leon erkennt Simon neben sich, flucht leise und bedeutet seinem Kollegen, möglichst schnell von der Terrasse zu fliehen.

In diesem Moment ertönt ein Rufen: »Ist da jemand?«

Markus steht schon hinter dem geöffneten Fenster, während Leon und Simon in letzter Sekunde von der Terrasse in den Park springen. Leon platscht dabei in das Wasser, was ein unüberhörbares Klatschen zur Folge hat.

»Da ist jemand!«, hören sie Markus rufen, gleichzeitig

gehen rund um die Villa mehrere Flutlichter an, sowie im Park und am Steg.

Leon und Simon laufen so schnell sie können zu ihrem Katamaran und springen auf das Trapez.

»Zieh die Fock an, ich zieh das Segel hoch!«, befiehlt Leon außer Atem.

Die drei Männer der Seevilla sind aus dem Besprechungsraum auf die Terrasse getreten. Sie suchen das Gelände ab und Schwanke ruft zum Steg: »Markus, nimm dein Boot!«

Leon und Simon sitzen auf ihrem Kat. Aber der Wind hat gedreht, er kommt jetzt aus Süden. Leon will hart anluven, doch wirkliche Fahrt schafft der Segler kaum, der Sturm scheint sich verausgabt zu haben. Nur leicht hebt sich eine Kufe des leichten Kats aus dem Wasser. Dafür hören die beiden den schweren Motor einer Rennjacht aufheulen.

Markus hat schon volle Fahrt, mit einem Suchscheinwerfer schwenkt er nebenbei über die Wasseroberfläche.

Leon nimmt den Lichtkegel wahr, erkennt in seinem Schein vor sich einige Bojen, dann sieht er mehrere Plastikkannen auf dem Wasser tanzen. Er weiß, darunter hängen große Fischernetze. Inzwischen ist jedoch der Lichtkegel auf ihr kleines Boot gerichtet.

Markus hat den Kat entdeckt, erkennt, dass dieser unter Segel Fahrt aufnimmt, korrigiert seinen Kurs, gibt Gas und ist sich sicher, dass er den Burschen in wenigen Minuten den Weg abgeschnitten hat.

Leon sieht die Rennjacht auf sie zukommen, backbord befinden sich die Netze des Fischers, von steuerbord nähern sich die Lichter der Rennjacht, ihm ist klar, auf ein Rennen Segel- gegen Motorboot muss er sich nicht einlassen.

»Wende!«, schreit er laut, reißt die Pinne zu sich, der Kat reagiert sofort, schnell öffnet er das Großsegel, Simon lässt die Fock kurz flattern, rollt sich über das Trapez auf die andere Seite und zieht die Fock wieder hart an den Wind.

Der Kat schießt jetzt voll auf die Netze zu, Leon robbt zum Heck, öffnet zwei Metallbolzen und zieht ruckartig die Steuerblätter des Ruders an ihrer Einrichtung aus dem Wasser. Der Kat ist nun nicht mehr manövrierbar, prescht aber mit vollem Wind in den Segeln über die Netze der Fischer hinweg, die an den Bojen und Kanistern befestigt sind. Die beiden Kufen des Katamarans pflügen über das Wasser, kein Schwert, kein Ruderblatt ist unter der Wasseroberfläche. Der Kat hat freie Fahrt!

Ängstlich schaut Leon nach hinten. Die Rennjacht ist nur noch 50 Meter von ihnen entfernt.

Jetzt zählt jeder Meter, der Kat schießt ohne Steuerung weiter nach vorn. Simon hält die Fock verbissen fest, Leon krampfhaft das Großsegel.

Noch 20 Meter liegen zwischen Markus und dem Katamaran.

»Zieh! Halt fest!«, schreit Leon Simon aus voller Brust zu und zerrt selbst so kräftig an der Großschot, dass sie ihm tief in die Haut seiner Hand schneidet. Sie müssen, wenn Leons Plan aufgehen soll, den Kat ohne Ruderblatt gewaltsam im Wind halten.

Das Motorboot nähert sich unaufhaltsam. Der Abstand wird immer geringer. Die Schiffsschrauben der beiden Motoren drücken das Heck des Rennbootes tief ins Wasser, die Rumpfspitze ragt nach vorn, der Schiffsrumpf schlägt hart auf jede Welle. Markus kommt rasend schnell heran.

Leon sieht Simons Kräfte schwinden. Um Kurs zu halten, gibt auch er dem Wind im Großsegel leicht nach. Ängstlich behält er ihren Verfolger im Auge.

Dort senkt sich plötzlich die Spitze der Rennjacht, das hochtourige, laute Motorengeräusch erstirbt auf einen

Schlag. Der Motor würgt stockend ab, in der Antriebsschraube knirschen und schreddern Plastikteile, das Netz der Fischer hat sich verfangen, Bojen und Plastikkanister wirbeln um die Jacht. Markus Kluge zieht das Gas schnell ganz weg, und mit einem Mal ist es unheimlich still.

Ein Fluch hallt über den See.

»Juhuuu!« Ein Freudenschrei ist von dem Kat zu hören. »Intelligenz kontra PS«, lacht Leon, und Simon sagt erleichtert: »Ich muss auf den Abort!«

Leon hat das Kamerateam im Heinzler untergebracht. Er selbst fährt sofort nach Hause, um heiß zu duschen. Sie hatten von Kirchberg nach Immenstaad zurückkreuzen und dabei zunächst fast quer über den gesamten See segeln müssen, bis sie der Südwind wieder ans Nordufer zurück nach Immenstaad brachte. Beim Heinzler kamen sie kurz vor Mitternacht total durchgefroren an.

Während der Fahrt nach Hause überlegt Leon, wie er mehr über diesen Schweizer Geschäftsmann Stocks erfahren könnte, was das Verteidigungsministerium mit diesem Mann zu tun hat und vor allem, was mit den Iranern auf dem Motorboot passierte, oder vielmehr wer diese Explosion zu verantworten hatte. »Eins zu eins«, hatte Schwanke die beiden Morde wie einen Spielstand analysiert, der hat Nerven!

Leon ist froh, unerkannt entkommen zu sein. Er atmet noch immer langsam und bewusst, um sich zu beruhigen.

Er kapiert einfach nicht, was wirklich Sache ist. Dieses verdammte Teleskop, das wohl in Wahrheit eine neue Wunderwaffe im Krieg der Sterne ist, haben offensichtlich weder Schwanke noch Markus bis jetzt an den Mann gebracht. Doch wie will dieser ominöse Herr Stocks aus Zug den Deal abwickeln, nachdem das Verteidigungsministerium den Ver kauf des Teleskops offenbar verboten hat? Und überhaupt, warum ist der Mord an Matthias Kluge noch immer nicht aufgeklärt? Was macht eigentlich die Polizei die ganze Zeit? Und warum sind heute die Iraner, nachdem Markus dort mit ihnen verhandelt hatte, auf ihrem Boot ermordet worden?

Verdammt, das alles ist doch nicht meine Abteilung, denkt Leon unvermittelt. Er hat anderes zu tun. Er hat sich auf seine Dornier-Story zu konzentrieren, die er morgen im Stadtarchiv von Friedrichshafen weiter abzudrehen hat. Dort will er Bilder aufnehmen, die die Stadt im Mai 1945 zeigen. Es sind Bilder des Grauens, denn Friedrichshafen wurde in Schutt und Asche bombardiert, nachdem die Alliierten den nördlichen Teil des Bodensees als Produktionsstätte der Rüstungsindustrie Hitler-Deutschlands ausgemacht hatten.

Zum Ende des Zweiten Weltkrieges hatten fast 30.000 Menschen in Friedrichshafen gelebt, im Mai 1945, nach den Bombardements, waren es keine 8.000 mehr. Allein am 28. April 1945 warf die Royal Air Force 1.120 Tonnen Bomben über der Stadt ab. Mehr als 8.000 Menschen kamen in dieser Nacht um. Die Rüstungsbetriebe waren zu diesem Zeitpunkt längst ausgebombt.

Auch Claude Dornier stand, wie viele Häfler, buchstäblich vor dem Trümmerhaufen seines Lebenswerkes. Die Dornier-Werke waren, wie die Stadt und alle anderen Rüstungsbetriebe am See, vollkommen zerstört.

Leon biegt in Überlingen von der Bundesstraße ab und fährt in die Stadt. Im Westen passiert er den Bahnübergang und kommt an den ehemaligen Überlinger Stollen, der den ausgebombten Rüstungsbetrieben einen sicheren Fluchtort bieten sollte, vorbei. In einem Bergwerk sollten die zerstörten Betriebe aus Friedrichshafen für den Endsieg weiter produzieren. Unter unmenschlichen Bedingungen mussten durchschnittlich 700 KZ-Häftlinge die Stollen in den Berg treiben. Mindestens 170 Menschen wurden dabei in wenigen Monaten von der SS ermordet. Heute mahnt eine Gedenktafel an das Verbrechen und für den Frieden in der Welt.

Im Osten der Stadt steht dagegen ein ganz anderes Erbe der Nazizeit. Das Luftfahrtgerätewerk der Askania-Werke wurde aus strategischen Gründen von Berlin nach Überlingen verlegt. Ein kleines Team von Ingenieuren sollte hier im Auftrag Hitlers ein Flugzeug-Torpedo für den Endsieg entwickeln. Heute produzieren hier Ingenieure für den Diehl-Konzern Hightech vom Feinsten für den Tornado und Eurofighter.

Das parkende Auto vor seiner Wohnung reißt Leon aus seinen Gedanken. Es ist Lenas dunkelgrüner Mini. Verdammt, er hatte sie vergessen. Sie waren verabredet, er hatte ihr einen gegrillten Fisch versprochen und einen schönen, lauen Sommerabend auf seiner Terrasse.

Er sieht Licht in seiner Wohnung brennen und weiß nicht, wie er sich verhalten soll. Vorsichtig schleicht er sich an sein eigenes Fenster, späht hinein und entdeckt Lena, die der Länge nach auf seiner Couch liegt. Sie schläft friedlich und hält mit beiden Händen ein Buch fest, das auf ihrem Bauch liegt. Ihre schwarzen Haare sehen ein bisschen zerzaust aus, ihr braun gebranntes Gesicht wirkt auch während des Schlafs munter und frech, ihre Bluse ist verführerisch geöffnet, ihre langen Beine hat sie weit von sich gestreckt. Leon schaut sie verliebt an, er findet sie noch immer äußerst attraktiv und auf ihre natürliche Art einfach schön. Er glaubt, sie in einem Traum lächeln zu sehen.

Er sieht aber auch die beiden Teller auf dem Tisch stehen, Gläser und eine große Schüssel welken Salats sowie eine fast abgebrannte Kerze. Ein schlechtes Gewissen beschleicht ihn.

Er läuft zurück in den Garten, geht leise durch die nicht verschlossene Haustür in den Keller, greift nach einer Flasche Moet & Chandon, die Lena dort vor einigen Monaten gebunkert hat, und marschiert mutig in seine Wohnung.

Er öffnet die Tür und Lena erwacht.

Ihr Blick fällt auf Leon, der ziemlich verschlissen in seinen nassen Klamotten steckt und in der Hand ihre eigene Flasche Champagner hält. Kurz funkeln ihre Augen böse, doch dann muss sie lächeln und entscheidet sich schnell für das Spiel der überraschten Ehefrau: »Ach, mein Schatz, wie schön, dass du an unseren Abend gedacht hast und mir zu unserem Wiedersehen meinen Schampus spendieren willst.«

»Lass den Quatsch, ich hab's vermasselt«, versucht sich Leon zu entschuldigen, »und den versprochenen Fisch habe ich auch nicht.«

Er beugt sich zu ihr, küsst sie auf den Mund und will sich weiter erklären. Doch sie unterbricht ihn, legt ihm ihre Hand auf seine Lippen und antwortet, ohne zickiges Getue: »Ich habe Fisch gekauft, und der wird jetzt gegessen, der passt sehr gut zu deinem Champagner!«

»Glück gehabt!«, sagt Leon erleichtert, »jede andere würde mir jetzt den Rost runtermachen.«

»Ich nicht, mein Lieber, weiß ich doch, dass ich als Ausgleich am Wochenende von dir zum Essen ausgeführt werde, nachdem du mir den Rasen gemäht hast.«

»Okay«, gibt Leon klein bei, obwohl er gerade mit dem verdammt schnell wachsenden Rasen von Helma genügend zu tun hat.

»Geschenkt, ich mähe, was du willst, und ich lade dich ein, wohin du willst.«

»Gut, dann gibt es jetzt meinen Fisch. Ich habe einen Bärenhunger und eine ganze Seeforelle für uns in der Backröhre bereitliegen.«

»Seeforelle!«, wiederholt Leon verhalten, verschweigt, dass er schon genau solch ein Monstrum beim Heinzler allein gegessen hat, und lässt lieber schnell den Champagnerkorken knallen. »Verdammt, du bist wirklich die beste Frau!«, ruft er ihr noch zu, geht schnell heiß duschen und lässt sich danach zum Mitternachtsessen den Bodenseefisch von Lena servieren. Welches Glück für ihn, dass er immer essen kann. Er ist ein bekennender Anhänger der Präventivmedizin und isst immer gern, bevor ihn der Hunger quält.

Lena hat den frischen Fisch selbst ausgenommen, dann die Filets beidseitig mit einer Kapernmarinade bestrichen und den Bauch mit den frischen Kräutern und Meeresbohnen gefüllt. Dazu gibt es ein säuerliches Zitronendressing, mit dem auch der Salat angemacht ist, dazu den prickelnden Champagner.

»Ein aphrodisisches Mahl«, haucht Leon Lena ins Ohr, »ich spüre schon die Wirkung ...«

Am nächsten Morgen bieten die beiden ein Bild einträchtiger Familienidylle. Lena ist äußerst vergnügt. Sie hat auf der Terrasse fürs Frühstück gedeckt. Ein weiterer herrlicher Sommertag bricht am Bodensee an.

Leon blättert in seiner Zeitung. Der Aufmacher berichtet vom Bombardement eines Tanklastzugs in Afghanistan. Viele Zivilisten sind unter den Toten. Zwei F-15-E-Kampfflugzeuge hatten bei völliger Dunkelheit präzise und zielgenau die Menschen beschossen. ›Der Tod kommt vom Bodensee‹ stand auf dem Flugblatt, das der Freiburger Rüstungsgegner Jürgen Grässlin Leon während der Dornier-Recherchen vor Tagen in die Hand gedrückt hatte. Damals dachte er noch, Afghanistan ist weit weg. Doch er weiß, die Kampfmaschinen sind ausgestattet mit ausgefuchsten Techniken der Bodensee-Ingenieure. Kein gutes Thema für die Heimatzeitung und auch nicht für den idyllischen Morgen, nach dieser Nacht mit Lena.

Helma kommt hinzu, sie reißt Leon aus seinen trüben Überlegungen, zwinkert Lena komplizenhaft zu, grüßt die beiden herzlich und diktiert, für Leon völlig unvermittelt, ihm sein Tages-Programm nach ihrem Plan: »Der Rasen kommt als Erstes dran«, bestimmt sie und fuchtelt mit einem Messer vor Leons Gesicht herum. »Jetzt wohnst du hier schon ein Jahr, aber von Gartenarbeit hast du noch immer keinen blassen Schimmer.«

»Du musst ihm alles aufschreiben, der vergisst noch schneller als du, was er zu tun hat. Und dann musst du alles kontrollieren«, rät Lena, »der will es nicht anders. Mir hat er auch versprochen, am Wochenende zu helfen, aber was meinst du, wie mein Garten aussehen würde, wenn ich mich auf ihn verlassen würde?«

»Herrgottsack«, hält Leon dagegen, »die zwei Damen! Die eine macht auf Wissenschaftlerin, bringt ihr Studium aber nicht zu Ende, die andere ist Pensionärin! Schafft also auch nichts, und der einzige Trottel hier, der seinen Lebensunterhalt ehrlich selbst bestreitet, soll auch noch für die Dämchen nach seinem verdienten Feierabend Nebenerwerbslandwirt spielen.«

»Und Tierpfleger«, wirft die 90-jährige Helma spontan ein, krault ihrem alten Hund den Nacken und bittet: »Mit Senta solltest du nach dem Rasenmähen und Büscheschneiden auch mal wieder ausgehen, du weißt, sie braucht unbedingt mehr Bewegung.«

»Hey«, echauffiert sich Leon nun ernsthaft, »ich arbeite! Ich habe heute echt genug zu tun. Ich muss meine Kreuzerchen verdienen, um meine Miete zu bezahlen.«

»Leon!«, zischt Lena in einem scharfen Ton, »500 Euro

für drei Zimmer mit Seeblick und Gartenterrasse, und das hier in Überlingen! Du weißt, welchen Deal du mit Helma hast.«

Leon nickt, gibt sich geschlagen, er weiß, dass er die günstige Miete in dieser Traumlage am Bodensee nur Lena zu verdanken hat, die ihrer Tante versprach, dass er den Garten als Gegenleistung pflegen würde. Und Senta, der alte Hund, gehört eben zur Familie, irgendwie hat Leon ihn mit adoptiert, als er in die Einliegerwohnung der alten Dame einzog.

Senta wedelt mit dem Schwanz, als wäre sie der Diskussion gefolgt, und springt an Leon hoch. Er riecht ihren scharfen Mundgeruch, tätschelt trotzdem aufmunternd ihren fetten Hals und verspricht: »Ja, Sentalein, heute Abend machen wir einen kleinen Lauf über den Eglisbohl.«

In seinen Gedanken allerdings ist Leon schon wieder bei Schwanke und seinem Teleskop sowie der gestrigen Bootsexplosion auf dem See, wobei er den beiden Damen verbindlich zusagt, am Wochenende ihren gewünschten Gartenarbeiten nachzugehen. Aber jetzt muss er nach Friedrichshafen ins Stadtarchiv, um seine Dokumentation zu drehen.

»Über Claude?«, fragt Helma interessiert, »den alten Schürzenjäger?«

Leon schaut die alte Dame fragend an.

»Ja, denkst du denn, erst ihr habt das Kindermachen erfunden?«

»Claude Dornier doch wohl auch nicht.«

»Aber er war ein Charmeur, das, was euch jungen Leuten heute fehlt«, lacht sie vieldeutig.

Leon winkt ab. »Wenn's heute noch Mädels gäbe, wie früher dich, liebe Helma, dann wäre ich gern der Obercharmeur.« Er steht auf und nimmt die alte Frau in seine Arme. »Hat denn der alte Claude bei dir jemals den Rasen gemäht?«

»Nein, mein Lieber, aber den Hof gemacht«, lacht sie, »das hat er!«

»Und ihr habt geglaubt«, frotzelt Leon, »das gäbe Kinder?«

»Da seid jetzt ja wohl ihr an der Reihe«, wird Helma ernst und schaut Lena und ihn fragend an.

»Zeit für Maloche«, lässt sich Leon auf keine weitere Diskussion ein und verabschiedet sich schnell von den beiden Frauen mit der Versicherung für Lena, dass er das ganze Wochenende nur Zeit für sie haben würde.

»Dein Wort in Gottes Ohr«, warnt sie ihn, »deine letzte Chance: Zuerst Rasen mähen, dann die Einladung, du weißt schon!«

Leon küsst sie auf den Mund, drückt sie etwas länger als üblich und nimmt sich dabei fest vor: Dann schauen wir mal, wie Claude Dornier den Frauen den Hof machte.

»Hoffentlich ist bald Wochenende«, verabschiedet er sich.

Im Stadtarchiv von Friedrichshafen hat Simon Reproaufnahmen zu drehen. Leon will in seiner Dokumentation das schreckliche Ende des Zweiten Weltkrieges unverblümt zeigen. Er dreht Bilder von den Angriffen auf die Stadt und die Industrieanlagen. Ein Szenario zeigt eine Kriegsnacht, der Himmel ist dunkel, aber über der Stadt explodieren Bomben und Granaten, als würden die Häfler Silvester zur Jahrtausendwende feiern. Ein anderes Kriegsbild ist von der Schweizer Seite aus fotografiert, darauf abgelichtet ist die von Feuersbrunst hell erleuchtete Stadt Friedrichshafen, die sich im See wie eine einzige riesige Feuerfläche spiegelt.

Reproaufnahmen kosten Zeit, der Kameramann muss jedes Bild in ein anderes Licht setzen. Manchen Bildern muss er Leben einhauchen, sie brauchen Bewegung, wieder andere benötigen verschiedene Detailaufnahmen zur Erklärung. Leon sagt seinem Kameramann, auf was es ihm ankommt, nebenbei aber denkt er immer wieder an den gestrigen Abend.

Er muss dringend mit dem Kommissar reden, beschließt er. Auch wenn der sich ihm gegenüber während seiner Vernehmung ablehnend verhalten hat, so kann er aber nun sein Wissen nicht mehr allein für sich behalten. Er muss handeln.

Entschlossen geht Leon vor das Stadtarchiv, nimmt sein Handy, freut sich über die Ordnung, die ihm das digitale Telefonbuch beschert, und findet unter ›S‹ tatsächlich Kommissar Sibold. Er hat den Mann seit einem Jahr nicht mehr angerufen, früher hätte er die Telefonnummer längst verschlampt gehabt. Wenige Tastendrücke und die Leitung zu dem Kommissar steht.

»Ja!« – Nur diese einzige Silbe krächzt ihm entgegen, dann ist Ruhe in der Leitung. Leon erinnert sich wieder an die mühseligen Gespräche mit diesem Mann. »Leon Dold, Sie wissen schon, der Journalist aus Überlingen.«

»Ja.«

»Ich habe ein paar Informationen, die Sie interessieren dürften.«

Am anderen Ende der Leitung hört Leon ein müdes Stöhnen, doch er weiß die Situation zu nutzen und provoziert den Kommissar: »Sie haben keinen Verdächtigen im Fall Kluge?«

»Fragen Sie die Pressestelle«, antwortet Sibold mürrisch.

»Kann ich dort auch nach weiteren Leichen auf dem Grund des Sees fragen oder von der Pressestelle erfahren, ob Sie in diesem Fall etwas erfolgreicher ermitteln?«

»Was wollen Sie?«

»Mit Ihnen reden.«

»Tun Sie doch.«

»Unter vier Augen, ich habe Ihnen doch gesagt, ich habe was für Sie.«

»Rufen Sie im Kommissariat an, da gibt es Kollegen, die freuen sich vielleicht, mit Ihnen zu telefonieren.«

»Ich will mit Ihnen reden.«

»Vergessen Sie es!«

»Markus Kluge war gestern auf dem Motorboot, das zwischen Uttwil und Immenstaad explodierte.«

»Woher wissen Sie das?«

»Wann treffen wir uns?«

»Ich sagte doch: Melden Sie sich im Kommissariat.«

»Und ich sagte doch: Ich will mit Ihnen reden.«

»Was soll das?«, wird der Kommissar ungehalten, »Sie haben Ihre Aussage offiziell zu machen, das ist Ihre Pflicht, das gilt auch für Journalisten!«

»Und Sie haben jedem Anzeichen und Verdacht, das auf ein Verbrechen hinweist, nachzugehen«, hält Leon dagegen, um dann freundlich einzulenken, »Herr Kommissar, lassen Sie mich kurz mit Ihnen reden, es ist heikel, ich weiß wirklich nicht, wohin ich mich sonst wenden könnte. Ich muss mit Ihnen sprechen.«

»Es tut mir leid, Herr Dold, aber ich habe mir heute einen freien Tag genommen, und Sie wissen, was das heißt.«

»Ja«, schmunzelt Leon, »Sie gehen angeln, wie ich vermute, an der Aach?«

»Ja«, schnauft Sibold laut hörbar. »Was ist mit dem Motorboot, was wissen Sie darüber?«

»Mehr als Sie, wir treffen uns an der Aach?«

»Sie geben wohl keine Ruhe?« Kommissar Horst Sibold zupft unentschlossen an seinem Henriquatre-Bart, der rund um Lippen und Doppelkinn wild und grau wuchert. Dieser

Journalist lässt sich nicht abwimmeln, das kennt er schon von ihm. Er gibt sich geschlagen und stimmt unwillig zu: »Zwischen Moos und Bohlingen, am Ende des Moosfelds.«

»Kenn ich, Petri Heil!«, macht Leon schnell einen Knoten auf das Gespräch und nimmt die Auskunft als freundliche Einladung zu einem gemeinsamen Angelnachmittag an.

Sein Kamerateam überlässt er sich selbst. Sie haben noch genügend Repros zu drehen, anschließend können sie den sommerlichen Nachmittag am See genießen. Morgen stehen einige Überstunden auf dem Drehplan, da wird das Dornier Museum eröffnet, und Leon will die Familie Dornier, die Erben und möglichst viele alte Mitarbeiter zu ihrer Zeit mit dem alten Claude befragen. Auch mit Gunther Schwanke hat er sich dort verabredet, damit seine Spanien-Geschichte optisch einen passenden Hintergrund findet.

Er verabschiedet sich von seinem Team und reiht sich mal wieder in die wohl nie enden wollende Blechschlange auf der Schwäbischen Barockstraße von Friedrichshafen nach Überlingen ein. Dabei braucht es Geduld, nur stockend fließt der Verkehr. Eine zweite Parallelstraße entlang des Sees bräuchte es längst, doch Seeanwohner, Anlieger des Hinterlands, Verkehrsplaner und Bürgerinitiativen streiten seit 30 Jahren.

Leon mimt den Coolen, lehnt sich in seinen Ledersitz zurück, öffnet das Schiebedach und legt ›So what?‹ von Miles Davis in seinen CD-Player ein. Er genießt den herrlichen Sommertag, die immer wieder freie Sicht auf den blauen See, die bunten Segel der Boote und die Ruhe, die das Wasser ausstrahlt.

Nur das Gestrüpp auf dem Beifahrersitz stört ihn langsam mächtig. Die Blätter der Haselnussstöcke welken schon längst und beginnen penetrant zu riechen. Leon kämpft die ganzen Sommermonate hindurch mit einem leichten Heuschnupfen, plötzlich hat er das Gefühl, das Geäst kitzelt ihn direkt in seiner Nase. Das Grünzeug muss jetzt raus!, entschließt er sich, spätestens im Moosgebiet bei der Aach wird er sich der Haselnusssträucher entledigen.

Trotz des gestrigen Gewitters steht das Quecksilber des Thermometers kurz nach 12 Uhr mittags schon wieder über 35 Grad. Jeder vernünftige Seeanwohner springt an solchen Tagen ins Wasser. Nur dieser Herr Kommissar, der muss angeln gehen, wundert sich Leon einmal mehr über den seltsamen Kauz in Staatsdiensten und biegt kurz entschlossen bei der Birnau links ab.

Er lässt die alte Barockkirche rechts liegen und fährt direkt zum Ufer hinunter. Dort liegt das Hotel Seehalde direkt am Wasser, ein alter Steg für die Gäste lädt zum Baden ein. Die Besucher des Hauses sitzen auf der idyllischen Terrasse, Leon aber geht an dem offiziellen Eingang vorbei und schiebt sich durch eine Nebentür in die Küche.

Markus Gruler, der Chef der jungen Küchenbrigade, zählt zu den kreativsten Köchen am Bodensee. Er steht am Herd und brutzelt gerade die Leber einer Trüsche.

»Mach mir mal schnell einen Happen, was Erfrischendes, nur einen kleinen Imbiss«, klopft ihm Leon auf die Schulter, »ich habe es eilig, muss aber dringend etwas essen und zuvor in den See springen.«

»Schau mal deinen Bauch an, du bekommst heute einen Kopfsalat, mehr nicht!« Der Koch zwinkert Leon zu, lacht ironisch und verspricht hinterhältig: »Das passt schon, das ist was für dich.«

Leon nickt irritiert. Er wiegt 85 Kilo, misst aber fast 1,90 Meter. Doch jetzt streicht er sich unsicher über seinen kleinen Bauchansatz und denkt trotzig: Soll er doch servieren, was er will, von mir aus auch einen Kopfsalat, vielleicht ist es für meine Figur tatsächlich besser. »Mach, was du willst«, ergibt er sich, »ich spring derweil in den See.« Er weiß, er nutzt ein besonderes Privileg, der Steg ist normalerweise nur für Hausgäste, dafür muss er sich den Spott des Kochs eben gefallen lassen.

Er zieht seine Klamotten aus, springt ins Wasser, schwimmt fast bis zur Mitte des Sees. Um den See an solch heißen Tagen genießen zu können, braucht es keine edle Segeljacht oder gar ein teures Motorboot, denkt Leon. Einfach in das große, natürliche Seebecken springen, den Kopf untertauchen und das erfrischende Wasser genießen! Langsam krault er wieder an den Steg der ›Seehalde‹ zurück.

Thomas Gruler, der Bruder des Kochs, hat ihm ein Schattenplätzchen auf der Terrasse reserviert und eine Flasche selbst ausgebauten Müller-Thurgau auf den Tisch gestellt. Leon nimmt einen ersten, kräftigen Schluck aus dem Glas und ist schon verführt. Leon kann nicht widerstehen und gönnt sich noch zwei weitere Tropfen.

»Na also, wenigstens einen guten Wein«, lacht Thomas, »wenn mein Bruder dich schon mit einem Kopfsalat abspeist. Voilà.« Dabei stellt er eine Platte auf den Tisch, die zwar am Rande tatsächlich mit einigen Kopfsalatherzen drapiert ist, in der Mitte aber mit duftenden Fleischteilen lockt.

»Hm, warum Kopfsalat?«, rätselt Leon, »ein Vegetarier wäre enttäuscht.«

»Ist aber ein reiner Kopfsalat!«, beharrt Thomas auf die Ankündigung seines Bruders und zählt ihm auf: »Im Uhrzeigersinn: geräuchertes Schweinsbäckle, Lammzüngle, Ochsenmaul und Hahnenkamm. Ein wahrer Kopfsalat, oder?«

»Ihr habt mich überzeugt«, freut sich Leon auf die kreative Salatvariation, »so bin ich auch gerne mal Vegetarier.«

»Ich sähe bei einem Daueraufenthalt bei uns andere Gefahren auf dich zukommen«, grinst Thomas und schenkt

Leon aus dem Krug den Rest des Müller-Thurgau in sein Glas, »ich hätt' noch ein Fläschchen.«

»Eben«, winkt Leon ab, »ich glaube, ich sollte nun erstmal für eine Grundlage sorgen.«

Dankbar, dass Lena ihn an den Bodensee gelockt hat, genießt er sein Essen, den See und den Blick hinüber zum Bodanrück und auf die Insel Mainau und gönnt sich noch ein zweites Viertele. Anschließend döst er ein paar Minuten auf dem Steg, erfrischt sich nochmals kurz im See und fährt dann ohne Stress, aber ein kleines bisschen benebelt, wie ein richtiger Sommerfrischler, um den Überlinger See nach Radolfzell, um von dort aus über Moos nach Bohlingen zu kommen.

Den Weg ins Moosfeld findet er leicht. Er biegt in einen Feldweg ein, sehr vorsichtig, damit das Unterblech seines Porsches nicht aufsitzt. Es dauert nicht lange, dann sieht er den giftgrünen Opel Omega des Kommissars in dem Sumpfgebiet stehen. Die Farbe des Wagens fand er schon grässlich, als er vor einem Jahr den Kommissar kennenlernte. Damals hat er sich vor dem hässlichen Grün seines Autos auch noch fotografieren lassen, nachdem er einen Flüchtigen damit gestellt hatte.

Leon lässt seinen Blick am Flussufer entlang schweifen und entdeckt bald den Kommissar mit einer Rute in der Hand nahezu regungslos am Ufer in der Sonne stehen. Gekleidet ist er wie ein heruntergekommener Landstreicher. Er trägt einen verbeulten, grünen Jägerhut auf dem Kopf, eine ärmellose grüne Weste über seinem viel zu engen, grünen Unterhemd und eine alte olivgrüne Hose aus der Zeit seines Dienstantritts bei der Bereitschaftspolizei. Die Hose hält ein straff gezogener Gürtel, darüber quillt sein dicker Bauch, sein Blick ist stur auf die vor ihm träge dahinplätschernde Aach gerichtet.

Auf dem Wasser blinkt der rote Schwimmer seiner Angelrute, den er mit stoischer Ruhe immer wieder gegen die Fließrichtung zieht.

»Guten Tag, Herr Kommissar«, schleicht sich Leon an den Beamten in seiner Freizeitkluft heran, »ein bisschen heiß für Ihren Sport heute, oder nicht?«

»Fische fressen immer, Sie doch ebenso, auch wenn die Sonne scheint«, knurrt er unwirsch.

»Ich dachte, die beißen lieber, wenn es regnet?«

»Ich angle nicht nur, damit ich Fische fange, ich angle, damit ich meine Ruhe habe. Also, kommen Sie zur Sache.«

»Haben Sie von der Motorbootexplosion gestern Abend gehört?«

»Ja«, knurrt Sibold unversöhnlich.

»Und?«

»Was und? Ich dachte, Sie wollten mir etwas erzählen?«

Leon schaut den Kommissar kritisch von der Seite an. Er weiß, dass er der einzige Polizeibeamte ist, dem er erzählen kann, was er gestern Abend gesehen und gehört hat. Er hat zu dem Dicken Vertrauen. Wann immer er mit ihm zu tun hatte, war er ehrlich, wenn auch verschlossen. Nur bei ihm ist er sicher, dass er sich nichts von seinen Vorgesetzten sagen lässt und gelegentlich zu unkonventionellen Wegen bereit ist. Deshalb erzählt er der Reihe nach, was er erlebt hat: Dass Markus Kluge von dem Motorboot wegfuhr, bevor es explodierte, dass er Kluge, Schwanke und diesen Herrn Stocks belauschte und dass er vermutet, dass auf dem Seegrund seit gestern Abend die Iraner schlummern, mit denen Markus Kluge zuvor den ominösen Teleskop-Deal abgesprochen hatte.

Zum Ende seines Berichts denkt Leon, ihm stünden zum Ausgleich nun auch einige Informationen vonseiten des Kommissars zu, deshalb geht er ihn direkt an: »Die Explosion des Motorbootes, das war ausgeklügelte Arbeit. Auch der Mord Kluges wurde professionell ausgeführt, eine Hinrichtung wie im Handbuch für Scharfrichter. Die Polizei muss doch derart einzigartige, kriminelle Handschriften entziffern können?«

»So? Muss sie?«

»Kopfschuss! Ist das typisch für die Mafia? Oder für Waffenschieber?«

»Beides«, lässt sich Sibold entlocken, »die Hinweise deuten aber auf die Stasi.«

»Ach«, lacht Leon, »jetzt muss der alte Mielke herhalten, ich denke, diese Zeit ist längst vorbei.«

»Vom Fischen verstehen Sie nicht viel. Die Welt der Geheimdienste scheint aber auch nicht Ihr Fachgebiet zu sein.«

»Warum denn bitte Stasi? Was haben die alten Ost-Nasen mit dem toten Kluge oder gar dem Waffenhandel von heute zu tun?«

»Fakt ist, wie Sie schon selbst bemerkt haben, Kluge wurde ohne Zweifel hingerichtet, davon gehen auch wir aus. Und Fakt ist auch, dass die Mordwaffe eine Makarow ist. Sowjetisches Modell, Neun-Millimeter-Projektil, an der Slipanlage haben wir die Patrone mit einer Munitionssonde gefunden.«

»Und nur, weil die Waffe ein sowjetisches Modell ist, glauben sie gleich an die Stasi?«

»Ich bin nicht Mitglied der Katholischen Kirche. Wir glauben bei der Polizei grundsätzlich nicht, wir ermitteln. Und Tatsache ist, dass die Makarow die Dienstwaffe der Stasi und der Nahschuss in den Hinterkopf die übliche Tötungsart des Staatssicherheitsdienstes war.«

»Aber da es die DDR nicht mehr gibt, gibt es auch ihren Staatssicherheitsdienst nicht mehr, oder?«

»Als Staatssicherheitsdienst wohl kaum, aber was glauben Sie, tun denn die vielen ehemaligen Mitarbeiter heute? Von was leben sie?«

»Ja, wohl kaum mehr von ihrem Job als Bedienstete der DDR.«

»Gelernt ist gelernt, das Handwerk der Spione ist gefragt, und wir haben denen doch gesagt, sie sollen sich Arbeit auf dem freien Markt suchen«, lacht der Kommissar, schiebt sich seinen Hut ins Genick und schaut Leon schelmisch an.

»Sie hätten zur Treuhand gehen sollen, die Privatisierung war deren Job«, gibt sich Leon geschlagen, »aber Ihre Theorie gibt keine Antworten, sondern wirft neue Fragen auf: Denn nehmen wir einmal an, ehemalige Stasimitarbeiter haben Kluge im Auftrag irgendeines Unbekannten ermordet, weil er ihm das Know-how des Superteleskops nicht verkauft hat. Die Iraner flogen in die Luft, weil sie es kaufen wollten. Da frage ich mich, wie gestern Abend auch Markus Kluge: Warum die Morde? Warum kaufen die Auftraggeber nicht einfach?«

»Ich denke, Ihr Herr Stocks hat die Antwort schon gegeben: 20 Millionen, das ist kein Pappenstiel. Die ehemaligen Stasiagenten arbeiten da billiger.«

»Verstehe ich trotzdem nicht. Kluge wurde ermordet, weil er verkaufen wollte. Die Iraner, weil sie kaufen wollten. Was wollen denn nun die Auftraggeber der Morde?«

»Na, selbst haben!«, lacht Sibold.

»Aber Schwanke will ja verkaufen?«

»Wie ich schon sagte, vielleicht will derjenige gar nicht kaufen, vielleicht will er nicht so viel hinblättern«, beharrt Sibold auf seiner Theorie, »glauben Sie mir, wir waren nicht untätig. Wir wissen, dass Matthias Kluge immer wieder Waffen in die arabischen Länder verkauft hat. Wir wissen, dass dieses Teleskop nicht allein zum Sternedeuten taugt, sondern sicherlich eine überaus interessante Strahlenwaffe ist. Aber wir haben von dem oder den Mördern keine Spur. Nichts, gar nichts, außer dass wir wissen, mit welcher Waffe Kluge ermordet wurde, und dass alle Spuren auf ehemalige Stasimitarbeiter deuten!«

»Und nun? Die Bootsexplosion?«, bohrt Leon neugierig weiter.

Sibold kratzt sich mit der linken Hand an seinem Bartgestrüpp, mit der rechten zieht er die Angelrute wieder flussaufwärts. »Tja, ich bin nicht mehr in der Sonderkommission. Seit die Hinweise sich verdichten, dass ehemalige Stasimitarbeiter den Mord begangen haben, und es offensichtlich ist, dass internationale Waffenschieber dahinterstehen, hat sich der Staatsschutz und das BKA den Fall unter den Nagel gerissen. Sie wissen doch: Ich gehöre zu den Indianern.«

»Sehen die Häuptlinge des Staatsschutzes oder des BKA eine Verbindung zur Motorbootexplosion bei Uttwil?«

»Wohl kaum«, grübelt der Kommissar, »soviel ich höre, geht man bisher von einem Unfall aus. Blitzschlag ist die einfachste Erklärung, und viel zu ermitteln fanden die Brand-Experten bisher nicht.«

»Morgen wird Schwanke diesem Herrn Stocks das Schmiergeld übergeben. Fällt Ihnen dazu etwas ein?«

»Lieber Herr Dold«, setzt Sibold an, und Leon erkennt am Tonfall, dass er nun wieder eine Lektion von dem Kommissar verpasst bekommt. »Angeln ist nicht Ihr Fachgebiet, die Welt der Geheimdienste ist es offensichtlich ebenso wenig und von Staatsrecht haben Sie auch keinen blassen Schimmer. Sie können froh sein, dass Sie Journalist sind, so können Sie überall ein bisschen mitreden, müssen aber von nichts richtig Ahnung haben.«

»Ich weiß, dass Stocks ein Waffenschieber ist, und ich weiß, dass er mit Schmiergeldern in Berlin Politiker zu bestechen versucht. Und ich weiß: Diesem Hinweis hat die Polizei nachzugehen.«

»Ha, schon wieder nur fast richtig!«, erwidert der Kommissar gelassen. »Ich habe Ihnen doch schon am Telefon gesagt: Gehen Sie zu meinen Kollegen in Friedrichshafen. In der Sonderkommission wird man sich um Ihre Erkenntnisse kümmern, dafür wurde diese Stelle extra eingerichtet, und Ihre Aufgabe als Bürger ist es jetzt, sich dort zu melden und Ihre sachdienlichen Hinweise vorzubringen!«

»Und Sie?«, zischt Leon plötzlich aggressiv, »Sie, Herr Kommissar, was ist Ihre Aufgabe?«

»Ich werde mich um das Motorboot kümmern«, zwinkert er Leon vergnügt zu, und zieht nebenbei erneut seine Angelrute mit dem auf dem Wasser tanzenden, rot schimmernden Schwimmer flussaufwärts, »ich habe da so einen vagen Tipp bekommen, dass das Motorboot gestern Abend gar nicht von einem Blitz getroffen wurde, sondern vielleicht Fremdeinwirkung die Explosion auslöste. Dieser Sache hat die Polizei auf der untersten Behördenebene nachzugehen, zu der ich mich, wie Sie wissen, zähle.«

»Danke«, strahlt Leon, »ich wusste, Herr Kommissar, dass Sie sich der Sache annehmen. Aber was machen wir mit diesem Mr Stocks aus Zug?«

»Wir?«, der Kommissar schnauft, »Sie gar nichts. Mann, Dold! Ich werde mit den Herren vom BKA reden, aber glauben Sie mir, die entscheiden selbst, was sie hören wollen und was nicht. Manchmal machen die auch einen auf taub, denen sind doch genauso die Hände gebunden.« Nur kurz schaut der Kommissar bei seinen Worten kurz mal zu Leon auf, dreht sich wieder mürrisch ab, zieht erneut an seiner Angel und brummelt etwas für Leon Unverständliches vor sich hin.

Leon steht der Schweiß auf der Stirn, mit der flachen Hand wischt er ihn weg. Er wundert sich, wie dieser rundliche, dicke Mann in seiner Jacke unbeirrt in der sengenden Hitze den ganzen Tag an dem Bach stehen kann.

Der Kommissar bemerkt Leons skeptischen Blick. »Ich wüsste nicht, wo um alles in der Welt es ruhiger ist als hier«, bemerkt er trocken, dreht sich doch nochmal zu Leon um und sagt scharf: »Glauben Sie mir, dieser Stocks ist Ihnen eine Nummer zu groß, mir auch, da müssen wir uns mit dem BKA absprechen, verstanden?«

»Schon gut, ich habe ja auch anderes zu tun, versprochen«, erwidert Leon mit einem Lächeln um die Lippen, »morgen drehe ich für meine Dokumentation.« Sein Lächeln wird immer breiter. »Am Nachmittag wird das neue Dornier-Museum eingeweiht, da sind sie alle versammelt: Die ganze Familie, sicher auch Gunther Schwanke, Markus Kluge – und wer weiß, vielleicht auch ein gewisser Herr Stocks?«

»Ich rate Ihnen ernsthaft, halten Sie sich da raus!«

Leon winkt im Gehen dem Kommissar noch kurz zu, sieht, wie er wieder konzentriert an seiner Angelrute zupft und sich seinen Hut tiefer ins Gesicht zieht. Er ruft ihm nochmals ein aufmunterndes »Petri Heil!« zu und verschwindet.

Das Gebiet im Moos der Höri, zwischen der Gemeinde Moos und Bohlingen, ist eine wunderschöne Naturlandschaft. Die Hegauer Aach schlängelt sich in ihrem natürlichen Bett durch das Feuchtgebiet, für die Bauern sind die Wiesen als Äcker nicht zu gebrauchen, die schweren Landmaschinen würden in dem Moosboden versinken. Es gibt nur Schafsweiden, Grünwiesen und mannshohe Sträucher, so weit das Auge reicht. Leon stoppt seinen Porsche noch auf dem Feldweg, stellt den Motor ab, steigt aus, schaut sich verstohlen um, öffnet die Beifahrertür und versteckt all das Grünzeug aus dem Garten seiner Vermieterin hinter einem der grünen Sträucher. Alles organisch, rechtfertigt er sein ungesetzliches Handeln und gibt schnell Gas.

Endlich fühlt er sich wieder als Herr seines Fahrzeugs. Er öffnet die Beifahrerscheibe, lässt den Wind die letzten vertrockneten Blätter aus seinem Wageninneren treiben und fährt die nächste Tankstelle an. Dort wirft er 50 Cent in den Staubsaugerautomaten, investiert nochmals fünf Euro für eine Rundumwäsche und fühlt sich danach richtig sauber, als hätte er selbst geduscht.

Zufrieden rollt er nach Hause. Die stechende Hitze des Tages ist vorbei, er freut sich auf den Feierabend. Helma fällt ihm plötzlich ein und er versucht, sich selbst zu motivieren: Sport tut gut!

Längst hat er aus seinem Pflichtrasenmähen um Helmas Villa eine Kür gemacht. 45 Minuten ist seine Bestzeit, dabei achtet er sorgsam auf seine Kräuterbeete und vor allem auf Helmas Blumenbeete. Er fährt hart an der Kante der Beete entlang, immer bewusst nur mit Gebläse Richtung Grün, damit kein Grashalm auf die Beete geblasen wird. Auch unter den Büschen muss ordentlich gemäht werden und vor allem die Außenkante, zur Straße, am Zaun entlang.

»Da musch b'sonders ufpasse«, ermahnt ihn Helma gern, »dass koine Sonnäwirbel zur Frau Pfeifle bloscht.« Denn an Helmas leicht verwildertem Garten grenzt ein Feinschnitt der Familie Pfeifle in wohl exakt berechneter Millimeterlänge, vermutlich wurde er streng nach den Regeln des Rasentennisturniers in London angelegt.

Leon stellt seine Karre in den Carport, verscheucht Eberhardt II., den Kater, den er Helma vor einem Jahr geschenkt hat, nachdem ihr erster Eberhardt unter für sie ungeklärten Umständen verschwunden war. Helma hatte den Wechsel von Eberhardt I. zu Eberhardt II. kaum wahrgenommen. Leon hatte darauf geachtet, dass die Viecher sich möglichst ähnlich sahen und fand damals auch einen richtigen, schwarzen Kater mit markantem, weißem Schnurrbart, der aber eben längst nicht so einen dicken Körper hatte wie ihr Eberhardt I. Doch Helma war nur kurz irritiert, schien sich allerdings schnell vorgenommen zu haben, das Tier so gut zu füttern, dass der Kater erstaunlich schnell ebenso dick geworden war wie sein Vorgänger.

Ein Grund mehr, dass er den Kater jetzt aus dem Carport verjagt: »Bewegung tut dir gut«, droht er ihm und murmelt noch leiser den wahren Grund in seinen nicht vorhandenen Bart: »Und setz dich nicht wieder auf mein Heilixblechle, ich komm gerade aus der Waschstraße!«

Vor der Haustür liegt Senta gemütlich im Schatten, sie riecht offensichtlich Leons Vorhaben und springt freudig an ihm hoch. Er versucht, den Hund abzuwimmeln, geht kurz in seine Wohnung, kommt in einer Sporthose wieder heraus und marschiert mit Senta zwischen den Beinen zum Schopf hinter dem Haus. Er zieht den Rasenmäher hervor und Senta bellt aufgeregt und laut, als wolle sie sagen: Wusst ich's doch!

Für Senta heißt Rasenmähen 45 Minuten Bewegungstherapie, immer Leon hinterher. Ihr erkannter Vorteil gegenüber jedem anderen Auslauf ist: Wenn sie keine Lust mehr hat, legt sie sich einfach hin, sie muss ja nicht mehr zurücklaufen.

Leon wirft den Mäher an und spurtet los. Zunächst macht er die große Runde um das Grundstück, immer am äußeren Zaun entlang, danach den steilen Hang hoch zu den Haselnusssträuchern und zum Schluss die Feinarbeiten um die Beete.

Aber schon nach kurzer Zeit steht ihm Helma im Weg und stoppt ihn, sie schreit ihn an: »Leon, spinnst du? Der arme Hund. Sentalein, komm zu mir, ja, komm, es ist doch viel zu heiß für dich!«

»Für den Hund ist es zu heiß, aber ich soll Rasen mähen?«

»Du spürst ja wohl, wenn du nicht mehr kannst, aber der arme Hund, der läuft dir doch nach, bis er umfällt.«

Leon denkt an seine 45 Minuten und will weitermähen, doch Helma hält ihn fest und schreit weiter gegen den Motorlärm des Rasenmähers an: »Ich habe noch ein paar Äste am Zaun geschnitten, die musst du mir bitte auch noch zur Deponie fahren.«

»Äste?«, brüllt Leon ungläubig und denkt mit Schrecken daran, wie seine Karre bis vor Kurzem noch aussah.

»Ja, Äste! Was ist daran so ungewöhnlich? Die wachsen nun mal im Sommer«, antwortet Helma verständnislos.

Leon nickt und gibt Vollgas. Aus den Augenwinkeln sieht er, wie die alte Frau mit einer Baumschere durch ihren Garten streift, und hier und da ein Ästchen schneidet, als wäre sie die Meisterfriseurin des grünen Fassonschnitts. Jeden geschnittenen Ast trägt sie mit Bedacht auf einen Haufen, ab und an landet auch mal eine verblühte Rose darauf, die Helma ebenfalls nebenbei abschneidet. Mühevoll bindet sie die Gartenabfälle mit einer Schnur zu einem weiteren Bündelchen zusammen.

Leon bleibt mit laufendem Rasenmäher stehen, schaut ihr zu, wie sie die Schere zum Schnitt angestrengt mit beiden Händen zusammendrückt. Dabei beißt sie sich immer wieder auf ihre Zunge, stöhnt auf, ihre schlohweißen Haare fallen ihr ins Gesicht, trotzdem scheint sie glücklich und mit sich und der Welt im Reinen.

Morgen wird Helma wieder über ihre Gicht in den Händen und ihre Schmerzen im Rücken jammern, ahnt Leon, aber heute zeigt sie ihm, mit welcher Liebe und Leidenschaft sie ihren Garten pflegt. Seit über 70 Jahren lebt sie hier. In den 20er-Jahren haben sie und ihr Mann das Haus im einfachsten Bauhausstil errichtet. Heute ist es für Bauromantiker ein kleines Juwel. Für Leon das schönste Zuhause: Quadratisch, praktisch, zeitlos schön! Selbst die lästigen Sträucher gehören für ihn mit dazu, nur er würde sie hemmungslos verwildern lassen.

Die alte Villa steht heute noch, wie vor 80 Jahren, dank der eselsartigen Sturheit Helmas. Denn seit Jahren tauchen regelmäßig Immobilienhaie mit Koffern voller Bargeld bei ihr auf. Überlingen, das Nizza am Bodensee, wie Touristiker gerne texten, mit der längsten Promenade am See, ist bei vielen Spekulanten begehrt. Nachdem die Immobilienblase in den Vereinigten Staaten geplatzt ist, schwemmt es selbst Dollars aus Übersee in das kleine romantische Städtchen. Doch Helma widersteht konsequent jedem Angebot. Sie ahnt, die Haie interessiert nicht ihr schönes Haus, sondern nur ihr Grundstück: Nahe am Wasser gelegen, See-, Alpen- oder Panoramablick – das sind die wahren Börsenwerte für Grundstücke rund um den Bodensee. Ihr schönes Haus und den gepflegten Garten würden sie abreißen und umstülpen.

Leon hat einmal mitbekommen, wie sie einen Immobilienmakler von ihrem Grundstück wies. Sie schlug ihm die Gartentür vor der Nase zu. Das hat Leon mächtig imponiert. Dabei hatte der Mann ihr tatsächlich einen Koffer voller Bargeld unter die Augen gehalten. Seither hat die alte Dame bei ihm jeden Wunsch frei, er wird ihr keine Bitte mehr abschlagen.

Gerade hat er sich geschworen, in seinem frisch geputzten Porsche kein weiteres Grünzeug mehr zu transportieren. Aber während er sie beobachtet, wie sie so resolut durch ihren Garten marschiert, weiß er, dass er ihr nach seiner Arbeit sofort helfen wird, ihre Gartenabfälle in seiner Karre zu verstauen.

Verträumt tätschelt er Senta liebevoll die fetten Rippen und wünscht, nicht ganz ohne Eigennutz, der alten Frau ein recht langes Leben.

Als hätte Helma seine Gedanken erraten, ruft sie ihm zu: »Ist das Leben nicht wunderschön? Du könntest dich jeden Abend hier im Garten nützlich machen. Was hätten wir für leckeres Gemüse und Kartoffeln!«

»Ja, ich weiß. Die dümmsten Bauern …« Den Rest der allgemein bekannten Redensart schenkt er sich. Er schaut auf die Uhr: 50 Minuten! Dabei muss das Gras noch zusammengerecht, auf den Kompost gelagert und dann noch die Äste im Auto verstaut werden.

Danach ist er völlig verschwitzt. Jetzt kann er seinem Trainingsprogramm auch noch eine Schippe drauflegen, denkt er und zieht seine Laufschuhe an. Er joggt durch die Weinberge des Felsengartens bis hinter Hödingen und, als es schon dunkel wird, zum Ufer des Sees, neben der Therme. Total ausgepumpt springt er in seinem Laufdress in den See und geht anschließend nach Hause unter die Dusche.

Feierabend! Leon öffnet ein Weizenbier, schaut sich die Tagesschau an und legt relaxt seine Beine auf den Tisch. Das erste Glas leert er in fast einem Zug. Dann muss er rülpsen, trinkt trotzdem hastig ein zweites Glas und bedauert die schnelle Wirkung des Alkohols auf seine Sinne. Denn er fragt sich, ob das, was die im Fernsehen gerade erzählen, nicht ihn persönlich betrifft.

Zunächst kapiert er die Meldung nicht. Dann hört er einen eingespielten O-Ton des amerikanischen Präsidenten: »Es ist wichtig sicherzustellen, dass wir über ein System verfügen, mit dem wir uns gegen die Bedrohungen des 21. Jahrhunderts schützen können – gegen die wirklichen Bedrohungen.«

Danach das ernste Gesicht des Nachrichtensprechers, er

verliest eine Antwort des russischen Präsidenten: »Nach russischer Ansicht zerstört das Raketenschild das strategische Gleichgewicht in der Welt!« Dazu fügt der Sprecher noch an: »Das US-System beruht auf einer Reihe von Radar-Stationen und Abfangraketen, die feindliche Raketen abschießen sollen.«

Leon ist wie elektrifiziert. Verdammt, was geht da vor? Was erzählt der US-Präsident im fernen Washington von einem neuen Waffensystem und von Radarstationen im Weltall mit Abfangraketen? War das nicht Markus' Vision, die er ihm am Seemooser-Horn arrogant an den Kopf geschleudert hatte? ›Der Superteleskopspiegel holt dir im Krieg der Sterne jede Rakete direkt aus dem All herunter. Sensationell, ein Joker im SDI-Programm.‹

Ihm schwirrt der Kopf. Vor dem Fenster, auf seinem frisch gemähten Rasen, zwitschern die Amseln, die Sonne geht romantisch über dem Bodanrück unter, das Wasser des Bodensees glänzt friedlich im Abendrot – und auf der Mattscheibe streiten sich die zwei mächtigsten Regierungschefs der Welt um eine technische Erfindung, um eine Erfindung aus seiner Heimat, dem Bodensee? Kann das sein? Haben die Amerikaner Schwanke das neue Waffensystem abgekauft? Wie sonst könnte der US-Präsident sagen: »Es ist wichtig sicherzustellen, dass wir über ein System verfügen, mit dem wir uns gegen die Bedrohungen des 21. Jahrhunderts schützen können.«

Leon steht auf und holt sich ein drittes Bier. Dann setzt er sich an seinen Rechner und recherchiert im Internet. Auch dort findet er nur identische Erklärungen und Aussagen wie eben in den Nachrichten. Alle heutigen Statements zu dem neuen Raketensystem scheinen sich nur auf den Teleskopspiegel beziehungsweise die Strahlenwaffe von Defensive-Systems zu beziehen.

»Alle Achtung!«, pfeift Leon durch die Zähne. Demnach

hat Schwanke den Amerikanern die Erfindung verkauft; aber will er sie jetzt auch noch immer den Iranern verscherbeln? Oder spielt er falsch? Wurde heute alles neu entschieden? Oder lügt der Mann?

Leon fühlt sich am Ende seiner Weisheiten. Das dritte Bier gibt ihm den Rest. Er kratzt einige Tabakbrösel zusammen, um sich eine Zigarette zu drehen. Aber er ist den starken Rauch in seiner Lunge nicht mehr gewohnt, schon während der ersten Züge fühlt er sich endgültig wie im Rausch.

Zum Ende der Tagesthemen vernimmt er vor dem Wetter noch eine letzte Meldung, diesmal wird der Bodensee tatsächlich erwähnt. Ein Zusammenhang mit Barack Obamas Raketenabwehrschirm erkennt der Nachrichtensprecher natürlich nicht. Woher sollte er im fernen Hamburg auch wissen, dass der neue US-Raketenschirm am Bodensee entwickelt wurde und dass in dem Ferienparadies längst ein hemmungsloser Agentenkrieg entflammt ist? Sachlich und ahnungslos verliest er die Schlussmeldung zu Ende: »Vermutlich ist ein Blitzschlag die Ursache für die Bootsexplosion. Während eines Unwetters geriet die Charterjacht zwischen Deutschland und der Schweiz in Brand. Nach Angaben der Polizei waren drei Iraner zu einer Bootstour gestartet. Nach den drei Leichen wird noch gesucht.«

Leon schaltet den Fernsehapparat aus, fährt den Computer herunter und öffnet eine Flasche ›Valle d'Oro‹, ein kräftiger Montepulciano aus den Abruzzen. Mit ihm verzieht er sich ins Bett, um Lena anzurufen. Er schwatzt aber nur Belangloses und verspricht ihr nochmals, ihren Rasen zu mähen und sie zu einem ›Kopfsalat‹ auszuführen.

»Du und Kopfsalat?«, fragt sie verwundert.

Doch seine Gedanken sind ganz woanders. Er will morgen sehr früh aufstehen, er muss zu Schwanke, er will wissen, ob der Kerl tatsächlich Stengeles Patente an die Amerikaner verkauft hat und warum er Markus und Stocks etwas anderes vorspielt.

Er wird sich, sollte er tatsächlich nach Zürich fahren, ihm an die Fersen heften und am Nachmittag pünktlich zur Eröffnung des Dornier-Museums zurück sein.

Ein harter Tag steht ihm bevor. Lena plappert unbekümmert. Er nimmt zu große Züge aus seinem Weinglas. »Schön, mit dir zu reden«, hört er sich sagen.

»Hast du morgen viel zu tun, wir könnten doch ins Ostbad?«, schlägt sie vor.

Er weicht aus. »Mal sehen, vielleicht nach der Museumseröffnung.« Dabei döst er schon fast weg.

Er hört Lena in Taisersdorf weiterreden, für ihn ist sie fern, immer ferner. Schließlich schläft er völlig erschöpft ein.

12

Die Meldung, die Björn Otto zur Bootsexplosion auf dem Bodensee in Ho-Chi-Minh-Stadt erreicht, ist zwar informativer als die Nachrichten der Tagesschau, trotzdem ist sie für ihn nicht viel aufschlussreicher. Er weiß, es war ein Anschlag, und genau dies beunruhigt ihn erst recht. Schon das Attentat auf Matthias Kluge vor einer Woche hatte ihn irritiert, danach der sicher nicht zufällige Brand in der Produktionsstätte des Prototyps in Frankfurt und jetzt diese Bootsexplosion, die ihn endgültig überzeugt, dass er nicht als Einziger hinter dem Know-how dieses verteufelten Zentralachsenspiegels her ist. Doch wer ist der dritte Spieler im Waffenpoker?

Er ist nicht so naiv, zu glauben, er allein hätte die Brisanz dieser spektakulären Erfindung frühzeitig erkannt. Die Vorgehensweise der Gegenseite spricht eine eindeutige Sprache, allerdings sehr klassisch, brutal und gewaltbereit. Er, Björn Otto, geht da mit DigDat ganz andere Wege, subtiler.

Unbemerkt von seinen Zielpersonen Stengele, Schwanke oder Kluge nimmt er sie alle ins Visier. Er ist ihnen näher, als sie es ahnen können. Otto füttert seine internen Festplatten mit immer neuen Daten, gleicht die alten damit ab und fragt fast täglich die für ihn zugänglichen Datenspeicher nach neuen Informationen zu seinen Zielpersonen ab.

Dafür lässt er die Rechner über alle Festplatten der Server pflügen, zu denen seine Firma DigDat Zugang hat. Das sind kaum noch überschaubare Datenmengen und dank seines emsigen Vertriebspartners in Europa werden es unaufhörlich mehr. Bald gibt es kein größeres Unternehmen in ›Old

Europe‹ mehr, das auf seine günstigsten Datenverwaltungs-angebote in Vietnam verzichtet.

DigDat hat sich spezialisiert auf Kundenservice-, Kun-denpunkte-, Treuekonten-, Vielfahrer- oder Vielmieter-Pro-gramme. Unzählige milliardenfache, sich immer wieder-holende Dienstleistungen müssen erfasst, bearbeitet und gespeichert werden. Monatliche Gebühren, Ratenzahlun-gen, Kontenzugriffe, Versicherungskonten, Abonnements und so weiter.

›Herbert Stengele; Geburtsdatum: 08.11.1952, Geburts-ort: Owingen, Karten-Nr: 990068673321‹, gibt Björn Otto im fernen Ho-Chi-Minh-Stadt in seinen Rechner ein und erfährt schon bald, wo überall Herbert Stengele in den ver-gangen Tagen verkehrte, beziehungsweise mit dieser Karte bezahlte.

Björn Otto kann darüber hinaus personenunabhängig nach einem ihm logisch erscheinenden Raster fahnden, um schließlich auf einen Personenkreis zu stoßen. Dazu leitet er eine digitale Rasterfahndung ein, die ihm bestimmte Perso-nen mit den von ihm bestimmten Merkmalen zuführt. Zum Beispiel, wer sich wo, wie oft in einem bestimmten regio-nalen Gebiet aufhält. Dafür gibt er in seinen Rechner seine Zielorte ein. Danach beginnt das digitale Fahnden: Er durch-sucht alle ihm zugänglichen Kreditkartenkonten in dieser Region, gleichzeitig prüft er sämtliche laufende Handykon-ten ab, weiter checkt er von allen Fluglinien, die von seiner Firma betreut werden, die Buchungslisten: Zürich, Stutt-gart, München oder Wien sowie sämtliche Mietwagen-Ser-vice-Stationen und vor allem die Cash- und Kundenpunkte-Konten, von denen er fast alle in ganz Europa unter Vertrag hat, ebenso die Kundenpunkte der Hotels.

Parallel dazu gleicht er anschließend nochmals alle Daten der Beteiligten ab, auf die er bisher im Zusammenhang mit den neuen Patenten dieser Immenstaader Firma gestoßen ist. Er gibt ihre Namen ein und lässt auf allen zugänglichen Festplatten von sämtlichen Firmen, die er betreut, die kompletten Daten betreffend der Personen, die bisher nach seinen Informationen mit dem Spiegel zu tun haben, herausfiltern. Damit leitet er eine äußerst umfangreiche Rasterfahndung in seinem Netzwerk ein, in einer Dimension, zu der keine Polizei der Welt fähig wäre.

›Big brother is watching you!‹, heißt es in Orwells Klassiker über einen fiktiven Überwachungsstaat. Von wegen, hatte Otto längst erkannt. ›Many sisters are looking for you!‹, ist seine Devise, und er ist ihr alles überblickende Vater seiner vielen Kunden.

Dabei hat er zusätzlich gezielt im Hauptrechner bei Defensive-Systems ein Spionageprogramm installiert. Damit wird er genau darüber unterrichtet, was Schwanke und sein Juniorpartner Kluge über ihre Rechner treiben, welche Webseiten sie besuchen, welche Passwörter und andere sensitiven Angaben sie machen. Zusätzlich kann er über das Voice-Modem sogar deren Telefongespräche abhören und über die Webcam am PC von Schwanke dessen Kamerabild betrachten. Gunther Schwanke, Senior CEO der Defensive-Systems in Immenstaad ist für den Hacker Björn Otto im fernen Ho-Chi-Minh-Stadt längst splitternackt. Björn Otto glaubt sich über jeden Schritt des Patentinhabers informiert.

Auch der Erfinder des Teleskops, Herbert Stengele, ist ihm aus dem Effeff bekannt. Björn Ottos Spionageprogramm verrät jede digitale Bewegung Stengeles. In den letzten Tagen lädt er vermehrt klassische Musik aus dem Internet herunter, surft auffallend viel über die Seiten der NASA, von ›Mauna Kea Observatory‹ auf Hawaii sowie der amerikanischen Geheimdienste von CIA bis NSA.

Ist dies ein Hinweis?, fragt sich Otto. Sind auf einmal

die Amerikaner hinter der Erfindung her? Hat ihr Geheimdienst sich, ohne dass es von ihm bemerkt worden wäre, das Know-how zum Bau des überdimensionalen Spiegels unter den Nagel gerissen? Auch er hat den amerikanischen Präsidenten gehört. Auch ihm fiel die Wortwahl auf: »Es ist wichtig sicherzustellen, dass wir über ein System verfügen, mit dem wir uns gegen die Bedrohungen des 21. Jahrhunderts schützen können.«

›Über ein System‹, was nicht mehr heißen kann als über eine Waffe. Er muss diese verdammte Strahlenwaffe gemeint haben! Aber das heißt auch, dass der amerikanische Geheimdienst für den Mord an Kluge und die Bootsexplosion verantwortlich ist. Jedoch ist diese Vorgehensweise nicht typisch für die amerikanischen Kollegen, wägt Otto ab. CIA und NSA sind zwar rücksichtslos, wenn es um die Interessen Amerikas geht, aber in Deutschland kennen die Knaben ganz andere Wege, still und unbemerkt von der Öffentlichkeit. Die Hinrichtung Kluges trägt eine andere Handschrift. Er weiß: Seine ehemaligen Stasikollegen sind unbeteiligt, obwohl die Fakten und die Tatwaffe das Gegenteil nahelegen.

Nur, wer steckt dann hinter den Anschlägen?, fragt sich Björn Otto verunsichert und zieht nervös eine Zigarette aus der Packung.

Der junge Kluge war vor der Explosion auf dem Boot, das weiß auch Otto. Er ist schon längst hinter ihm her. Er hat ihn gleich nach dem Tod seines Vaters in sein Überwachungsprogramm aufgenommen. Der junge Kerl hat, das erfuhr Otto sofort, die Geschäfte seines Vaters übernommen. Iokaste hält ihn direkt von Friedrichshafen aus bestens auf dem Laufenden. Seit ihr Romeo tot ist, kümmert sie sich um den jungen Kluge. Björn Otto fährt in diesem Fall zweigleisig. Seine Nase sagt ihm ein gewinnbringendes Geschäft voraus. Deshalb hat er nach der bewährten Stasi-Methode Iokaste als Schwalbe auf die Kluges angesetzt, gleichzeitig setzt seine neu, nach ihm entwickelte Methode auf die Informationen der Cyberwelt. Er muss seinen Rechnern nur Zeit lassen. Sie sind mit all seinen Anfragen vollgestopft und müssen in Ruhe seine Befehle abarbeiten. In circa einer Stunde wird er schlauer sein. Ungeduldig malmt er mit seinem Kiefer und wartet auf die neuen Ergebnisse. Alle Geheimnisse sind auf seinen Festplatten gespeichert. Hier findet er alles, was er wissen will. Die Kunst besteht lediglich in den Verknüpfungen, dem Abgleichen und Aussortieren. Wenn er einen neuen Schlüssel vorliegen hat, ist er sich ganz sicher, dann flimmert das Ergebnis über seinen Bildschirm.

Björn Otto hat diese Erfahrungen jahrelang bei der Stasi verfeinert. Man muss nur lange genug eine Person im Visier haben, irgendwann finden sich immer Ansatzpunkte, bei denen es sich lohnt, nachzuhaken. Diese Schwachpunkte ergeben sich aus jedem exakten Personenraster. Man muss nur geschickt verbinden und verknüpfen, eins und eins zusammenzählen. Schon bald werden seine Festplatten ihm auch die letzten Geheimnisse seiner Zielpersonen offenbaren. Die auffallend vielen Weinbestellungen von Schwanke, der ungewöhnlich hohe Musikkonsum von Stengele oder auch seine regelmäßigen Besuche im immer gleichen Bordell in Friedrichshafen kennt Otto längst.

Langsam beginnt die spannendste und heißeste Phase für ihn. Er hört das leise Rattern der Laufwerke seiner Rechner und stellt sich vor, wie jede seiner Zielpersonen langsam ausgezogen wird. Nackt, völlig nackt werden sie bald vor ihm stehen.

Björn Otto ruft nach Phebe. Er macht sich nicht mehr viel aus diesen kleinen und zierlichen Asiatinnen. Alles Schneewittchen für ihn, ohne Arsch und Tittchen. Doch jetzt, in dieser Stunde, in der all seine Mühe und Arbeit sich rechnet, er dieses sanfte Klackern und Klicken der Festplatten in seinen Ohren rauschen hört, er seinen Zielpersonen ganz nahe kommt, er ihnen die Hose herunterreißt und sie bar vor ihm stehen, da spürt er ein unbändiges Verlangen nach echter Nacktheit und fleischlicher Blöße.

In dieser Stunde will er, was in seinen Rechnern nur als Cyberinteraktion aktiviert ist, real sehen, spüren, riechen und vor allem zu seinem eigentlichen Ziel gelangen. Die Menschen exhibiert, entblößt und verlegen vor sich sehen. Das ist seine Befriedigung.

Phebe Delia klopft zaghaft an die Tür ihres Chefs. Er bittet sie mit sanfter Stimme herein, bleibt in seinem Sessel sitzen, dreht sich zur Tür, winkt sie zu sich, nimmt ihre Hand und lächelt sie an.

Phebe weiß, was ihr Chef in diesem Augenblick will. Sie ist eine zierliche, hellhäutige Asiatin, keine 20 Jahre alt. Sie ist, wie alle Vietnamesen, nicht besonders groß und wirkt dadurch auf den ersten Blick eher mädchenhaft. Sie blickt Björn Otto aus ihren großen dunklen Augen schüchtern und ehrfürchtig an, sie weiß, gleich wird er ihre kleinen Brüste streicheln und ihr zwischen die Beine greifen.

Früher hat er dies öfter getan, sie hält immer geduldig hin. Schließlich zahlt er ihr 100 Dollar im Monat, so viel bekommen sonst nur die Computertechniker. Phebe hat zu Hause eine Familie und vor allem ihren Vater, der mit einer mickrigen Staatsrente von wenigen Dong für seine glorreiche Zeit als Offizier der Nordarmee abgespeist wird. Davon könnte er unmöglich leben. 30 Dollar ist der durchschnittliche Monatsverdienst.

Tapfer lächelt sie ihn an, zeigt ihre strahlend weißen Zähne, streicht sich ihre langen schwarzen Haare aus dem Gesicht und öffnet seinen Reißverschluss an der Hose.

Björn Otto sieht nebenbei die ersten Ergebnisse seiner Suchanfrage auf seinem Bildschirm aufleuchten. Er schiebt seinen Stuhl wieder näher zur Schreibtischplatte, macht seine Beine breit, Phebe huscht dazwischen und nimmt sein Glied in ihren Mund.

Er liest eine Reihe von Zahlen, Ziffern, Buchstaben. Die Reihen werden immer länger, seine Augen leuchten.

Phebe bearbeitet sein Glied. Er achtet kaum noch darauf, schiebt seinen Cursor zu einer neuen Nachricht, weitere Zahlenkolonnen, Tabellen und Ziffern stehen vor ihm.

Otto atmet schwer. Sein Glied wird härter. Er gleicht verschiedene Ergebnisse ab. Sein Augenmerk fällt auf die Daten der digitalen Krankenakte von Herbert Stengele und Markus Kluge. Genüsslich öffnet er die Ergebnisse, vergleicht sie miteinander.

Bingo!

Auf seinem Bildschirm liest er in beiden Krankendateien: Chorea Huntington.

Er kommt.

Otto röchelt. Dann lächelt er zufrieden, achtet nicht weiter auf Phebe.

Er kopiert ›Chorea Huntington‹ und setzt den Begriff in den Wikipedia-Suchkatalog: ›Die Chorea major (Huntington) auch als Huntington-Chorea oder Huntington-Krankheit bezeichnet (älterer Name: Veitstanz) ist eine bis heute unheilbare vererbliche Erkrankung des Gehirns.‹

Phebe kriecht unter dem Schreibtisch hervor, zupft ihren langen Rock Áo Dài wieder in Form und huscht aus dem Zimmer.

Björn Otto strahlt.

Er wusste es. Eine vererbliche Krankheit. Er fühlt sich wieder ganz als Herr der Lage. Dafür hat er einen Riecher.

In Ruhe recherchiert Björn Otto weiter. Er muss nun

wissen, ob Matthias, der Vater von Markus, auch an dieser Krankheit litt oder sie bei seiner Mutter, Verena, diagnostiziert wurde. Die Krankheit tritt äußerst selten auf, Otto wittert eine Fährte, eine ungeahnte Verbindung von Herbert Stengele und Markus Kluge.

Ihr will er nachgehen.

Dafür vergleicht er zusätzlich die Profile der beiden. Erstaunliche Parallelen offenbaren seine Rechner. Obwohl Markus fast 30 Jahre jünger ist als Herbert, zeigen sich viele gemeinsame Interessen. Björn Otto lacht in sich hinein, als Eheanbahnungsinstitut müsste man die beiden zusammenführen, denkt er. Sie haben beide unabhängig voneinander, fast auf den Tag genau, eine Neuerscheinung der Violinkonzerte von Mozart, Sinfonia Concertante, mit Anne-Sophie Mutter bei einem Versandhandel bestellt. Beide zeigen identische Vorlieben für französischen Rotwein, den sie sich von ein und demselben Weinlieferanten besorgen, und sie teilen sogar die Vorliebe für ein gewisses Etablissement in Friedrichshafen.

Björn Otto lacht, vielleicht vögeln sie obendrein dieselbe Dirne, doch das verraten seine Daten ihm nicht.

13

Herbert Stengele hat seinen Horrortrip von Tokio über Moskau noch nicht überwunden. Seit Tagen ringt er jede Nacht mit den wildesten Fantasieträumen eines wirren Kriegs der Sterne. Raumschiffe kämpfen mit Laserkanonen gegeneinander. Jedes ufoähnliche Kriegsschiff verfügt über unzählige Flakgeschütze, aus denen endlos Laserstrahlen abgefeuert werden. Die Soldaten in den Raumkapseln tragen Laserschwerter, die sich widerstandslos durch jedes Material bohren. Andere schießen mit Blastern, auch aus ihnen krachen tödliche Laserstrahlen, die ebenfalls jedes Material zerstören. Es ist ein Kampf um die Macht. Um jenes Energiefeld in ›Star Wars‹, das alle lebenden Dinge erzeugen und das die Galaxis zusammenhält, den Geist beeinflusst, Gegenstände zu Wurfgeschossen umfunktioniert und dem Gegner, sofern er für die Macht weniger stark empfänglich ist, körperliche Schmerzen bereitet.

In Stengeles Schädel knallen die Lasergeschosse, sie erzeugen Blitze und Zischlaute, die Strahlen sind grell, es zurrt, faucht und schwirrt in seinem Kopf.

Dann sieht er in einem der supermodernen Kriegsschiffe des Alls am Steuerknüppel diese unheilschwangere Babuschka, in deren Zimmer er in Moskau erwacht ist. Sie zerrt an den tödlichen Joysticks im Cockpit, schießt mit den Laser-Flaks grelle Blitze aus dem Bug auf fremde Flugobjekte und lacht, wenn diese in tausend Einzelteile zerbersten, aus ihrem zahnlosen Mund wie eine böse Hexe.

In manchen Träumen sitzen im Cockpit auch dieser undurchsichtige Mr Blue und sein Kollege Mr Miller, die ihn in Tokio abgepasst hatten. Er selbst sitzt schwitzend zwischen ihnen, in diesem verfluchten Krieg der Sterne, aus dem es für ihn kein Entrinnen gibt.

Die Erlösung nach langen Schlachten heißt für Herbert Stengele jede Nacht: erwachen.

Er macht das Licht an, schaut sich ängstlich in seiner Wohnung um, geht an seinen Schreibtisch und liest zur Zerstreuung jede Nacht mit immer der gleichen Begeisterung die immer gleichen Zeitungsberichte: ›Deutschem Erfinder ist der Durchbruch gelungen‹, ›Deutscher Erfinder schafft den schier endlosen Blick ins All‹ oder ›Herbert Stengele öffnet den Erdbewohnern die Augen‹. Das sind die Schlagzeilen der internationalen Presse nach seinem Auftritt während des Weltkongresses der Internationalen Astronomischen Union. Das sind Stimmen, die er gern liest, die ihn wieder aufbauen und für ihn seine wahre wissenschaftliche Größe honorieren.

Herbert Stengele lehnt sich zurück. Er atmet tief durch, versucht sich zu entspannen. Ein Lächeln huscht über sein Gesicht, er erinnert sich an die Kollegen aus aller Herren Länder, die ihn respektieren und die ihn in Tokio verehrten. Langsam wird ihm wohler. Bis er sich wieder an diese beiden fraglichen Amerikaner erinnert. Von wegen NASA, diesen Irrtum hat er in der Zwischenzeit erkannt. Schwanke hat ihn ausgelacht und ihm die Augen geöffnet: NSA, das sind die übelsten Gesellen des amerikanischen Geheimdienstes, ist ihm heute klar.

Er hat Schwanke lieber nicht von dem Besuch der beiden Herren, von eben diesem ominösen Geheimdienst, an jenem Morgen nach Kluges Tod in seiner Wohnung erzählt, und dass er freimütig alle seine Unterlagen vor ihnen ausgebreitet hatte. Natürlich erinnert er sich, wie er ihnen von seinem Prototypen in Frankfurt erzählte und ihnen alle seine Berechnungen ganz genau erläuterte.

Ein erneuter Schweißausbruch treibt ihm das Wasser auf die Stirn. Sein Puls erhöht sich, neue Panikattacken setzen ein.

Seit Tagen schon ist er irritiert, was für ein Teleskop die Amerikaner im fernen Hawaii bauen. Nur bruchstückhaft, auf nachdrückliche Anfragen im Institut des Mauna-Kea-Observatoriums, wird ihm bestätigt, dass an einem neuen Riesenteleskop gebaut werde.

Die ersten Hinweise hatte er in Tokio von Wissenschaftlern aus anderen Ländern bekommen. Mehrere Staaten bilden auf dem Mauna Kea, dem höchsten Berg Hawaiis, in über 4.000 Meter Höhe über dem Meeresspiegel die größte Sternwarte der Welt. Darunter ist auch das Keck-Observatorium mit zwei leistungsfähigen Spiegeln. Doch nach Stengeles Informationen soll jetzt nur noch einer, ein ganz neuer, größerer Spiegel in die US-Sternwarte eingebaut werden. Alle Hinweise deuten für ihn darauf hin, dass die enorme Bauweise des überdimensionalen Spiegels auf seinen Berechnungen beruht. Doch wie will er das beweisen, wie will er die Amerikaner verklagen? Verdammt. In welcher Patsche befindet er sich eigentlich? Was geht ihn dieser Scheißkrieg im All an? Er wollte doch nicht das All erobern, er wollte nur neue Planeten erkunden.

Herbert Stengele erinnert sich an die Begeisterung seines Vaters. Von ihm war er mit diesem Astronomie-Bazillus infiziert worden. Er war ein angesehener Dorfschullehrer in einem kleinen Ort im Linzgau. Seine Leidenschaft gehörte dem unendlichen Universum. Jede wolkenlose Nacht stand er auf der Terrasse ihres Lehrerhauses und spähte durch ein riesiges Fernrohr in die unendliche Dunkelheit.

Am 7. Oktober 1957 weckte er seine beiden Söhne und ging mit ihnen auf den Balkon. Feierlich versprach der Vater: »Ihr werdet heute Nacht etwas ganz Besonderes, noch nie

Dagewesenes sehen«, erinnert sich Herbert Stengele an seine entscheidenden Stunden, die sein Leben bestimmen sollten.

Er war gerade in die Schule gekommen, schloss aber gekonnt sein linkes Auge und drückte sein rechtes an das Okular des väterlichen Fernrohrs. In über tausend Kilometer Höhe sah er einen vermeintlich blinkenden Stern. Aus dem Dunkel des Alls winkte er ihm in regelmäßigen Zyklen zu, als würde er nur ihn meinen.

Sein Vater schwenkte das Fernrohr langsam dem sich bewegenden Leuchtkörper nach. Der kleine Herbert konnte nicht ablassen, er gab seinen Logenplatz nicht mehr frei und schaute dem Leuchten im All mit selbst leuchtendem Auge nach, bis der für ihn unbekannte Stern am Horizont verschwunden war.

»Das war kein Stern«, sagte sein Vater feierlich zu ihm, »was du gerade gesehen hast, das war Sputnik 1!«

Mit dem russischen Erdsatelliten Sputnik 1 begann im Oktober 1957 das Zeitalter der Raumfahrt. Für den kleinen Herbert eine wahre Sternstunde. Sein Berufswunsch war von nun an klar. Er wollte Astronom werden. Er wollte noch tiefer in den Weltraum sehen als der geheimnisvolle Sputnik und als sein Vater mit seinem alten Fernrohr. Er wollte neue Planeten erkunden und vielleicht sogar neue Galaxien entdecken. Das Fieber der Astronomie hatte ihn gepackt.

Er sah die Abenteuer vor sich, wie einst die Seefahrer zu Zeiten der Konquistadoren auf ihren Erkundungsfahrten zu neuen Ländern. Er verschlang später die Bücher über Marco Polo oder Christoph Columbus. Doch die Kehrseite ihrer aufregenden Erlebnisse sah er damals nicht: Auf die Seefahrer, wie Columbus mit seiner abenteuerlichen Flotte, folgten bald die todbringenden Kriegsschiffe der Spanischen Armada. Das Königshaus hatte die Erkundung neuer Länder nur unterstützt, um diese danach zu erobern und auszubeuten.

Herbert Stengele machte sich als kleiner Junge darüber keine Gedanken. Er wusste damals nicht, dass mit dem Start des ersten russischen Sputniks, am 4. Oktober 1957, auch gleichzeitig das Wettrüsten im All gestartet war.

Denn die Amerikaner sahen weniger verzückt als Klein-Herbert dem russischen Sputnik und seinen Bahnen nach. Dieser verhasste feindliche Flugkörper flog, in einer für ihre Abwehrraketen unerreichbaren Höhe, über ihrem gottesfürchtigen Land. Dies galt in der Weltöffentlichkeit als Beweis für die Überlegenheit des marxistisch-wissenschaftlichen Systems über den freien Kapitalismus. Das durfte nicht sein!

US-Präsident Dwight D. Eisenhower erhöhte das Budget zur schnellen Entwicklung eines eigenen US-Erdsatelliten. Explorer 1 war der erste, der einen umfangreichen Reigen von US-Satelliten und Raumsonden eröffnete. Offiziell galt Explorer 1 der wissenschaftlichen Erforschung der internationalen Geophysik, tatsächlich diente er militärisch der geheimdienstlichen Luftaufklärung und der Vorbereitung eines neuen Rüstungsprogramms sowie zur Gründung der NASA.

Den Altnazi Wernher von Braun machten die Amerikaner zu ihrem Raketenmann, ihren Sergei Pawlowitsch Koroljow die Russen zum Vater der sowjetischen Raumfahrt. Die beiden standen für das Rennen um den ersten Platz im Weltall. Von Braun wurde dafür zum amerikanischen Staatsbürger, Koroljow von Chruschtschow zum Vater der Sowjetraketen ernannt.

Beide Regierungen hatten längst erkannt, dass in Zukunft Raketen in jedem konventionellen Krieg entscheidende Waffen sein würden und dass sie den Weg ins All öffneten. Das

Bündnis zwischen Regierung und Raketenforschung wurde geschmiedet, mitsamt dem Schulterschluss zwischen Weltraumforschung und Militär.

Eine Krux, in der Stengele mit seinem Kindertraum gelandet ist, genauso wie Wernher von Braun vor ihm. Auch er hatte seine Begeisterung für die Astronomie von seinen Eltern geerbt. Von seiner Mutter hatte er zur Konfirmation ein Fernrohr geschenkt bekommen, seine Neugierde für die Tiefen des Alls war geboren.

Nicht anders war es seinem sowjetischen Konkurrenten Sergei Pawlowitsch Koroljow ergangen. Er saß schon als Jugendlicher in einem Segelflieger und bastelte 1929 mit Tupolew sein erstes Motorflugzeug.

Nach der phänomenalen Weltumkreisung des ersten Sputniks und der Aufregung in Amerika legten die Russen weiter nach und bauten im unerforschten, kalten Norden ihres Landes eine geheime Raketenabschussstation. Von ihr aus sollte mit den neu entwickelten Interkontinentalraketen amerikanisches Territorium erreicht werden. Selbst Killersatelliten wurden entwickelt. Der Kalte Krieg schürte hemmungslos den Rüstungswettlauf und verlegte die vorderste Front ins All.

Herbert Stengele fährt seinen Computer herunter, er fröstelt. Sein Schlafanzug ist noch durchschwitzt, ein frischer Nachtwind zieht durch seine kleine Wohnung. Er sieht sein Modell des Zentralachsenspiegels, sieht vor sich die Hinweise, die er von dem neuen, riesigen US-Teleskop auf Mauna Kea im Internet gefunden hat, und ist sich sicher, dass die Amerikaner seine Berechnungen geklaut haben. Ist das das Ende seines Jugendtraums? Statt ungeahnte Galaxien zu erkunden oder unbekannte Planeten zu erforschen, hat er eine neue Weltraumwaffe entwickelt.

Zorn steigt in ihm auf. Er fühlt sich hilflos und ausgeliefert. Er nimmt seine SIG Sauer Pistole aus der Schreibtisch-schublade, der kalte Griff in seiner Hand fühlt sich gut an, und lädt durch. Das metallische Geräusch gibt ihm Selbst-vertrauen. Am liebsten würde er jetzt abdrücken. Am besten bis nach Washington.

Auch Herbert Stengele hatte am Abend in den Nach-richten den US-Präsidenten gehört, wie er stolz von einem neuen Waffensystem des 21. Jahrhunderts schwadronierte. Angriffslustig verkündete er, der sonst gern auf politischen Veranstaltungen seine Friedensbotschaften und seine per-sönlichen Abrüstungsbemühungen für ›unsere Welt‹ verkün-det, die neue Militäroption im All. Der Krieg heute findet über den Köpfen der Erdbewohner statt, 50 Jahre nach dem ersten Sputnik ist dies auch Herbert Stengele klar gewor-den.

Stengele graust vor seinesgleichen und sich selbst. Er schaut auf die Pistole und denkt an Nobel, Wernher von Braun, Dornier und auch an Gunther Schwanke. Ihm kann er nicht mehr trauen. Sollten die Amerikaner ihm tatsäch-lich seine Technik geklaut haben, würde Schwanke noch leichter potenzielle Kunden auf anderen Erdteilen finden. Jetzt erst recht, nach dieser unverhüllten Drohung des US-Präsidenten.

Stengele nimmt die Pistole, hält sie an seine Schläfe. Er hat verloren, ohne Matthias weiß er nicht mehr weiter. Nur er hätte, wie immer, einen Weg aus diesem Dilemma gekannt.

Stengele sieht in der geöffneten Schreibtischschublade das Bild von Verena. Sie lacht ihn an. Er legt die Pistole aus der Hand und greift zur Fotografie. Er hatte sie an Matthias ver-loren, aber auch nach seinem Tod sieht er kaum eine Chance, sie zurückzugewinnen. Er hatte sie mit Joseph gesehen, einem jungen Schnösel. Das hatte ihn geschmerzt. Er war schnell weitergegangen, als hätte er sie nicht erkannt. Ein dicker Kloß war ihm im Hals stecken geblieben.

Dagegen Markus, ihm ist er seit dem Tod von Matthias nähergekommen. Sie haben sich schon immer gut verstanden, und seit Matthias' Beerdigung ist zwischen ihnen ein noch engeres Band entstanden. Erst gestern ist Markus bei ihm gewesen. Er wollte alles über sein mysteriöses Abenteuer in Moskau erfahren. Matthias' Sohn hatte zwei Flaschen ›Pinot Noir‹ dabei. Sie hatten beide ausgetrunken und Markus hatte ihn, als er ging, sogar in den Arm genommen. Er hatte ihm Mut zugesprochen und zeigte sich enorm an den diffizilsten Berechnungen zu seiner Erfindung interessiert.

Herbert Stengele lächelt, greift zu einer Packung Zigaretten, quetscht eine aus der Öffnung, zündet sie an, öffnet das Fenster und bläst den Rauch in die Nacht hinaus.

Vor seinem Fenster steht ein Mann im Dunkeln und raucht ebenfalls. Doch als Stengele das Fenster öffnet, wirft dieser die Zigarette auf den Boden, tritt sie aus und verschwindet in der Finsternis hinter einem Baum.

14

Leon ist eigentlich ein Langschläfer. Doch im Sommer, bei solch einem Kaiserwetter wie in diesen Tagen und dazu noch lautstarkem Vogelgezwitscher ab 6 Uhr morgens vor seinem Fenster – da wacht selbst er ungewohnt früh auf. Die Weinflasche liegt leer neben seinem Bett, der Telefonhörer neben der Gabel auf dem Boden, er erinnert sich an das Gespräch mit Lena, aber mit seinen Gedanken ist er schon wieder bei Schwanke, dem US-Raketenschirm und den Nachrichten des Vortags.

Er ist schnell munter, steht auf, blickt aus dem Fenster, sieht die Amseln über sein kurz geschorenes Grün springen, ein Rotschwänzchen trillert lautstark. Eberhardt pirscht sich wie eine geübte Raubkatze an die Vögel heran. Leon öffnet das Fenster, der Kater beäugt ihn feindselig, aber Leon lässt der Natur ihren Lauf. Er brüht sich einen Kaffee auf, nimmt einen großen Schluck, zieht nebenbei die Badehose an und verlässt, mit einem Handtuch über den Schultern, leise das Haus.

Durch den Stadtgarten ist es nicht weit zum See. Noch ist kein Tourist zu sehen und auch die Überlinger scheinen nach wie vor zu schlafen. Nur ein Pulk Straßenkehrer sammelt die Spuren des gestrigen Badetages vom Grün am Ufer ein: Leere Zigarettenschachteln, ein paar Bierdosen, Pizza-Pappkartons und McDonald's-Tüten spießen sie mit ihren Speeren auf. Ein anderer hantiert laut mit einem Laubbläser über die Gehwege des Parks.

Leon grüßt die Straßenfeger, geht direkt zum Ufer des Sees und legt sein Handtuch ab. Es ist noch frisch am Morgen, der Tau nässt seine nackten Füße, das Wasser hat über Nacht etwas abgekühlt. Er taucht zunächst unter den Algen, die sich in Ufernähe angesammelt haben, durch und schwimmt in langen Zügen auf den See hinaus. Das Wasser liegt ruhig in seinem großen Becken des Überlinger Arms.

Die ›Seeperle‹ von Ewald Gieß kreuzt schon den See und bringt die ersten Pendler von Überlingen nach Wallhausen. Von dort fahren sie mit dem Bus oder Rad nach Konstanz zu ihren Arbeitsplätzen. Ewald Gieß wird nur kurz anlegen und dann wieder zurückfahren. Zwölfmal, jeden Tag.

Leon dreht sich im Wasser, schaut zurück zum Ufer, sieht den dominanten Münsterturm in der Morgensonne glänzen, die mächtigen Patrizierhäuser um die Kirche geschart, die große Greth, einst Lagerhaus für die Handelsschiffe des Sees, und hinter der romantischen Kleinstadt die Linzgauberge. Und irgendwo dort oben, denkt er, liegen Taisersdorf und Lena.

Verdammt, warum ist sie jetzt nicht bei ihm? Sie hatten sich vor zwei Jahren, als er wegen gekaufter Dr.-Titel am See recherchierte, Hals über Kopf ineinander verknallt. Danach jagte er jede freie Minute über den Spätzle-Highway von Stuttgart zu ihr, bis er kurz entschlossen beim Landessender einfach kündigte und an den See zog. Gern hätte er sie jetzt an seiner Seite, um die Idylle und Ruhe zu genießen, aber gleichzeitig weiß er, sie würde ihn um diese Zeit nur müde anlächeln, sich in ihrem Bett umdrehen und weiter schlummern. Ein bisschen beneidet er sie um ihren tiefen Schlaf. Verdammt, leidet er schon an der senilen Bettflucht?

Leon taucht unter, schwimmt mit gemächlichen Zügen zum Ufer zurück und nimmt sich fest vor, das ganze Wochenende nur mit Lena zu verbringen. Er wird sie schon am Freitagabend besuchen, sie zu dem ›Kopfsalat‹ der Gruler-Brüder ausführen, am Samstag ihren Rasen mähen und was sonst noch um das alte Bauernhaus herum zu erledigen ist. Und vor allem will er endlich mal wieder das mit Lena machen, was wohl der alte Dornier, trotz vieler Erfindungen, am liebsten getan hat – zumindest Helmas Schilderungen zufolge.

Aber jetzt muss er sich beeilen. Schnell steigt er aus dem See, sprintet durch den Stadtgarten die über 100 Stufen der Teufelstreppe in seine Wohnung hoch und duscht. Dann macht er sich sein Frühstück und überfliegt nebenbei die Zeitungen. Sie berichten über neue Hintergründe zum Bombenangriff auf den Tanklastzug in Afghanistan, die taz spricht von Krieg und Kriegsminister. Doch der große Aufmacher sind die gestrigen Äußerungen des US-Präsidenten, zusätzlich die Reaktionen aus Russland und vor allem aus Polen.

Der US-Präsident erklärt, er will den Raketenschutzschirm im Osten über Polen bis zur Grenze Russlands spannen. Dafür haben die Amis Polen zusätzlich Luftabwehrraketen vom Typ Patriot versprochen, die das polnische Militär an der Grenze zur russischen Exklave Kaliningrad stationieren will. Der russische Präsident wiederum erklärt als Reaktion, dass sein Land neue Kriegsschiffe vom Typ Korvette mit hochpräzisen Langstreckenraketen auf der Ostsee-Flotte ausbauen werde.

In Gang gesetzt hat der US-Präsident und Friedensnobelpreisträger die erneute Rüstungsspirale mit seinem Vorhaben, die Atomwaffen weltweit abzubauen. Dabei gehe es vor allem um die Vermeidung neuer globaler oder regionaler Rüstungswettläufe, sagt er.

Kapiert?, fragt sich Leon irritiert.

Er legt, genervt von den folgewidrigen Meldungen zu den Abrüstungsvorhaben des US-Präsidenten und den in Wirklichkeit stattfindenden rüstungssteigernden Auswirkungen, die Zeitungen beiseite.

Er schaltet den Deutschlandfunk ein, will sich nebenbei ein Spiegelei mit Speck und Schafskäse braten, da hört er schon die nächste Reaktion aus Peking: ›China hat die Entwicklung eines eigenen Raketenabwehrsystems enthüllt. Ein Test zum Abschuss anfliegender Raketen habe am Montag das erwartete Ziel erreicht, berichtete die amtliche Nachrichtenagentur Xinhua am Dienstag. Militärexperten sprachen von einem Durchbruch für die Luftverteidigung des Landes. Der Test sei defensiver Art und richte sich nicht gegen ein anderes Land, sagt die Sprecherin des Außenministeriums, Jiang Yu, in Peking.‹

Leon dreht das Radio ab, kratzt das Spiegelei aus der Pfanne auf einen Teller und setzt sich mit seinem Frühstück auf die Terrasse in die Morgensonne. Er schaut auf den See, genießt das noch morgendliche, grünliche Flimmern des Wassers, den hellblauen Himmel und plant seinen Tag: Der wichtigste Termin ist um 15 Uhr, da muss er in Friedrichshafen bei der Eröffnung des Museums sein. Das Kcamerateam hat er auf 14 Uhr bestellt, somit hat er seinen Job, für den er schließlich bezahlt wird, im Griff. Zuvor hat er noch Zeit, sich um Schwanke zu kümmern.

Herrgottsack, was hat der Kerl in seinem romantischen Schlösschen am See mit dem amerikanischen Präsidenten zu tun? Ihn wird er gleich überraschen, sofort, bevor Schwanke nach Zürich zu diesem ominösen Herrn Stocks fährt – sofern er überhaupt noch hinwill und nicht tatsächlich schon alle seine Patente an die Amerikaner verkauft hat.

Eine verflixte Story. Wenn Schwanke tatsächlich heute in die Schweiz fährt, und Stocks das Geld von ihm annimmt und das Verteidigungsministerium die ZAS-Patente zum Verkauf freigibt, wem will Schwanke dann die Patente tatsächlich überlassen? Zuerst den Amerikanern und danach auch noch den Iranern?

Und viel fraglicher für Leon: Wem will er selbst diese verteufelte Räuberpistole anbieten? Diese Geschichte nimmt ihm doch kein Redakteur ab! Ein deutscher Waffenschieber in der Schweiz, der deutsche Ministerien besticht! Dafür braucht er handfeste und unumstößliche Beweise. Und dafür wiederum benötigt er diesen trägen Kommissar an seiner Seite, wie will er sonst den mysteriösen Herrn Stocks überführen?

Er ahnt, er muss die ersten Beweise, zumindest deutliche Hinweise, selbst finden. Erst dann wird sich der Kommissar bewegen. Er muss Sibold überzeugen, er muss ihn mit Fakten für sich gewinnen. Er weiß, wenn er eine Ungerechtigkeit nur riecht, springt er an.

Auch er selbst hat zunächst von diesem toten Matthias Kluge vom Seemooser-Horn nichts wissen wollen und steckt jetzt trotzdem mitten in dieser vertrackten Waffenschiebergeschichte. Er kann einfach nicht ablassen. Dazu hatte er in den vergangenen Tagen viel zu viel erfahren und dabei die schillerndsten Figuren getroffen, von denen man auch als Journalist immer nur hinter vorgehaltener Hand flüstern hört. Wenn er Stocks entlarven könnte, wäre er saniert. Dann würden ihm die Medien die Story aus den Händen reißen, jeder Redakteur eines jeden Fernsehsenders würde zugreifen.

Vielleicht hat er die Chance, bei einem illegalen Waffendeal live dabei zu sein. Das wird er sich nicht entgehen lassen. Bei allen Terminabsprachen für seine aktuelle Auftragsproduktion, jetzt muss die Dokumentation über Claude Dornier hintenanstehen – er mag es ihm posthum verzeihen, aber wann hat man schon einmal einen Waffendealer vor der Kamera, der mit dem Geld des Waffenproduzenten einen Politiker, ja ein ganzes Ministerium besticht?

In der Ferne schlägt die Münsteruhr. Leon zählt mit, er kommt bis acht, dann springt er wie von einer Tarantel gestochen auf, stellt das Geschirr in der Küche ab, streift sich eine kurze Sommerhose und ein T-Shirt über und klemmt sich für den Mittag, zur Museums-Eröffnung, einige schicke Klamotten unter den Arm. Im Büro holt er seinen Kamerarekorder, um das Treffen von Schwanke und Stocks aufzuzeichnen, und hetzt aus der Wohnung.

An der Haustür hat Senta ihre Position bezogen und auch Helma steht bereits neben ihrer treuen Begleiterin. Sie erinnert Leon, wie fast jeden Morgen, an seine Pflichten: »Leon, du musst den Rasen mähen!«

Doch heute hat er ein gutes Gewissen, lächelt die alte Frau liebevoll an, legt ihr seinen rechten Arm um ihre schmalen Schultern und führt sie von der Haustür um die Ecke in den Garten: »Schau, Tante Helma, das alles haben die Heinzelmännchen heute Nacht für mich erledigt.«

Sie blickt ungläubig über den kurz geschnittenen Rasen, dann lächelt sie triumphierend: »Ach ja, jetzt weiß ich auch, warum mir heute der Rücken und die Arme so wehtun.«

»Dann warst du das und hast heute Nacht den Rasen gemäht?«, stichelt er.

Helma winkt verlegen ab, erinnert sich offensichtlich nicht mehr an den Arbeitseinsatz des Tages zuvor und quittiert lapidar: »Schön sieht's aus heute Morgen, sehr schön.«

Leon lächelt sie an, er kennt ihre Versuche, immer wieder über ihren Gedächtnisverlust hinwegzutäuschen, und marschiert los. Er hat jetzt wirklich keine Zeit mehr, noch irgendein Ästchen in dem großen Garten zu schneiden, das Helma heute Morgen schon stören könnte. Schnell verschwindet er und sieht auf dem Dach seines frisch gewienerten Porsches den fetten Kater Eberhardt sitzen. Das Dach seines Autos scheint zum Lieblingsplatz des Viehes geworden zu sein. Leon muss ihn nicht lange verscheuchen, denn kaum sieht ihn Eberhardt, rutscht das Tier mit seinem dreckigen Hinterteil über die Scheibe des Wagens auf die eben noch blitz-blanke Fronthaube und verschwindet tapsenreich über das dunkelblaue Blech im grünen Garten seines Frauchens.

Leon wirft ihm wütend einen Stock nach, schaut sich, selbst über seine Tat erschrocken, um, ob Helma es gesehen hat, ärgert sich über die dreckigen Katzenspuren auf seinem gewaschenen Lack und flucht endgültig, als er das Geäst aus Helmas Garten erneut auf seinem Beifahrersitz entdeckt.

»Guten Morgen, Sonnenschein, nein, du darfst nicht trau-rig sein ...« von Nana Mouskouri fällt ihm spontan ein. Er spritzt Scheibenwaschwasser auf die Frontscheibe, ver-schmiert die Dreckspuren des Katers vor seinen Augen mit den Wischerblättern, summt unangefochten weiter: »... diese Nacht blieb dir verborgen, doch du darfst nicht sauer sein ...«, und fährt los nach Immenstaad.

Auch Gunther Schwanke genießt die frühen Stunden des Tages. Er schwimmt wie jeden Sommertag vor seinem Anwe-sen im See und bewegt, wie vom Arzt verordnet, seine Arme und Beine. Zuerst Brustschwimmen, dabei zieht er kräf-tig seine dünnen Oberarme durch das Wasser, dann in die Rückenlage, emsig strampelt er mit seinen schlaksigen Bei-nen im Wasser. Nur sein dicker Kopf und der noch dickere Bauch ragen aus dem See heraus.

Er beeilt sich heute mit seinem Frühsport, er hat viel vor. Er will um 10 Uhr in Zürich sein, Holger Stocks erwartet ihn. Dummerweise hat er sich bei seiner Frau verplappert, jetzt will sie mit, dabei hat er gerade heute wirklich genug zu tun. Er muss zu Stocks in das Hotel am See, zuvor zwei Millionen Bargeld abheben und um 15 Uhr unbedingt wie-der zurück in Friedrichshafen sein. Dort muss er sich bei der Eröffnung des Dornier-Museums sehen lassen, schließ-lich zählt er zu den Ehrengästen.

Mit der rechten Hand hält er, wie jeden Morgen vor dem Ende seiner Schwimmübungen, seine Nasenlöcher zu, mit der linken Hand fährt er zu seinem langen, einsamen Büschel Haare. Dann beugt er, wie immer, seinen Oberkörper nach vorn und senkt dabei seinen Kopf tief ins Wasser. Mit der linken Hand zieht er seine einzig verbliebene, graue Haarsträhne von der rechten Seite des Schädels über die gesamte Kopfhaut, bis zum linken Ohr. Erst mit ordentlich bedeckter Glatze schwimmt er erhobenen Hauptes zum Steg.

Ines, seine Frau, empfängt ihn auf der Terrasse und legt ihm zärtlich seinen goldenen Bademantel mit dem schwarz gestickten chinesischen Drachen um. »Schnuckilein, ich habe dir alles schon im Ankleidezimmer hingerichtet, du brauchst nur noch in deine Sachen schlüpfen, frühstücken und wir können losfahren.«

Schwanke ist klar, seine junge Frau will um jeden Preis mit nach Zürich, da beißt die Maus keinen Faden ab, er muss sie mitnehmen und wird sie in der Stadt zum Shoppen absetzen.

»Wir brechen in einer halben Stunde auf«, sagt er schroff und ist sich sicher, dass sie dies kaum schaffen kann. Denn auch Ines ist noch nur mit ihrem rosafarbenen Bademantel bekleidet. Eingepackt sind ihre blonden Haare unter einem Netz, die vorderen Strähnen sind in Griffig-Haarwickler gerollt, ihre Delrin-Nadeln geben dem kunstvollen Aufbau einen Halt.

»Schnuckilein, das passt mir gut, ich brauch ja nicht viel anzuziehen, wir fahren doch nach Zürich«, gluckst sie, »da werde ich schon was Passendes für heute Mittag finden. Glaubst du, Verena trägt noch schwarz?«

»Was weiß ich«, knurrt Schwanke, »aber du warst ja nicht mit Matthias verheiratet.«

»Der wäre mir viel zu jung gewesen«, kichert sie, »und außerdem hab ich den Chef abbekommen!«

»Und der lebt noch!«, antwortet er ungerührt und spürt im gleichen Augenblick eine Angst in sich aufsteigen, die ihn seit den ungeklärten Morden in seiner Nähe immer wieder befällt. Er schiebt die Bilder des toten Matthias und die Explosion des Motorbootes von sich und verschwindet, das Kirchenlied ›O komm, ach komm vom höchsten Saal, komm, tröst uns hier im Jammertal ...‹ vor sich hin summend, im Bad.

Vor dem Eisentor der Zufahrt zum noblen High-Tech-Werk Defensive-Systems steht ein blauer Porsche 911. Leon sitzt darin und lächelt unschuldig-freundlich in die Kamera über dem Tor. Er winkt, gibt Lichthupe, das Tor bewegt sich und öffnet langsam beide Flügel.

Geht doch, denkt Leon und fährt durch den Park vor das moderne Businessgebäude. Er steigt aus, marschiert zu dem Portier in seinem Glaskasten am Eingangsportal und fragt nach Schwanke. Der Mann am Eingang will ihn abwimmeln, ohne Termin läuft gar nichts, und der Direktor sei heute nicht in der Firma.

»Ach so«, lacht Leon, »der Herr Direktor frühstückt noch in seinem Schloss. Ja, wenn das so ist, trinke ich einen Kaffee mit ihm.«

Der Portier will ihn zurückhalten, er ruft ihm aufgeregt aus seinem Glasgefängnis sämtliche Drohungen nach, aber Leon hat seine Ohren zugeklappt, er will nichts hören, schließlich weiß er in der Zwischenzeit längst, wie er zu dem Wohnhaus von Schwanke gelangt.

Er verschwindet um den prächtigen Fabrikkasten herum und läuft zielstrebig über den ihm wohlbekannten Privat-Parkplatz zu dem alten Schlösschen. Der Kies knirscht unter seinen Schuhen, hinter sich hört er noch immer die verzweifelten Rufe des Pförtners, vor sich sieht er Schwanke unter einem weißen Sonnensegel sitzen. Es ist ein Bild wie aus einer Urlaubsbroschüre. Das Wasser des Bodensees leuchtet blaugrün, die Oberfläche liegt ruhig und friedlich im Hintergrund. Im Mittelpunkt der Idylle steht ein großer, bunt gedeckter Frühstückstisch. Entspannt sitzt Schwanke im Schatten und liest aufmerksam seine Morgenlektüre.

»Da steht doch nichts Neues für Sie drin«, platzt Leon in die vermeintliche Ruhe.

Schwanke erschrickt. Er fährt zusammen. Ungläubig blickt er zu Leon auf. »Heinomol, wie kommen Sie hierher?«, fragt er ärgerlich und etwas aggressiv.

»Mit dem Auto«, erwidert Leon trocken, »ich habe heute schon die Zeitung gelesen und da dachte ich mir, jetzt fragst du einen Hauptdarsteller des Tagesgesprächs persönlich.«

»Ich rufe meinen Wachdienst, der gibt Ihnen die Antwort, die Sie brauchen.« Gunther Schwanke ist aufgebracht und greift zu einem mobilen Telefonhörer, der vor ihm auf dem Tisch liegt.

Leon macht, bevor Schwanke Alarm schlagen kann, einen großen Schritt nach vorn, drückt seine rechte Hand auf die schwere Pranke des Unternehmers und presst sie fest auf das kleine Gerät, sodass Schwanke nicht mal seine Finger bewegen kann. Mit ruhiger Stimme sagt er: »Das bringt doch nichts, lassen Sie uns lieber in Ruhe reden. Wir sind hier ungestört und vielleicht ist Ihnen das bald recht.«

»Warum?«, knurrt Schwanke skeptisch.

»Vielleicht weil Sie mir erklären wollen, wie die Amerikaner in den Besitz Ihrer Patente gelangt sind?«

»Heinomol, des sind sie nit! Wir haben so gut wie verkauft, aber nicht an die Amerikaner.«

»Warum sagt dann der amerikanische Präsident, dass er über Nacht ein System besitzt, das in Zukunft den Krieg der Sterne entscheiden wird? Und warum erläutert er dabei genau das System, das Sie entwickelt haben und seit Matthias Kluges Tod wie Sauerbier auf dem Markt anbieten?«

»Schatzi, wir können fahren.« Leon blickt zur Balkontür, lässt von Schwankes Hand ab und starrt irritiert zu dem blonden Frauenwunder, das sich mit überdeutlichen Rettungsringen hüftschwingend zu ihnen an den Tisch bewegt. Unsicher lächelt er ihr zu, er weiß nicht, wen er vor sich hat. Frau Schwanke wohl kaum, denkt er, eher ein alterndes Flittchen. Die Frau wirkt zu obszön, ihre füllige Figur bedeckt ein knappes Stück Stoff, in dem kurzen Sommerkleidchen wirkt sie wie eine Presswurst. In ihrem Gesicht zeichnen sich noch die letzten Spuren eines verblühenden Mädchengesichts ab. Der grelle Rotstift auf ihren Lippen, die schwarz gezogene Linie um die Augen und die mit Wasserstoff gefärbten Haare erinnern an Barbie mit 50 plus. Wie soll er diese Frau begrüßen?

»Hallo!«, sagt er schließlich cool und schaut unsicher zu Schwanke.

»Ines, Liebes«, säuselt dieser süß, »lass uns noch einen Moment allein, wir fahren bald los.«

»Aber nicht zu spät«, schmollt das blonde Wesen und legt ihre Hand auf Schwankes einsames Haarbüschel. »Hase, du weißt, ich brauche in Zürich meine Zeit.«

»Ja, Liebes, aber jetzt bitte!« Schwanke lächelt zwar weiterhin, aber seine Stimme klingt nun gereizt.

»Mein Name ist Leon Dold«, nutzt Leon die Gelegenheit. Mit ausgestreckter Hand und strahlenden Augen geht er um den Tisch herum auf das XXL-Modell zu. »Freut mich, Sie kennenzulernen«, schleimt er, »wenn Sie die Dame des Hauses sind, verstehe ich, warum sich auf dieser Terrasse die Schönheiten des jungen Morgens und die Pracht der Seelandschaft vereinen.« Dabei lächelt Leon ebenso süß wie Schwanke gerade. »Gratuliere, Sie sind die Königin des Schlosses?«

Die eben noch schmollenden Lippen von Ines Schwanke schmelzen zu einem rot umrandeten breiten Lächeln, mädchenhaft senkt sie verschämt ihren Kopf, um Leon keck aus großen blauen Augen von unten herauf anzublinzeln, dabei fallen ihr einige ihrer blonden Locken ins Gesicht. Kokett streift sie die Strähnen nach hinten, strafft die Fettpölsterchen ihres Körpers, indem sie sich aufrichtet, zieht ihr enges Kleid über den prallen Hüftringen glatt und streckt Leon ihre vollen Brüste einladend entgegen.

Leon greift nach der rechten Hand der Frau, deutet einen charmanten Handkuss an und sagt formvollendet: »Gnädige Frau, viel schönere Bilder kann mir der heutige Tag wohl kaum noch bescheren.«

»Was wollen Sie denn nu?«, blafft Schwanke laut in sein seichtes Geturtel.

»Ach ja«, Leon behält die Hand von Ines Schwanke in seiner, lächelt ihr linkisch zu und fragt wie nebenbei: »Herr Schwanke, Sie können doch nicht an beide Seiten verkaufen, an die Amerikaner und die Iraner, was sagen denn überhaupt die deutschen Ausfuhrbestimmungen zu Ihren Plänen?«

»Was wissen denn Sie?«, wird Schwanke laut. Er springt von seinem Stuhl auf und geht mit zornigem Blick auf Leon zu.

»Gunther, Liebes, erreg dich doch nicht so. Du weißt, dein Arzt! Keine Aufregungen, hat er gesagt.« Ines tritt ihrem Mann schnell entgegen, legt ihre Hand besorgt auf sein Herz und steht nun zwischen ihm und Leon.

»Ich weiß, dass Sie mit dem Iran in Verhandlungen stehen,

und ich habe mir die Erklärung des amerikanischen Präsidenten genau angehört. Es kann sich nach seinen Worten ebenfalls nur um Ihr Patent handeln.«

»Mein Mann versteht das auch nicht«, versucht Ines vorlaut zu schlichten und wendet sich Leon zu, »wir fragen uns, wie die Amerikaner plötzlich solch einen großen Spiegel bauen können. Mein Mann ist von der Nachricht ebenfalls völlig überrascht worden.«

»Sei ruhig«, unterbricht Schwanke das Geplapper seiner Frau streng.

»Ach was«, schwatzt Ines unbekümmert weiter, »du hast doch gestern selbst gesagt, dass jetzt, wenn die Amerikaner sowieso schon das Know-how haben, du es auch verkaufen kannst, wohin du willst!«

»Halt jetzt die Klappe!« Gunther Schwanke schlägt die Hand seiner Frau von seiner Brust, schiebt sie schroff zur Seite und macht einen weiteren Schritt auf Leon zu. »Und Sie verschwinden jetzt, oder ich lasse Sie rauswerfen.«

»Schon gut«, wiegelt Leon ab, zwinkert Ines Schwanke nochmals komplizenhaft zu und macht Anstalten, zu gehen. »Nur noch eine Frage«, setzt er trotzig nach und beobachtet dabei Ines aus seinen Augenwinkeln: »Trauen Sie Markus Kluge oder seiner Mutter Verena?«

»Pah«, platzt es aus Ines Schwanke, »dieser eingebildeten Zicke trauen?« Giftig fügt sie hinzu: »Niemals!«

»Verschwinden Sie jetzt, es ist genug!« Schwanke packt Leon grob am rechten Oberarm und bugsiert ihn von der Terrasse. »Den Weg kennen Sie ja.«

Fast hätte Leon geantwortet: ›Nur im Dunkeln.‹ Doch so schnell, wie ihm dieser Gedanke kam, schluckte er den Satz auch wieder hinunter und schlendert zufrieden mit den neuen Informationen zu seinem Wagen.

Ines Schwanke hat funktioniert, wie er gehofft hat. Sie hat ihm bestätigt, dass auch Schwanke davon ausgeht, dass die Amerikaner seine Patente nutzen. Doch offensichtlich hatte Defensive-Systems mit den Amerikanern nicht verhandelt. Noch bietet Schwanke die Patente weiterhin zum Verkauf an. Laut Ines Schwanke will er jetzt erst recht an jeden verkaufen.

Und Ines hat bestätigt, dass die beiden in wenigen Minuten aufbrechen werden. Wohin, ist Leon klar: Nach Zürich zu Stocks.

Ein bisschen Salz in die Wunde des Verhältnisses zwischen den Familien Schwanke und Kluge hat er gern gestreut und dabei ernsthaft überlegt, ob der junge Markus Kluge nicht doch die Patente bereits auf eigene Rechnung an die Amerikaner verkauft haben könnte. Sobald es ihm möglich ist, wird er Ines Schwanke nochmals die Gelegenheit geben, ihr Herz über Verena Kluge auszuschütten.

Leon geht an der Werkspforte vorbei, winkt dem Portier, der sich wieder in seinen Glaskasten zurückgezogen hat, freundlich zu, steigt in seinen Porsche und fährt vom Betriebsgelände durch den Park auf die Bundesstraße Richtung Meersburg. Dort stellt er sich in eine kleine Parkbucht. Wenn Schwanke seinen Termin in Zürich einhalten will, wird er bald von seinem Anwesen auf diese Straße einbiegen und dann wird Leon ihn nicht mehr aus den Augen lassen. Unter dem Grünzeug auf dem Beifahrersitz hat er seine kleine Sony-Kamera bereitliegen, mit ihr will er die Geldübergabe an Stocks dokumentieren.

Es dauert nicht lange, da rollt aus der Zufahrt zu Schwankes Anwesen ein schweres Offroad-Modell der Mercedes M-Serie. Die Scheiben sind dunkel getönt, der Wagen mattschwarz, nur die Chromteile blitzen hell im Morgenlicht.

Leon startet seinen Motor, wartet, bis sich der Mercedes eingefädelt hat, lässt drei weitere Autos die Vorfahrt, gibt Gas und hängt sich an den schwarzen Wagen dran.

Obwohl Urlaubszeit am See ist, herrscht wenig Verkehr. Der Alltagsbetrieb läuft in diesen Tagen beschaulich und ruhig. Die Touristen sind allesamt in ihren Hotels und frühstücken, viele Seeanwohner sind selbst in den Ferien und überhaupt: Es ist Sommer! Da herrscht rund um den See ein mediterranes Flair, das Tor zum Süden heißt auch für die Seehasen ›Dolce Vita‹!

Bei Birnau schaut Leon noch einmal auf den See. Bis später, denkt er. Ihm ist klar, dass der Mercedes vor ihm zügig vom See weg Richtung Singen und Schaffhausen fahren wird, und er wird wie ein treuer Anhänger dem Wagen vor sich folgen.

Ab Überlingen geht die Fahrt zur Autobahn zügiger. Es ist kurz nach 9 Uhr und Schwanke gibt Gas. Leon achtet immer darauf, dass zwei, drei Autos zwischen ihnen fahren. Manchmal muss er sich dafür ziemlich zurückfallen lassen, aber er ist sicher, dass Schwankes Wagen nach Zürich rollt und bis dahin wird er ihm kaum entkommen.

Die Fahrt geht in einem großen Bogen rund um die beiden westlichen Finger des Bodensees bis zu der schweizerischen Grenzstation Thayngen. Seit auch die Eidgenossen Mitglied des Schengener Abkommens sind, geht die Grenzkontrolle schnell, die Autokolonne, in der Schwanke und Leon stecken, wird problemlos durchgewunken.

Über Schaffhausen und Winterthur geht die Fahrt in die Innenstadt von Zürich. Hier muss Leon aufpassen. Er will von Schwanke nicht gesehen werden, auf der anderen Seite fällt ein Porsche in der Schweizer Bankenmetropole am Limmat kaum auf. Vielleicht sein altes Modell, aber Leon weiß schließlich, wohin Schwanke letztendlich will: Ins ›Baur au Lac‹, das hatte ihm dieser Herr Stocks diktiert.

Allerdings fährt Schwanke zunächst ins Bahnhofsviertel, direkt in die Bahnhofstraße. Sie ist die teuerste Einkaufsstraße in Zürich. Der Paradeplatz ist das Zentrum der Finanzwelt der Schweiz und müsste eindeutig ›Fränkliplatz‹ heißen.

Leon sieht, wie Schwanke über den Platz rollt, er hat immer einen Wagen zwischen sich und dem Mercedes. Plötzlich blinkt das Auto vor ihm und bleibt unvermittelt in zweiter Reihe stehen.

Auch Leon blinkt rechts und wartet, dabei sieht er den Mercedes weit vor ihm in eine Tiefgarage abbiegen. Leon setzt schnell nach, will ebenfalls in das Parkhaus fahren, da verwehrt ihm ein Wachmann die Einfahrt.

»Gruezi, sind Sie Chunde?«

Leon liest auf der Uniform des Wachmanns den Namen einer namhaften Schweizer Bank. »Ich habe einen Termin«, lügt er.

Der Wachmann blickt durch seine runtergelassene Seitenscheibe in das Innere des Wagens, schaut auf den Beifahrersitz und entdeckt das Grünzeug.

Leon folgt den Augen des Wachmanns. »Ich bin Dekorateur. Umweltschutz, die grüne Hand der Bank, das ist unsere neue Ausstellung.«

Der Wachmann nickt verständnisvoll. »Leiig glatt!« Dabei winkt er Leon in die Garage.

Er fährt hinein, es geht zwei Stockwerke tief in den Keller. Verkehrszeichen führen ihn zu den Kundenparkplätzen. Er sieht Ines und Schwanke von ihrem Wagen eilig zu den Aufzügen gehen.

Leon hält kurz an, wartet, beobachtet, wie die beiden in einen der Lifte steigen. Schnell fährt er wieder an, steuert direkt auf den Aufzug zu. Er sieht die roten Leuchtdioden neben dem Eingang gerade noch ›U 1‹ anzeigen, dann ›EG‹. Dort scheint der Lift zu halten.

Leon stellt seinen Wagen um die Ecke ab, greift nach seiner Digicam und läuft zu den Fahrstühlen. Auch er drückt ›EG‹, steigt im Erdgeschoss aus und steht unvermittelt in einer großen, hellen Schalterhalle. Er geht über einen weichen Teppichboden, sieht freundliche Bankangestellte, intime Besprechungsinseln, grüne Palmen und chic gekleidete Kunden.

Leon schaut an sich hinunter. Flucht leise über seine etwas zu legere Sommerkleidung, seine kurze Hose und sein T-Shirt. Verdammt, fast kommt er sich nackt vor. Verschämt hält er die Kamera in seiner Hand versteckt. Da sieht er plötzlich den grellblonden Schopf von Ines Schwanke, und daneben ihren Mann.

Die beiden sitzen in einer der Beratungsinseln und lachen mit einem Bankangestellten. Leon betätigt den On-Schalter seiner Kamera und dreht aus dem Handgelenk. Er selbst schaut ganz woanders hin, hält aber sein Objektiv immer auf die Sitzgruppe zu den Schwankes.

»Exgüsi, kann ich etwas für Sie tun?«

Leon schaut kurz hilflos, sagt dann forsch: »Ich würde gern ein paar Euro bei Ihnen anlegen.«

»Als Kapitalanlage?«

»Ja, auf einem Sparbuch.«

»Nö, dös machet mir nöet!«, antwortet die adrette Bänklerin. »Mir sönd ä Anlagebankch und häbbet kaini Bankbüechli für Erhuusets.«

Leon sieht, wie Gunther Schwanke sich erhebt und seiner Frau beim Aufstehen behilflich ist. Er nimmt einen kleinen Koffer in die linke Hand, schüttelt dem Bankangestellten die rechte und führt seine Frau am Arm hinaus.

»Na dann«, nuschelt Leon und lässt die bemühte Mitt-vierzigerin einfach stehen, zieht sich schnell aus der Mitte des Foyers zurück und geht hinter einem Betonpfeiler in Deckung. Er sieht, wie Gunther Schwanke sich von seiner Frau an der Tür verabschiedet, sie auf die Straße vor das Bankhaus geht, er Richtung Fahrstuhl.

Die Bänklerin steht jetzt wieder neben ihm, schaut ihn fragend an. Er geht einfach weiter und ruft ihr noch zu: »Uf Wiederluege, das mit meinem Erhustes hat sich ja dann erledigt!« Er rennt eilig zum Treppenhaus, ist schneller als Schwankes Aufzug im U 2 der Tiefgarage, springt in seinen Porsche und wartet hinter dem Steuer.

Schwanke kommt ebenfalls eilig aus dem Fahrstuhl, geht, ohne sich umzusehen, zu seinem dunklen Mercedes und öffnet mit seinem Infrarotschlüssel von Weitem den Koffer-raum. Er legt seinen Aktenkoffer hinein, schließt die Heck-klappe und hievt sich mit seinen über hundert Kilo hinter das Steuer. Dann fährt er los, Leon hinterher. Der Wach-mann salutiert, hebt die Schranke und lässt beide Autos pas-sieren.

Schwanke scheint sich in Zürich gut auszukennen. Er fährt über die Löwen- und Talstrasse direkt zur Quaibrücke. Und auch hier, mitten in Zürich, wird er von einem bereit-stehenden Wachmann des edlen Hotels ›Baur au Lac‹, auf einen Privatparkplatz gewiesen.

Das Hotel liegt am Ufer des Zürichsees und trotzdem im Herzen der Bankenmetropole. Der legendäre Fünf-Sterne-Schuppen hat für seine noblen Kunden Parkplätze reser-viert. Leon zählt sich heute zu den finanzkräftigen Gästen. Schließlich läuft er zwei Millionen hinterher, die er in dem Koffer Schwankes vermutet.

Frech reiht er sich in die Zufahrt des Hotelparkplatzes ein. Steigt wie Schwanke vor ihm aus und lässt von einem

Hotelboy seinen Wagen auf einen der freien Plätze chauffieren. Er selbst beeilt sich, Schwanke nachzukommen, rafft seine Kamera wieder an sich und läuft möglichst lässig zum Haupteingang des Hotels.

Ein Page verbeugt sich und hält ihm unterwürfig die Tür auf. Leon verflucht innerlich wieder sein, für dieses Luxushaus, zu prolliges Sommeroutfit. Aber nach außen versteht er es, coole Selbstsicherheit auszustrahlen. Er hat auch keine Zeit, sich erneut Gedanken über seine Klamotten zu machen, denn schon entdeckt er Schwanke, der im Gespräch mit diesem ominösen Holger Stocks im Foyer steht.

Leon verdrückt sich zum Rand der großen Empfangshalle. Macht auf interessierten Hotelgast, der in diesem Nobelschuppen zu Hause ist, aber überwältigt die Architektur der Bel Epoque bestaunt. Er schaltet, wie für Touristen selbstverständlich, die Kamera ein und schwenkt durch das Foyer. Flugs geht er mit seiner Kamera in den Telebereich und dreht, wie nebenbei, Schwanke und Stocks. Schwanke hält noch immer seinen Koffer in der Hand, Stocks legt freundschaftlich seinen Arm um Schwankes breiten Rücken und führt ihn zu den Aufzügen.

Ein Page öffnet den beiden Herren eine Fahrstuhltür, sie steigen ein und machen sich auf den Weg in ein vermutlich reserviertes Zimmer.

Leon hat befürchtet, dass die Geldübergabe hinter verschlossenen Türen stattfindet. Wenigstens hat er Schwanke in der Bank mit dem Geldkoffer aufgenommen und nun mit demselben Koffer bei dem undurchsichtigen Waffenlobbyisten. Zufrieden schlendert er durch die große Halle, schnappt sich die Züricher Zeitung und setzt sich in einen ledernen Pullmannsessel, von dem aus er die Aufzüge gut im Blick behält.

Auch die Züricher Zeitung hat den US-Präsidenten und

seinen Raketenabwehrschirm auf der Titelseite, ebenso die Reaktionen aus Russland und China.

Leon gibt vor, konzentriert in der Zeitung zu lesen. Doch er hat seine kleine Kamera fest im Griff und beobachtet die Aufzüge. Gern würde er drehen, wie Schwanke und Stocks sich verabschieden, am besten wäre dann, jetzt Stocks mit dem Geldkoffer in der Hand.

Doch die beiden scheinen Zeit zu haben. Leon bestellt einen Kaffee und bezahlt ihn gleich. In Franken erscheint der Preis für Leon noch viel höher zu sein als in Euro. Aber ein Schweizer ›Kafi‹ war schon immer etwas Besonderes, beruhigt er sich, und überhaupt: Wenn er die Story verkauft, spielt der lächerliche Kaffeepreis keine Rolle mehr.

Plötzlich steht Stocks völlig unerwartet unmittelbar neben ihm. Verdammt, Leon hebt die Zeitung schnell etwas höher, um sein Gesicht zu verbergen. Dieser dünn rasierte schwarze Schnauzer und die auf der Nase thronende große, dunkle Hornbrille, dazu die Frisur des 8oer-Jahre-Schlagersängers Ricky Shayne, heute mit grauen Strähnen, sind unverkennbar.

»Ich fliege in einer Stunde nach Berlin.« Holger Stocks spricht in ein Handy. »Schwanke hat nicht mehr viel Zeit, die Ereignisse haben sich überschlagen und ihm auf den Magen geschlagen«, lacht er, offenbar erfreut über sein gelungenes Wortspiel, »ich muss in Berlin dringend mit unserem Staatssekretär reden, dann sehen wir weiter.«

Leon spitzt seine Ohren. Verdammt, wo war Schwanke?

»Jo, der scheißt in d' Hosen«, lacht Stocks laut, »aber ich habe die Summe! Damit lässt sich immer was machen.« Stocks dreht sich um die eigene Achse und geht gestikulierend mit seinem Handy am Ohr Richtung Rezeption.

Leon schielt vorsichtig hinter seiner Zeitung hervor,

erkennt, wie Stocks das Handy vom Ohr nimmt und seinen Weg in Richtung Terrasse ändert. Er selbst legt jetzt schnell die Zeitung weg, macht seine Kamera an und geht hinterher.

Er dreht Stocks von hinten, aber nur kurz, dann ist der Mann im grellen Gegenlicht auf der Terrasse des Hotels verschwunden.

Leon geht schnell hinterher, nimmt aber sicherheitshalber einen anderen Ausgang. Im Garten späht er vorsichtig über die Tische und sieht Stocks durch die Reihen zu Schwanke schlendern.

Leon dreht den herrlichen Ausblick, die noble Bestuhlung in dem Privatpark direkt am Züricher See, die Ausflugsboote, die Menschen und dann, wie Stocks und Schwanke sich mit einem Sektglas – sicher echter Champagner, denkt Leon neidisch – zuprosten.

Na also! Dieses Bild war die Geduld wert. Dafür ist Leon dem Waffenproduzenten vom Bodensee zum Waffenschieber an den Züricher See gefolgt. Damit kann er die Zusammenarbeit der beiden belegen. Sobald er Zeit hat, wird er sich um Stocks kümmern. Er muss seine Identität klären, vermutlich ist der Mann in Berlin bekannt. »Unser Staatssekretär«, hatte er eben sehr zynisch seinen Verbindungsmann in der Regierung genannt.

Zwei parlamentarische Staatssekretäre gibt es im Verteidigungsministerium. Einer steht auf der Gehaltsliste des ominösen Herrn Stocks, da ist sich Leon ziemlich sicher. Ihn hatte er schon in dem Gespräch gegenüber Schwanke und Markus an jenem Abend in Immenstaad erwähnt, als Leon die drei belauschte.

Leon hat erreicht, was er wollte. Er zieht sich zurück. Es ist kurz vor 12 Uhr, spätestens um 15 Uhr muss er in Friedrichshafen sein. Zu den Reichen und Schönen in diesem Luxusschuppen, die sich den Rest des Tages verwöhnen lassen, gehört er leider nicht.

Er lässt sich von einem Bediensteten des Hotels seinen alten Porsche mit dem Grünzeug auf dem Beifahrersitz vorfahren, drückt dem Pagen zwei Euro in die Hand und braust davon. Er ist gut in der Zeit, es ist wieder ein heißer Sommertag, sein Hemd wird am Rücken spürbar feucht, vielleicht hat er noch kurz Zeit, vor der Dornier-Museums-Eröffnung in den See zu springen, aber er will zuvor unbedingt den Kommissar in Singen besuchen.

Nur langsam, im Stop-and-go-Verkehr, fährt Leon aus der Stadt, aber auch auf der Autobahn kommt er kaum voran. Die Geschwindigkeitsbegrenzung von 120 Stundenkilometern sind für Leon nicht autobahnadäquat. Dazu an jeder Ecke die ›Tschugger‹, Polizisten mit Radarmessgeräten. Leon verzweifelt, kennt aber die hohen Strafen der Eidgenossen bei Geschwindigkeitsüberschreitungen und versucht sich krampfhaft an die 120-Grenze zu halten.

Die Ausfahrt Schaffhausen kürzt endlich sein Martyrium ab. Nur noch wenige Kilometer Schweizer Landstraße, dann steht er wieder vor dem Grenzübergang. Trotz Schengener Abkommen erinnern die Zöllner die Grenzgänger immer gern daran, dass sie eine EU-Außengrenze passieren, und quittieren das mit einem eisenharten Dienst nach Vorschrift.

Leon setzt bei den hohen Temperaturen auf eine lässige Dienstauffassung. Er sieht sich bald bestätigt, die Zöllner stehen in ihren kurzärmeligen Hemden im Schatten und winken mit einer müden Bewegung die Autos vor ihm lässig durch. Auch er will problemlos über die Grenze, gibt vorsichtig Gas, da bewegt sich plötzlich die Hand eines deutschen Zöllners. Sie bleibt in der Luft stehen und befiehlt für Leon zwar völlig überraschend, aber unmissverständlich: Stopp!

Vorschriftsmäßig tritt er sofort auf die Bremse und lässt die Scheibe herunter.

»Was haben Sie an Waren anzumelden?«, fragt der deutsche Beamte.

»Nichts«, antwortet Leon unschuldig.

»Und was haben Sie auf dem Beifahrersitz liegen?«

»Grünzeug«, Leon lächelt unsicher, »nur Grünzeug.«

»Hm«, der Beamte überlegt, »sehr ungewöhnlich, oder? Was meinen Sie?«

»Für mich nicht«, antwortet Leon aufrichtig, »ich fahre das Gestrüpp schon seit Tagen mit mir herum.«

»Fahren Sie bitte rechts ran«, folgt grob die Anweisung.

Leon flucht innerlich, gibt aber nach außen den Coolen.

»Nun steigen Sie schon aus, und öffnen Sie den Kofferraum!«

Leon stöhnt, auch das noch. Unter der Fronthaube hatte er gestern Helmas größere Äste verstaut, die kleinen im Wageninnern. Ihm bleibt nichts weiter übrig, folgsam öffnet er den Kofferraumdeckel.

Der Zöllner sieht das weitere Grün und fragt in amtlichem Tonfall: »Wo haben Sie die Ware aufgenommen?«

»Was heißt da ›Ware aufgenommen‹? Ich habe den Müll ganz einfach in der Karre verstaut, weil ich zur Deponie fahren sollte, aber bisher keine Zeit hatte.«

»Und wo haben Sie die Ware verstaut?«

»Im Wagen, das sehen Sie doch!«

»Wo kommt die Ware her?, ist meine Frage.«

»Aus dem Garten«, erwidert Leon trotzig.

»Kommen Sie mit zu meinem Vorgesetzten, da haben wir Zeit, den Vorgang in Ruhe zu klären.«

Leon schaut missmutig der ohne Kontrolle die Grenze passierenden Autoschlange nach. In der Ferne sieht er einen schwarzen Mercedes anrollen. Schnell folgt er dem Zöllner in die Grenzstation und späht hinaus. Aus den Augenwinkeln erkennt er die Karre von Schwanke, der unbehelligt über die Grenze rollt. Verdammt, der Kerl hat eben mal zwei Millionen Schmiergeld verschoben, ohne dass irgendein deutscher Beamter etwas davon mitbekommt. Und ihm, dem armen Journalisten, wollen sie nun ans Leder, wegen der dummen Äste aus Helmas Garten.

»Was ist jetzt?«, fährt ihn der junge Zöllner ungeduldig an, »ich habe zu tun, kommen Sie endlich!«

»Ich habe auch zu tun«, antwortet Leon hörbar um seine innere Ruhe bemüht, dann schaltet er schnell um und buhlt um Verständnis: »Ich bitte Sie, warum sollte ich denn die paar Äste aus der Schweiz nach Deutschland in den Schwarzwald schmuggeln? Das macht finanziell doch überhaupt keinen Sinn, oder was meinen Sie?«

Der Zöllner legt ungerührt den Ausweis von Leon auf einen Scanner und wartet geduldig auf die Daten des großen digitalen Bruders aller Polizeidateien. Nach einem akustischen Signal nimmt er den Ausweis wieder in die Hand und geht damit in ein anderes Dienstzimmer. Leon lässt er ratlos zurück.

Er sieht durch die Trennscheiben, wie der junge Zollbeamte mit einem höherrangigen Dienstkollegen spricht. Dieser zieht seine dekorierten Schultern ratlos bis über beide Ohren hoch, lacht schließlich, sagt noch etwas und winkt ab.

Der junge Beamte kommt zu Leon zurück, drückt ihm seinen Ausweis in die Hand und grinst nun ebenfalls: »Mein Kollege meint, Sie seien eine Rarität, ich solle Sie laufen lassen: der letzte ehrliche Strauchdieb.«

»Wenn er Sie nur überzeugt hat, dass ich kein Cannabisdieb bin, bin ich zufrieden. Auf Wiedersehen.« Leon nimmt verstimmt seine Papiere und verschwindet.

Es ist mittlerweile nach 13 Uhr, jetzt hat er es eilig. Er will unbedingt in Singen Kommissar Sibold seine Bilder von Stocks und Schwanke zeigen, und vielleicht hat er Neuigkeiten zu der dubiosen Motorbootexplosion von seinen Kollegen aus Uttwil.

Leon gibt endlich Gas. Er fährt vom Grenzübergang direkt in die Maggi-Stadt, biegt in das Zentrum ab und parkt frech vor dem Polizeipräsidium. ›Für Einsatzfahrzeuge der Polizei‹, liest er und denkt: Genau, im Einsatz der Polizei, das bin ich heute schon den ganzen Tag, und steigt aus.

Er kennt den Weg zur Kripo, er hatte Sibold schon des Öfteren besucht. Er geht drei Stockwerke hinauf, einen Gang entlang und hört ein ihm altbekanntes, vertrautes Geräusch. Es ist wie Musik in seinen Ohren, so klangen einst die Akkorde auf den Gängen seiner alten Zeitungsredaktion, wenn die Kollegen in ihre mechanischen Schreibmaschinen hackten. Track, Klack, Trackklack – zwischendurch der helle Klang eines kleinen Glöckchens und sofort das kurze, aufbrausende, dumpfe Rollen eines Maschinenwagens und ein harter Aufprall am Anschlag. Neuer Zeilenanfang und wieder unaufhörlich Track, Klack, Trackklack bis zum nächsten Glöckchenschlag, mal schnell, dann wieder langsamer: Track, Klack, Trackklack.

Leon lächelt, ihm ist sofort klar, der Musikant dieser mechanischen Melodie kann nur sein schrulliger Kommissar sein. Das digitale Zeitalter ist nicht seine Welt. Selbst das Handy scheint für ihn noch immer Teufelszeug zu sein. Je näher Leon zu Sibolds Amtsstube kommt, desto lauter wird das antiquierte Maschinengeklacker. Leon sieht die Tür zu Sibolds Büro offen stehen, schaut hinein und entdeckt den dicken Kommissar an einem alten Katzentischchen in eine gute, alte Triumph hacken.

Leon genießt noch kurz das unzeitgemäße Klacken der Tasten, den leichten Windzug durch das alte Kommissariat und atmet versöhnlich durch. Er sieht den sonst meist mürrischen Kommissar in seine Gedanken vertieft, beobachtet ihn, wie er wild und unablässig auf die Schreibmaschine einhämmert; neben ihm liegt ein großes Taschentuch, mit dem er sich hin und wieder den Schweiß von der Stirn wischt. Manchmal hält er kurz inne, starrt auf die kahle Wand vor seinen Augen, dann tippt er wieder unverdrossen weiter.

Leon räuspert sich, klopft an den hölzernen Türrahmen und betritt den Raum.

Der Kommissar hört sofort auf zu tippen, schaut überrascht auf und zieht das fast voll geschriebene Blatt Papier mit einem weiteren typischen, fast vergessenen, lauten Ratschen aus der Walze. Er faltet es in seinen Händen sorgfältig, wie einen Brief, zusammen und schleicht hinter seinen Schreibtisch, als müsste er das Papier vor Leon verstecken.

»Schreiben Sie einen Roman?«, lacht Leon freundlich und schlendert dem Kommissar hinterher. Er streckt ihm seine Hand entgegen, um ihn zu begrüßen.

Der Kommissar fuchtelt mit dem Papier verlegen in der Luft herum, faltet es noch kleiner, steckt das Blatt schließlich in seine Tasche, dann erst reicht er auch Leon die Hand.

Leon schaut auf das Katzentischchen zurück, an dem der Kommissar gerade saß und eifrig getippt hat. Er sieht das Fachmagazin aller Angler dort liegen: ›Rute und Rolle‹, geht zu dem Tisch, nimmt es in die Hand und reicht es dem Kommissar. »Sind Sie ein schreibender Kollege von mir, freier Mitarbeiter bei Ihrem Zunftblättchen?«

Der Kommissar zeigt sich ungerührt, setzt sich in seine

Amtspose und antwortet sachlich: »Was kann ich für Sie tun, Herr Dold?«

Leon kennt den alten Zausel und weiß ihn zu nehmen. Er muss jetzt nur sein Gerechtigkeitsempfinden schüren, dann kommt der nach außen hin träge wirkende Kommissar schnell in Fahrt.

»Ich war heute Morgen dabei, wie unser angesehener Herr Schwanke dem ominösen Herrn Stocks zwei Millionen Euro übergab. Herr Stocks hat versprochen, das Geld heute Mittag noch nach Berlin zu bringen. Ein Staatssekretär im Verteidigungsministerium soll dafür sehr empfänglich sein.«

Sibold schnappt nach Luft. Er greift zu seinem feuchten Stofftaschentuch und fährt sich damit über die Glatze. Das verschmutzte Tüchlein saugt kaum mehr die darauf stehenden Schweißperlen auf. »Scheißheiß«, sagt er und holt eine Mineralwasserflasche aus seinem Schreibtisch. Er setzt die Flasche an seine Lippen und gurgelt sie leer. Dann rülpst er sanft, nuschelt kurz: »Entschuldigung!« Und wiederholt mürrisch: »Scheißheiß!«

»Im Fernsehen bietet der Kommissar seinen Gästen meist einen Schluck Wasser oder gar einen Kaffee an«, stichelt Leon.

»Im Fernsehen bittet der Kommissar die Zeugen ins Kommissariat. Haben Sie mich bitten hören?«

»Herr Sibold, ich kann nichts für Ihren Job. Sie hatten doch sicherlich freie Berufswahl. Also, was sollen wir jetzt tun? Und was hat sich wegen der Motorbootexplosion ergeben?«

Der Kommissar atmet erneut tief durch. Seine Hand fährt durch sein Gesicht, rubbelt über die Knollennase und streicht durch seinen feuchten, wild abstehenden Haarkranz.

Als hätte er so seine schlechte Laune weggewischt, schaut er nun Leon freundlicher an und gesteht mit tonloser Stimme: »Mir sind die Hände gebunden. Ich will Ihnen helfen, weiß aber nicht, wie. Ich musste meinen Chef und er den Staatsschutz informieren. Der Fall ist eine Nummer zu groß für uns. Wie soll ich denn in Berlin auf die Schnelle Ihren sauberen Herrn Stocks beschatten lassen? Und dann noch einen Staatssekretär?« Er greift wieder zu seinem Stofftuch, fährt sich erneut über die Glatze und seinen Nacken und flucht plötzlich laut: »Herrgottsack, Sie haben keine Ahnung von Dienstwegen und Amtszuständigkeiten. Aber diesen Hurescheiß, den Sie mir erzählen, der stinkt gewaltig zum Himmel.«

»Und was haben Ihre Schweizer Kollegen aus Uttwil berichtet, fällt denen außer Hurescheiß auch nichts ein?«, lacht Leon über den schweizerischen Fluch, den der schwäbische Kommissar übernommen hat.

Horst Sibold winkt ab: »Das macht die Sache nicht einfacher. Sicher ist, dass drei Iraner das Boot in Bregenz gemietet hatten. Interessant daran ist, dass sie, direkt aus Teheran kommend, auf dem Flugplatz Rheintal in der Nähe von St. Gallen gelandet sind, und von dort zu dem gecharterten Boot nach Bregenz aufbrachen. Worauf sie am gleichen Mittag in See gestochen sind und schon wenige Stunden später ist ihr Boot in die Luft geflogen.«

»Zufällig während des Gewitters«, ergänzt Leon.

Der Kommissar nickt zustimmend: »Ja, das glauben die Kollegen auch. Die Explosion fand rein zufällig gleichzeitig mit dem Gewitter statt. Es gibt vielmehr Hinweise, dass die drei Iraner im Regierungsauftrag unterwegs waren. Ihr Flugzeug jedenfalls war eine staatliche Maschine. Sie ist am nächsten Morgen in aller Herrgottsfrühe, mit den ersten Starts, die freigegeben wurden, wieder aus Europa verschwunden. Aus Teheran liegen keine weiteren Nachfragen vor, weder zu dem Unfallhergang noch überhaupt eine Anfrage zum Verbleib der drei Männer. Sehr ungewöhnlich.«

»Und was weiß man über den Unfallhergang, sofern man überhaupt von einem Unfall sprechen kann?«

Der Kommissar seufzt, steht auf, geht in eine Ecke seines kleinen Dienstzimmers, greift in eine Kiste Randegger Mineralwasser, nimmt eine Flasche heraus und setzt sich wieder hinter seinen Schreibtisch. Nebenbei murmelt er missgestimmt: »Wo keine Klage, da auch keine Ermittlung! Niemand fordert eine Aufklärung, warum sollen sich die Kollegen anstrengen? Der See ist tief, es gibt keine wirklichen Anhaltspunkte, selbst von den Leichen ist nichts mehr aufzufinden, sie werden, in mehrere Glieder zerfetzt, in Frieden auf dem Seegrund ruhen.«

»Und der Bootseigner?«

»Offiziell bleibt es bei einem Blitzschlag. Dadurch wird die Versicherung dem Charterer den Sachschaden begleichen. Von Menschenleben redet niemand, da sich keine Hinterbliebenen melden.«

»Drei tote Iraner, da ermittelt die Polizei nicht? Und dann noch der Hinweis, dass es ein Anschlag, ein Mord ist, und trotzdem keine Untersuchungen?«

»Ach, Dold, Sie sind doch auch nicht auf der Brennsuppe dahergeschwommen«, runzelt der Kommissar seine dunklen Augenbrauen und schenkt das Mineralwasser in zwei Gläser ein, »selbstverständlich habe ich mich Ihrer Sache angenommen. Und natürlich habe ich Ihre Informationen weitergeleitet. Aber ich habe Ihnen doch schon angedeutet, dass wir da auf einer anderen Ebene spielen. Es geht nicht um einen Eifersuchtsmord oder einen gewöhnlichen Überfall. Verdammt, hier spielt die große Politik!«

»Und in der Politik gehören ein paar Morde schnell mal zum Alltag?«

»Zumindest haben sie eine andere Gewichtung, ja!«

Leon greift zu dem Wasserglas, er trinkt gierig. Es ist ihm in dem Büro des Kommissars zu stickig. Das kleine Dienstzimmer steht voll mit Akten. Die Regale an der Wand sind gefüllt mit Leitz-Ordnern und auch der Schreibtisch des Kommissars ist übersät mit Papieren und Unterlagen. Sibold sitzt dahinter wie ein Verwalter des Chaos. Immerhin hat er auf seinem Schreibtisch Platz geschaffen für die beiden Wassergläser und sein Taschentuch, das immer griffbereit vor ihm liegt.

Leise, in einem fast verschwörerischen Tonfall flüstert er: »Ich habe Ihnen doch von dem Verdacht erzählt, dass einige ehemalige Stasiagenten diesen Kluge umgebracht haben könnten. Im Falle der Explosion des Motorbootes gilt als sicher, dass so eine perfekte Vernichtung des gesamten Tatortes – es gibt wirklich keinerlei Spuren mehr, wir wissen weder welcher Sprengstoff verwendet wurde noch wie der Zündmechanismus ausgelöst wurde oder ob das Boot von außen mit einer zielgenauen Bombe in die Luft gesprengt wurde, nichts, rein gar nichts wissen wir – deshalb glauben alle involvierten Stellen, dass nur Agenten eines professionellen Geheimdienstes so eine glatte Tat bewerkstelligen können.«

Leon lehnt sich in seinem Stuhl zurück. Diese Räuberpistole des Kommissars will er nicht glauben. Noch wohnt er an seinem idyllischen Bodensee. Zugegeben, Waffen werden hier in dem Ferienparadies geschmiedet. Aber zur Hölle, deshalb findet doch nicht der Krieg auf seinem friedlichen See statt. Alles, was die Firmen am See produzieren, ist doch im Rahmen des ganz normalen Rüstungswahnsinns.

Aber der Kommissar legt eine Schippe drauf: »Sie können auch einfach zwei und zwei zusammenzählen: Die Iraner wollen offensichtlich diesen verdammten Spiegel von Defensive-Systems, warum sonst waren sie auf dem See genau vor Schwankes Firma. Schon zuvor standen sie mit Matthias Kluge in Verhandlung, er aber wurde vor Vertragsabschluss umgebracht. Allem Anschein nach haben die Iraner nicht aufgegeben, sie wollen diese verdammte Waffe, also kommen sie erneut, um Defensive-Systems zu besuchen, diesmal mit drei Unterhändlern über den unauffälligen Seeweg. Aber: Peng! Die Gegenseite ist auf Draht. Nach dem Mord an Kluge werden auch sie kurzerhand liquidiert und im See versenkt.«

Leon schluckt: »Von wem? Wer ist die Gegenseite? Ihre Stasiagenten?«

»Ja, sind Sie denn wirklich von vorgestern? Von Leuten natürlich, denen der Deal überhaupt nicht passt.«

»Und wer soll das sein?«

»Sicherlich gefällt das Geschäft weder den Amerikanern, noch den Russen oder gar den Chinesen. Sie sind die drei Großmächte, die sich nicht von den Iranern die Butter vom Brot nehmen lassen.«

»Und«, stichelt Leon, »haben Sie einen Chinesen oder Russen gefasst?«

»Oder Ami«, knurrt der Kommissar. »Quatsch! So offensiv auf deutschem Boden zu morden, das traut sich nicht jeder Geheimdienst.«

»Nur die Stasi?«

»Schon mal was von Mossad gehört?«

Entgeistert sperrt Leon seinen Mund auf. Er will etwas sagen, aber der Kommissar redet schon weiter. »Und jetzt wissen Sie auch, warum ich hier die Schriftführerarbeiten meines Angelvereins erledige und Protokolle der letzten Vorstandssitzungen tippe: Ich habe mich da rauszuhalten, das ist eine dienstliche Anweisung meines direkten Vorgesetzten. Die Kollegen vom Staatsschutz kümmern sich um den Fall. Genauer gesagt vom BND, wenn die auch gar nicht dürften, aber das ist wieder ein anderes Kapitel.«

Leon will zeigen, dass er sich sehr wohl in der Welt der Geheimdienste auskennt, und gibt schnell dazwischen: »Der BND darf nur im Ausland aktiv werden.«

Der Kommissar winkt ab, er hat sich in Rage geredet und will sich nicht unterbrechen lassen: »Auch der israelische Geheimdienst darf nach deutschem Gesetz nicht hier rumfuhrwerken, schon gar nicht morden! Das darf überhaupt kein Geheimdienst. Aber da fragen die Israelis nicht lange nach. Zwar gibt es keine Lex Mossad, trotzdem füttert der BND die Israelis immer mit den gewünschten Informationen. Natürlich haben die israelischen Agenten nicht höflich angefragt, ob sie auf deutschem Boden agieren dürfen, deshalb kann es von meiner Seite aus auch keine Ermittlungen geben, nicht einmal ein Aktenzeichen.« Der Kommissar trinkt sein Wasserglas in einem Zug leer und lacht hämisch: »Da kann man glatt einen Rückfall bekommen, ein rechter Schnaps, das wär's jetzt.« Dann stürzt er statt des Schnapses ein weiteres Glas Wasser hinunter, lacht unverhältnismäßig laut, schaut Leon trotzig an, fährt sich mit dem rechten Ärmel über seinen Mund, putzt sich Trink- und Schweißwasser weg und schwört: »Keine Sorge, ich hab in meinem Leben genug runtergespült, meine Therapie heute heißt: Protokolle tippen. Das kann ich. Hier im Amt für meinen Angelverein.«

Leon holt tief Luft und grätscht zwischen den plötzlichen Redeschwall des Kommissars: »Heißt das, Sie glauben, dass die Morde hier am See von dem israelischen Geheimdienst ausgeführt wurden?«

»Was heißt da ›hier am See‹? Hier am See werden Kriegsgeräte produziert, die nicht nur mal ab und zu einen Vertriebsmann einer Waffenschmiede umbringen. Hier am See werden jeden Tag Waffen entwickelt und produziert, die Tausende von Menschen töten sollen.«

»Aber gleich der Mossad?«

»Gerade der Mossad«, echauffiert sich der Kommissar aufs Neue, »Smooth-and-cozy-Linie ist bei den Israelis angesagt; weil Deutschland im Dritten Reich ein Unrechtsstaat war, lassen wir den Israelis im Ausgleich jedes Unrecht zu.«

»Und jetzt?«, fragt Leon irritiert und ratlos.

»Und jetzt? Ich weiß auch nicht, warum ich Ihnen das alles erzähle, aber vielleicht muss es mal raus: Die Kollegen des BKA haben Hinweise, dass der israelische Geheimdienst bei Defensive-Systems einen Maulwurf installiert hat. Aber suchen Sie dort nur nicht nach einem Herrn Weizmann, Guggenheim oder Augstein. Der Mossad hat genügend unauffällige Agenten mit einwandfreier deutscher Legende und Namen wie Robert Müller oder Leon Dold. – Sie sehen, die Räder unserer Dienststellen mahlen, aber halten Sie da Ihre Finger raus, Sie würden sie verbrennen. Glauben Sie mir, das ist nicht unsere Welt. Gehen Sie und bringen Sie Ihren Film über Claude Dornier zu Ende und ich schreibe meine Protokolle für den Angelverein fertig.«

Leon schaut auf die Uhr, er muss tatsächlich dringend gehen, die Museumseröffnung ist in einer Stunde. »Ich halte Sie auf dem Laufenden«, sagt er und streckt dem Kommissar die Hand hin, doch dieser schlägt sie missmutig weg: »Sie halten gar nichts auf dem Laufenden, Sie halten sich da raus, Mann. Warum erzähl ich Ihnen den ganzen Kack? Kapieren Sie nicht? Es geht nicht nur um einen Toten oder drei. Der Krieg der Sterne wird zuerst auf der Erde geführt und Matthias Kluge, der Key-Account-Manager, war einer der Soldaten. So sehe ich seinen Tod, da gibt es für einen Landpolizisten nichts zu ermitteln. Das ist Krieg mit anderen Vorzeichen oder glauben Sie, die täglich 50 geführten Kriege in allen Ecken der Welt haben mit uns nichts zu tun? Nein? Wir produzieren ja nur die Spielgeräte dafür.«

»Ich habe leider keine Zeit mehr«, Leon zieht seine Hand ohne den versöhnlichen Einschlag des Kommissars zurück und verschwindet. Er hat nur noch eine Stunde, dann muss er in Friedrichshafen sein.

Er fährt auf die Autobahn nach Stockach. Unterwegs leuchtet in seinem alten Porsche ein oranges Kontrolllämpchen auf. Verdammt, erinnert er sich an den längst fälligen Ölwechsel und geht verunsichert vom Gaspedal. Der Motor verliert schon seit geraumer Zeit Öl. Wenn die Karre länger steht, läuft das Öl in den Turbolader. Wenn er Gas gibt, sieht er im Rückspiegel eine blaue Fahne hinter sich wabern.

Der 911er war ein alter Traum von Leon. Als er ihm während eines Insolvenzverfahrens über das er für einen Beitrag recherchierte, wie ein Schnäppchen über den Weg gelaufen war, schlug er vorschnell zu. Von wegen Schnäppchen, die Karre kostet ihn heute viel zu viel. Ein Ölwechsel an jedem bürgerlichen Auto schluckt vier Liter und einen Ölfilter. Sein adliger von Porsche aber fordert mindestens zehn Liter und zwei Ölfilter. Und zu allem Überfluss traut er sich nicht, irgendein einfaches Öl in den verwöhnten Porscheschlund zu schütten, sondern nur, wie vom Hersteller empfohlen und seit über zehn Jahren brav befolgt, original Porsche Ölfilter und ein besonders kostspieliges, ebenfalls nur von Porsche empfohlenes Hochleistungsmotorenöl. Macht summa summarum, schon bevor er auf den Werkstatthof rollt, rund 300 Euro. – Und jetzt soll er für diesen Preis auch noch langsamer fahren? Leon drückt wieder das Gaspedal trotzig bis zum Anschlag durch und sieht im Rückspiegel die seit Wochen bekannte blaue Fahne über die Fahrbahn wirbeln. Wenn er für den Wagen schon so viel blechen muss, will er auch seinen Spaß damit haben. Er setzt den Blinker links und bleibt die gesamte Strecke bis zum Autobahnende nur auf der Überholspur.

Vor Überlingen wird aus der vierspurigen Autobahn eine dreispurige Schnellstraße, dann wird sie zur engen Bundesstraße degradiert und dient schließlich den Touristen als Autopromenade und Uferstraße.

Leon nutzt die Bummelei zu einem kurzen Gespräch mit Lena. »Morgen Abend komme ich zu dir, dann gehen wir einen Kopfsalat essen«, lacht er schelmisch, »ich freue mich riesig auf dich, lass nur den Rasen stehen, ich werde ihn mähen und bis Montag bei dir in Taisersdorf bleiben!«

Lena jubiliert, sie freut sich: »Ich habe alles abgesagt, wir sind ganz für uns, du weißt doch, was Helma über deinen Filmhelden sagte. Vielleicht sollten wir das mal genauer recherchieren.«

»Ich habe immer alles Nötige mit dabei«, lacht Leon anzüglich, »heute werde ich, wie jeden Donnerstag, rudern gehen und morgen Abend sehen wir uns!«

Vor Friedrichshafen steckt er, wie erwartet, in einem zähen Stau. Er hat nicht mehr viel Zeit, er muss jedoch auf die andere Seite der Stadt. Direkt neben dem Flughafen wurde das neue Museum erbaut, heute strömt alles, was Rang und Namen hat, in diese Richtung. Leon ruft seinen Kameramann an. Er diktiert ihn zum Eingang. »Dreh bitte alle anfahrenden MacWichtigs, der Ministerpräsident wird kommen und sicherlich von der Familie Dornier begrüßt werden, der Oberbürgermeister, ein paar Schnittbilder der Musikkapelle, die gewiss aufspielt, – und dann bin ich auch schon da.«

15

Hauptkommissar Horst Sibold sitzt seinem Vorgesetzten Fridolin Möhrle gegenüber. Der Regierungsdirektor doziert seit einer halben Stunde über das Staatsrecht und die Aufgabenverteilung zwischen der Polizei, dem Landes- und Bundeskriminalamt, dem Verfassungsschutz, dem Bundesnachrichtendienst und dem Militärischen Abschirmdienst. »Letztendlich leitet die Bundesanwaltschaft in Karlsruhe die Ermittlungen in unserem Fall, jedoch muss immer erst der Parlamentarische Kontrolldienst bei Untersuchungen gegenüber einem Staatssekretär zustimmen. So einfach ist das alles nicht, mein lieber Herr Hauptkommissar, auf dieser Ebene wird die Luft dünn. Deshalb sollten Sie dankbar sein, dass ich Sie von der Sonderkommission abgezogen habe. Das BKA hat den Fall komplett übernommen, die Damen und Herren arbeiten auf Hochtouren. Glauben Sie, Sie verstehen deren Handwerk besser?«

»Ich bitte Sie, Herr Direktor, darum geht es doch nicht, deshalb sitze ich nicht hier. Aber es ist meine Pflicht, Sie umgehend über meinen neuen Kenntnisstand zu informieren.«

»Ja, genau, schreiben Sie ein Protokoll des Gesprächs mit diesem Journalisten und ich werde dieses sofort an das BKA weiterleiten, so wie es unsere Dienstvorschriften vorsehen.«

Hauptkommissar Sibold greift in seine ausgebeulte Hosentasche und zieht sein feuchtes Taschentuch heraus. Zuerst schnäuzt er kräftig hinein, um anschließend mit dem Tuch über seine schweißnasse Stirn zu fahren.

Regierungsdirektor Möhrle schaut seinem Mitarbeiter angewidert zu, zupft pikiert seine Fliege gerade, die er trotz tropischer Temperaturen unter dem Kragen seines weißen Hemdes gebunden hat, und legt dem Kommissar ein Papiertaschentuch auf den Tisch.

»Des nitzt nichts«, lacht Sibold freundlich, »so ein Papier taugt nicht viel, das saugt sich voll wie ein Löschblatt, drum nehm ich lieber das gute, alte Stofftaschentuch.« Dabei hält er seinen feuchten Lappen triumphierend in die Höhe und Möhrle fast unter dessen Nase.

»Ja, schon gut, lassen Sie das jetzt«, wehrt Möhrle Sibolds Taschentuchtheorie ab, »gehen Sie und schreiben Sie Ihr Protokoll. Verweisen Sie bitte deutlich darauf, dass Sie sich lediglich auf die Aussagen dieses wichtigtuerischen Journalisten berufen. Schließlich haben wir bezüglich dieses Herrn Stocks nichts, aber auch gar nichts in den Händen, und die Firma Defensive-Systems sowie Herrn Schwanke haben wir nach dem Mord an seinem Vertriebsmann genau unter die Lupe genommen. Der Mann hat einen guten Leumund. Seine Firma ist sehr solide und arbeitet schon lange mit unserer Bundeswehr und den Ministerien zusammen, also machen Sie sich nichts zu eigen, was uns ein kleiner Journalist einflüstern will.«

»Man müsste diesen Herrn Stocks in Berlin beschatten, dann wüssten wir, ob Herr Dold uns Märchen auftischt oder ob er Zeuge eines sich anbahnenden Bestechungsversuchs wurde.«

»Herr Sibold!« Möhrles Stimme wird laut und energisch. »Denken Sie, wir leben in einer Bananenrepublik? Dass ein Schweizer Geschäftsmann mit einem Koffer voller Geld in einem Ministerium in Berlin aufkreuzen kann und schon werden dort andere Entscheidungen gefällt? Das können Sie nicht ernsthaft glauben.«

»Ich habe mich ausführlich über diesen Holger Stocks informiert. Der Mann ist nicht einfach so ein Schweizer. Er ist deutscher Staatsbürger und sogar Mitglied der Regierungspartei. Und jetzt halten Sie sich fest: Er war Jurist am Landgericht in Freiburg und danach persönlicher Berater unseres ehemaligen Bundeskanzlers. Im Staatsministerium gehörte er einem engen Mitarbeiterkreis an. Wie Sie so schön sagen: Ein hervorragender Leumund.«

Fridolin Möhrles Augen werden finster, er nestelt nervös an seiner Fliege. Dann nimmt er seine Goldrandbrille von der Nase, angelt aus seiner Tasche ein blütenweißes, seidenes Tüchlein, haucht die Brillengläser an und putzt sie gründlich.

Sibold bleibt ungerührt sitzen. Er sieht zu deutlich, wie die Schilderungen des Überlinger Journalisten zu der Karriere dieses undurchsichtigen Herrn Stocks passen könnten. Für ihn ist klar, wenn es Bestechungsversuche in den Ministerien gibt, geschieht das über Mittelsmänner, die in den Ministerien ein und aus gehen, wie eben dieser Herr Stocks. Und dazu kommt, dass alles, was er über die aktuelle Tätigkeit dieses ehemaligen Polit-Karrierejuristen herausgefunden hat, äußerst widersprüchlich ist.

Da gibt es die Adresse einer Anwaltssozietät in Freiburg, zu der Stocks gehört, gleichzeitig ist er Berater verschiedener angesehener Firmen, die fast alle im Rüstungsgeschäft tätig sind: Angefangen von der Daimler-Benz AG bis zur Thyssen AG. Und das Überzeugendste für Sibold ist: Der Mann war laut seiner offiziellen Vita bereits selbst Staatssekretär im Verteidigungsministerium.

»Herr Sibold«, ermahnt der Regierungsdirektor seinen Untergebenen mit gedämpfter Stimme zur Aufmerksamkeit, »ich weiß, dass Sie mit Volljuristen im höheren Dienst Ihre Probleme haben. Aber nun sind Sie wirklich zu weit gegangen. Ohne uns, das kann ich Ihnen sagen, ohne uns Juristen stünde dieser Staat nicht auf solch sicheren Füßen, auf denen Sie ihn heute als besten Rechtsstaat, den es jemals auf deutschem Boden gab, erleben dürfen. – Und jetzt gehen Sie bitte und machen Sie Ihre Arbeit.«

Sibold schaut zu seinem Chef auf, sieht das ernste Gesicht und die Entschlossenheit des überzeugten Regierungsdirektors, schluckt trocken, steht auf und geht grußlos aus dem Zimmer.

Er schreibt wie aufgetragen in aller Kürze ein Protokoll, zitiert darin die wesentlichen Teile der Aussagen von Leon Dold und lässt es, mit einem Aktenzeichen versehen, zu seinem Chef bringen. Die Mühlen der Polizei mahlen langsam, das hat er gerade diesem Journalisten gegenüber zugegeben, aber er glaubt noch immer daran: Sie mahlen! Und er hält mit diesem neuerlichen Aktenzeichen das Räderwerk der Behörde allen Widrigkeiten zum Trotz am Laufen. Ein Aktenzeichen geht in jedem deutschen Amt seinen Gang, dem kann sich auch kein aufgeblasener Regierungsdirektor in den Weg stellen.

Sibold schlurft nach seiner Schreibarbeit über den Flur auf die Toilette, klatscht sich kaltes Wasser ins Gesicht, schnappt sich danach sein abgetragenes Sakko vom Kleiderhaken und verlässt das Präsidium. Er setzt sich in seinen giftgrünen Opel Omega und fährt Richtung Friedrichshafen.

Nichts tun, das geht für ihn nicht. Leon Dolds Geschichte klingt zu plausibel. Sie gibt dem Tod Kluges einen Sinn und erst recht der mysteriösen Motorbootexplosion. Es gibt keine anderen Anhaltspunkte. Sollte hinter all dem tatsächlich ein ausländischer Geheimdienst, gar der Mossad, stehen, ist auch Sibold klar, dass er dann nichts, aber auch gar nichts wird aufklären können. Jedoch, die andere Geschichte ist der Waffenverkauf von Defensive-Systems in den Iran, dazu die geplante Bestechung der Ausfuhrkontrollbehörde oder besser einiger Funktionsträger im Verteidigungsministerium. Er muss Schwanke auf den Zahn fühlen. Er wird ihn in die Mangel nehmen. Aber zuvor will er nochmals mit den Kollegen des BKA sprechen. Ein kleiner Stab der Behörde sitzt seit seiner Einberufung nach Kluges Tod nach wie vor in der Zeppelinstadt. Noch ist der Mord nicht geklärt und die Sonderkommission hat ihre Ermittlungsergebnisse noch nicht vollständig zusammenzutragen.

In den ersten Tagen gehörte er der Kommission an. Doch schon bald hat ihn Möhrle abgezogen. Warum, weiß Sibold bis heute nicht, allerdings hat die Zeit genügt, um sich mit einigen im Team zu beschnuppern. Einer der BKA-Mitarbeiter ist ihm dabei äußerst sympathisch geworden. Ein Schwabe, aus Bietigheim. Mit ihm hat er sich als Ludwigsburger schnell verstanden. Mit ihm will er reden, vielleicht passen Dolds Beobachtungen zu den neuesten Ermittlungserkenntnissen seiner Kollegen.

16

Leon Dold kommt völlig verschwitzt auf dem Parkplatz vor dem Dornier-Museum an. Er zieht sich schnell um, streift die Flip-Flops ab und zwängt sich in seinen Sonntagsanzug und seine Sonntagsschuhe. Er hört schon von Weitem die Klänge der Musikkapelle, die Veranstaltung hat bereits begonnen. Eilig geht er durch den imposant geschwungenen Eingang in das neu gebaute Museum.

Die Ehrengäste sitzen im Foyer in der ersten Reihe. Der Innenminister schreitet gerade zum Rednerpult, Leon entdeckt sein Kamerateam in einem Pulk von Fotografen.

Der Innenminister zieht eine große, historische Linie von Claude Dornier bis zur heutigen Weltfirma EADS und Astrium. Mit Stolz verweist er auf den Wirtschaftsstandort des Bodenseekreises und natürlich des gesamten Ländles Baden-Württemberg sowie auf die Nachwuchsförderung in den Hochschulen für Luft- und Raumfahrttechnik der Universität Stuttgart.

Leon blickt über die Reihen der Gäste. Rund 500 Besucher beklatschen eifrig jeden belanglosen Satz des Ministers. Sie alle sind in feinstem Tuch erschienen. Die Männer tragen trotz Sommerhitze dunkle Anzüge und Krawatten, die Damen elegante Abendkleider.

Es ist ein großer Festtag, endlich wird, wie zuvor im Zeppelin-Museum, einem weiteren großen Luftfahrtpionier der Stadt gedacht. Der Sohn des legendären Claude Dornier, Silvius Dornier, erinnert an das berufliche Ethos seines Vaters. Nach seinen Worten ein Mann, der stets auf Ehrlichkeit und Zuverlässigkeit achtete und seine Mitarbeiter immer wieder aufs Neue mit großem Respekt zu Höchstleistungen motivierte. »Diesen Pioniergeist braucht es auch heute«, sagt er laut, der Innenminister und die Gäste klatschen zustimmend.

Aus der Ausstellungshalle des Museums sieht man durch eine Fensterfront über den gesamten Flugplatz, auf dem einst Claude Dornier mit seinen ersten Maschinen gestartet ist. ›Bodensee-Airport‹ nennt sich der internationale Flughafen heute. Mehrere Maschinen parken direkt vor dem neuen Museum, darunter einige teure Learjets, manche kommen aus fernen Ländern. Leon schaut auf die kleinen Flaggen, die das Heck der Vögel zieren. Eine Maschine fällt ihm besonders auf. Der kleine fünfzackige Sowjetstern auf rotem Grund verrät den Heimathafen. Er erinnert Leon an die ›Ho Ho – Ho-Chi-Minh‹-Rufe der 68er auf Deutschlands Straßen, während der Demos gegen den Vietnamkrieg. In den Fernsehdokumentationen von damals sah er, wie die Studenten den Stern auf rotem Grund vor sich hertrugen. Und heute parkt eine Maschine aus dem damals siegreichen, kommunistischen Vietnam friedlich auf dem Friedrichshafener Flugplatz.

»Hey, du musch mer jetzt scho mal sagge, was i genau drehe soll«, flüstert der Kameramann Leon ins Ohr, »das Gesabbel der Politiker isch ja wohl nix für uns.«

»Nein, wirklich nicht, ich brauche nur Schnittbilder von der Festversammlung, das Museum selbst und die Ausstellungsstücke drehen wir später in Ruhe«, weist Leon ihn an, »nimm lieber mal die tiefen Ausschnitte der herausgeputzten Damen auf, dann hast du genügend zu tun.«

»Dann habe ich vielleicht Appetit, aber immer noch nichts zu …« Der Kameramann klemmt seinen Daumen zwischen Zeige- und Mittelfinger und grinst unverschämt.

Leon hat keine Augen dafür, er hat in einer der vorderen

Reihen ein ganz besonderes Familientreffen entdeckt: Gunther Schwanke, im schwarzen Smoking mit polierter Platte und seiner penibel darüber gelegten Haarsträhne. Daneben seine Frau Ines, die ihr knallrotes, schulterfreies Kleid erst am Morgen in Zürich erstanden hat. Daneben Markus Kluge, leger in einen hellen Anzug gekleidet, seine langen lockigen Haare zu einem Zopf zusammengebunden. Neben ihm eine schlanke, dunkelhaarige Frau in einem dezenten, dunkelblauen Sommerkleid, die seine Hand hält. Im Gegensatz zu der Dame neben ihr wirkt sie wie eine graue Maus. Denn dort sieht Leon eine ziemlich aufgebrezelte Frau mittleren Alters, die vermutlich länger schon nicht mehr an ihr Geburtsdatum erinnert wurde. Sie hat sich aufgedonnert wie eine 17-Jährige vor ihrem Disco-Besuch. Verena Kluge trägt ihr lockiges, brünettes Haar zu einer Löwenmähne aufgeföhnt, ihr Gesicht ist braun gebrannt, ihre Augenlider hellblau geschminkt, die Lippen rot bemalt; um den Ausschnitt ihres roten Sommerkleides zu filmen, muss Simon seine Kamera unendlich tief schwenken.

»Dreh mir bitte mal ganz langsam die dritte Reihe da vorne: Ab dem Glatzkopf mit Tarnung auf der Platte neben der blonden Oma-Barbie und schön langsam weiter bis zu der brünetten Löwenmähne mit tiefem Ausschnitt.«

»Bin ich längst drauf, ich sehe doch, wo du hinstarrst.«

»Auch die Männer, du Bachel. Ich brauche von jedem ein Einzelporträt und einmal die gesamte Reihe mit einem gemütlichen Schwenk.«

»Von dem Glatzkopf bis zum Ausschnitt?«, wiederholt Simon fragend.

Neben Verena Kluge sieht Leon einen ebenso braun gebrannten, muskulösen Mann in Designerjeans und einem Lacoste-Hemd. Ihn kennt er nicht, doch er gehört offenbar zu der illustren Gesellschaft.

»Nimm den Gigolo daneben auch noch mit«, weist Leon Simon sicherheitshalber an, »der ist bestimmt auch ein Mitglied dieser ehrenwerten Waffenmafia.«

Nur der Mann neben der hochgestochenen Runde scheint für Leon endgültig uninteressant, den braucht er in seiner Sammlung bestimmt nicht. Er sieht aus wie der durchschnittliche Herr Mustermann. Er steckt in einem unauffälligen, blauen Zweiteiler von der Stange, seine Brille wirkt wie ein Krankenkassengestell, seine Augen flackern unruhig. Auffallend ist für Leon aber, dass der Mann mehr zu Verena Kluge schaut als zu den Festrednern. Er strahlt sie regelrecht an, den Mr Bodybuilder neben ihr mustert er dagegen mit finsterer Miene.

»Rechts daneben diesen Buchhalter in Blau bitte auch«, ändert Leon seine Anweisung, »der könnte auch wichtig sein.«

»Was brauchst du noch?«, fragt Simon.

»Das Buffet, ich habe einen Bärenhunger!«

»Wann nicht?«, lacht der Kameramann, »dich habe ich noch nie fasten gesehen.«

»Dann würde ich ja hungern«, wird Leon ernst, »mit Essen spaßt man nicht! Das hat mir schon meine Mutter verboten.«

Simon legt den Zeigefinger auf seine Lippen, im Festsaal wird es mucksmäuschenstill. Cornelius Dornier, der Enkel des geehrten Familienahnen, hat zu einer Gedenkminute für all die Pioniere aufgerufen, die für den Traum des Fliegens ihr Leben gelassen haben. Hinter ihm sieht man den Bundeswehr-Kampfflieger ›Alpha Jet‹ sowie die ›Do 31‹. Sie sind heute noch in Kampfgebieten im Einsatz.

Dann hört Leon das heiß ersehnte »Das Buffet ist eröffnet« und winkt seinem Team ungeduldig zu. »Dreh noch bitte, wie sich die feine Gesellschaft die Häppchen bunkert«, weist er Simon an, während er selbst gierig zu den ersten Schnittchen greift. Er hat einen Riesenhunger, seit dem Frühstück hat er nichts mehr bekommen. Schnell beißt er in das erste Kanapee, mit feiner Gänseleberpastete und einer Schlangengurke obenauf, da hört er hinter sich: »Ach, der Herr Dold ist auch da.« Trotzdem schiebt er noch den Rest des Häppchens in seinen Mund und hört den Störenfried weiter lästern: »Politiker und Journalisten wissen doch immer, wo öffentliche Tröge stehen.«

Verlegen dreht sich Leon um. Markus Kluge grinst, mit seiner grauen Maus an der Hand, über sein braun gebranntes Gesicht. »Darf ich vorstellen, das ist Iris, meine Freundin.«

»Iris Köppke«, stellt sie sich selbst vor und reicht Leon die Hand.

Er sieht die Frau jetzt erstmals aus der Nähe und korrigiert sein erstes Urteil. Sie ist zwar einige Jahre deutlich älter als Markus, aber durchaus attraktiv. Sie hat eine natürliche Ausstrahlung, benutzt kein Make-up, nicht einmal ihre Lippen sind bemalt. Der Farbton ihres dunkelbraunen, burschikosen Kurzhaarschnitts scheint sich mit der Augenfarbe abgestimmt zu haben. Offen und zuvorkommend lächelt sie Leon an.

Er wischt seine Hand, mit der er eben das Kanapee in den Mund geschoben hat, an einer Serviette ab, schüttelt ihre auffallend große und starke Hand und sieht die gesamte Kluge-Schwanke-Familie hinter den beiden versammelt.

»Meine Mutter«, stellt Markus Verena Kluge vor, die Leon sofort mit einem breiten Lächeln mustert, »und ihr Freund Joseph Brodsky.« Dabei deutet er auf Joseph, der in seinem Lacoste-Hemd völlig desinteressiert an Leon vorbeischaut. »Alle anderen kennen Sie ja.«

»Auch wenn man das gar nicht will«, Gunther Schwanke

schaut mürrisch zu Leon, »er drängt sich einem ja förmlich auf.«

»Das muss an meinem Job liegen«, pariert Leon und geht lässig über den Vorwurf hinweg, indem er freundlich auf Schwankes Frau zugeht. »Freut mich, Sie wiederzusehen«, macht er sich an die Fortsetzung seiner Schleimspur vom frühen Morgen.

Auch Verena und Joseph begrüßt er, dabei schiebt sich plötzlich der vermeintliche Buchhalter dazwischen. »Herbert Stengele«, sagt dieser laut, schaut Leon durchdringend in die Augen und fragt: »Sie sind Journalist?«

»Ja, und Sie?«

»Erfinder«, strahlt Stengele breit über sein ganzes Gesicht und schaut unsicher zu Verena. »Wir müssen dringend miteinander reden«, flüstert er Leon leise zu.

»Gern«, gibt Leon freundlich zurück, aber nicht jetzt denkt er, und dreht sich zum Buffet. Gerade hat er ein Thunfisch-Kanapee mit Kaviar gesehen, das will er sich ergattern.

»Pah, was will der Ihnen schon erzählen?«, stänkert Verena Kluge. Dann senkt sie ihre Stimme und schiebt, um Mitleid zu erheischen, in einem weichem Moll hinterher: »Sie haben meinen Mann am Seemooser-Horn gefunden?«

Leon lässt von dem anvisierten Thunfischhäppchen ab und dreht sich der aufgedonnerten Witwe zu. »Ja«, sagt er verunsichert, »ja, leider.« Dabei schaut er Verena in ihren Ausschnitt.

Sie hebt ihre nackten Schultern leicht an und lächelt Leon keck zu, sagt aber betroffen: »Schrecklich, so furchtbar schrecklich.«

»Ja«, zögert Leon, »und man weiß noch nicht einmal, warum?«

»Warum?«, zischt Verena, »warum? Fragen Sie mal Gunther Schwanke oder den bedeutenden Erfinder, der neben Ihnen steht und so wichtig tut.« Dabei legt sie ihre Hand auf Leons Arme und fügt, wie unter alten Freunden, hinzu: »Wenn Sie nächste Woche Zeit haben, können Sie mich gern besuchen, ich hätte Ihnen auch etwas Interessantes zu erzählen.«

»Ich denke, selbst die Polizei tappt im Dunkeln?«, fordert Leon sie auf, weiter zu plaudern.

»Wenn ich nicht sehen will, stelle ich mich auch ins Dunkle. Fragen Sie mich, dann wird Ihnen ein Licht aufgehen.«

»Ich werde Sie besuchen«, verspricht Leon und versucht dabei krampfhaft, nicht wieder in den tiefen Ausschnitt des sommerlichen Kleides zu schielen.

»Meine Mutter lädt gern fremde Männer zu sich ein«, bemerkt Markus sarkastisch und schaut abfällig zu Joseph.

Der ignoriert Markus und greift sich das Thunfischschnittchen mit Kaviar, das Leon gerade erneut im Visier hatte.

Auf der anderen Seite des Buffets sieht der hungrige Journalist sein Team genüsslich kauen. Wahllos greift er zum nächstbesten Kanapee mit Schwarzwälder Schinken und sichert sich dazu ein weiteres leckeres Schnittchen mit Fischsülze und Essiggurke.

»Stimmt das?«, steht schon wieder Herbert Stengele neben Leon, »Sie haben Matthias aus dem See gezogen?«

»Gott bewahre, ich hatte sowieso schon Ärger mit der Polizei, weil ich den Mann angefasst habe. Dabei musste ich mich doch vergewissern, ob er noch lebt«, antwortet Leon mit vollem Mund und schielt dabei zu Markus.

»Matthias war mein Freund, wir haben beide bei Schwanke gearbeitet, ich bin der Erfinder, er war der Verkäufer«, seufzt Herbert Stengele mit Sehnsucht in seiner Stimme.

Leon hört auf zu kauen. Er mustert den Mann interessiert und fragt überrascht: »Dann haben Sie den umstrittenen ZAS-Spiegel erfunden?«

Herbert Stengeles Augen glänzen: »Ja! Den gab es nicht zu erfinden, den musste man berechnen und ausweiten, aber gewusst wie!«

»Zum großen Auge ins All, das jetzt der amerikanische Präsident als ein System lobt, mit dem er sich gegen die Bedrohungen des 21. Jahrhunderts schützen will?«

Stengeles Augen beginnen zu flackern. Er weiß einen deutschen Journalisten vor sich, der seinen Konflikt erkannt hat. Big eye, bigger than Hubble, mehr wollte er wirklich nie. Und jetzt dieses Dilemma.

»Deshalb mag Frau Kluge Sie nicht besonders, sie denkt, Sie hätten durch Ihre Erfindung ihren Mann auf dem Gewissen?«

»Verena? Ihren Mann?«, haucht Stengele unsicher, »nein, das denkt sie nicht, schauen Sie, sie amüsiert sich doch, nicht wahr, Verena?«

Verena Kluge hört den Vorwurf nicht. Sie schäkert mit ihrem Joseph, lacht über seine Scherze und beißt ihm vor allen Leuten frivol ins Ohr.

Herbert Stengele wendet sich angewidert Leon zu: »Sehen Sie? Was will die mir vorwerfen? – Nein, Matthias war mein Freund. Wir beide sind ein Leben lang gemeinsam durch dick und dünn gegangen. Ich brauchte ihn und er brauchte mich.«

»Aber stimmt es nicht, dass Matthias vielleicht wegen Ihrer Erfindung umgebracht wurde?«, bohrt Leon ungehemmt weiter.

»Das ist doch Unfug! Der Spiegel ist nicht die erste Waffe,

die wir verkaufen. Matthias war Profi. Vielleicht hat sie ihn umgebracht?«, dabei deutet Stengele auf Verena und schaut sie feindselig an.

»Du Arschloch, jetzt reicht es!« Verena hat die Beschuldigung gehört. Energisch wendet sie sich von ihrer kleinen Talkrunde ab und geht auf Herbert Stengele zu. Dann knallt es, gleich zweimal. Links und rechts schlägt sie Herbert Stengele auf die Wangen. Dem Erfinder fliegt die Brille von der Nase, sie fällt auf den Boden, Verena stampft zornig darauf herum und brüllt und weint gleichzeitig: »Das muss ich mir von dir nicht gefallen lassen! Du weißt ja gar nicht, was ich durchmache. Du hast Matthias auf dem Gewissen. Du, nur du!«

Leon steht neben den beiden. Stengele geht einen Schritt zurück. Gunther Schwanke drängt sich dazwischen. Er nimmt Verena schützend in seine Arme und schaut Herbert Stengele vorwurfsvoll an.

»Ich werde es euch allen noch beweisen. Ihr denkt doch immer nur ans Geld. Verkaufen, verkaufen! Aber jetzt bin ich dran, das werdet ihr schon noch sehen!« Stengele hat einen hochroten Kopf. Er schreit seinen Frust in den Festsaal, glücklicherweise ist die Musik laut und die 500 Gäste plappern gegen die ungeplante Störung an.

Iris Köppke löst sich als Erste aus der starren Zuschauerreihe, hebt das gebrochene Brillengestell auf und geht auf Stengele zu. Sie reicht ihm die Brille und redet beruhigend auf ihn ein: »Sie alle sind angespannt, aber das hier ist nicht der richtige Ort. Kommen Sie, Herr Stengele, kommen Sie, ich bringe Sie nach Hause.«

Herbert Stengele will ihre Hand zuerst abweisen, bis er Verena sieht, den Hass in ihren Augen, ihre Ablehnung und Schwankes Handbewegung, die ihn auffordert, zu gehen.

»Ich werde es euch schon noch zeigen!«, brummelt er resigniert in seinen nicht vorhandenen Bart und lässt sich ohne Widerstand von Iris Köppke aus dem Festsaal führen.

Markus schaut den beiden nach, Leon läuft ihnen schnell hinterher, in diesem Augenblick hegt er erstmals Bewunderung für Iris.

Mit dem Abgang Stengeles kommt Bewegung in die Familie Schwanke-Kluge. Sie stecken ihre Köpfe zusammen und tuscheln. Was will Herbert Stengele ihnen allen zeigen, was will er ihnen beweisen, und vor allem, was könnte er als Nächstes planen?

Leon holt Iris Köppke und Herbert Stengele an der großen Eingangstür ein. »'Tschuldigung, Herr Stengele«, hält er die beiden auf, »Sie haben doch sicher eine Visitenkarte bei sich, ich würde gern Ihre Einladung annehmen, ich komme nach der Veranstaltung bei Ihnen vorbei.«

Iris Köppke winkt ab. »Lassen Sie das jetzt«, versucht sie Leon abzuwimmeln.

»Was bilden die sich ein, was wären die ohne mich?«, echauffiert sich Stengele noch immer mit lauter und zorniger Stimme. »Die wollen meine Erfindung verkaufen, sie alle. Aber diesmal geht das nicht so einfach, und schon gar nicht ohne mich. Denn mit dem Patent an sich können die gar nichts anfangen. Um den Spiegel zu bauen, braucht es mehr.« Seine Lippen zucken aufgeregt im Takt seiner flackernden Augen, seine schwarzen Haare hängen ihm tief ins Gesicht, er schaut verwirrt von Iris Köppke zu Leon Dold und wieder zurück. »Mich braucht es. Mich! Nur ich habe in der Quarzschmiede die möglichen Probleme während der Produktion gesehen. Wer den Spiegel nachbauen will, der muss mit mir reden!«

»Herr Stengele«, versucht Iris Köppke den Erfinder zu beruhigen, »jeder weiß, dass Sie der Schlüssel des Erfolges sind, aber bitte beruhigen Sie sich, das haben Sie gar nicht nötig. Wir werden das Kind schon schaukeln«, lacht sie aufmunternd, »dazu braucht es weder Schwanke noch diese Verena, Sie sind der Erfinder, kommen Sie jetzt.« Iris Köppke hakt sich bei Herbert Stengele unter und führt ihn regelrecht ab.

Leon verspricht Stengele: »Ich werde nachkommen.« Und Stengele reicht ihm, bevor Iris ihn wegzerren kann, seine Visitenkarte.

Als Leon sich umdreht, steht Markus Kluge neben ihm und grinst: »Der Kerl sagt wenigstens meiner Mutter, was Sache ist. Ich mag ihn, er ist der einzige Aufrichtige von uns allen.«

»Und Sie?«, provoziert Leon.

»Ich bin der Sohn meines Vaters. Ich bin Verkäufer«, sagt er stolz und sinniert traurig: »Nur, ich bin es nicht wirklich, mir fehlt seine Leidenschaft, sonst hätten wir diesen verdammten Spiegel schon längst verkauft.«

»Haben Sie das nicht?«, will Leon wissen.

»Spinnen Sie?«

»An die Amerikaner?«

»Was soll das?«

»Aber an die Iraner sicher. Sie haben doch den Deal eingefädelt?«

»Sie waren es, Sie waren auf dem Kat?«, dämmert es Markus plötzlich und er packt Leon am Kragen seines Anzugs. »Ich erkenne Sie, Sie waren es, der um Onkel Gunthers Haus schlich.«

Leon schlägt blitzartig Markus' Hand von seinem Kragen, verpasst ihm eine in die Nieren und zieht ihn nahe zu sich heran. »Nicht hier, du hast mir einiges zu erklären. Ja, ich habe an dem Abend alles gehört. Ich kann euch und euren sauberen Herrn Stocks hochgehen lassen.«

Markus befreit sich und steht mit herablassender Miene

vor Leon: »Pah, du kannst mir gar nichts. Die Sache ist gelaufen! Heute Nacht noch werden die Karten neu verteilt«, prophezeit er triumphierend.

»Und dann?«, versucht Leon mehr zu erfahren, »was dann? Zahlen die Amerikaner dir deinen Judaslohn? Oder lässt du noch mal ein paar Iraner in die Luft fliegen?«

»Arschloch!«, zischt Markus und reckt ihm den Mittelfinger vors Gesicht.

»Wie sonst soll der amerikanische Präsident so plötzlich an das, seiner Meinung nach alles entscheidende, Waffensystem gelangt sein?«

»Frag Herbert, der kann sein Maul nicht halten und turnte in Tokio herum«, lässt Markus sich zu einer Rechtfertigung hinreißen, schlägt jedoch sofort wieder seinen vorherigen Kurs ein und zischt: »Warte ab, ich sage dir, morgen sieht die Welt anders aus.« Überheblich lacht er Leon ins Gesicht und rennt aus dem Museum, Iris Köppke und Herbert Stengele hinterher.

Leon geht in den Festsaal zurück. Er muss jetzt an seine Dornier-Story denken und seinen heutigen Drehplan. Er benötigt einen O-Ton von Cornelius Dornier, dem Initiator des Museums. Von ihm will er einige Kommentare zu seinem Großvater Claude Dornier einfangen. Ganz persönliche Storys sind heute gefragt, nur nicht zu inhaltlich, wer will schon über die Rüstungsgeschäfte des Flugpioniers aufgeklärt werden, lieber sind jedem Redakteur, auch längst bei den öffentlich-rechtlichen Sendern, private Anekdötchen und Homestorys.

Es ist der Tag der Ehrung von Claude Dornier, und es ist der Tag der Familie Dornier. Die Enkel haben mit dem Geld des Alten das Museum geschaffen. Sie sind heute gefragt, sie geben ein Interview nach dem anderen, auch Leon nutzt die Chance und stellt in dem festlichen Rahmen seine Fragen an einen der Enkel. »Was für ein Mensch war Ihr Groß-vater?«

Cornelius Dornier ist bestens vorbereitet, er weiß, welche O-Töne die Medien heute schätzen, und gibt kurze Episo-den seines Großvaters zum Besten: »Nie mit den Händen in der Tasche in eine Werkhalle!«, lacht er, »das war eines der Gesetze meines Großvaters.« Klein-Cornelius wurde dies schon früh eingeimpft, heute soll dieses Gesetz des Fir-menpatriarchen die Achtung des Firmengründers vor sei-nen Mitarbeitern unterstreichen.

Die Frage nach der Achtung vor den Zwangsarbeitern während des Dritten Reichs traut sich Leon an diesem Tag nicht zu stellen. Aber zur Eröffnung ist auch ein 84-jähri-ger Slowene geladen. Leon lässt sich seine Leidensgeschichte erzählen und dreht, wie er dem Museumsgründer Silvius Dornier seine persönlichen Aufzeichnungen aus dem KZ-Außenlager in Überlingen aushändigt. Im Februar 1944 wurde der Slowene zu Hause auf offener Straße verhaftet und den Deutschen übergeben. Diese deportierten ihn im April 1944 nach Dachau. Er musste unter anderem im KZ-Außenlager Überlingen Zwangsarbeit leisten.

Leon dreht die Exponate der Ausstellung und führt mit einigen ehemaligen Mitarbeitern des legendären Claude Dornier verschiedene Interviews, darunter auch wie abge-sprochen mit Gunther Schwanke. Die Festgesellschaft ver-abschiedet sich, der offizielle Rundgang ist beendet, auch das Kamerateam packt zusammen.

»Bergfest«, lacht Leon Simon zu, »ihr dürft nach Hause fahren an den Nesenbach, der Urlaub am See geht zu Ende.«

»Wart's ab, ich habe manche Bilder ein bisschen unscharf gedreht, sodass wir uns sicher bald zu einem Nachdreh tref-fen«, scherzt Simon, der die Drehs mit Leon am Bodensee liebt. »Und deine Geschichte mit diesem Schlossbesitzer am See ist ja auch noch nicht im Kasten?«

»Ich weiß nicht, was sich daraus machen lässt«, gesteht Leon seine Unsicherheit, »ich muss meine Miete bezahlen und schneide als Erstes die Dornier-Story, damit ich mein Honorar bekomme.« Kaum hat er den Satz beendet, sieht er Iris Köppke in das Museum zurückkommen. Sie ist sichtbar in Eile und schaut sich um, als würde sie jemanden suchen.

Leon geht auf sie zu. »Das haben Sie gut gemacht«, schmeichelt er ihr, »der Mann war ja schwer durch den Wind.«

»Stimmt«, nickt sie geistesabwesend und will an ihm vorbeigehen.

Leon stellt sich ihr in den Weg und fragt neugierig: »Wen suchen Sie?«

»Markus natürlich.«

»Der lief Ihnen doch nach.«

»Ich habe ihn nicht gesehen«, gibt sie hastig zurück und setzt ihren Weg fort.

»Eine bemerkenswerte Frau«, hört Leon eine Stimme hinter sich sagen, dreht sich um und steht vor Joseph. »Ich habe mich noch gar nicht vorgestellt, Joseph Brodsky.«

»Markus hat mir gesagt, wer Sie sind, aber ich glaube, er ist nicht so gut auf Sie zu sprechen.«

»Er meint, seine Mutter würde den Tod seines Vaters nicht genügend betrauern. Aber wir sind schon länger zusammen. Die Ehe von Verena und Matthias war längst im Eimer«, und, als wäre es ein streng gehütetes Geheimnis, flüstert er Leon ins Ohr, »deshalb sage ich doch: Eine bemerkenswerte Frau. Iris war die letzte Gespielin von Markus' Vater. Und jetzt schnappt sie sich den Jungen.«

»Was wollen Sie damit sagen?«, fragt Leon naiv.

»Oh«, lächelt Joseph, »nichts weiter.«

Leon lässt das Lacoste-Hemd stehen und geht Iris nach. Diese neue Information irritiert ihn. So hätte er Iris Köppke nicht eingeschätzt, eher als die Unschuld vom Lande. Sie steht vor der Garderobe und raucht eine Zigarette. Leon geht auf sie zu.

»Endlich eine Raucherin! Haben Sie auch eine für mich? Ich finde keinen Automaten und habe meine Schachtel vergessen.«

Iris lächelt ihn an. »Gern«, sagt sie und greift in ihre Handtasche. Sie holt ein Zigarettenetui hervor, öffnet es und hält es Leon unter die Nase. Ungeschickt nimmt er eine Zigarette heraus, bleibt an dem Deckel der Schachtel hängen und schlägt ihr das Etui dabei fast aus der Hand. Sie reagiert schnell, fasst mit der anderen Hand nach, dabei rutscht die geöffnete Handtasche zu Boden und der gesamte Inhalt entleert sich.

Leon entschuldigt sich für seine Tollpatschigkeit, geht in die Knie und hebt auf, was er fassen kann. Dabei hat er plötzlich einen dunkelroten, deutschen Reisepass in der Hand und zusätzlich einen zweiten Passport, dieser allerdings auf hellrotem Untergrund mit einem fünfzackigen, gelben Stern.

»Geben Sie her«, herrscht Iris Köppke Leon an.

Leon drückt ihr alles, was er gerade aufgelesen hat, in die Hände, lacht verunsichert und bittet um Feuer. »Rauchen kann ich dann selbst«, sagt er beschwichtigend, um keine Verstimmung aufkommen zu lassen.

In Wahrheit ist er verwirrt, er weiß nicht, wie er diesen zweiten Pass einzuschätzen hat. Auf der anderen Seite hat selbst der Bundesgesundheitsminister heute vermutlich einen deutschen und einen vietnamesischen Pass. Wo ist also das Problem?

»Eine gelungene Eröffnungsfeier«, hört er sich sagen, während sie ihm Feuer gibt, er will möglichst unbefangen über das Wetter reden. Mit einem Mal denkt er, dass das zu verfänglich wäre, zieht an der Zigarette und hakt lieber unbedarft nach: »Da draußen steht eine Maschine aus Vietnam, sind Sie damit hier?«

Iris Köppke lacht unvermittelt laut auf. »Nein«, wehrt sie ab, »wirklich nicht, oder habe ich Schlitzaugen?«

»Im Gegenteil, sie haben wunderschöne Augen. Aber auch nicht jeder Deutsche mit türkischer Staatsangehörigkeit hat einen prachtvollen Schnauzbart.«

»Da haben Sie auch wieder recht«, gibt Iris zu und wechselt schnell das Thema. »Sagen Sie, haben Sie schon einen Rundgang gemacht? Ist es nicht ein wirklich interessantes Museum?«

»Überaus interessant«, stimmt ihr Leon wenig euphorisch zu, will aber an die zufällige Identität der Fliegerflagge und ihres Ausweises nicht ganz glauben. Trotzdem verabschiedet er sich: »Ich muss zu meinem Team, nochmals vielen Dank für Ihre Rauchersolidarität.«

Er verschwindet um die Ecke, wartet ein paar Sekunden und beobachtet dann, wie Iris telefoniert. Sie redet engagiert, fuchtelt mit ihren Händen durch die Luft, scheint verärgert und verlässt schließlich das Museum durch die großen Glastüren, die direkt auf den offiziellen Flugplatz hinausführen, auf dem original Schau-Exponate der Dornier-Flugzeug-Generationen stehen.

Leon sieht, wie Iris ein besonderes Interesse an den Dornier-Maschinen heuchelt, sich schnell umblickt und daraufhin sofort zielstrebig zu den parkenden Learjets eilt.

Leon schaut ihr gespannt nach und beobachtet, wie sie mit energischem Schritt auf die Maschine aus Vietnam zumarschiert. Die Tür neben dem Cockpit öffnet sich wie von Geisterhand und Iris Köppke huscht die bereitstehende Gangway hinauf.

Wenige Sekunden später sieht er einen Mann aus dem Flieger kommen, er schaut sich auf der Gangway um, als würde er sich vergewissern, dass Iris Köppke niemand gefolgt ist, dann geht er wieder zurück in das Flugzeug und verschließt die Tür von innen.

Leon schaut sich um. Niemand außer ihm scheint auf Iris Köppke geachtet zu haben. Er weiß nicht so recht, was er von der Szene halten soll.

Leon erinnert sich an Herbert Stengele. Er sieht das Bild vor sich, wie Iris Köppke den Mann nach draußen begleitet und hört noch einmal seinen letzten Satz: »Ohne mich geht nichts!«

Verdammt, denkt er und dreht schnell ab. Ohne sich offiziell zu verabschieden, verlässt er die Festgesellschaft. Er ahnt, dass Herbert Stengele in Schwierigkeiten stecken könnte. Iris Köppke ist ihm plötzlich nicht mehr geheuer. Er liest auf Stengeles Visitenkarte dessen Adresse und steigt hastig in seinen Wagen.

Die Waldsiedlung ist nicht weit. Herbert Stengele wohnt am Rande der Industriestadt in einer schmucklosen Neubausiedlung der 8oer-Jahre. Fertigteile auf die grüne Wiese gestellt, ein paar Bäume und Büsche angepflanzt und Fertiggaragen dazwischen platziert.

Leon prescht los, kurvt durch viele Straßen, die fast alle Namen der großen Gründerkapitäne des Zeppelinzeitalters tragen. Im Norden der Stadt findet er bald die Waldsiedlung und springt aufgeregt aus seiner Karre. Er schließt nicht mal ab, sondern rennt zur Klingelleiste des ersten Blocks, liest in der zweiten Reihe ›Stengele‹ und drückt den Klingelknopf.

»Ja«, tönt es lang gezogen aus dem Lautsprecherkasten neben der Tür.

»Ich bin's, Leon Dold, der Journalist.«

Der Türöffner summt.

Leon fällt ein Stein vom Herzen. Herbert Stengele steht in einer kurzen, hellen Sporthose und leichtem Sporthemd barfuß an der Tür. Er hat ein Glas Weißwein in der Hand und schwitzt.

Auch Leon schwitzt. Es ist schon fast 19 Uhr, aber das Außenthermometer zeigt noch immer über 30 Grad. Leon fährt sich mit dem Ärmel seines guten Hemdes über die Stirn, fächelt sich Luft zu und strahlt Herbert Stengele an: »Sie sind der Unruhestifter, der fast die gesamte Rüstungsindustrie auf den Kopf stellt?«

»Tja«, sagt Stengele niedergeschlagen, »das tut mir leid, das wollte ich wirklich nicht. Ich fühle mich wie der Zauberlehrling, und werde die Geister, die ich selbst rief, nicht mehr los.«

Er winkt Leon in seine Wohnung. Ein Violinkonzert ist zu hören. Stengele stoppt die CD, geht zu dem Couchtisch und schenkt auch Leon einen Weißwein ein.

»Danke«, sagt Leon und nimmt zwei kräftige Schlucke.

Ohne lange Einführung und etwas überraschend für Leon beginnt Herbert Stengele, seine Leidensgeschichte zu erzählen. Zunächst sein jahrelanges Forschen, dann endlich den Erfolg und die Anerkennung seiner Patente in Tokio, und dann die Hatz auf ihn in Moskau und jetzt auch am Bodensee sowie die vermutliche Ausspähung der NSA und der Nachbau auf dem Mauna Kea in Hawaii.

17

Björn Otto hat seine Freizeitkleidung angezogen. Eine Wisent Jeans, aus dem ehemaligen VEB Bekleidungswerk Templin, dazu ein Hawaiihemd wie Jürgen von der Lippe. Er ist gut gelaunt und schüttet sich einen Drink nach dem anderen in den Schlund. »Stell die Klimaanlage höher«, gibt er dem Kapitän seiner Privatmaschine Anweisung, »das ist hier eine Hitze, fast wie in Ho-Chi-Minh-Stadt.«

Der ehemalige Stasiagent sitzt in einem Learjet mit vietnamesischem Heimathafen, aber mitten auf dem Bodenseeairport in Friedrichshafen. Um ihn ist ein voll funktionsfähiges Büro installiert. Die Monitore flimmern, auf einem ist Herbert Stengele zu erkennen, auf dem anderen Tabellen und Zahlenreihen.

»Der Auftrag ist klar und deutlich formuliert«, sagt er, »die Chinesen bezahlen pünktlich und gut, wir brauchen diesen verdammten Spiegel, und wenn es sein muss, diesen Stengele dazu.«

Ihm gegenüber hat ein gut gekleideter Herr in einem sommerlichen Anzug, kurz rasiertem Oberlippenbart, einer großen, dunklen Hornbrille und grau melierten, halblangen Haaren Platz genommen. In einem kaum wahrnehmbaren, bayerischen Akzent lacht er: »Du hast deine Figuren positioniert und die Chinesen bezahlen besser als meine Iraner, also: Wo ist das Problem?«

»Können wir nicht an beide verkaufen? Du hast doch den Iran-Deal in der Tasche.«

»Die Amerikaner mauern und das Bundeskanzleramt will keinen Alleingang. Das Wirtschaftsministerium warnt, zu viele Aufträge in Zusammenhang mit dem SDI-Programm seien in Gefahr, selbst meine guten Kanäle in Berlin zögern.«

Björn Otto wägt ab. Er schaut seinem Gesprächspartner in die Augen: »Herr Stocks, wir kennen uns seit der Wende, wir wollen doch beide kein Geld auf der Straße liegen lassen. Wenn ich Stengele habe, dann sollten wir ihn doppelt melken, das ist doch klar.«

Holger Stocks lacht: »Ich bin nur ein kleiner Handelsvertreter. Ich gebe weiter, was ich in den Händen halte. Ich denke, wir warten ab, bis wir über die Patente und diesen Stengele verfügen.«

»Okay, wir bleiben in Kontakt. Ich fliege morgen früh zurück nach Ho-Chi-Minh-Stadt und habe«, dabei lächelt Björn Otto siegessicher, »alles in meinem Gepäck.«

»Ich komme gerade aus Berlin und bin hundemüde. Ich werde versuchen, sofort eine Starterlaubnis zu bekommen und fliege weiter nach Zürich. Wir sehen uns, je nach Gelingen, nächste Woche in Ho-Chi-Minh-Stadt.« Holger Stocks steht auf, zieht seinen Kopf etwas ein, um nicht an die Deckenbeleuchtung zu stoßen, und verlässt das Bordbüro von Björn Otto, dem Chef des Datenverarbeitungsunternehmens DigDat in Ho-Chi-Minh-Stadt. Im Vorzimmer trifft er auf eine attraktive, brünette Dame, Anfang 40, aber mit einer Traumfigur, die ihn an eine Sanduhr erinnert. Er lächelt ihr breit zu und lässt sich von einem Steward auf die Gangway führen.

Die attraktive Dame, Iris Köppke, steht auf, geht in das Chefzimmer und küsst Björn Otto auf beide Wangen.

Otto lächelt müde und deutet ihr, sich auf die Couch neben seinen Schreibtisch zu setzen. »Mädchen, das hast du gut gemacht«, grinst er Iris anzüglich an, »geht doch nichts über eine grundsolide Ausbildung bei Papa Erich.«

»Noch haben wir nicht gewonnen, aber Markus lässt sich gut führen, anders als sein Vater«, stöhnt sie, »der wollte nur bumsen, seine Geschäfte machte er allein, und er erzählte mir einfach zu wenig.«

»Selbst schuld«, stößt Otto hervor, »das hat er mit dem Leben bezahlt.«

»Haben wir quittiert?«, fragt Iris Köppke bestürzt.

»Bei uns heißt das ›liquidiert‹«, lacht Otto herzhaft und beruhigt seine Mitarbeiterin. »Nein, Julia, wir haben deinen Romeo nicht erschossen, glaube mir, ich weiß nicht, wer da noch mitspielt, ist aber auch gleichgültig, solange du uns Ödipus nun nach Hause führst.«

Ein Handy klingelt. Iris Köppke schaut auf ihr Display. »Markus«, liest sie, »soll ich drangehen?«

Otto nickt und brummelt: »Selbstverständlich, das ist unser Mann!«

Iris räuspert sich und nimmt ab. »Markus, ich habe dir doch von einem Interessenten erzählt, ich sitze gerade bei ihm, willst du nicht hinzukommen?«

Kurz darauf nickt sie und antwortet: »Du bist wieder im Museum, dann bist du nicht weit weg von uns. Geh durch die Ausstellungshalle zu den Exponaten auf dem Rollfeld, da stehen die geparkten Jets der Besucher. Eine weiße Maschine hat eine rote, vietnamesische Flagge am Heck, die Gangway steht davor, da gehst du hoch.«

Sie nickt wieder und haucht sanft: »Ich dich auch.« Mit einem siegessicheren Lächeln auf den Lippen legt sie auf. »Der arme Kerl«, zwinkert sie ihrem Chef zu, »der hatte wohl noch nie eine richtige Frau im Bett.«

»Na, dann ist er bei dir an der richtigen Adresse«, grunzt Otto gehässig, »eine liebevollere Bezahlung für seine Dienste als deine Künste kann ich mir gar nicht vorstellen.«

Iris Köppke schaut Otto verächtlich an, in seinem

Gesicht bleibt das unverfrorene Lachen. »Meine Liebe, sei nicht prüde«, reagiert er forsch, »du kennst dich doch in der griechischen Mythologie aus. Ich weiß ja gar nicht, wie du wirklich heißt, aber als Julia hast du unseren Romeo geliebt, als Iokaste den jungen Kluge, aber Iris ist nun mal die Friedhofsblume, sodass wir endlich im letzten Kapitel dieser Geschichte vielleicht deinen wahren Namen erfahren werden.«

»Was soll das heißen?«

Otto zuckt die Schultern.

»Wenn Markus etwas passiert, war dies mein letzter Auftrag, den ich für dich erledigt habe.«

»Du solltest deine Professionalität nicht verlieren«, raunzt Otto. »Liebe ist dein Business, nicht dein Leben.«

Da klopft es an die Tür, Markus tritt ein, Iris Köppke geht rasch auf ihn zu, küsst ihn auf die Lippen und stellt ihn Björn Otto vor.

»Freut mich sehr«, begrüßt Otto ihn freundschaftlich, »setzen Sie sich, junger Mann. Einen Scotch?«

»Gern, mit viel Eis«, bestellt Markus und strahlt Iris an.

»Reden wir nicht lange drum herum«, kommt Otto sofort zur Sache, »Sie haben etwas anzubieten, wir wollen es kaufen.« Dabei gießt er drei Gläser Whisky ein.

Markus Kluge lächelt überlegen. Er denkt, er ist Herr des Verfahrens und antwortet cool: »Das möchten viele.«

»Quatsch, Ihre Sprüche können Sie sich sparen«, grätscht Otto sofort dazwischen und lässt das Eis in die Gläser fallen. »Haben sich die Iraner wieder bei Ihnen gemeldet? Wohl kaum! Also, wer ist noch bereit, zu kaufen? Die Amerikaner?« Er lacht hämisch und stellt die Gläser auf den kleinen Besprechungstisch. »Der Präsident hat sich für das 21. Jahrhundert mit seinem neuen System eingedeckt, wie auch immer.«

Markus springt erregt auf, er schaut Iris ungläubig an. »Was hast du ihm erzählt?«, fragt er sie aufgebracht.

»Nichts, mein Lieber, gar nichts«, antwortet sie mit sanfter Stimme, »du musst wissen, Björn Otto hat seine eigenen Quellen. Ich bin auf deiner Seite, ich möchte euch beide nur miteinander bekannt machen. Du willst verkaufen, er will kaufen, das ist alles, was ich zu sagen habe.«

Markus blickt wütend und verunsichert zu Björn Otto. Der geht an seinen Schreibtisch und öffnet an einem seiner Bildschirme verschiedene Seiten. Dann winkt er Markus zu sich. »Schauen Sie, junger Mann«, erklärt er herablassend, »so wurde Ihr Vater im See gefunden.«

Auf dem Bildschirm sieht man Matthias Kluge, das Gesicht nach unten im Wasser treibend. Otto klickt ein Bild weiter, Matthias Kluge liegt auf einer Bahre, die Schusswunde mitten auf der Stirn ist sichtbar.

Otto, als ehemaliger Stasiagent, weiß, wie man Verhöre führt. Subtil verunsichert er Markus. Es gilt, seine Selbstsicherheit zu brechen. Er fährt mit der Maus an das Einschussloch und vergrößert es auf dem Bildschirm. Dabei beobachtet er Markus, sieht, wie sich dieser abwendet.

Otto grinst siegesgewiss. »Und hier sind einige Kontoauszüge Ihres Vaters, Gott hab ihn selig! Und von Ihrer Mutter, die den Schuldenberg irgendwie abtragen sollte. Oder wie stellen Sie sich das vor?«

Auf einer neuen Seite klickt Otto gelassen einige Kontostände der verschiedenen Banken durch. »Ihre Frau Mama führt einen noblen Lebenswandel.« Der Bildschirm zeigt nicht unerhebliche Abbuchungen eines internationalen Kreditkarteninstituts. »Wenn Sie dafür aufkommen wollen, sollten Sie keine allzu hohen Anforderungen an uns stellen. Sie wissen doch: Lieber den Spatz in der Hand, als die Taube auf dem Dach!«

Markus richtet sich auf. So leicht lässt er sich nicht erniedrigen. Er steht aufrecht vor Otto und sagt deutlich und scheinbar unbekümmert: »Zehn Millionen werden die Iraner überweisen. Wenn Sie schon so schlau sind, dann wissen Sie auch, dass dieser Betrag nur eine Anzahlung ist. Schließlich werden wir als Berater während des Baus hinzugezogen.«

»Ach so«, lächelt Otto süffisant, »was sagt denn das Bundesausfuhramt dazu?«

»Lassen Sie das mal unsere Sorge sein, wir haben unsere Wege.«

»Ja, ja, der Herr Stocks«, lächelt Otto weise.

Markus fährt bei diesem Namen herum und schaut ungläubig zu Iris.

»Nein, Frau Köppke können Sie vertrauen. Herrn Stocks dagegen weniger«, lacht Otto souverän. »Schade, dass Ihr Vater Ihnen keine Tipps mehr geben kann. Er wusste, wie man gemeinsam auf dem Markt agiert. Glauben Sie mir. Mit uns haben Sie den Deal schnell unter Dach und Fach. Wir machen einen Vertrag, Sie geben uns offiziell die Patente, dann müssen wir uns immer noch mit diesem Herrn Stengele herumschlagen.« Dabei öffnet er das nächste Fenster auf seinem Bildschirm und Markus sieht Herbert mit seinem Spiegel-Modell. »Einfach ist die Sachlage nicht, aber mit uns gelangen Sie am sichersten zu Ihrem Geld.«

»Ich brauche Zeit, ich muss mir das überlegen«, sucht Markus einen Ausweg aus der verzwickten Situation. Er fühlt sich unwohl, fast gefangen, der Kerl mit seinem leicht sächsischen Akzent weiß mehr, als ihm recht ist. Er fühlt sich ihm unangenehm ausgeliefert. Wieder hat er die Bilder seines toten Vaters vor seinen Augen und die Kontoauszüge seiner Mutter. Wenn er diesen Deal nicht schafft, steht er mit leeren Händen da. Aus dieser Position heraus führt man keine Verhandlungen, das ist ihm klar, aber wie soll er seine missliche Lage ändern? Was weiß dieser Mistkerl noch? Was haben ihm Stocks oder Iris alles verraten?

Iris Köppke spürt Markus' Zaudern und Unbehagen. Sie steht auf, nimmt ihn bei der Hand und bittet Björn Otto: »Lassen Sie uns ein paar Minuten allein.« Gleichzeitig schiebt sie Markus vor die Bürotür.

»Was weiß der Arsch über mich, was hast du ihm erzählt?«, fährt Markus sie ungehalten an.

Sie lächelt nachsichtig. »Mein Lieber, glaubst du etwa, ich habe ihm die Polizeifotos von deinem ermordeten Vater gegeben? Die Konten deiner Eltern ausgespäht? Oder denkst du, er nennt Stocks wie einen alten Bekannten, weil er den Namen gerade von mir erfahren hat?«

Markus schaut Iris unsicher an.

»Schau mal, Liebster, wie dieser Mann hier residiert. Der braucht weder mich noch Stocks. Er verfügt über ganz andere Mittel und Wege, um an Informationen zu gelangen. Meinst du, die Chinesen schicken einen Anfänger los, wenn sie eine so entscheidende Waffe auf dem Weltmarkt einkaufen wollen?« Dabei nimmt sie Markus sachte in ihre Arme, drückt ihn wie eine Mutter an ihre Brust, streichelt seinen Nacken und haucht ihm ins Ohr: »Ich will dich!«

Dann lächelt sie ihn an, schaut ihm in die Augen, küsst ihn auf die Nase und sagt: »Du willst die Patente verkaufen, du! Mir ist das gleichgültig, ich habe nichts davon. Du musst wissen, was du willst. Und du solltest aus meiner Sicht Herbert Stengele mit ins Boot nehmen. Nur so kannst du souverän verhandeln. Der Mann will zunächst die Patente, um sie – an wen auch immer – weiterzuleiten; und zweitens verkaufst du ihm zusätzlich das Fertigungs-

Know-how, damit du länger im Geschäft bleibst und so noch mehr kassieren kannst.«

»Ich weiß doch gar nicht, ob ich Herbert dazu überreden kann, in dieses Geschäft einzusteigen.«

»Wo ist der Unterschied für euch, ob Iran oder China?«

»Onkel Gunther«, überlegt Markus. »Zuerst hat er gezögert. Erst als dieser Stocks versprach, die Sache in Berlin zu klären, hat er dem Iran-Geschäft zugestimmt. Ich weiß nicht, wie er sich dem neuen Angebot gegenüber verhalten wird.«

»Onkel Gunther«, lacht Iris zynisch, »Herr Stocks. Was denkst denn du, was diese sauberen Herren wollen? Geld, sage ich dir, nichts als Geld!«

»Wir doch auch«, gibt sich Markus kleinlaut geschlagen.

»Eben«, lacht Iris, »deshalb werdet ihr euch ganz schnell einig sein, wenn Björn Otto einen handfesten Verkaufserfolg in Aussicht stellt. Wo ist das Problem, ob ihr an die Chinesen oder die Iraner verkauft?«

»Wir brauchen für die Chinesen keinen Stocks«, erkennt Markus, »Waffen an die Chinesen zu liefern, ist in einem Joint Venture leichter als in den Iran. Iran steht für die Amerikaner nun mal auf der Embargoliste.«

»Bingo!«, freut sich Iris und nimmt Markus wieder in ihre Arme, »du bist der Größte, es wird dein Verkaufscoup!«

Markus lächelt schüchtern, sieht Iris verlegen an und schmiegt sich an sie. Ängstlich wagt er dennoch zu fragen: »Er hat aber nicht meinen Vater auf dem Gewissen?«

»Nein!«, sagt Iris bestimmt und hält die linke Hand zum Schwur in die Luft, obgleich sie sich da nicht wirklich ganz sicher ist. »Nein«, wiederholt sie dennoch nochmals mit fester Stimme und erinnert sich selbst daran, dass Björn Otto

nach dem Mord gerätselt hat, wer noch alles an den Patenten interessiert sein könnte.

»Ich bin froh, wenn wir uns bald handelseinig werden.
Ich brauche einfach das Geld, um meine Mutter von unseren Schulden zu befreien«, gesteht Markus Kluge mit star-
rem Blick aus einem Seitenfenster des Fliegers, »aber dann
steig ich aus, aus diesem miesen Geschäft. Das ist nicht meine
Welt!«

18

Herbert Stengele redet sich frei. Er erzählt seine ganze Lebensgeschichte. Dieser Journalist hört geduldig zu, stellt hin und wieder eine Verständnisfrage. Endlich kann Herbert sich auskotzen, endlich kann er von seinem Verhältnis zu Matthias Kluge und Gunther Schwanke berichten, von wegen Freundschaft, das Tagesgeschäft und der ewige Streit um das Geld hatte ihre kameradschaftlichen Bande längst gesprengt: »Matthias ging es nur noch um den schnellen und möglichst hohen Abschluss, gleichgültig, was er verkaufte. Und Gunther hatte schon immer nur Dollarzeichen in den Augen.« Jede seiner Aussagen bekräftigt Stengele mit einem weiteren Schluck kaltem Weißwein.

Leon hält sich mit dem Trinken zurück. Er muss noch nach Hause fahren. Deshalb bleibt er beim für ihn freudlosen Mineralwasser und schielt zum Fernseher, der bereits lief, als er kam. Dabei sieht er den amerikanischen Präsidenten und die deutsche Bundeskanzlerin. Auch der Verteidigungs- und der Wirtschaftsminister stehen zum Gruppenfoto für die Journalisten bereit.

Leon greift zur Fernbedienung und stellt den Ton lauter. Auch Herbert Stengele dreht sich zu den Abendnachrichten im Fernsehen, nebenbei nimmt er einen weiteren kräftigen Schluck aus dem Weinglas.

Beide sehen zu, wie der US-Präsident und die Bundeskanzlerin gemeinsam ein Abkommen unterzeichnen. Der Wirtschaftsminister lächelt und erklärt in seinem Pfälzer Dialekt voller Stolz in die Kamera: »Dieses Abkommen verdeutlicht die Zusammenarbeit der USA und Deutschlands in dem Bestreben, gemeinsam für Frieden und Sicherheit in der Welt einzustehen.«

»Was haben die jetzt wieder verbrochen?«, fragt Herbert Stengele unwirsch und geht zu seinem PC. »Die Nachrichten im Fernsehen taugen lediglich für einen schnellen Überblick«, mosert er an Leons Adresse, »was wirklich in der Welt passiert, zeigt ihr doch längst nicht mehr.«

Leon hebt abwehrend seine Hände: »Ich bin dafür nicht verantwortlich. Vielleicht wollen die Zuschauer aber gar nicht mehr erfahren, vielleicht ist ihnen die Welt längst zu kompliziert geworden?«

Herbert Stengele ist mit seinen Gedanken wieder bei seinem Spiegel. Er hat im Internet den Passus der Vereinbarung, den die beiden Staatsführer eben unterschrieben haben, gefunden: »ITAR!« schreit er, »heißt der Unterwerfungsvertrag, den der Herr Wirtschaftsminister gerade hoch gelobt hat, ITAR.«

Leon tritt hinter Stengele und überfliegt die Abmachung: Die ITAR-Bestimmungen der Vereinigten Staaten beschränken den Export rüstungsrelevanter Artikel ins Ausland, auch die Weitergabe innerhalb der NATO-Staaten an Ausländer gilt als Export.

Und deutlich, explizit für alle Weltall-Technologien, besagt ein Passus: ›Die Zusammenarbeit zwischen ESA und NASA bei allen aktuellen Missionen ist genauso davon betroffen wie die Wartung von amerikanischen Militärflugzeugen durch die NATO-Partner.‹

»So ist das!«, schimpft Herbert Stengele, »wir sind die Befehlsempfänger der Amerikaner.« Dann atmet er tief ein und bläst seine Wangen auf, bevor er, mit einem hohen Pfeifton, die Luft wieder ablässt. »Jetzt kann Gunther einpacken. Er kann meine Patente nach diesem Abkommen nicht mehr verkaufen, an niemanden! Denn in der NATO herrscht die

USA, und die haben mir alles geklaut, die bauen meinen Spiegel längst im Mauna-Kea-Observatorium in Hawaii nach. Das war's dann.«

»Man könnte meinen, die Politik reagiert gerade parallel zu Ihren beziehungsweise Schwankes Bestrebungen, Ihre Patente zu verkaufen«, staunt Leon.

»Was heißt da ›parallel‹? Das SDI-Programm ist alt genug, es stammt noch aus der Reagan-Zeit, aber damals galt ein Krieg der Sterne für viele als Hirngespinst, jetzt wächst allerdings die reale Gefahr und die Einsicht: Es gibt keinen Krieg der Sterne, aber einen Krieg im All, und der ist in vollem Gang.«

»Leute wie Sie schüren ihn, bis vor ein paar Wochen habe ich mir darüber noch keine Gedanken gemacht, aber seit ich über Ihren Spiegel und Ihren toten Freund Kluge gestolpert bin ...«

»Pah! Lesen Sie keine Zeitungen, Herr Journalist?«, blafft Stengele. »Gerade haben die Amerikaner ein Raumschiff gestartet. Aber nicht die NASA, sondern die US-Streitkräfte. ›Space Plan‹ heißt das Kriegsschiff. Man muss das Kind eben beim Namen nennen. Der Krieg im All findet längst täglich statt.«

»Und Sie? Sie wollen daran verdienen.«

»Ja, das kann man mir vorwerfen«, gibt Stengele zögernd zu und nippt etwas zurückhaltender an seinem Glas, »aber zurück führt nun kein Weg mehr. Ich habe mir das auch anders vorgestellt.«

»Was haben Sie gedacht? Dass die Entdeckung des Alls ein Spaziergang ist wie das Suchen nach Pilzen im Wald? Schon nach der ersten Mondlandung haben die Amerikaner freimütig eingeräumt, es ginge um neue Bodenschätze und damit um die wirtschaftliche Überlegenheit gegenüber anderen Staaten, oder etwa nicht?«

»Oder um das Überleben der Menschheit, daran habe ich geglaubt.« Stengele schaltet den Fernseher aus und schaut Leon durchdringend an: »Glauben Sie mir, ich wollte keine Wunderwaffe mit solch einer entscheidenden Energiegewalt schaffen. Ich habe grundsätzlich keine Probleme, Satelliten für das Militär zu entwickeln, das ist schließlich in erster Linie mein Job bei Defensive-Systems. Aber der ZAS-Spiegel, das ist mein Baby! Ein Traum, dem ich mein ganzes Leben lang nachhechle.«

»Und jetzt? Jetzt ist Ihr Traum zu einem Albtraum geworden, so, wie Sie mir Ihre Lage schildern.«

»So ging es wohl auch schon anderen Erfindern vor mir«, lacht Stengele bitter, »nur, die haben dann wenigstens ihre Früchte ernten dürfen; wie Wernher von Braun. Er wurde sogar amerikanischer Ehrenbürger. Dabei hat er schonungslos die heutige Realität vorausgesagt: Seine militärischen Kampfstationen im All sind heute stationiert.«

»Wie meinen Sie das?«

»Was glauben Sie, was das Militär in der Raumfahrtstation ISS treibt? Auch die Chinesen haben jetzt ihre eigene bemannte Militärstation im Orbit. Längst gibt es Pläne, Bomben von den Raumstationen direkt auf die Erde zu schießen. Die neue Front im Weltraum existiert bereits in Form von Satelliten und Schutzsatelliten. Das Überwachungszentrum der USA, NORAD, kontrolliert jede Bewegung im All bis zur Größe einer Apfelsine.«

»Und wofür braucht es dann Ihre Laserwaffe?«, staunt Leon ungläubig.

»Im Innern meines Spiegels können sich bei diesem Ausmaß und Volumen Energien sammeln, die leicht in großer Ferne Aufklärungs-, Frühwarn-, Kommunikations- und Navigationssatelliten ausschalten. Und wenn die Wellenlänge geeignet gewählt ist, können Weltraum-Laserwaffen

Ziele in der Luft zerstören. Das könnten militärisch wichtige Einrichtungen sein oder aber, zurzeit das Ziel der Amerikaner, bedrohende Raketen aus den sogenannten Schurkenstaaten.«

»Sie sind über die Amerikaner verärgert, weil Sie denken, ihr Geheimdienst hätte Sie aufs Kreuz gelegt.«

»Nein, ich bin über alle Politiker verärgert, die eine zivile Nutzung und die Ressourcenschöpfung des Weltraums ihren militärischen Zielen unterordnen«, knurrt Stengele zerknirscht, »die gesamte Menschheit könnte in der für uns noch immer unermesslichen Weite des Alls Gewinner sein, aber leider geht es wieder nur um Bodenschätze und militärische Strategien.«

Er füllt sich erneut ein Glas, steht auf und spricht einen Toast auf sich aus: »Stengele, du hast eine Waffe entwickelt, die den Krieg im All revolutioniert – aber das erste Opfer bist du!« Schließlich beginnt er zu weinen.

Leon will die peinliche Szene übergehen und bleibt sachlich beim Thema: »Glauben Sie, dass die Amerikaner wirklich Ihre Patente haben?«

Stengele geht zurück zu seinem Schreibtisch, winkt Leon zu sich und zeigt ihm Bilder des neuen amerikanischen Weltraumteleskops. »Ein Durchmesser, der ohne meine Berechnungen und meinen neuartigen Glasschliff bisher unmöglich war«, versichert er wiederholt, »die Herren des NSA saßen hier und ich habe ihnen bereitwillig Auskunft gegeben. Danach haben sie in Frankfurt unseren Prototypen in die Luft gesprengt und den Spiegel selbst nachgebaut.«

»Lassen Sie uns da hinfahren und uns das anschauen«, schlägt Leon vor.

Herbert Stengele lacht: »Sie sind ja ein Spaßvogel. Die warten sicher auf uns. Wollen Sie dort einfach hineinmarschieren? Das ist militärisches Sperrgebiet. Da kommen wir nicht rein.«

»Dann stellen wir eben eine Anfrage an das Pentagon«, bleibt Leon trotzig.

Stengeles Augen flackern belustigt. Er lacht noch immer, schaut sich in seinem Zimmer um und ruft: »Habt ihr das gehört? Wir kommen nach Hawaii, dort werden wir euren neuen Spiegel auseinandernehmen.«

»Mit wem reden Sie?«

»Mit Mr Miller und Mr Blue«, lacht Stengele gehässig, »meine zwei Freunde bei der NSA.«

Leon ist irritiert, ist der Mann jetzt gänzlich übergeschnappt oder nur betrunken?

»Was glauben Sie, wo Sie hier sind?«, lacht Stengele noch lauter und setzt die leere Flasche Wein an, um die letzten Tropfen auszutrinken. »Bei Defensive-Systems, in meinem Hotel in Tokio oder hier: Ich werde doch längst auf Schritt und Tritt überwacht und abgehört.« Er stellt die leere Flasche auf den Tisch, legt beide Hände wie ein Megafon an den Mund und ruft: »Haben Sie gehört, Mr Miller? Wir kommen!«

Ein greller Klingelton schrillt durch die Wohnung. Stengele lacht weiter: »Ha, jetzt spazieren die Herren gleich zur Tür herein.«

Er öffnet seine Wohnungstür und sagt beschwingt: »Kommen Sie herein, Mr Miller.« Iris Köppke und Markus stehen im Treppenhaus. Markus macht einen unsicheren Eindruck, Iris strahlt Stengele an: »Geht es dir besser?«, fragt sie, nimmt ihn in den Arm und küsst ihn links und rechts auf die Wange.

»Das lass ich mir gern gefallen«, schäkert er und zwinkert Markus zu: »Du hast eine tolle Freundin, gratuliere!«

Iris betritt leichten Schrittes die Wohnung, stutzt aber

kurz, wie sie Leon sieht, behält trotzdem ihre freundliche Art bei und wirft ihm einen Luftkuss zu: »Macht ihr beiden hier eine kleine Party?«

»Herr Stengele vielleicht«, wehrt Leon ab, »er ist gut drauf, das könnte auch an Ihrer Betreuung liegen.«

Iris Köppke geht durch den Raum, als würde sie ihn inspizieren, und fragt wie nebenbei: »Und da feiert ihr zu zweit oder ist noch jemand hier?«

»Ich«, antwortet Leon gespielt entrüstet, »mit mir lässt es sich gut feiern.«

»Das werden wir ja sehen«, spaßt Iris offensichtlich vergnügt weiter und sieht sich im Badezimmer um.

Herbert Stengele hat seinen Arm um die Schultern von Markus gelegt, führt ihn zur Hausbar und reicht ihm zwei weitere Weingläser. Dann sieht er die leere Flasche vor Leon, stöhnt, lässt Markus stehen und geht in die Küche, um eine neue zu holen.

Markus schaut Leon feindselig an: »Was machen Sie hier? Die Dornier-Party ist zu Ende.«

»Es findet sich immer ein Fläschchen, das geleert sein will«, gibt Leon ungerührt zurück. »Im Übrigen platzen Sie in ein Gespräch, ein bisschen Zurückhaltung würde Ihnen gut anstehen.«

Markus lacht auf: »Sie müssen mir keine Anstandsregeln beibringen, Sie nicht!« Erbost macht er einen Schritt auf Leon zu: »Ich schleiche nicht nachts wie ein Dieb um fremde Häuser, was hatten Sie da eigentlich bei meinem Onkel zu suchen?«

»Sie!«, geht Leon aus seiner Deckung. »Sie haben mich direkt zu ihm geführt. Dumm gelaufen für Sie, aber mein Kameramann hat beobachtet, wie Sie mit Ihrer Jacht von dem Motorboot der drei Iraner weggedüst sind, kurz bevor es in die Luft geflogen ist.« Leon ist, während er Markus seine Anschuldigung an den Kopf wirft, aufgestanden und auf den jungen Mann zugegangen. »Und dann haben Sie sich mit diesem anrüchigen Waffenschieber Stocks bei Schwanke getroffen, vielleicht geben Sie mir für all die Ungereimtheiten eine Erklärung?«

Markus Kluge packt Leon, an diesem Tag zum zweiten Mal, am Kragen seines Revers. »Du mieser Schnüffler«, presst er zwischen den Zähnen hervor, »jetzt bist du zu weit gegangen.«

»Oder du? Als du deinen eigenen Vater umgebracht hast?«

Der erste Faustschlag trifft Leon in den Magen, der zweite ins Gesicht, dann werden ihm die Beine weggetreten und bevor er sich wehren kann, liegt er flach auf dem Boden von Stengeles Wohnzimmer.

»Hör auf«, hört er Iris befehlen.

Auch Herbert Stengele eilt hinzu und reißt Markus von Leon los. »Was ist denn in dich gefahren?«, brüllt er ihn an und schiebt ihn weiter von Leon weg.

Leon richtet sich mühsam auf, will die Situation nutzen und schüttet nochmals Benzin ins Feuer: »Ich muss wohl irgendwie den Nagel auf den Kopf getroffen haben, dass der junge Mann so ausrastet. Jedenfalls habe ich gesehen, dass er auf dem Boot der Iraner war, kurz bevor es in die Luft geflogen ist. Und da stellt sich logischerweise die Frage: Hat der Junge auch mit dem Tod seines alten Herrn zu tun?«

Markus will erneut auf Leon losgehen, aber Iris Köppke beruhigt ihn und fragt Leon listig: »Interessant, Herr Journalist, was haben Sie denn noch in Erfahrung gebracht?«

Leon wird es heiß, er checkt, dass er sich in eine ungemütliche Lage hineinmanövriert hat. Verdammt, hätte er doch nur seine Klappe gehalten. Letztendlich werden die drei zusammenstehen, das ist ihm klar. Also muss er versuchen, den Gastgeber auf seine Seite zu ziehen: »Herr Stengele, haben Sie nie überlegt, warum all die Bemühungen, die Sie oder zuvor Ihr Freund Matthias Kluge unternommen haben, Ihre Patente zu verkaufen, immer zielgerichtet torpediert wurden, und zwar immer exakt vor dem endgültigen Abschluss? Warum musste Matthias Kluge sterben? Weil die Iraner unterschreiben wollten. Und wer konnte von der Vertragsunterzeichnung wissen? Wie auch vom zweiten Versuch auf dem Bodensee? – Nur Markus! Den ich wenige Tage nach dem Tod seines Vaters in Schwankes Zimmer angetroffen habe, wobei er Herrn Schwanke unmissverständlich klarmachte, dass er, und nur er, die Patente verkaufen würde.«

Herbert Stengele schaut unsicher zu Markus. Dieser grinst spöttisch. »Onkel Herbert, lass dich nicht hinters Licht führen von diesem Arsch. Ich und meinen Vater umbringen! Du weißt selbst, wie absurd und unverschämt diese Unterstellung ist.«

»So kommen wir nicht weiter«, reißt Iris Köppke das Heft erneut an sich, »ich denke, Herr Dold, dass Sie jetzt besser gehen, Ihre Vorwürfe lassen jeden Anstand vermissen. Bitte verlassen Sie Herrn Stengeles Wohnung!«

Leon schaut zu Herbert Stengele. Er hat keine Lust, die Situation ungenutzt verstreichen zu lassen. Er hat schon ein paar Keile einstecken müssen, jetzt will er ein Ergebnis. »Vielleicht sollten lieber Sie gehen, ich stecke gerade mitten in Reisevorbereitungen mit Herrn Stengele. Wir haben noch einiges zu besprechen, wenn ich mich recht erinnere, sind Sie hier hereingeplatzt.«

Markus will schon wieder auf Leon losgehen, aber diesmal ist er darauf gefasst und reagiert mit einer Abwehrhaltung.

Iris mischt sich laut ein: »Schluss jetzt!«, herrscht sie

beide an. »Wohin wollen Sie denn verreisen?«, schaut sie Leon herausfordernd an.

»Nach Hawaii«, platzt es aus Herbert Stengele, »Herr Dold will sich im Observatorium auf dem Mauna Kea meinen Spiegel ansehen und ihn für das Fernsehen aufnehmen. Damit werden wir beweisen, dass die Amerikaner meine Patente verletzt haben und meinen Spiegel nachbauen.«

Iris Köppkes freundliche Art schlägt um, ihre Augen werden finster. »Herbert, schlag dir das aus dem Kopf, wir werden deine Patente verkaufen, verlass dich auf uns.« Dann ändert sich ihr Gesichtsausdruck und ihr freundliches Wesen gewinnt wieder die Oberhand: »Deshalb, mein Lieber, sind wir zu dir gekommen. Lass uns das alles in Ruhe besprechen. Du wirst deine Anerkennung bekommen und das Geld, alles wird gut. Vertraue uns.«

»Ich habe keine Patente mehr zu verkaufen, liebe Iris«, lacht Stengele bissig, »das ist doch alles solch ein Quatsch, wenn ich das schon höre, Patentamt! Damit habe ich erst alle meine Berechnungen öffentlich gemacht und die Amerikaner haben sie einfach abgepinnt.«

»Und du hast ihnen alles Nötige dazu erklärt«, erinnert Iris den Erfinder an den Besuch der NSA-Agenten.

»Und wenn schon, jetzt ist meine jahrelange Arbeit allen bekannt, und die Amerikaner haben, was sie wollen«, erklärt er trotzig. »Und zu allem hin, habt ihr das gerade in den Nachrichten gehört? Ich darf meine eigenen Berechnungen niemandem mehr außerhalb der NATO anbieten. Niemandem! Und die NATO hat längst, was sie will. Also?«

»Lass das unsere Sorge sein, Herbert«, erwidert Iris eindringlich, »wir haben einen Interessenten, der gut bezahlt. Er will nicht nur deine Patente, darauf würde er wahrscheinlich scheißen, das stimmt, sondern er will dich, weil er weiß, nur mit dir hat das Projekt Erfolg. Du bist gefragt, an dir hat er Interesse!«

Herbert Stengele lächelt müde. »Wer soll denn das sein? Ahmadinedschad?«

»Nein, Hu Jintao«, gibt Iris retour.

»Wer?«, fragt Stengele.

»Die Chinesen! Wir fliegen mit dir nach Ho-Chi-Minh-Stadt, alles Weitere wirst du sehen.«

Herbert Stengele wird leichenblass, sein Lachen verschwindet plötzlich. Er fährt sich mit der Hand über seinen Kopf, nimmt die Brille ab, massiert sich die Nasenwurzel, die Stirn. Offenbar rebelliert sein Magen, er rennt zur Toilette und übergibt sich.

Leon schaut ihm verwundert nach, will etwas sagen, doch er kommt nicht mehr dazu, er verspürt im selben Augenblick einen schweren Schlag auf seinen Kopf, sieht viele bunte Sternchen, wie sie Stengele gern im Weltall entdecken würde, und schlägt hart auf dem Boden des Wohnzimmers auf.

»Das war allerhöchste Zeit«, zischt Iris Köppke und zwinkert Markus zu, der Leon mit dem Boden der leeren Weinflasche eins über den Schädel gezogen hatte. »Du holst Herbert aus der Toilette, ich verarzte den Journalisten-Schnüffler und dann nichts wie weg hier, wir haben nicht mehr viel Zeit.«

19

Kommissar Horst Sibold sitzt derweil in Friedrichshafen im ›Goldenen Rad‹. Die Kollegen des Sondereinsatzkommandos des BKA haben sich dort einquartiert. Jeden Abend treffen sie sich vor dem Vier-Sterne-Hotel in der Fußgängerzone, wenige Meter von der Promenade des Bodenseeufers entfernt. Es ist nur noch ein kleiner Trupp von Bundesbeamten, die am See geblieben sind, die meisten Mitglieder der einberufenen Sonderkommission sitzen wieder in ihrer Zentrale in Wiesbaden und Berlin.

Horst Sibold hat sich als eingefleischter Petrijünger einen Bodenseefelchen nach Matjesart servieren lassen, eine Spezialität des Hauses.

»Rein statistisch werden 95 Prozent aller Morde bei uns aufgeklärt, das ist doch was«, ereifert sich ein Kollege neben Sibold, »fast alles Beziehungstaten, selbst nach jedem Raubmord haben wir genügend Hinweise und Spuren, die uns zu den Tätern führen. Allerdings ist das manchmal nicht so einfach. In diesem Fall fehlt uns nach wie vor das Motiv oder sagen wir, es ist sehr vage.«

Kommissar Horst Sibold mustert seine Kollegen der übergeordneten Behörde. »Wir waren uns schon einig, als ich abgezogen wurde«, stochert Sibold unablässig weiter, »dass ein ausländischer Geheimdienst seine Finger im Spiel hat. Wir haben eindeutige Hinweise, dass ehemalige Stasi-mitarbeiter hinter der Exekution stehen könnten.«

»Schön wär's gewesen«, antwortet der ältere Kollege in der Runde in hörbar sächsischem Dialekt und greift zu der Flasche Müller-Thurgau im Weinkühler auf dem Tisch,

»aber glauben Sie uns, Herr Sibold, das war eine Hypothese, die wir nur nach Sachlage der ersten Anzeichen vor Ort aufgestellt hatten. Leider haben sich für diese Vermutungen keinerlei weitere Hinweise gefunden. Rein gar nichts, auch nicht in unseren Archiven oder bei unseren einschlägig bekannten ehemaligen Stasimitarbeitern.« Ungeschickt füllt er sein Weinglas und lässt die Flasche mit einem Krachen in die Eiswürfel des Kühlers zurückfallen.

Seine Kollegen schmunzeln, heben ihre Gläser und prosten dem betagten Kollegen zu. Der Jüngste von ihnen sagt frech in seine Richtung: »Und das müsstest du doch wissen, Onkel Mielke.«

Horst Sibold überhört höflich den bissigen Tonfall gegenüber dem älteren Kollegen aus Sachsen und prostet mit seinem Mineralwasser in die Runde. »Wenn es nicht die Stasi war, es sich aber offensichtlich um einen geplanten Waffenverkauf von Kluge handelte – ein anderes Motiv gibt es ja nicht –, welcher Geheimdienst könnte sonst Interesse an Kluges Tod haben?«

»Kollege Sibold«, ätzt ein weiterer Beamter der Runde, »schauen Sie, wir machen den ganzen Tag nichts anderes, als genau dieser Frage nachzugehen. Nach Dienstschluss aber, da genießen wir den Feierabend, sitzen hier in dieser schönen Seestadt, flanieren über die Promenade und versichern unseren Lieben zu Hause, dass wir bald heimkommen werden. Und genau das haben wir auch vor.«

Horst Sibold wehrt mit der linken Hand ab, mit der rechten streicht er unbeholfen und ohne Ziel über seinen breiten Schädel, lächelt bescheiden, schiebt seinen leeren Teller weg und entschuldigt sich: »Liebe Kollegen, ich verstehe Sie. Aber versetzen Sie sich einmal in meine Lage: Was soll ich denn diesem Herrn sagen, der behauptet, er habe den Sohn des ermordeten Kluge von einem Motorboot wegfahren sehen, das wenige Minuten später explodierte und auf dem drei Menschen starben?«

»Iraner«, lacht einer.

»Bitte«, wirft der ältere Kollege entrüstet ein.

»Ist doch wahr«, gibt der Zurechtgewiesene zurück, »wir sitzen hier beim Feierabendwein. Den ganzen Tag diskutieren wir über nichts anderes. Mir können die Iraner oder Israelis allesamt den Buckel runterrutschen. Bei den ganzen Anweisungen, die wir bekommen, in welche Richtung wir nicht ermitteln sollen und in welche doch, da kann eine Tat nie aufgeklärt werden!« Er nimmt einen großen Schluck Weißwein und richtet deutlich an Sibolds Adresse: »Warum, glauben Sie, hat man Sie abgezogen?« Ein zynisches Lachen verlässt seine Lippen. »Weil Sie ohne Anweisungen ermitteln. Das tun wir nicht. Wir trinken lieber einen, also zum Wohl!«

Jeder in der Runde schaut auf das Glas vor sich. Niemand antwortet. Die Sonne über dem See geht langsam unter, die Schatten in der Fußgängerzone werden länger. Ein paar Jugendliche radeln am Hotel vorbei. Eine Polizeistreife fährt langsam hinter ihnen her.

Horst Sibold räuspert sich und wagt einen letzten Versuch: »Kollegen, ich verstehe Sie ja, aber, verdammte Scheiße, kann es angehen, dass ausländische Geheimdienste sich nicht an unsere Gesetze in Deutschland halten müssen?«

»Wenn sie in unserem Sinne handeln«, lächelt der ältere Beamte süßlich, »warum denn nicht?«

»Dann müssen sich unsere nicht ihre Finger schmutzig machen«, jubelt der Jüngere wieder frech. »Alla, do bschdelle ma noch ä Flasch«, beschließt ein zurückhaltender Kollege, der bislang den ganzen Abend kein Wort von sich gegeben hatte. »Schließlich koschd jedi Flasch nur de Einkaufspreis unn mer zahle nur's Korkgeld uff. Ä schpitze Idee. Kenne mer dehäm in de Palz iwwernemme.«

»Fällt bei Ihrem Mineralwasser nicht so ins Gewicht«, gluckst der Scherzbold der Runde, »der Schraubverschluss Ihres Krawallwassers hat keinen Kork.« Er prustet noch lauter und hebt Sibolds Mineralwasserflasche für alle sichtbar in die Höhe.

»Sie glauben, dass die Israelis dahinterstecken?«, lässt Sibold sich nicht auf das Geplänkel ein, »hinter beiden Fällen? Hinter Kluge und dem Motorbootanschlag?«

»Herrgott ja«, platzt es schließlich aus dem Älteren heraus, »ich denke, Sie sind Beamter, Polizeibeamter? Glauben Sie, was Sie wollen, von mir aus sind Sie Mohammedaner oder Katholik. Himmelherrgottsakrament, wir glauben nichts! Wir ermitteln, soweit dies möglich ist und soweit wir unserem Staat dienen, das ist unser Job! Dabei achten Sie bitte immer auf eines: Jede Ermittlung, nicht jede Wahrheit dient dem Staat!«

»Verstehe schon«, versucht Sibold zu beschwichtigen.

»Gar nichts verstehen Sie!« Der BKA-Beamte wird immer lauter. »Sonst hätten wir Sie nicht nach Hause schicken müssen! Aber gehen Sie mal davon aus, dass die übergeordneten Stellen wissen, was wir zu tun haben, und genau deren Anweisungen befolgen wir. Und ob Israeli oder Ami, genauer Mossad oder NSA oder CIA, sie sind für uns alle tabu. Punkt.«

»Also doch!«, seufzt Sibold und trinkt sein Wasserglas leer.

»Himmelherrgottsack ja!«, brüllt sein Kollege ärgerlich und setzt unmissverständlich hinzu: »Ihr Krawallwasser bezahlen wir, einen schönen Abend, Herr Kollege!«

20

Leon öffnet die Augen, Sonnenstrahlen fallen in sein Gesicht. In seiner Nase hat sich ein unangenehmer Geruch eingenistet, sowie ein fahler Geschmack im Mund. Er will sich bewegen, kann aber seine Hand nicht zum Kopf führen, will sich umdrehen, doch seine Glieder sind fixiert. Auf seinem Mund klebt ein Pflaster, er kann nur durch die Nase atmen. Dabei riecht er diesen abgestandenen Gestank unentwegt. Chloroform, wird es ihm bewusst. Dunkel erinnert er sich an das Geschehene, jetzt erst ist ihm klar: Er ist gefesselt.

Er schaut sich hilflos um, sieht die Welt aus der Käferperspektive, über sich der kleine Couchtisch und die leeren Weißweinflaschen. Das Treffen mit Herbert Stengele kommt ihm wieder in den Sinn, die Ankunft von Markus Kluge und Iris Köppke. Verdammt, die hatten ihn in Stengeles Wohnung niedergeschlagen! Noch einmal sieht er Iris Köppke vor sich, wie sie ihn anstarrt, kurz darauf kommt der Schmerz in seinem Schädel und die Kopfschmerzen hauen ihn erneut fast um.

Erschöpft, mut- und hilflos fallen ihm die Augen zu, doch er will sich der Ohnmacht des Chloroforms nicht mehr hingeben, er muss sich aus dieser Situation so schnell wie möglich befreien. Wo ist Herbert Stengele?, fragt er sich besorgt. Sein Hirn startet bei Null, läuft jedoch schnell auf Hochtouren. Drei Fragen drängen sich auf: Wo sind die drei hin? Was haben sie vor? Ist Herbert Stengele in ihrer Gewalt?

Er versucht sich zu bewegen, seine Lage zu verändern, zu robben, doch er ist an der Couch festgezurrt und kann sich keinen Zentimeter von ihr wegbewegen. Seine Hände sind auf den Rücken gebunden. Lang gestreckt liegt er auf dem Boden, wie ein liegen gelassener, zusammengerollter und zusammengeschnürter Teppich.

Um Hilfe rufen funktioniert nicht, wenn er sich zu heftig bewegt, benötigt er zu viel Sauerstoff und ihm würde die Luft ausgehen. Plötzlich überkommen ihn Atemnot und Erstickungsangst. Schnell realisiert er seine aussichtslose Lage und bleibt ängstlich ganz ruhig liegen, vermeidet jegliche körperliche Anstrengung. Einatmen – ausatmen, verordnet er sich, gaaanz ruhig, gaaanz tief, wie lange, weiß er nicht, dann schläft er wieder ein.

Ein greller Schrei weckt ihn erneut. Zuerst sieht er nur schwarze, ausgelatschte Schuhe vor seinen Augen, danach dicke Wollstrümpfe, einen ausfallenden breiten Schurz, und obenauf ein dickes Gesicht mit einem Kopftuch, aus dessen weit geöffnetem Mund der Lärm dringt.

Leon versucht etwas zu sagen, röchelt angestrengt und sieht dabei flehentlich zu dem dicken, in Tuch eingewickelten Kopf auf.

Endlich schließt sich der Mund, die Frau stellt ihr Kreischen ein, beugt sich neugierig zu ihm hinunter und reißt ihm schließlich, ohne Rücksicht, das Heftpflaster mit einem Ruck von seinen Lippen und Bartstoppeln.

Leon schnappt heftig nach Luft. »Machen Sie mich frei, schnell!«, japst er. »Wie kommen Sie hierher?«, will er wissen, als er wieder zu Atem gekommen ist.

»Jeden Freitagmorgen ich komme«, sagt die Frau in gebrochenem Deutsch, »ich bin Putzfrau.«

»Freitagmorgen«, wiederholt Leon und zerrt an seinen Fesseln. »Holen Sie eine Schere, schnell«, bittet er, das Klebeband widersteht unerbittlich auch seinen heftigsten, ruckartigen Bewegungen.

Sie geht in die Küche, kommt mit einem Messer zurück

und schneidet die Fesseln durch. Leon springt auf, reißt die Klebereste von seinen Gelenken, doch kaum steht er auf seinen Beinen, fällt er wieder auf die Couch zurück. Ihm ist schwindlig und kotzübel. Er setzt sich aufrecht hin, hat aber keine Zeit, lange zu grübeln. Die Putzfrau schaut ihn weiter ungläubig an, wie ein neues Weltwunder.

Leon denkt an Herbert Stengele und erinnert sich an den weißen Jet mit der vietnamesischen Flagge. Er reibt seine Blutstauungen und Schürfungen an den Gelenken, schaut sich unsicher in der Wohnung um, lächelt die ratlose, vermutlich türkische Putzfrau freundlich an, springt kurz entschlossen vom Sofa auf und rennt aus der Wohnung. »Sie haben ja zu tun!«, ruft er der Zurückbleibenden im Hinauslaufen zu und lässt die Tür zu Stengeles Wohnung ins Schloss fallen.

Draußen steht sein Wagen, er springt sofort an. Eilig fährt Leon zum Flughafen. Er schaltet sein Radio ein, sofort trällert ihm wieder der Chor der von Tim Hauser gegründeten New Yorker Jazzgruppe ›Manhattan Transfer‹ entgegen, die er gestern auf der Fahrt zur Museumseröffnung noch gut gelaunt eingelegt hatte. Doch ›You can depend on me‹ – das kann Leon heute gerade gar nicht gebrauchen, deshalb stoppt er die beschwingte Aufnahme und schaltet das Radio an.

Eine Pfarrerin erzählt ihm mit salbungsvoller Stimme ihre Gedanken zum Tag, aber auch das kann er in diesem Moment nicht ertragen, er drückt die Stationstaste des Deutschlandfunks und erfährt, dass es gerade 7 Uhr ist, Zeit, den ersten Tagesnachrichten zu lauschen.

Doch seine Gedanken sind rastlos woanders. Er muss Herbert Stengele finden. Er hört statt der Nachrichten Iris Köppke zu Stengele sagen: »Wir fliegen mit dir nach Ho-Chi-Minh-Stadt, alles Weitere wirst du sehen!«

Die Straßen sind noch menschenleer. Außer auf die stationierten Radarmessgeräte, die immer mehr wie Unkraut aus dem Boden schießen, muss er auf nicht viel achten. Er gibt Gas, als könne er die drei Flüchtigen einholen.

Seinen Wagen lenkt er direkt vor das neu eröffnete Museum. Die Eingangshalle ist bereits offen, drinnen arbeiten die Museumsangestellten, sie räumen die Reste der gestrigen Eröffnungsfeier beiseite, in zwei Stunden beginnt der Museumsbetrieb für die ersten offiziellen Besucher.

Leon nutzt die Chance, rennt einfach durch die offene Tür an der unbesetzten Kasse vorbei in die Halle und versucht, durch den Hinterausgang auf das Fluggelände zu gelangen. Doch heute Morgen sind die Türen verschlossen. ›Durchgang verboten!‹, liest er und steht vor den Glasfenstern. Er blickt auf die Rollbahn, sieht die Exponate, die gestern die Ausstellungsstücke der Dornierflugzeuge ergänzten, sieht die Learjets an der Stelle parken, wo sie gestern standen. Allerdings sieht er nur noch drei – die weiße Maschine mit der vietnamesischen Flagge ist verschwunden.

»Mist!«, entfährt es ihm, er schlägt wütend mit dem Fuß gegen den Türrahmen und rennt zurück. Er springt in seinen Porsche, fährt am Flughafengelände entlang zum Tower, öffnet eine Tür, auf der steht: ›Zutritt verboten!‹, öffnet trotzdem auch eine zweite Tür und hastet die vielen Stufen in den Kontrollraum hinauf.

»Wo ist die vietnamesische Maschine?«, ruft er außer Puste in den Raum hinein.

Zwei Fluglotsen springen aus ihren bequemen Sesseln auf und starren ihn überrascht an: »Wo kommen Sie denn her?«

»Von unten«, antwortet Leon völlig außer Atem, »ich suche die vietnamesische Maschine, die gestern vor dem neuen Dornier Museum parkte.«

»Die ist eben raus«, sagt einer der beiden lapidar, »aber was haben Sie hier zu suchen?«

»Die vietnamesische Maschine«, gibt Leon verdrießlich zurück. Ihm ist klar, dass Herbert – ob freiwillig oder nicht – darin sitzt. »Kontrolliert die Maschinen vor dem Abflug denn niemand?«, fragt er die beiden Lotsen ungläubig, »kann da mitfliegen, wer will?«

»Das geht auf dem kleinen Dienstweg. Aber gestern war hier die Hölle los und die Privatflieger müssen natürlich nicht durch den Check, da hätten die Kollegen viel zu tun«, lächelt der Sprecher der beiden.

»Und wissen Sie, wohin die vietnamesische Maschine fliegt?«

»Ja, natürlich«, grient der Lotse und bewegt gelangweilt eine Maus auf dem Tisch vor sich, bevor er von seinem Bildschirm abliest: »Start um 6:35, Ziel Katar, vermutlich um zwischenzutanken, denn die Maschine hat ihren Heimatstandort in Ho-Chi-Minh-Stadt.«

»Danke«, nuschelt Leon, in seinen Gedanken schon wieder ganz woanders. Was soll ich jetzt tun?, fragt er sich und rennt die Stufen wieder hinunter. Er überlegt fieberhaft, ob er Herbert Stengele nicht doch in Friedrichshafen finden könnte.

Aber wo?

Verunsichert ruft er Kommissar Sibold auf seinem Handy an. Der hört sich, wie immer, zunächst mürrisch an, ist jedoch an Leons neuen Erkenntnissen interessiert. Schließlich platzt aus ihm heraus: »Jetzt au no die Kinesä!«

»Ich werde aus dieser Köppke nicht schlau«, fasst Leon zusammen, »das ging mir alles zu schnell: Zuerst war sie nur Markus' Freundin und kümmerte sich rührend um Stengele, als dieser ausfallend wurde; dann sah ich sie in den vietnamesischen Flieger huschen und schließlich will sie den Deal dieser Patente an die Chinesen vermitteln? Verstehe ich alles nicht.«

»Natürlich verstehen Sie das nicht!«, brummt der Kommissar verschnupft und räuspert sich, als müsste er einen Frosch in seinem Hals lösen. »Das verstehen nicht mal die Klugscheißer des BKA. Ich habe gestern mit den Kollegen gesprochen. Herr Dold«, appelliert er eindringlich, »nehmen Sie das bitte ernst: Selbst das BKA zieht sich zurück. Internationale Waffenverkäufe werden nicht von x-beliebigen Polizeiposten kontrolliert, sondern von dafür vorgesehenen Sicherheitsorganen der jeweils beteiligten Staaten. Da stoßen wir auf eine ganz andere Interessenlage. Wir als Polizeibehörde sind in diesem Fall definitiv nicht zuständig. Und auch die Kollegen des BKA arbeiten nur auf direkte Anweisungen aus Karlsruhe beziehungsweise Berlin. Denn selbst der Generalstaatsanwalt untersteht den Sicherheitsorganen der Bundesregierung. Und«, dabei dämpft der Kommissar seine Stimme, »unter uns: Ich glaube, dass niemand an der Aufklärung des Mordes an Kluge interessiert ist, niemand!«

Leon schweigt, er hört nur zu, weiß auch gar nicht, was er antworten soll. Er sieht den toten Kluge vor sich und denkt an Herbert Stengele. Was ist, wenn der Erfinder nun in Gefahr ist? Was kann er tun? Wo soll er ansetzen?

»Herr Dold, lassen Sie die Kirche im Dorf. Wer mit Waffen handelt, kommt damit auch mal um«, beschwört Sibold Leon erneut, »lassen Sie sich das eine Warnung sein und drehen Sie Ihren Film fertig!«

»Was reden Sie denn? Ich habe abgedreht«, rebelliert Leon. »Ein Staatsbürger ist ermordet worden, drei Männer aus dem Iran sind in die Luft geflogen und jetzt ist ein weiterer deutscher Staatsangehöriger aus seiner Wohnung entführt worden, und die Polizei hält Gardinenpredigten?«

»Himmelherrgott! Wie oft soll ich Ihnen das noch sagen?

Verdammt, wenn Kluge meinte, er müsse Waffen in den Iran verschieben, dann wusste er auch, mit wem er sich anlegt. Es gibt nun mal Waffenexportgesetze und deren Überwachung kontrollieren nicht wir bei der Kripo, sondern dafür gibt es das BKA sowie länder- und staatenübergreifende Geheimdienste«, redet der Kommissar sich in Rage. »Oder soll ich jetzt für Sie nach Vietnam oder gar China fliegen?«

»Das müssen Sie entscheiden, Herr Hauptkommissar«, antwortet Leon kurz angebunden und legt verärgert auf.

Missmutig steckt er das Handy in seine Tasche. Was soll er tun? Er wäre zu gern mit Stengele nach Hawaii geflogen, dann hätte er vielleicht vor Ort beweisen können, dass die Amerikaner den Erfinder tatsächlich ausspioniert haben. Das wäre wenigstens eine gute Story für seinen Fernsehsender geworden, die er verkaufen hätte können. Doch jetzt ist der Mann weg und die Polizei schert sich darum keinen Deut? Soll er auch die Flinte ins Korn werfen?

Grübelnd schlendert er um das Flughafenareal, setzt sich frustriert hinter das Lenkrad seines Porsches und startet, wie Schumi in seinen besten Zeiten, mit Vollgas – nur sein Ziel ist ihm noch nicht klar.

Es ist kurz vor 8 Uhr, Leon fährt an den ZF- und mtu-Werken vorbei Richtung Überlingen. Plötzlich kommt ihm eine Idee. Er muss zu Schwanke! Dem alten Patriarchen kann es nicht gleichgültig sein, dass sein Erfinder nach Asien gelockt oder gar entführt worden ist. Der will seine Patente zu Geld machen, er muss an Stengeles Aufenthaltsort interessiert sein – und sicher sitzt der Mann, wie jeden Morgen um 8 Uhr, beim Frühstück, hofft Leon, denn mittlerweile verspürt er Lust auf einen kräftigen Kaffee.

Dank seiner Entscheidung schon viel besser gelaunt, gibt er seiner CD erneut eine Chance: ›You can depend on me‹, swingt der Vokal-Chor der Manhattan Transfer Big-Band sofort wieder los, doch jetzt stimmt Leon mit ein. Am liebsten würde er den Song Herbert Stengele vorsingen. Der Mann hat Leons Sympathie erworben. Er scheint für ihn der einzige Ehrliche dieser Bombenbrut zu sein, vielleicht war er wirklich nur seinem Kindheitstraum erlegen und wollte immer weiter, noch tiefer ins All sehen. Dabei ist er gegen seinen Willen zum traurigen Erfindergenie dieser Mordswaffe geworden.

So ist es schon mehreren herausragenden Wissenschaftlern ergangen. Eine ganze Generation hatte sich während des Zweiten Weltkriegs der Erfindung der Atombombe verschrieben. In Deutschland Otto Hahn, Werner Heisenberg, oder Carl Friedrich von Weizsäcker. In den USA Robert Oppenheimer, Edward Teller und Leo Szilárd.

Kaum hatten sie ihre wissenschaftlichen Ziele erreicht, warnten sie schnell selbst vor dem Einsatz ihrer Erfindung und zeigten sich von ihrer bombastischen Wirkung erschrocken.

Leon fährt vorbei an den grünen Obstwiesen des Sees und den EADS-Werken in Immenstaad, bis kurz vor das Schloss Kirchberg. Hier setzt er den Blinker. Die Reben schimmern saftig in der Morgensonne, die noch jungen Trauben leuchten gelblich im Licht.

Die Sonne lacht heute wieder verlässlich von einem wolkenfreien Himmel. Die Temperatur klettert schon in der Früh auf über 20 Grad. Leon freut sich auf den neuen Jahrgang, die Wärme gibt Öchslegrade, dass der Seewein seine Frucht und seinen intensiven Geschmack in diesem Jahr entwickeln kann.

Langsam rollt er vor das eiserne Tor der Zufahrt. Erst gestern stand er um die gleiche Zeit davor und auch heute lächelt er wieder freundlich in die Kamera.

Nachdem sich das Tor geöffnet hat, fährt er bis zu den

Kundenparkplätzen des Fabrikgebäudes, sieht, dass in der Portiersloge heute ein anderer Wachmann sitzt, verspürt aber diesmal keine Lust, den Mann zu foppen. Zielstrebig steigt er aus seinem Wagen, winkt dem Portier freundlich zu und geht, ohne sich nach ihm umzudrehen, einfach schnurstracks seinen Weg, um die Fabrik herum, zu der Uferterrasse des Schlösschens von Schwanke, als sei er hier zu Hause.

Er sieht die Frau des Hauses, heute im rasanten Leoparden-Bikini, leger auf der Terrasse sitzen, sie schaut hinaus auf den See. Leon folgt ihrem Blick und entdeckt im Wasser kopfunter einen Körper. Er erschrickt. Die Haltung der Person erinnert ihn an den toten Matthias Kluge, in der selben Position hatte er ihn vor drei Wochen aus dem See gezogen: Der Rücken wie bei einem Brustschwimmer auf Höhe der Wasserlinie, die Beine unter Wasser genauso wie das Gesicht, nur der Hinterkopf über der Wasserkante.

Erleichtert sieht er, wie sich die Arme des vermeintlichen Toten bewegen, die linke Hand fährt an den Kopf, streicht über den Schädel und richtet sich schließlich mit dem unverkennbaren voluminösen Körper des Herrn des Hauses auf. Er steht jetzt aufrecht im See, legt seine Haare zurecht und lächelt stolz zur Terrasse herüber, auf der Ines Schwanke sitzt.

»Schön, Schatz«, ruft diese, »komm jetzt, dein Ei ist fertig.«

Leon geht unbekümmert weiter. »Guten Morgen, Frau Schwanke«, setzt er sein freundlichstes Frauenverstehergesicht auf, »ich hoffe, ich störe nicht so früh am Morgen.«

Sie erschrickt, ist überrascht, greift schnell zu ihrem rosafarbenen Bademantel und zieht sich den dünnen Stoff über ihren knappen Bikini. »Ich weiß nicht«, antwortet sie unsicher und schaut zu ihrem Mann, der mit erhobenem Haupt zum Steg schwimmt.

»Ich weiß«, lächelt Leon bemüht, »es ziemt sich nicht um diese Zeit. Aber es ist nicht nur die Sehnsucht nach Ihrer Gesellschaft, sondern es ist sehr wichtig für Ihren Mann.«

Sie greift zu einem Badetuch und einem goldenen Bademantel neben sich und geht von der Terrasse Richtung Steg. Dort steigt Gunther Schwanke gerade die Leiter aus dem Wasser empor und erblickt Leon.

»Was will der Kerl schon wieder hier?«, ruft er sofort aufgebracht.

Ines Schwanke schaut bedauernd zu Leon, geht aber eilig weiter zu ihrem Mann. Fürsorglich legt sie ihm das Badetuch über die Schultern, er trocknet sich kurz ab und stürmt mit dem Tuch in der Hand auf Leon los: »Verschwinden Sie hier! Sie haben auf unserem Betriebsgelände nichts zu suchen.«

»Herbert Stengele ist entführt worden«, rechtfertigt Leon eilig seinen Besuch, »man hat ihn aus seiner Wohnung verschleppt, und ich weiß auch, wohin.«

Gunther Schwanke bremst seinen Sturmschritt ab und bleibt ruckartig vor Leon stehen. Er mustert ihn finster, wägt kurz ab, überlegt und schaut verunsichert zu seiner Frau. Sie reicht ihm den Bademantel, er streift ihn sich über und fokussiert Leon erneut feindselig: »Und wohin?«

»Wollen Sie nicht erst erfahren, von wem?« Leon muss Zeit gewinnen, er muss die Neugierde von Schwanke entfachen, bevor dieser sein Wachpersonal ruft. »Ich glaube, Iris Köppke steckt dahinter.«

»Die Neue von Markus?«

»Hab ich doch gleich gesagt«, blafft Ines Schwanke dazwischen, »der ist nicht zu trauen.«

»Stimmt«, gibt Leon ihr recht, »ich denke, sie spielt ein doppeltes Spiel und Markus steckt da auch irgendwie mit drin.«

»Warum Markus?«, herrscht Schwanke ihn an.

»Er war bei der Entführung sozusagen mit dabei.«

»Was heißt da ›sozusagen‹? Reden Sie endlich!«, fällt ihm der Hausherr brüsk ins Wort.

Leon lächelt, er hat gewonnen. Er hat die beiden schon für seine Story angefixt, jetzt kann er erst mal seiner unbändigen Lust auf einen richtigen Kaffee nachgeben: »Vielleicht darf ich mich setzen und einen Schluck Kaffee trinken, ich habe nämlich noch nicht gefrühstückt und lag die ganze Nacht gefesselt bei Herrn Stengele in der Wohnung.«

»Aber ja«, flötet Ines Schwanke erleichtert, »das ist ja schrecklich, setzen Sie sich.« Sie scheint erpicht darauf zu sein, neue Informationen gegen Iris Köppke zu erhalten. Denn neugierig setzt sie ungefragt hinzu: »Die Köppke war mir noch nie geheuer, schon nicht, als Matthias mit ihr hier auftauchte.«

Leon schaut sie irritiert an.

»Ach, hatten Sie das nicht gewusst?«, sprudelt es triumphierend aus ihr heraus, »die hatte sich zuerst an den Vater von Markus herangemacht, bevor sie sich den Sohn schnappte.«

»Lass das!«, zischt Gunther Schwanke. »Was wissen Sie? Warum soll Frau Köppke Herbert Stengele entführt haben?«

»Dürfte ich zunächst einen Schluck Kaffee …?«, deutet Leon auf die duftende Kanne und schenkt sich die nächstbeste Tasse selbst voll. Heiß und schwarz schlürft er die ersten Züge. Ihm ist, als könnte er die Chloroformreste hinunterspülen. Erst danach erzählt er ziemlich wahrheitsgetreu, was er in der vergangenen Nacht erlebt hat.

Gunther Schwanke stöhnt zwischendurch und fährt sich immer wieder fahrig über sein Haupt, dabei seufzt er ständig: »Heinomol«, und flucht schließlich: »Jo verräck!«

»Die Polizei übrigens scheint dies alles wenig zu interessieren«, schließt Leon seinen Bericht, »ich habe gerade mit einem Kommissar der Kripo gesprochen, der meint: Wer mit Waffen handelt, kommt auch damit um.«

»Saudumms G'schwätz«, brummt Schwanke, »aber auf die können wir eh nicht zählen.« Dann fixiert er Leon, schiebt seinen dicken Kopf über den Tisch näher zu ihm hin und fragt eindringlich mit leiser Stimme: »Markus hat mir gestern angedeutet, Sie wären vor Kurzem abends bei uns auf der Terrasse gewesen, stimmt das?«

Leon wird es heiß, unsicher nimmt er einen weiteren Schluck Kaffee, danach entschließt er sich, die Karten auf den Tisch zu legen: »Ich wollte herausbekommen, ob Markus das Motorboot auf dem See in die Luft gejagt hat. Ich habe gesehen, wie er kurz zuvor von dem Boot ablegte, wenige Minuten später stand es in Flammen und er fuhr direkt zu Ihnen. Das ist doch verdächtig, oder?«

»Oder? Oder? Oder?«, schreit Schwanke, »Alles und jeder ist verdächtig. Man weiß ja nicht mehr, wo Freund und Feind stehen«, jammert er mit weinerlicher Stimme. »Seit der Veröffentlichung dieser ZAS-Patente stehen wir auf der Liste von allen möglichen Leuten, selbst von bisherigen besten Freunden.«

»Zum Beispiel?«

»Ach, vergessen Sie's. Sie sind doch auch so ein Grünschnabel, der keine Ahnung hat, aber immer meint, die Fahne der Gerechtigkeit hochhalten zu müssen. Journalisten und Schmalzfliegen.«

»Nur weil ich kein Freund von Waffenschiebern bin?«, legt Leon trotzig eine Schippe auf, um den Mann weiter zu provozieren. »Schon gar nicht, wenn diese Waffenschieber gefährliche Kriegsgeräte in den Iran liefern wollen, was ja nun mal verboten ist.«

»Waffenschieber?«, echauffiert sich Schwanke weiter,

»was fällt Ihnen ein? Sie wissen ja nicht einmal, was wir hier produzieren.«

»Das sagen Sie schließlich auch nicht klar und deutlich. Sie reden von einem Teleskop, dabei ist es die gefährlichste Laserkanone für den Krieg der Sterne, die zurzeit auf dem Markt ist.«

»Pah«, blafft Schwanke, »das ist Stengeles Steckenpferd. Wir arbeiten an ganz anderen Dingen, aber da krachen uns gerade wegen dieser Scheiß-ZAS-Patente alle Aufträge weg.«

»Warum?«

»Warum? Warum? Wenn ich darauf eine Antwort hätte! Vermutlich, weil den Amerikanern und somit einigen europäischen Behörden die Nebentätigkeit unseres Herrn Stengele missfällt. Dabei waren wir gut im Geschäft, wir hatten einen Großauftrag. 50 Millionen Euro hatte die ESA ausgeschrieben. Da waren wir mit dabei. 5.000 bis 6.000 Satelliten kreisen nutzlos um die Erde. Darunter selbst atomgetriebene Satelliten der Russen, die heute völlig außer Kontrolle über unseren Köpfen umherschwirren. Mensch! Das ist eine wirkliche Gefahr für die Menschheit. Diesen Schrott im Orbit gilt es schnellstmöglichst einzusammeln. Dafür entwickeln wir gerade einen Satellitenfänger. Der könnte wie ein Pilzsammler im Schwarzwald die gefährlichen Satelliten einsammeln und sicher zur Erde bringen«, lacht Schwanke selbstgefällig. »Was hat das mit Waffenschieberei zu tun, sagen Sie mir das?«, fragt er Leon forsch.

»Man könnte fragen, wer den gefährlichen Schrott ins All geschossen hat«, bleibt Leon stur. »Na? Das Militär, oder? Und sicher ist auch, dass das Militär sich Ihren Satellitensammler ebenfalls schnell einverleiben wird, um damit die feindlichen Nachrichtensatelliten ebenso einzusammeln. Damit können Sie doch erst richtig Geld verdienen.«

Schwanke winkt ab, Leon setzt unbeirrt einen obenauf: »Macht allerdings nichts, denn so können Sie sicher wieder eine neue Defensive-Finte entwickeln, die jeden unbefugten Angreifer eines Satelliten rechtzeitig mit Ihrer Laserkanone – vielleicht sogar aus der ZAS-Station – abknallt.«

»Das bringt nichts«, schüttelt Schwanke seinen dicken Kopf, »mit Leuten wie Ihnen kann man nicht diskutieren. 50 Jahre Frieden zwischen den Großmächten, selbst diesem Argument sind Sie nicht zugänglich, lassen wir es dabei. Was wollen Sie von mir?«

»Frieden?«, lächelt Leon, »Frieden sieht anders aus, womit wir wieder bei Ihrem ermordeten oder besser gesagt gefallenen Freund Matthias Kluge und den toten Iranern wären und bei Herbert Stengele. Können Sie wenigstens Ihrem Freund und Angestellten im Kriegsgefangenenlager helfen?«

»Sparen Sie sich Ihren Zynismus«, blafft Schwanke zurück, »wie bitte soll ich Herbert helfen? Abgesehen davon, dass ich mir gar nicht sicher bin, ob ich will.«

Der Senior der kleinen Rüstungsklitsche lehnt sich zögerlich in sein Polster zurück. »Uns werden alle öffentlichen Aufträge entzogen und bereits abgeschlossene storniert. Warum? Nur weil wir mit diesem Scheißteleskop von Stengele auf anderen Gefilden tätig sind. Dieser Markt ist sensibel. Mir haben diese umstrittenen Patente bisher mehr Verluste eingebracht als Gewinn. Gerade schwimmen uns alle Felle davon.«

»Verstehe ich nicht«, gibt Leon unumwunden zu, »ich denke, Sie sind mit diesen Patenten so gut im Geschäft wie nie zuvor? Alle wollen Ihr Know-how, wo ist das Problem?«

»Das können Sie sich doch selbst denken. Sie wissen genau, dass die Amerikaner unser Know-how längst besitzen, Sie haben den Präsidenten bestimmt prahlen hören und mittlerweile wurde explizit vom Wirtschaftsministerium jeder Verkauf neuer Patente im Bereich der Luft- und Raumfahrt außerhalb der NATO verboten. Wer sich nicht daran hält, wird bestraft. Wir werden schon jetzt abgemahnt. Deshalb entziehen uns die offiziellen Stellen alle anderen Aufträge. Das ist für uns existenzbedrohend, die wollen uns aushungern lassen.«

»Dann ist es aus mit der schönen Lage am See«, schaut Leon über die ruhig daliegende Wasseroberfläche. Glatt wie ein Spiegel schimmert sie stahlblau vor der Terrasse des traumhaften Schlösschens in der Morgensonne. Nur am Horizont vor dem Schweizer Ufer wabern noch ein paar Dunstwolken.

»Quatsch«, frohlockt Schwanke, »mir kann keiner ans Leder. Unser Haus und Grund gehören längst meiner Frau.« Dabei zwinkert er Ines zu und stößt mit ihr verschwörerisch mit seinem Glas Orangensaft an.

»Na dann«, gibt sich Leon geschlagen, »dann haben Sie Ihren Arsch ja in Butter und müssen sich um Stengele nicht mehr sorgen.«

»Vielleicht doch. Was ist mit Markus?«

»Habe ich Ihnen gesagt. Er ist mit dieser Frau Köppke zusammen bei Stengele aufgetaucht und hat mich niedergeschlagen.«

Gunther Schwanke lacht hämisch. »So ein Kerl«, es klingt für Leon fast ein bisschen zu stolz. Er winkt mit seiner rechten Hand Leon verschwörerisch zu sich heran und schaut unsicher zu Ines. »Es war lange vor unserer Zeit«, sagt er in Leons Richtung und deutet dabei auf seine Frau, »aber Verena Kluge, Sie haben sie bereits kennengelernt, die Mutter von Markus, hat mir nach der Beerdigung ihres Mannes angedeutet, dass Matthias nicht der Vater von Markus war. Ich denke, sie wollte mir sagen, dass Markus mein Sohn ist. Das muss er wissen, wenn er jetzt die Patente hinter meinem Rücken mit dieser Frau verscherbeln will.«

Schwanke lehnt sich zurück, lächelt seiner Frau Verständnis heischend zu, greift nach ihrer Hand und versucht sich zu rechtfertigen: »Uns sind Kinder versagt geblieben. Ich habe keinen Erben. Aber wenn Markus mein Sohn ist, werde ich ihm helfen.«

»Warum?«, geifert Ines Schwanke los. »Verena ist eine Schlampe, glaubst du ihr etwa?«

»Liebes, beruhige dich, lass uns später darüber reden, bitte nicht jetzt«, beschwichtigt ihr Mann, »Herr Dold geht sicher bald, ich schlage vor, wir ziehen uns kurz in mein Büro zurück.«

»Warum?«, bleibt sie gereizt.

Diesmal lächelt er Leon zu. »Ich glaube, Herr Dold will verreisen.«

»Warum?«, ist nun Leon überrascht. Er hat sich gerade auf das Schauspiel ›Szenen einer Ehe‹ eingerichtet. »Wohin?«, fragt er verblüfft.

»Tun Sie nicht so, warum sonst sind Sie hier? Was wollen Sie von mir? Sie fliegen nach Ho-Chi-Minh-Stadt!«

Leon ist perplex. Dann schmunzelt er zufrieden. »Und Sie?«

»Am Wochenende ist der Ehrentag des Heiligen Bartholomäus, der Schutzheilige unserer Kirche. Da gehört es sich für alle Pfarrgemeinderäte, dass sie zur Heiligen Messe gehen«, sagt Schwanke mit ernster Stimme, »noch nie habe ich beim Patroziniumsfest in der Kirche gefehlt.« Andächtig fügt er hinzu: »Bei der Prozession halte ich jedes Jahr den Himmel über das Allerheiligste, und das werde ich als guter Christ auch am Sonntag wieder tun.«

Leon könnte prusten vor Lachen, will den sauberen Christen auf die Widersprüche zwischen seinem Handeln und der Bergpredigt von Jesus Christus hinweisen, sieht jedoch das verkniffene Gesicht des Patriarchen und gibt sich mit der

Aussicht auf ein Flugticket nach Ho-Chi-Minh-Stadt zufrieden. »Ich weiß allerdings nicht, was ich da ausrichten kann«, zweifelt er am Erfolg seiner Mission.

»Sagen Sie Markus, dass er mein Sohn ist, dann wird er wissen, was er zu tun hat.«

Leon folgt Schwanke in sein Büro. Er fährt seinen Rechner hoch und sucht nach dem nächstbesten Flug. »13.30 Uhr ab Zürich, das reicht gut!«, entscheidet er und bucht Leon online ein Ticket. »Sie haben Glück, die Holzklasse ist nicht mehr verfügbar, ich muss Ihnen leider einen Businessplatz reservieren.«

Leon weiß nicht recht, wie ihm geschieht, aber er begreift, dass er nur so erfahren wird, wer Matthias Kluge auf dem Gewissen hat, den Toten, den ausgerechnet er im See gefunden hat, verdammt, er will wissen, wer ihm die Leiche quasi vor die Kamera gelegt hat.

Er fährt nach Hause, packt einige Sachen zusammen und brettert nach Zürich. Unterwegs ruft er Lena an. Er stottert ein bisschen herum, sucht nach den richtigen Worten, mit denen er ihr schonend beibringen kann, dass ihr gemeinsames Wochenende ausfällt. »Willst du zuerst die gute Nachricht hören oder die schlechte?«, beginnt er mit Gewissensbissen.

»Keine Ausrede«, scherzt die Ahnungslose gut gelaunt, »du mähst den Rasen.«

»Ja, das ist die gute Nachricht«, druckst Leon herum, »die schlechte: nicht an diesem Wochenende!«

Ein leises Tuten macht ihm klar, dass sie aufgelegt hat.

21

Regen prasselt auf die Straßen, Kinder hüpfen barfuß durch die Pfützen, das Wasser des Saigon River ist braun, als wäre es von Lehm gefärbt. Im Juli und August ist im Süden Vietnams Regenzeit, jeden Tag brechen mindestens ein Mal dichte Wolkenbrüche über das Land herein. Trotzdem bleibt es tropisch schwül und heiß.

Björn Otto hat sich an die Wetterkapriolen gewöhnt, ihm sind die feuchtwarmen Lufttemperaturen gleichgültig, die meiste Zeit sitzt er sowieso in steingemauerten, abgeschotteten, klimatisierten Zimmern.

In den modernen Computerräumen seines Unternehmens ist die Luft stets gekühlt, die Server laufen rund um die Uhr und blasen ihren elektronisch aufgeheizten Smog in die Büros, dagegen kämpft ununterbrochen das monotone Schnurren der Klimaaggregate an.

In jedem Großraumbüro sitzen fast rund um die Uhr 20 bis 30 junge Männer und Frauen, die ohne Pause in die Tastaturen hämmern. In 15 solchen Einheiten arbeiten an die 500 EDV-Angestellte in zwei Schichten. Sie alle sind ständig mit den verschiedensten Firmen in Europa online. Sie erledigen schnell und zuverlässig deren Geschäfte, deren Kundenbetreuung, Verwaltung und auch deren Abrechnungen.

Björn Otto hat die 500 Mitarbeiter seines Service-Unternehmens in seinem Neubau im Norden von Ho-Chi-Minh-Stadt auf drei Stockwerken untergebracht. Die Datenbanken stehen im Keller, im obersten Stockwerk residiert er, auf gleicher Ebene eine Abteilung, die er in Erinnerung an seine ehemalige Stasitätigkeit gern SWT – Sektor wissenschaftlich-technische Aufklärung – nennt. Hier arbeiten nur absolute Cracks der IT-Branche. Die meisten hat er aus Europa mitgebracht, einige dem Computer Chaos Club in Berlin abgeworben. Sie sind wie Spürhunde auf die neuesten Informationen und die sichersten Datenplatten in der alten Welt angesetzt: Mit technischem Know-how durchstöbern sie die Festplatten innovativer Firmen und Patentämter nach politisch verwertbaren Informationen, die Mails und gespeicherten Dokumente in Ministerien und Regierungsrechnern. Mit seinen versierten Spitzeln macht Björn Otto Jagd auf Festplatten, die nicht für jedermann zugänglich sein sollen, gleichgültig ob sie in geheimen Forschungslaboren großer Firmen oder in Regierungszentren stehen.

Vor Tagen ist ein Angriff seiner Crew in Berlin aufgeflogen. EDV-Techniker der Bundesregierung haben fremde Trojaner auf den Festplatten im Wirtschafts- und Verteidigungsministerium entdeckt. Im Lagezentrum des Kanzleramts sitzen die Staatssekretäre der wichtigsten Ressorts: Innen, Außen, Justiz und Verteidigung. Der Kanzleramtschef eröffnet die nachrichtendienstliche Lage, so wie jeden Dienstag um 10 Uhr – eine Art wöchentliche Sicherheitsratssitzung der Regierung. Ein Vertreter des Bundesamtes für Verfassungsschutz legt einen Satz Folien auf den Projektor, seine Erklärungen sind für die Runde ein Schock. »Der Feind kommt fast jeden Tag aus irgendeinem Winkel in Asien«, hat der Verfassungsschutzbeamte erkannt. »Er tarnt sich als Word-Datei oder als PowerPoint-Vortrag; wer anklickt, hat schon seinen Rechner infiziert. Und: Der Feind ist hier, er ist ins Berliner Regierungsviertel eingedrungen. Die Suche nach den versteckten Trojanern läuft, doch sie tragen ein Programm in sich, was sie rasend schnell vermehren lässt.«

Björn Otto flucht. Seine Armee muss unsichtbar arbeiten,

seine Spähprogramme dürfen nicht enttarnt werden, dafür sind sie aufbereitet als seien es hausinterne Informationen, sie tragen unauffällige Absender, wie von einem x-beliebigen, benachbarten Referat.

Haben sie einen Rechner eingenommen, vermehren sie sich mit den neuen Absendern der eroberten Rechner, nehmen deren Namen wie Adoptivkinder an, verteilen sich in weitere Rechner mit immer neuen Absendern des gerade eingenommenen Mailfachs. Sie benutzen wiederum dessen Adresse als Absender, erscheinen bei den neuen Empfängern wieder, wie viele andere Mails auch, völlig unverdächtig bei immer mehr Adressaten.

Sobald ein Mitarbeiter einen Anhang öffnet, übernehmen die Viren unbemerkt das Kommando. Sie knacken jedes gespeicherte Dokument oder hängen es an eine neue Mail und versenden sich selbstständig ›nach Hause‹ zu einem anonymen Server. Von dort werden die Mails weiter um die ganze Welt versandt, bis kein Geheimdienst mehr ihre Spuren verfolgen kann. Ihr Endziel Ho-Chi-Minh-Stadt dürfen ihre Jäger, wie der Verfassungsschutz in Berlin, nie erraten.

Björn Otto ist stolz auf seine Karriere. Erich Mielke glaubte, seine Augen in jedem Winkel der kleinen DDR zu haben. Doch er selbst hat heute seine Späher in jedem Rechner der Welt, die sich seine IT-Spezialisten aussuchen. Manchmal fühlt er sich wie der wahre Mielke der neuen Cyberwelt. Dabei steht er mit seinem Unternehmen erst am Anfang einer sagenhaften, weltumspannenden Datenbank.

Gerade hat er bewiesen, wie zuverlässig seine Programmierer arbeiten und wie ausgefuchst er heute Informationen aus allen Datenbanken der Welt über jeden Menschen herausfiltern und zusammenführen kann: Er hat aus den Rechnern des kleinen Erfinders Stengele vom Bodensee das

Know-how für diesen außergewöhnlichen Teleskopspiegel herausgefischt. Zusätzlich haben sie aus den Rechnern des Forschungs-, Wirtschafts- und des Verteidigungsministeriums in Berlin fast 160 Gigabyte Mailverkehr abgesaugt und diese mit den verschiedensten Stichworten zum SDI-Programm der NATO abgescannt. Gerade wird das gesamte Material im eigenen Haus ausgewertet, anschließend wird er damit seinen Auftraggeber überraschen.

Die Freunde der Moskauer Geheimdienst-Akademie sind seine liebsten Kunden. Leider kann er sich seine Auftraggeber nicht immer aussuchen. Er würde jederzeit seine Dienste auch der CIA ohne Skrupel anbieten, doch bisher ist kein ehemaliger Klassenfeind auf ihn zugekommen. So arbeitet er meist für die östlichen Länder. Vorneweg Russland, zunehmend für die Chinesen.

»Ich heiße Mr Bakaii, ich arbeite für die Commission of Science, Technology & Industry for National Defense«, hatte sich das Schlitzauge vorgestellt und ohne langes Federlesen sein Ansinnen übermittelt.

»Costind – kennt jedes Kind«, hatte Otto gereimt und dem Vertreter der ominösen chinesischen Rüstungsorganisation versprochen, seine Wünsche schnell und diskret auszuführen. Jetzt kann er den Chinesen ein ganz besonderes Paket vorlegen: Die Patente der bestellten Formel mitsamt dem Erfinder selbst!

Er war mit diesem Herbert Stengele im Gepäck und in Begleitung von Iris Köppke und Markus Kluge von Friedrichshafen direkt nach Ho-Chi-Minh-Stadt zurückgeflogen. Er hat die drei erst mal in seiner Villa in Phu My Hung, dem 7. Distrikt von Ho-Chi-Minh-Stadt, untergebracht. Iris Köppke und Markus Kluge kümmern sich um den kauzigen Erfinder.

Herbert Stengele ist nicht freiwillig mit nach Ho-Chi-

Minh-Stadt gekommen. Doch auf Iris ist Verlass. Sie hat den Kerl zusammen mit Markus kurzerhand narkotisiert, in einen Teppich eingerollt und über einen Nebeneingang in den Flieger auf dem Flughafen in Friedrichshafen geschleust. »Wir brauchen ihn«, wusste sie, »er war als Einziger beim Bau des Prototypen beteiligt. Mit dieser praktischen Erfahrung gewinnen die Patente den doppelten Wert.«

Bei sich zu Hause bearbeiten ihn Iris und Markus jetzt. Ihm muss beigebracht werden, dass sich die Zusammenarbeit für ihn lohnt. Otto ist gelassen, er kennt seinen Trumpf, den er vor diesem sensiblen Erfindergenie ausspielen wird.

Dafür trägt er nochmals alle Informationen auf seinem Rechner zusammen, die er über die Familie Kluge und Herbert Stengele zusammengetragen hat. Sorgfältig erstellt er eine neue Datei, die alle Fakten über die beiden Gäste übersichtlich darstellt. Damit wird er beide kleinkriegen.

Beschwingt sendet er die fertige Datei an seine Homeadresse, dann fährt er seinen Rechner herunter und ruft aus dem Vorzimmer Phebe herein: »Bestellen Sie Mr Bakaii von der Costind, dass wir liefern können, er soll sich dringend melden. « Daraufhin lacht er laut, kratzt sich ungeniert am Hosenladen und platzt heraus: »Er soll sich auch auf ein Lebendpaket einstellen.«

Phebe kichert verhalten mit. Sie versteht zwar den Scherz nicht, ist dennoch höflich und lacht, wenn ihr Chef lacht. Sie faltet ihre Hände zusammen, verbeugt sich in ihrem traditionellen Áo-Dài-Kleid vor Mr Otto, wiederholt seinen Befehl und huscht schnell wieder aus dem Chefzimmer hinaus.

»Und den Wagen!«, ruft Otto ihr nach.

Sie kommt erneut zurück. Verbeugt sich nochmals und wiederholt: »Jawohl, den Wagen, Mr Otto.«

Er kratzt sich nach wie vor ungeniert an seinen Genitalien, ist froh gelaunt und geht leichten Schrittes zu den Fahrstühlen.

Es hat aufgehört zu regnen, doch die Straßen stehen voller Wasser. Ein funktionierendes Abwasserkanalsystem gibt es in der Sieben-Millionen-Metropole Ho-Chi-Minh-Stadt nicht. Wenn es regnet, verwandeln sich die Straßen in Flüsse, danach bleibt das Wasser in großen Pfützen stehen.

»Gib Gas«, grölt Björn Otto im Fond seines weißen Mercedes und schaut belustigt aus dem Wagen, wie das Wasser von seiner dicken Karre auf die Gehsteige spritzt.

»Puh, hey, voll erwischt«, freut er sich und sieht, wie eine vietnamesische Frau, mit typischem Strohhut auf dem Kopf und in einer heruntergekommenen Tracht ermüdet ihre tragbare Garküche abstellt. Ihre Habseligkeiten balanciert sie in zwei Strohkörben an einem Schulterjoch. Auf der einen Seite die Stäbchen und Schälchen, auf der anderen Seite der Kochtopf auf einem Stövchen. Das Spritzwasser des eben vorbeigerauschten Wagens tropft an ihr herunter.

Björn Otto lehnt sich entspannt in seiner weichen Nippon-Ledersitzbank zurück. Er hat sich an die Bilder dieses asiatischen Molochs gewöhnt. Heute ist ein Durchkommen mühsamer als sonst. Die Pulks der Radfahrer drängen in die Mitte der Fahrbahn, um den Regenpfützen auszuweichen. Sein Fahrer kann hupen, wie er will, die Straßen sind durch die vielen Radfahrer noch dichter verstopft, selbst die Mopedfahrer kommen heute kaum voran.

Dessen ungeachtet freut sich Otto auf den Abend, der vor ihm liegt. Er ist gut präpariert, Markus Kluge und Herbert Stengele werden ihm aus der Hand fressen.

Jeder zehnte mutmaßliche Vater ist nicht der biologische Erzeuger seines vermeintlichen Kindes. Die Blutgruppe gibt nur einen ungefähren Hinweis. Doch sie war Ottos erster

Anhaltspunkt, und führte ihn schließlich zu der vererblichen Krankheit.

Der weiße Mercedes biegt in eine vornehmere Villengegend ein. Hier stehen Häuser wie im Neubaugebiet irgendwo im bayrischen Wald oder auf der Alb und auch die Autos davor stammen zum größten Teil aus München oder Sindelfingen.

Ein eisernes Tor öffnet sich, der Fahrer des Mercedes blinkt, die Reifen knirschen über den Zufahrtsweg.

Otto steigt sofort aus und eilt zur Haustür. Ein Bediensteter öffnet und Otto ruft freudig: »Hallo, meine Gäste, seid ihr auch alle brav gewesen?«

Iris Köppke kichert wie ein junges Schulmädchen und antwortet brav: »Ja, Kasperle, nur der böse Herbert will nicht mitspielen.«

Herbert Stengele sitzt auf der Couch und schlürft einen Tee. Seine schwarzen Haare fallen ihm ins Gesicht, seine Bartstoppeln sprießen. Er sieht erschöpft aus und trägt noch immer seinen zerknitterten, blauen Anzug vom Tag der Museumseröffnung. Sein Hemd hängt aus der Hose, die schwarzen Lederschuhe liegen unter dem Tisch. Seine Füße mit den einst weißen Socken hat er auf dem Couchtisch ausgestreckt, die schwarzen Verfärbungen und dunklen Schweißränder um seine Zehen und Fersen stören ihn nicht.

Markus sitzt ihm gegenüber in einem Sessel. Er dagegen sieht frisch aus. Er ist rasiert, seine lange Mähne hält seine Gucci-Sonnenbrille, die er über seinen Schädel hochgezogen hat, zusammen. Er trägt ein buntes Hemd, das er nicht in die Hose gestopft hat, und eine kurze Sporthose. Seine Füße sind nackt, er hat sich offensichtlich auf die schwülen Temperaturen eingestellt.

Auch Iris Köppke ist sommerlich gekleidet, allerdings

genauso unscheinbar wie am Tag zuvor, bei der Museumseröffnung. Doch sie ist die Wortführerin: »Unser Erfinder
will Sicherheiten«, sagt sie zu dem hereintretenden Björn
Otto, »und er will nach Hause«, spottet sie.

»Beide Wünsche sollen ihm erfüllt werden«, entgegnet
Otto tröstend, »schließlich ist er unser Special Guest.«

»Glauben Sie, Sie können mit mir machen, was Sie wollen?«, mischt sich Stengele ein. »Sparen Sie sich Ihre heuch-
lerischen Worte. In Freiheit verhandle ich mit Ihnen, aber
nicht als Gefangener.«

»Oh bitte, Herr Erfinder«, gibt Otto zurück, »Sie können sofort und jederzeit mein Haus verlassen. Ich dachte,
Sie würden einen Käufer für Ihre Patente suchen, und ich
wollte Sie morgen mit einem solventen Interessenten bekannt
machen. Was passt Ihnen daran nicht?«

»Dass ich gegen meinen Willen hierher verschleppt wurde.
Wie stellen Sie sich das vor?«

»Ganz einfach, wir listen jetzt Ihre Forderungen auf,
reden in Ruhe darüber und morgen unterbreiten wir das
Angebot gemeinsam dem erwähnten Interessenten.«

»Was heißt ›gemeinsam‹? Verkaufen kann ich allein.«

»Wohl kaum«, lacht Otto, während seine Augen böse funkeln. »Wir sind Ihr Partner und ohne uns geht nichts!«

»Falsch! Ohne mich geht nichts, gar nichts«, hält Stengele auftrumpfend dagegen, »ich habe die Patente und ich
habe das Know-how.«

»Die Patente hatten Sie, die interessieren heute niemanden
mehr ernsthaft, seit Sie sie selbst veröffentlicht haben und
jetzt auch noch die Amerikaner ihren sensationellen Schliff
auf Hawaii nachbauen«, lächelt Otto süffisant. »Über den
Preis des Know-hows unterhalten wir uns, aber kommen
Sie erst mal auf den Teppich!«

Stengele streicht aufgeregt eine Haarsträhne aus seinem

Gesicht, nimmt die Füße vom Couchtisch und springt auf. Gehässig brüllt er Markus an: »Und du? Was sagst du? Wolltest du nicht der neue Superverkäufer sein, der Nachfolger von deinem ach so erfolgreichen Vater, und jetzt? Jetzt steckst du mit diesem Typen unter einer Decke?«

»Machen Sie mal halblang!«, donnert Otto etwas lauter dazwischen, entscheidet sich jedoch schnell, lieber weiter den fröhlichen Kumpel zu spielen: »Unter einer Decke steckt er nicht mit mir, eher mit Iris.« Doch auch Markus ist aufgesprungen und baut sich vor Stengele auf. »Wir haben keine andere Chance, sei froh, dass wir mitnehmen, was geht!«, appelliert er in eindringlichem Ton. »Uns schwimmen die Felle langsam davon, aber vielleicht können wir auch noch zweifach abkassieren: wir verkaufen zunächst an die Chinesen und danach vielleicht an die Iraner!«

»Pah, Markus! Bist du blöd? Oder hat dir die Frau dein Hirn ausgesaugt?«, schreit Stengele und deutet auf Iris Köppke, »dich wickelt sie um den Finger, mich entführt sie und du glaubst, du könntest mit denen Geschäfte machen?«

»Hey, Herbert«, versucht Markus mit sanfterer Stimme zu beschwichtigen, »welche Chance haben wir denn sonst? Glaubst du, Gunthers sauberer Herr Stocks hilft uns weiter? Und wenn, wissen wir immer noch nicht, welches krumme Geschäft die beiden hinter unserem Rücken abziehen!«

»Aber Ihre Idee ist doch nicht schlecht«, mischt sich Otto wieder in das Gespräch ein, »morgen rede ich mit dem Chinesen, und wenn Stocks die Iraner bei Laune hält, können wir anschließend das gesamte Paket zusätzlich an Teheran verkaufen.«

»Woher wissen Sie das?«, faucht Stengele Otto an, »woher wissen Sie, dass dieser Stocks in unserem Auftrag mit Teheran verhandelt?«

Björn Otto steckt sich eine Zigarette an, bläst genussvoll den Rauch aus seinen Lungen und schaut Stengele herablassend an: »Sie Witzbold. Kümmern Sie sich um Ihre Teleskope, das Geschäft überlassen Sie denen, die etwas davon verstehen.«

»Markus!«, schreit Stengele verzweifelt, »du hast das alles Iris erzählt und sie ihm!« Dabei geht er mit den Fäusten auf Markus Kluge los.

Björn Otto stellt sich neben die beiden Kampfhähne und blafft Stengele ins Gesicht: »So ist das, wenn man seinen Sohn erziehen will, dabei sollten Sie lieber auf ihn hören, denn der Kerl ist nicht so dumm wie sein Vater!«

Herbert Stengele will etwas sagen, schließt allerdings sofort wieder seinen Mund. Er schnappt nach Luft, schaut zu Markus, dann zu Otto, lässt irritiert seine Fäuste sinken und starrt Otto verständnislos an.

Markus nutzt die Sekunde, zieht sich von seinem Angreifer zurück, schaut fragend zu Iris, die unwissend die Schultern zuckt.

»Ja, hören Sie auf Ihren Sohn!«, wiederholt Otto generös und marschiert zu einem Computer, der auf einer Schreibfläche neben dem Couchtisch steht. Er schaltet den Rechner an und winkt den ratlosen Stengele zu sich: »Schauen Sie, niemand hat Sie verraten, erst recht nicht Ihr Sohn oder Iris. Das haben Sie sich alles selbst eingebrockt«, verkündet er amüsiert. »Man muss heutzutage nur Ihre Daten im Netz wie Zahlen im Einmaleins zusammenzählen. Sehen Sie hier.« Otto öffnet ein Fenster, der Name ›Matthias Kluge‹ ist zu lesen, dann ein Button ›Gesundheitskarte‹. Otto klickt auf die Tabelle ›Blutgruppe‹ und es erscheint die ›0‹.

Das gleiche Spiel treibt er mit einer anderen Datei, die mit dem Namen ›Verena Kluge‹ überschrieben ist, und es erscheint unter der Rubrik Blutgruppe ebenfalls eine ›0‹.

»Was soll das?«, ruft Stengele verstört, »was geht mich Matthias' oder Verenas Blutgruppe an?«

»Nun warten Sie doch«, beschwichtigt Otto, und öffnet eine weitere Datei, die den Namen ›Markus Kluge‹ trägt. Auch diesmal fährt Otto mit dem Cursor auf den Button ›Gesundheitsakte‹ und klickt auf die Rubrik ›Blutgruppe‹. Doch statt der jetzt logischen ›0‹ erscheint ein großes ›B‹.

»Was soll die Scheiße?«, fährt Herbert Stengele ungehalten dazwischen. Die gesamte Mannschaft hat sich um den Bildschirm versammelt. Sie alle stieren auf die Vorführung, mit der Björn Otto die Vaterschaft Stengeles mithilfe der Blutgruppen beweisen will.

Otto schaut sich siegessicher um. »Und jetzt schauen wir nach Ihrer Blutgruppe, Herr Stengele. Voila«, präsentiert er triumphierend die Gesundheitsakte des Erfinders ebenfalls mit der Blutgruppe B.

»Das beweist gar nichts«, gibt Markus Kluge ungehalten von sich. »Wir haben offensichtlich dieselbe Blutgruppe, na und?«

»Stimmt, damit ist nicht eindeutig gesagt, wessen Sohn Sie sind«, stellt Otto sachlich fest, »aber sicher ist, dass Ihr vermeintlicher Vater, Matthias, nicht Ihr leiblicher Vater sein kann!« Dabei schaut er Markus selbstsicher in die Augen. »Sie haben eine ganz andere Blutgruppe als Ihre Eltern.« Daraufhin dreht er sich zu Stengele: »Interessanterweise die Blutgruppe dieses Herrn.« Dabei zeigt er auf Herbert Stengele.

Dieser streift Markus mit einem kurzen Blick. »Ich will jetzt gehen«, sagt er, er fühlt sich sichtlich unwohl.

Doch Björn Otto ist in seinem Element: »Warten Sie, ich habe noch etwas für Sie. Sie wollen bestimmt den Beweis für meine Behauptung, nicht wahr?«

Markus Kluge und Herbert Stengele stehen nebeneinander wie zwei begossene Pudel. Sie trauen sich kaum, einander in die Augen zu sehen.

Björn Otto liebt diese Augenblicke seines Wissensvorsprungs und genießt die Macht, die sie ihm schenken. »Sie kann schließlich nicht mehr viel umwerfen, leiden Sie doch beide an ein und derselben, schweren Krankheit.«

Dabei bewegt er wieder den Cursor, öffnet weitere Dateien unter der Rubrik ›Diagnostizierte Krankheiten‹ und markiert in beiden Feldern: ›Chorea Huntington‹.

Es ist still. Niemand sagt ein Wort.

Herbert schaut zu Markus, Markus blickt Herbert in die Augen. Björn Otto triumphiert innerlich, Iris Köppke entfährt ein schriller Schrei: »Das ist ja schrecklich«, bricht es aus ihr hervor. »Was heißt das?« Dabei mustert sie Markus besorgt.

»Mach dir keine Sorgen«, erwidert Stengele in einem ihr gegenüber ungewohnt vertrauten Tonfall, »bei mir ist die Krankheit bis heute nicht ausgebrochen und ich bin über 50.«

»Mein Vater«, beginnt Markus, dann stutzt er verwirrt. »Äh, nun ja, Matthias eben«, fährt er gefasster fort, »hat nach meiner Diagnose gesagt, er hätte die Krankheit von seinem Vater vererbt bekommen und dieser sei über 70 Jahre alt geworden.«

»Ein aufopferungsvoller Mann«, lacht Otto gehässig und öffnet die digitale Krankenakte von Matthias Kluge, »aber er hat Sie angelogen. Der Mann war nach seiner Krankenakte kerngesund.«

Herbert Stengele nickt lächelnd. »Matthias hat es gewusst und ich hätte es mir denken können. Er wollte Verena. Wir waren während unserer Studienzeit ein Paar. Aber Matthias war immer hinter ihr her, und als er sein Examen in der Tasche hatte, heiratete sie ihn. Nur weil ich in ihren Augen nichts auf die Reihe brachte und Matthias eine glänzende Karriere bevorstand.«

»Pfauenverhalten eben«, lacht Otto, »der Pfau mit dem schönsten Rad ist der Gewinner.«

»Aber sie war doch schwanger, von mir!«, protestiert Stengele. »Und ich wusste von nichts«, sagt er zu Markus und strahlt ihn stolz an, als stünde er im Kreißsaal. »Wie ich dich in jungen Jahren so heranwachsen sah, dachte ich manchmal, du hättest Züge von mir.«

»Oh mein Gott, nein!«, stöhnt Markus. »Das darf nicht wahr sein.« Er entfernt sich etwas von der Gruppe, die weiterhin auf den Bildschirm von Ottos Computer starrt, dann dreht er sich weiter ab, geht in dem großen Raum umher und brummelt schließlich: »›Du bist fahrig wie Herbert‹, das sagte mein Vater, also Matthias, manchmal zu mir … Meine Mutter, die bekam dann immer einen Anfall.«

Herbert Stengele will Markus ungelenk in die Arme schließen. »Ich habe dir deine erste Geige geschenkt, weil ich spürte, du hast meine musische Ader. Matthias hat sie dir weggenommen, weißt du das noch?«

»Er wollte, dass ich werde wie er«, nickt Markus, wehrt sich jedoch heftig gegen den Umarmungsversuch von Herbert und beharrt: »Und jetzt bin ich wie er!« Dabei schaut er trotzig zu Iris. »Wir verkaufen die Patente. Wir verkaufen sie, gerade so, wie es mein Vater getan hätte: dem Meistbietenden.« Er lacht verschlagen, genauso wie Matthias Kluge gern zu Lebzeiten lachte, wenn ihm ein besonderer Coup gelang. »Und wir verkaufen sie zweimal: erst den Chinesen und dann den Iranern.«

Herbert Stengele stimmt hysterisch in das Lachen ein und wiederholt stockend: »Wir verkaufen sie zweimal: den Chinesen und den Iranern.«

Björn Otto lässt eine Flasche Rotkäppchen Sekt knallen.

Er hat sie aus dem Kühlschrank geholt und lässt sie, wie ein Formel-1-Pilot nach seinem Sieg, überschäumen. »Abgemacht!« ruft er, »gehen wir an die Arbeit, ich rufe Stocks an, die Chinesen wissen Bescheid.«

»Nein, Stocks brauchen wir nicht. Ich rede mit den Iranern, persönlich«, stellt Markus forsch klar, »ich bin ihnen eine Erklärung schuldig. Mein Ansprechpartner in Teheran wartet auf meinen Anruf.« Er greift zu seinem Handy, schaut aber zuvor fragend zu Herbert Stengele.

Dieser nickt euphorisch, endlich scheint der Verkauf seiner Patente auf den Weg zu kommen, er lacht seinem nun offenbarten Sohn komplizenhaft zu und versichert ihm: »Dann gehen wir gemeinsam auf Tournee, zuerst nach Peking, dann nach Teheran. Wir zwei!«

Iris Köppke hakt sich bei beiden unter und verspricht: »Und ich gehe mit.«

22

Leon kommt auf dem Tan Son Nhat International Airport in Ho-Chi-Minh-Stadt an. Die Franzosen hatten den Flughafen während ihrer Kolonialzeit angelegt, die Amerikaner später als Militärflughafen genutzt. 2005 baute ein japanisches Konsortium das heutige, moderne Terminal.

Leon nimmt ein Taxi und fährt in sein Hotel. Im legendären ›Rex‹ hat ihm Schwanke ein Zimmer gebucht. Hier saßen einst die amerikanischen Offiziere und luden die Journalisten zu ihren Pressekonferenzen ein. Hier fand auch die letzte Pressekonferenz der Amerikaner statt, als die Truppen längst ihren Rückzugsbefehl im Tornister hatten und die US-Kampfhubschrauber aus Süd-Vietnam abrückten.

Leon sitzt in einem großräumigen Toyota mit Aircondition. Er schaut fasziniert aus dem Fenster und staunt wie ein kleiner Junge in einer fremden Welt. Auf den ersten Blick erkennt er keinerlei Kriegsspuren mehr, stattdessen eine moderne, pulsierende Stadt mit breiten Straßen, europäischen und japanischen Autos, Tausenden von Mopeds und ebenso vielen Radfahrern.

Sie passieren zunächst unzählige, heruntergekommene Plattenbauten, neben zum Teil ärmlichen Bambushütten, um wenig später teuer renovierte Paläste im kolonialen Stil, ehemalige Prachtbauten der Franzosen, zu sehen.

Die Fassaden werden zur Stadtmitte hin immer moderner, architektonische Glaspaläste wie in jeder Großstadt des Westens folgen, dann Kaufhausfassaden mit bekannten Logos und westlichen Namen und schließlich kommen sie an einem modernen Gebäudekomplex vorbei mit dem vertrauten blauen Schriftzug der Deutschen Bank.

Leon weiß noch nicht so recht, wohin er sich zunächst wenden soll. Er ist allein auf sich gestellt, kennt in Ho-Chi-Minh-Stadt keine Menschenseele, hat keine Kontaktadresse und versteht natürlich keinen Satz Vietnamesisch. Im Flieger hat er sich einen kleinen Wortschatz angelesen, damit er wenigstens Guten Tag und Auf Wiedersehen sagen kann.

Er aktiviert sein Handy, die Verbindung nach Deutschland funktioniert problemlos. Er wählt die Nummer von Lena, doch er erreicht nur ihren Anrufbeantworter. Immerhin hört er ihre Stimme in Tausenden von Kilometern Entfernung. Er sieht in seinen Gedanken das Telefon auf ihrem Schreibtisch stehen, und fragt sich: Ob sie gerade den Rasen mäht? Mit schlechtem Gewissen legt er auf.

Das Taxi hält. Leon steht vor einer überdimensionalen Ho-Chi-Minh-Statue, dahinter befindet sich ein schlossähnliches, weiß herausgeputztes Renaissance-Gebäude, darauf die rote Fahne mit dem fünfzackigen, gelben Stern. Optisch das einzige Relikt, das ihn an das aktuelle kommunistische Regime erinnert. Daneben steht das Hotel ›Rex‹, westlich modern, mit großer Leuchtschrift und bunten Blumenkübeln am Eingang.

Aus den kämpferischen Vietcongs wurden dienende Pagen. Ein Hotelangestellter in grüner Uniform mit goldenen Knöpfen schleppt seine Reisetasche aus dem Kofferraum des Taxis, der Fahrer verbeugt sich wegen einiger Münzen Trinkgeld und ein weiterer Hotelangestellter öffnet ihm devot die Tür.

Good Morning, Vietnam!, hätte Leon am liebsten geschrien, wie Robin Williams in dem legendären Antikriegsfilm von Barry Levinson, doch höflich grüßt er die

Hotelangestellten mit »Xin chao«, wie er es im Flugzeug gelernt hat.

Nach dem Einchecken geht er in sein Hotelzimmer und stellt sich auf den Balkon. Er blickt in die Le-Lai-Street, wildes Hupen und grelle Motorengeräusche der kleinen überladenen Mopeds erfüllen die Straßenschlucht, Leon liest: ›We are back!‹ Ein Coca-Cola-Lkw rauscht am Hotel vorbei. Geht doch, denkt Leon, warum nicht gleich so? Und er fragt sich, warum erst zwei Millionen Tonnen Bomben abgeworfen werden mussten. Wo doch nun der Wirtschaftskrieg mit Cola und Pop-Music aus Hollywood so leicht zu gewinnen ist.

Leon geht in sein Zimmer zurück, er fühlt sich verlassen und einsam. Was soll er jetzt tun? Wo soll er anfangen, nach Herbert Stengele zu suchen? Ratlos ruft er den Kommissar in Singen an. Es ist 13 Uhr in Vietnam, das heißt 7 Uhr in Deutschland, da ist ein Petrijünger längst auf der Pirsch, denkt er.

Und tatsächlich: »Hauptkommissar Sibold«, bellt sofort die Stimme des Kommissars, ungewohnt hell und deutlich, und dazu der für Leon völlig verblüffende Zusatz: »Ja, bitte?«

»Sind Sie's überhaupt?«, zweifelt Leon, »Herr Sibold, ist alles in Ordnung bei Ihnen? Hier ist Leon Dold, warum so freundlich?«

»Ich ziehe Ihnen die Ohren lang, wenn Sie zurück sind. Haben Sie eine Ahnung, was hier los ist? Wer glauben Sie denn, wer Sie sind? Schimanski?«

»Dreht der WDR einen Tatort in Ho-Chi-Minh-Stadt?«

»Reden Sie jetzt keinen Mist. Das BKA steht Kopf. Die hatten Stengele immer auf ihrem Schirm, aber jetzt ist er ihnen entwischt. Spurlos verschwunden.«

»Habe ich Ihnen doch gesagt, aber Sie wollten ihn ja nicht suchen.«

»Ich nicht, das BKA sucht ihn.«

»Und was haben Sie damit zu tun?«

»Die haben mich in die Mangel genommen, weil ich ihnen von Ihren Beobachtungen mit diesem Stocks erzählt habe und von Ihrem belauschten Gespräch auf Schwankes Terrasse. Verdammt, Herr Dold, das BKA weiß von den Verkaufsgesprächen mit Markus Kluge und Teheran. Das Bürschchen will diese Mordwaffe trotz Verbotes an den Iran verkaufen.«

»Habe ich doch gesagt und auch, dass Stocks mit zwei Millionen im Köfferchen zur Genehmigung des Deals nach Berlin flog.«

»Aber die politischen Vorzeichen stehen anders. Der Verkauf an Teheran muss verhindert werden. Das BKA, und ich vermute, nicht nur die, suchen jetzt alle nach diesem Stengele und nach Herrn Kluge.«

»Ich ebenfalls!«

»Sie«, überschlägt sich Sibolds Stimme, »Sie haben keinen blassen Schimmer, auf was Sie sich da einlassen. Wo sind Sie denn überhaupt?«

Leon fühlt sich, seit er mit dem Kommissar spricht, wieder deutlich wohler. Der alte Zausel gibt ihm Sicherheit. Er fühlt sich nicht mehr allein. Stolz brüstet er sich: »Ich werde mich um diesen Learjet-Besitzer kümmern, den werde ich bestimmt in Ho-Chi-Minh-Stadt finden. Wenn ich seinen Namen habe, werde ich mich bei diesem Herrn genauer umschauen.«

»Mein lieber Herr Dold. Sie können über die Polizei in Deutschland denken, was immer Sie wollen. Aber da, wo Sie jetzt sind, da treffen alle Ihre bösen Unterstellungen zu. Das sind keine Kollegen von uns, das ist kein Rechtsstaat, wie Sie ihn kennen, da gibt es keine Kollegen, die ich um Amtshilfe bitten könnte.«

»Fast wie in Deutschland«, lacht Leon, »da haben Sie mir vor Kurzem das Gleiche erzählt.«

»Hören Sie mit dem Quatsch auf. Ich weiß, dass Kollegen des BND auf dem Weg nach Ho-Chi-Minh-Stadt sind. Ich habe dem BKA von Ihnen erzählt. Sie geben mir sofort die Anschrift Ihres Hotels, dann bleiben wir in Verbindung.«

Nur zum Schein zögert Leon, in Wirklichkeit ist ihm nach dem Gespräch bedeutend wohler. Sollen die Herren des BND kommen, er selbst weiß wirklich nicht, wo er die Suche in diesem Millionen-Moloch beginnen soll.

Trotzdem schnappt er, nachdem er das Telefongespräch beendet hat, seine Kamera, steckt sie in den Rucksack, verlässt das Hotel und nimmt sich ein Taxi zurück zum Flughafen.

Er fragt den Taxifahrer nach Privatflügen. Der Kerl wittert schnell ein Geschäft, biegt am Flughafen vor dem offiziellen Terminal ab und fährt auf die andere Seite der Landebahnen.

›Aviatik‹ liest Leon auf einem Schild, Rundflüge bis ins Mekong-Delta werden angeboten.

Der Taxifahrer will ihn zu einem privaten Flugunternehmen begleiten, aber Leon winkt dankend ab. Er schlendert an einem in der Sonne blinkenden Maschendrahtzaun entlang, der das Flughafengelände abgrenzt. Schließlich erreicht er eine Zufahrt. Zwei Polizisten stehen vor einer Schranke, sobald ein Wagen anrollt, öffnen sie ohne Kontrollen. Auch ein Taxi lassen sie problemlos passieren.

Leon geht zurück und sieht seinen Fahrer von eben nach wie vor am Straßenrand stehen. Er winkt ihn zu sich und weist ihn an, den eben entdeckten Weg auf das Flughafengelände zu nutzen.

Für den Mann scheint die Anweisung nicht ungewöhnlich zu sein. Sie rollen an die Schranke, einer der Polizisten salutiert, der andere öffnet sie.

Der Taxifahrer folgt der Zufahrtsstraße über den östlichsten Teil des Fluggeländes, immer wieder weist ein Schild ›Aviatik‹ den Weg. Nach einigen Hundert Metern sieht Leon mehrere kleinere Flugzeuge parken, dann größere Hangars und schließlich einige Learjets. Unter ihnen sieht er eine auffallend weiße Maschine, mit vietnamesischer Flagge am Heck.

Leon lässt den Taxifahrer anhalten, steigt aus dem Wagen und geht auf die Learjets zu. Drei von ihnen stehen mit heulenden Motoren in ausgewiesenen Parkbuchten, bei ihnen sind die Gangways heruntergelassen, drei weitere sind verschlossen.

Er zögert nicht lange, geht zu der weißen Maschine, sieht, dass bei ihr ebenfalls eine Gangway angelehnt ist, und marschiert wie selbstverständlich die Stufen hinauf, als wäre er der Besitzer. Doch vor der Eingangstür tritt ihm ein in Fluguniform gekleideter junger Mann entgegen.

»Xin chao«, begrüßt ihn Leon lässig, wozu hat er seine Vokabeln gelernt?

Der Mann lächelt, sagt zuerst nur: »Hello!«, mustert Leon genauer und schiebt lächelnd nach: »Guten Tag auch.«

Leon ist überrascht.

»Dein Rucksack«, klärt der vermeintliche Flugbegleiter Leon auf.

Dieser hängt locker an Leons Schulter. Er zieht ihn nach vorn und sieht das ›taz‹-Logo der Berliner Tageszeitung. »Dass man das hier kennt?«

»Ich bin aus Berlin«, strahlt der junge Mann.

»Und was machen Sie hier?«

»Ich bin Pilot.«

»Hier?«

»Ja, hier kommt man schneller hinter den Knüppel, zu Hause gibt es viel zu viele von uns.«

»Und hier?«, fragt Leon interessiert.

»Gut ausgebildete Piloten werden hier händeringend gesucht. Wir fliegen für eine private Gesellschaft, unsere Kunden und Gäste bevorzugen deutsche Piloten, den Vietnamesen trauen sie nicht allzu viel zu.«

»Und wohin fliegen Sie so?«, erkundigt sich Leon wie nebenbei.

»Meist im asiatischen Raum.«

»Lassen sich die Geschäftsleute der Deutschen Bank nicht mal in Frankfurt abholen?«

»Das kommt selten vor, wobei – ich komme jetzt gerade tatsächlich aus Deutschland.«

»Ich auch«, lacht Leon, »vom Bodensee.«

»Ich ebenfalls«, freut sich der junge Flugkapitän. »Vom Bodensee.«

Bingo!, denkt Leon, jetzt nur nicht das scheue Wild verschrecken! Er muss erfahren, wen der Kerl geflogen hat, am besten Namen und Adresse des Kunden. »Ich kam mit der Swissair aus Zürich.«

»Und ich mit Mr Otto aus Friedrichshafen.«

»Otto? Wer ist Otto?«, fragt Leon nach außen hin völlig unbedarft.

»Unser Charterer, ein Geschäftsmann hier aus Ho-Chi-Minh-Stadt, der uns manchmal bucht. Er stammt übrigens auch aus Berlin«, plaudert der junge Pilot munter drauflos.

»Da scheint ein Nest zu sein«, scherzt Leon.

»Ja, es gibt hier viele Geschäftsleute aus Berlin, Ho-Chi-Minh-Stadt will den Anschluss an die globale Business World schaffen. Vergangene Woche war der deutsche

Außenminister hier, der hat sogar Mr Ottos Werk besucht und ihn einen Vorzeigepionier genannt.«

»Was macht der Mann?«

»Keine Ahnung«, zuckt der Pilot die Schultern, »aber warte mal, ich glaube, der hat einige Prospekte von seinem Unternehmen dagelassen.« Der junge Berliner dreht sich um, verschwindet im Innern des Fliegers und kommt mit einem Flyer einer EDV-Firma zurück. »Tick-Tack«, lacht er. »Nein«, korrigiert er sich dann: »DigDat – Datenverarbeitung.«

Leon ist zunächst enttäuscht. Aber was hat er erwartet? Eine Visitenkarte des chinesischen Geheimdienstes? Er nimmt den Prospekt, schaut ihn sich an, bedankt sich bei dem Piloten und verschwindet.

Seinem Taxifahrer zeigt er die Adresse von DigDat. Der Mann nickt und fährt los.

Leon schaut aus dem Fenster, schnell ist er gefangen von all den bunten Bildern auf der Straße. Mopedfahrer mit vier Personen auf der schmalen Sitzbank, ein Radfahrer mit einem großen, selbst gezimmerten Hühnerstall auf dem Gepäckträger, in dem tatsächlich lebende Hühner gackern, dann ein Motorradfahrer, der auf dem Gepäckträger ein ganzes, lebendes Schwein transportiert.

Der Verkehr ist der helle Wahnsinn, Millionen von Menschen huschen über die Straßen rund um Leons Taxi, es erschließt sich ihm nicht, welchen Regeln sie dabei folgen, aber einen Unfall bekommt er trotz all dem Drunter und Drüber nicht zu Gesicht.

Sein Taxifahrer steckt sich eine Zigarette nach der anderen an, hupt ununterbrochen und steht abwechselnd auf dem Gas und auf der Bremse. Sein kleiner japanischer Wagen ist vollgemüllt mit allerlei Krimskrams: Auf dem Armaturenbrett steht ein Buddha, daneben ein paar andere Figuren, in Leons Augen vergleichbar mit einem Krippenspiel zu Weihnachten. Am Rückspiegel hängt einer dieser stinkenden Duftbäume, dessen Geruch für Leons Empfinden widerlich süß ist. Dazu steht zwischen dem Fahrer und ihm ein Papiertaschentuchspender und in einer hässlichen Kitschvase, direkt auf seiner Augenhöhe, stecken knallbunte Kunstblumen.

Leon konzentriert sich bei all dem Klimbim lieber wieder auf die Fahrbahn. Mit der Zeit nimmt die Zahl der Radfahrer etwas ab, die Straßen werden breiter, die Häuser größer und moderner. Dann bremst der Wagen plötzlich scharf ab und der Fahrer zeigt auf ein stattliches, neues Gebäude, ganz im europäischen neuzeitlichen Business-Baustil, mit viel Glas und Sichtbeton. Die Einfahrt zum Innenhof ist mit einer Schranke versperrt, an der Pforte sieht er die Namen mehrerer bekannter, deutscher Unternehmen. Unbekannt war Leon bisher in der Aufzählung lediglich ›DigDat‹, doch genau da will er hin.

Er weist seinen Fahrer schnell an, auf der Straße weiterzufahren, lässt ihn wenden und auf der gegenüberliegenden Straßenseite parken.

Leon steigt aus und spaziert zum Eingang des Industrieparks. Niemand hält ihn auf. Er geht in den Innenhof, zu einer großen Glastür, neben der nochmals der Schriftzug ›DigDat‹ in großen, goldenen Buchstaben auf einem dunklen Granitstein zu lesen ist.

Unschlüssig bleibt er stehen, schaut an dem Gebäude hoch, geht zu seinem Taxi zurück. Er bittet den Fahrer, auf jeden Fall zu warten, zeigt ihm einen 50-Euro-Schein und bucht ihn damit für den ganzen Tag.

Langsam schlendert er wieder zurück zu dem Firmeneingang. Er ist sich über sein Vorgehen noch nicht ganz im Klaren. Soll er in der Firma vorsprechen und diesen ominösen Herrn Otto aufsuchen? Oder warten, bis einige Mitarbeiter aus der Firma kommen und sich an diese wenden?

Während er hin und her überlegt, öffnet sich die Tür des Bürohauses, einige junge Vietnamesen strömen heraus. Leon betrachtet sie, aber sie sehen für ihn alle gleich aus, er findet, sie gleichen jungen Chinesen, die in Deutschland studieren.

»Kann ich Ihnen helfen?«, fragt plötzlich unvermittelt einer der jungen Männer, der sich aus dem Pulk gelöst hat.

Leon lacht: »Wo kann man hier ein Bier trinken?«

»Ein Bier?«, wiederholt der junge Vietnamese überrascht, »hier jedenfalls nicht.«

»Dann woanders. Trinken wir ein Bier, ich lade dich ein.«

Der Vietnamese schaut noch verblüffter, lacht allerdings breit und sagt: »Ich habe in München studiert, ja mei, ihr Deutschen.«

»Auf geht´s, komm, trinken wir ein Bier auf München«, beharrt Leon und schiebt den jungen Mann aus dem Areal der DigDat-Firma.

Sie steigen in das Taxi, der Vietnamese weist dem Fahrer den Weg, vor einer Straßenbar halten sie an.

»Ich heiße Viet«, sagt er.

»Ich, Leon.« Daraufhin prosten sie sich zu.

Leon fragt Viet aus, was er macht, was die Firma produziert und wer dieser Herr Otto ist.

»Björn Otto ist ein ganz reicher Mann«, antwortet Viet mit viel Ehrfurcht, »aber er zahlt ganz schlecht«, schnaubt er.

»Vielleicht ist er deshalb so reich«, sinniert Leon, doch Viet widerspricht.

»Nein, der macht viel Geld mit ganz vielen deutschen

Firmen.« Viet zählt sie alle auf, für Leon klingt es wie das Who is Who der Nobelbranchen.

»Was macht Björn Otto sonst? Wo kommt er her?«

»Aus der DDR«, lacht Viet, »wie ich auch, ich habe zuerst in Leipzig studiert, nach der Wende habe ich noch einige Semester in München angehängt.«

»Und Otto?«, bleibt Leon bei seinem Thema.

»Mr Otto war in Berlin, ich glaube, der war bei der Polizei. Aber er war wohl schon zu DDR-Zeiten hier in Vietnam, er hat sehr gute Beziehungen in das Wirtschaftsministerium.«

Leon ordert das zweite Bier und schlägt vor, etwas zu essen. Der Taxifahrer und Viet stimmen sofort zu und bestellen bei dem Barkeeper hinter der Theke. Leon schaut sie fragend an.

»Hund haben wir nicht bestellt«, scherzt Viet, »nur ein bisschen Oktopus in Fischsoße, schmeckt gut.«

»Hund?«, zeigt sich Leon neugierig, »gibt es das hier?«

»Hier in diesem Lokal nicht«, entschuldigt sich Viet, »aber wenn du willst, zeige ich dir, wo.«

Leon denkt an Senta und ihre fetten Rippen und winkt lieber ab. »Warum glaubst du, dass Otto gute Beziehungen zum Ministerium hat?«, insistiert er.

Viet schaut Leon kritisch an und blickt sich daraufhin im Lokal um. Er spricht kurz zwei Sätze auf vietnamesisch mit dem Taxifahrer, um danach zu lachen und unbedarft weiterzuplappern: »Ich sehe, was er zum Teil für Besuch bekommt, das sind alles hohe Funktionäre. Er hat im obersten Stock eine Abteilung sitzen, die arbeitet nicht mit uns zusammen, die arbeiten für die Ministerien, aber da haben wir keinen Zugang.«

Leon bestellt ein weiteres Bier, redet mit Viet kurz über Lokale, in denen Hundefleisch serviert wird. Viet wird dabei wieder redseliger, Leon erkennt, viel Alkohol verträgt sein neuer Freund nicht, sodass er schon bald wieder auf die Firma und Mr Otto zu sprechen kommt. Doch leider hat Viet nicht mehr auszuplaudern, weder weiß er etwas über ein Superteleskop noch über chinesische Geschäftsbeziehungen.

»Nein«, ist er sich sicher, »alle Firmen, die wir betreuen, sitzen in Europa, die meisten in Deutschland.«

Schließlich fahren sie Viet wieder zurück zur Firma Dig-Dat, dort steigt er auf sein Fahrrad und Leon schaut ihm amüsiert zu, wie er in Schlangenlinien davonradelt.

Leon merkt, dass er dringend pinkeln muss, aber gleichzeitig sieht er einen weißen Mercedes aus der Ausfahrt von DigDat schießen. Schnell springt er in das Taxi, wartet, bis der Mercedes sich in den Verkehr eingefädelt hat, und weist den Fahrer an, sich an die Stoßstange des Westautos zu hängen.

Der noble Wagen prescht mit überhöhter Geschwindigkeit durch die vollgestopften Straßen und braust rücksichtslos an den Radlern vorbei.

Leons Fahrer macht es ihm nach und freut sich, endlich einem Deutschen seine Fahrkünste zeigen zu können. »Schumaker«, ruft er immer wieder begeistert, während Leon sich vor den Radfahrern schämt und sich am liebsten bei allen entschuldigen würde.

Endlich wird der Wagen langsamer, die Straßen freundlicher und die Wohnanlagen gepflegter. Sie sind irgendwo im Norden von Ho-Chi-Minh-Satdt, aber für Leon sieht es aus wie in einem Vorort von Stuttgart. Fertighäuser reihen sich aneinander. Ottos Mercedes fällt hier nicht auf, der Wagen wird langsamer, ein Eisentor öffnet sich und der Mercedes verschwindet dahinter.

Leon gibt dem Taxifahrer ein Zeichen, vorbeizufahren.

Dabei beobachtet er, wie aus dem Fond des Mercedes ein Mann aussteigt und, ohne sich umzusehen, in der noblen Villa verschwindet.

Jetzt erst lässt Leon das Taxi am Straßenrand anhalten. Schon wieder steht er vor einem verschlossenen Gebäude und weiß nicht weiter. Ob er gerade diesen ominösen Herrn Otto gesehen hat? Wohnt er hier? Aber wo sind Herbert Stengele und Markus Kluge?, fragt er sich. Hier in diesem Haus? Oder in dem Unternehmen? Oder ganz woanders?

Der Taxifahrer ist von seinen vier Bieren müde. Leon wünscht ihm eine Gute Nacht, er soll schlafen, während er selbst das Haus im Auge behalten will. Genervt nimmt er die unechten Blumen aus der Vase vor seinen Augen und wirft sie achtlos auf die Rückbank, dann reißt er den stinkenden Duftbaum vom Rückspiegel und schmeißt ihn hinaus auf die Straße. An den Buddha traut er sich nicht, dafür entsorgt er die süßlich riechenden Papiertücher ebenfalls im Fond des Wagens.

Schließlich richtet er es sich gemütlich in seinem Autositz ein und hält die Eingangstür des mutmaßlichen chinesischen Unterhändlers im Auge.

Die erste wirklich neue Erkenntnis im fernen Osten schenkt ihm sein Taxifahrer: Auch betrunkene Vietnamesen schnarchen!

23

Björn Otto ist gut gelaunt. »Morgen, Kinder, haben wir alles unter Dach und Fach«, ruft er fröhlich in das Wohnzimmer und klopft Herbert Stengele brüderlich auf die Schulter, »ich habe mit den Chinesen gesprochen, wir haben gewonnen!«

Stengele schaut ihn feindselig an. Gerade hatte er mit Markus auf dessen iPod ein gigantisches Mozart-Konzert gehört: Die Neuerscheinung der Violinkonzerte Sinfonia Concertante von Anne Sophie Mutter. Ein Mozart, den man so schnell nicht wieder aus dem Kopf bekommt. Das Zusammenspiel von Bashmet und Mutter ist brillant, aber jetzt dieser widerliche Kretin von Otto …

Er und Markus waren, während sie das Konzert hörten, eng zusammengesessen. Die kurzen Kabel der Ohrstöpsel des iPods zwangen sie dazu. Er hatte die Nähe zu seinem Sohn genossen. Endlich hat sich für ihn ein Schleier gelüftet. Er hat diese Verwandtschaft ihrer Seelen schon immer gespürt. Markus ist wie er. Matthias dagegen ist, wie dieser Björn Otto, nur auf Geld aus gewesen.

Aber Markus hat seit Kindesbeinen seine starke Neigung zur klassischen Musik erkennen lassen. Als ihre Familien noch enger befreundet waren, ist Markus mit seinem Vater öfter bei ihm zu Besuch gewesen. Eines Tages, der Junge war damals gerade fünf Jahre alt, hat er sich einfach seine Geige aus dem Kasten geholt und schrappte mit Lust aber auch viel Gefühl darauf herum. Er selbst wollte ihm gespannt zuhören, aber Matthias nahm dem Jungen das Instrument rüde ab. »Damit verdient man kein Geld, Junge!«, sagte er streng und schielte überheblich zu Stengele.

Zum Trotz schenkte er dem Jungen später eine Geige, und der Kerl ging daraufhin regelmäßig in seine Musikstunden. Herbert machte dies mächtig stolz, warum, weiß er heute.

»Mr Bakaii war bei mir im Office. Der Deal ist perfekt«, reißt Otto ihn aus seinen Erinnerungen und klopft Herbert grob auf die Schulter, »du hast es geschafft, die Chinesen wollen dich kennenlernen, wir haben verkauft, mitsamt dir, mein Junge!«

Dieser sächselnde Björn Otto ist Herbert Stengele zuwider. Er mag seine Art nicht und vor allem hasst er seinen Mundgeruch. Am liebsten würde er sofort aus diesem Haus verschwinden. Allerdings ist Markus für solche Gedanken nicht zugänglich. Herbert hatte den Tag über immer wieder versucht, unter vier Augen mit ihm zu reden. Doch Iris steht meist neben Markus, sie achtet auf beide wie eine Gefängnisaufseherin. Er will hier raus, aber nicht mehr ohne seinen Sohn!

»Komm, stoß mit mir an! Ich bin jetzt dein Manager und du kommst groß raus«, feixt Björn Otto, »du bist der Darth Vader im Krieg der Sterne.«

Herbert Stengele zögert. Er will das Glas nicht nehmen, doch er spürt, dass er mit diesem Menschen anstoßen sollte. Er sitzt mit ihm allein in dem großen Wohnraum, Markus und Ines sind in ihrem Zimmer.

Otto scheint die Gedanken Stengeles zu erraten, er grient: »Lass mal, Ines muss dein Söhnchen noch in einiges einführen.« Auf einmal brüllt er laut los: »Oder er in sie!«

Herbert Stengeles Augen werden dunkel. Wie immer in Stresssituationen beginnen sie zu flattern. Schließlich hat er sich nicht mehr unter Kontrolle, er greift nach dem gefüllten Sektglas und schüttet es Björn Otto ins Gesicht.

Otto hält mit seinem überheblichen Lachen kurz inne, schaut Herbert irritiert an, wischt mit dem Ärmel den Sekt aus seinem Gesicht und fährt zynisch fort: »Wenn du willst, bumst die auch dich.«

Herbert Stengele wendet sich ab, er weiß nicht, wohin mit sich, weiß nicht, was er tun könnte, es zerreißt ihn fast, da ertönt die ehemalige Nationalhymne der DDR.

Gut gelaunt greift Björn Otto zu seinem Handy und ruft: »Pronto«, in sein Gerät, um kurz darauf wieder zu lachen. »Oh, Mr Yes, please«, prustet er erneut, »kommen Sie doch vorbei.«

Er lauscht kurz und weist den Anrufer an: »Nehmen Sie ein Taxi, ich wohne in Phu My Hung, das liegt im siebten Distrikt.« Daraufhin gibt er seine genaue Adresse durch, legt auf und ruft nach der jungen Frau, die er in der Küche beschäftigt hat.

»Wir bekommen Besuch. Mach mal was zu futtern für fünf Personen in einer Stunde – und stell Bier kalt!«

Herbert Stengele löst sich langsam aus seiner Starre, schaut Otto interessiert an und fragt sich, wen er wohl eingeladen hat. Allerdings würde er sich eher auf die Zunge beißen, als diesen Widerling zu fragen.

Da tönt Ottos Ruf durchs Haus: »Ines! Wir bekommen Besuch, Herr Stocks kommt in einer Stunde, macht euch fertig.«

Leon sitzt ratlos im Taxi neben seinem schnarchenden Fahrer und überlegt, was er tun könnte. Sein schlechtes Gewissen rät ihm zu einem weiteren Versuch, in Taisersdorf anzurufen. Doch wieder springt nur der Anrufbeantworter an.

Leon entschließt sich diesmal, eine Nachricht zu hinterlassen, in der er Lena um einen Rückruf bittet. Er will ihre Absolution: »Hey, Lena«, beginnt er cool, »ich bin's.« Bricht wieder ab und räuspert sich, schielt auf den schlafenden

Fahrer, obwohl der ihn sowieso nicht verstehen würde, und raspelt Süßholz. »Bitte, ruf mich kurz zurück«, bettelt er schließlich, »ich will deine Stimme hören, du musst mich verstehen, ich habe solche Sehnsucht nach dir, aber ich konnte nicht anders, ich muss wissen, wo Stengele ist.« Dann legt er auf.

Er hätte ohnehin nicht weiterreden können, denn baff sperrt er Augen und Mund auf: Er traut seinen Augen nicht, das Warten hat sich gelohnt, wow! Aus einem Taxi vor seiner Nase steigt mitten in Ho-Chi-Minh-Stadt dieser gelackte Holger Stocks, der deutsch-schweizerische Waffenhändler.

Leon stiert ihm nach, verfolgt, wie der Mann in die Villa von Björn Otto eingelassen wird, und ist vollkommen perplex. Er hat noch in den Ohren, wie Ines in Stengeles Wohnung deutlich die Chinesen als Interessenten der Patente genannt hat. Aber Stocks? Der will doch an die Iraner verkaufen!

Jetzt versteht er gar nichts mehr.

Leon tippt eine Nummer in sein Handy und hört auch schon die Stimme des Kommissars. »Herr Dold, ja bitte, was gibt es Neues?«

»Herr Sibold, so verbindlich und so schnell an Ihrem sonst von Ihnen vermaledeiten Gerät, was verschafft mir die Ehre?«

»Reden Sie jetzt keinen Quatsch, wo sind Sie?«

»In Ho-Chi-Minh-Stadt, das wissen Sie doch«, sagt er lapidar.

Der Kommissar stöhnt missmutig. »Mir steht das BKA auf den Füßen, die fragen, was Sie da treiben!«

»Halten Sie sich fest«, hebt Leon die Spannung, »ich treffe Stocks, vielmehr der besucht gerade diesen Otto bei ihm zu Hause.«

»Wer ist Otto? Und wo ist Stengele?«

»Keine Ahnung, vielleicht auch in dem Haus, vor dem ich stehe, oder bei DigDat. Ich denke aber eher, hier.«

»Was soll das? Otto und DigDat? Können Sie nicht deutlicher werden?«

»Selbstverständlich«, gluckst Leon, »ist eigentlich mein Job.« In knappen Worten erzählt er dem Kommissar, wie er auf das EDV-Unternehmen DigDat gestoßen ist, das diesem undurchsichtigen Björn Otto gehört, der mit einem Privatjet in Friedrichshafen gelandet war, um Herbert Stengele zu entführen.

Der Kommissar schnaubt hörbar, fragt nach der Schreibweise von DigDat und erkundigt sich verhalten: »Stehen Sie allein vor dem Haus von diesem Otto?«

»Meinen Sie, hier ist eine Demo?«

»Hören Sie auf mit dem Quatsch«, knurrt er, »ich will wissen, ob außer Ihnen noch jemand das Haus beschattet.«

Leon dreht sich auf seinem Beifahrersitz um, schaut die bürgerliche Anliegerstraße hoch und runter und schüttelt seinen Kopf. »Ich sehe kein weiteres Auto auf der Straße parken.«

»Spaziergänger, Leute auf einer Parkbank?«

»Gibt es nicht, hier herrscht traurige Vorstadtödnis.«

»Halten Sie sich für den Einzigen, der Stengele sucht?«

»Wer denn noch?«

»Habe ich Ihnen bereits angedeutet, dass Sie nicht allein sein werden. Ich muss jetzt dem BKA unser Gespräch übermitteln, geben Sie mir bitte Ihren Standort mit der Hausnummer von diesem Otto durch.«

Leon buchstabiert ihm den Straßennamen und fragt: »Welche Info bekomme ich von Ihnen?«

»Wir sind hier nicht auf dem Basar, was wollen Sie?«

»Verdammt gern wissen, was Kluge und Otto jetzt

besprechen«, sagt Leon, »und von Ihnen würde ich gern auf dem Laufenden gehalten werden. Ich möchte im Gegenzug zumindest erfahren, wenn Ihre Kollegen Herbert Stengele oder Markus Kluge gefunden haben.«

»Ich werde tun, was ich kann«, hört Leon den alten Zausel versöhnlich brummeln und legt auf.

»Da habe ich denen beigebracht, wie man Soljanka macht und jetzt kochen die Dummbeutel das jeden Tag« beschwert sich Björn Otto und lacht dabei.

Doch Suppe ist nun mal die Leibspeise der Asiaten, und wenn die dicke Langnase dieses grässliche Durcheinander in seiner Suppe mag, dann bitte, denkt offensichtlich das Küchenpersonal und serviert ihm seither fast täglich Soljanka. Jeden Morgen packen sie die Reste der für Vietnamesen grässlichen Wurstsorten, die Otto auf dem Frühstückstisch zurücklässt, zusammen und braten die Wurstzipfel mit Paprika und Knoblauch in einem Topf.

»Ich finde die Suppe sehr gut«, urteilt Holger Stocks und gibt einen kräftigen Schlag Sahne hinzu, »erinnert mich an die Zeit nach der Wende in Dresden.«

Ines Köppke schlürft die Brühe, kaut selig auf den Salami- und Jagdwurstscheiben in ihrem Mund, schaut zu Markus, lächelt ihm zu und fordert ihn auf: »Iss! Damit bin ich groß geworden.«

Herbert Stengele schiebt den Suppenteller demonstrativ zur Seite: »Wollen wir jetzt über die DDR-Suppen-Küche philosophieren oder endlich zum Thema kommen, ich möchte nach Hause!«

»Jetzt legen Sie mal eine andere Platte auf«, herrscht ihn Otto an, »morgen stelle ich Sie Mr Bakaii vor, er ist der Einkäufer für die Chinesen, er gehört zur Commission of Science, Technology & Industry for National Defense. Das ist unser Mann, mit ihm müssen wir uns einigen und ich werde Ihnen gleich darlegen, was Sie dabei zu sagen haben.«

»Mir brauchen Sie nicht vorzuschreiben, wie ich zu verhandeln habe!«, protestiert Stengele.

Otto winkt gelangweilt ab und fragt süffisant: »Haben Sie schon jemals solch einen Vertrag ausgearbeitet? Es geht um 20 Millionen, zusätzlich um eine Frist der Bezahlungen über die gesamte Bauzeit. Sie ziehen die Chinesen nicht über den Tisch, aber wenn Sie nicht aufpassen, werden die Chinesen Sie übers Ohr hauen.«

Ines versucht, die angespannte Situation zu entkrampfen. »Die Broiler!«, ruft sie in die Küche und das Küchenpersonal trägt knusprige Hühnchen in fettem Öl und Paprikasoße auf den Tisch.

»Wirklich wie damals in Dresden«, freut sich Stocks.

Stengele geht hinaus auf die Toilette und muss sich aufs Neue übergeben.

»Er ist sehr sensibel«, Markus hat seinen Vater schnell adoptiert, »aber er wird es durchstehen. Doch danach sollten wir ihn heimlassen. Er wird uns weiterhin dienlich sein, nur besser ist es für uns alle, wenn er glaubt, völlig frei entscheiden zu können.«

»Kindergarten«, knurrt Otto, »wir haben keine Zeit!«

»Er allein ist die zusätzlichen zehn Millionen wert«, erinnert Ines, »deshalb haben wir ihn mitgebracht. Jetzt sollten wir ihn auch wie zehn Millionen behandeln.«

»Morgen schließen wir den Deal mit den Chinesen ab«, wendet sich Holger Stocks an Otto, »und was ist mit den Iranern?«

»Das ist mein Geschäft!«, mischt sich Markus ein. Stocks lacht: »Wenn Sie meinen, junger Mann. Aber überlegen Sie sich das nochmals. Man sollte sich nicht übernehmen.«

»Lassen Sie das meine Sorge sein«, braust Markus auf, »ich stand mit den Iranern bereits in Kontakt, bevor Onkel Gunther Sie hinzuzog. Ich werde den Vertrag hier in Ho-Chi-Minh-Stadt abschließen. Ich stehe mit den Iranern in ständiger Verbindung, die wissen, dass ich hier bin, hier haben wir wenig zu befürchten.«

»Wann wollen Sie unterschreiben?«

»Morgen«, verkündet Markus selbstsicher. »Morgen ist Showdown. Dann haben wir die Katze im Sack«, erklärt er noch lauter und hebt eine Bierflasche in die Höhe, »zuerst trifft Björn mit Herbert die Chinesen, danach ich die Iraner und anschließend trinken wir einen!«

»Wissen die beiden Parteien, dass Sie die Patente zweimal verkaufen?«

»Das spielt keine Rolle«, mischt sich Otto ein, »wer nicht dabei ist, hat verloren. Das ist wie mit der Atombombe. Du brauchst sie, um dazuzugehören.«

Stocks winkt ab: »Markus muss wissen, was er den Iranern erzählt. Am besten wäre es gewesen, dein Vater hätte den Vertrag tatsächlich schon vor seinem Tod in der Tasche gehabt.«

»Das war nicht mein Vater.«

»Ach nicht?«, grinst Stocks. »Wo ist dann jetzt das Problem?«

»Alles in Ordnung, kein Problem«, lächelt Markus, wendet sich ab, greift nach seinem Handy und wählt eine Telefonnummer.

»As-salāmu 'alaikum«, hört er und antwortet brav: »Wa 'alaikumu s-salām. «

Er steht auf, zieht sich in eine Ecke des großen Wohnzimmers zurück und kommt nach wenigen Minuten wieder an den Tisch

»Was war das?«, fragt Ines irritiert.

»Ich musste den Termin für morgen bestätigen. Ich treffe eine iranische Abordnung um 18 Uhr auf dem Nachtmarkt.«

Ines nickt ihm aufmunternd zu, streicht ihm liebevoll über seine langen Locken und sieht Stengele aus der Toilette kommen. Er geht unsicher, ist bleich und sieht mitgenommen aus. Mitfühlend fragt sie: »Herbert, geht es dir nicht gut?«

»Mir ist das alles zu viel. Ich bin Erfinder, sonst nichts, lassen Sie mich bitte wieder nach Deutschland zurück.«

»Versprochen«, lenkt Björn Otto mit fast fürsorglicher Stimme ein, »wir werden den Deal in Ihrem Sinne unter Dach und Fach bringen. Ich mit den Chinesen, Markus mit den Iranern. Dann gibt es keinen Grund mehr, dass wir Sie hier festhalten und Sie können nach Hause fliegen.«

»Zeit für Leckermäulchen«, ruft Ines, geht in die Küche und holt den Klassiker der DDR-Süßspeisen. »Guck mal, Björn, habe ich heute Mittag extra für dich gemacht.«

Langsam löst sich die Spannung in der Runde, die Stimmung wird heiterer, da piept das iPhone von Markus. Er lässt das Display aufleuchten und liest die SMS: ›Don't sell!‹

Er versteht nicht recht und zeigt die Nachricht Herbert. Der erschrickt: »Die gleiche Aufforderung habe ich schon einmal gelesen – nach dem Tod von Matthias.«

»Wo?«

»Auf unseren Rechnern bei DS.«

»Seltsam«, überlegt Markus, »die SMS kommt von meiner Mutter.« Er fährt mit dem rechten Zeigefinger über das große Display seines iPhones, als würde er die Nachricht einfach streichen. Ein Bild von Verena erscheint. Markus tippt kurz darauf, dann nimmt er das Handy ans Ohr.

»Sie nimmt nicht ab«, wundert er sich und ruft bei seiner Mutter über das Festnetz an. In Vietnam ist es kurz vor Mittag, in Immenstaad früh am Morgen.

Verschlafen nimmt Verena schließlich ab, ist jedoch sofort hellwach, als sie die Stimme ihres Sohnes hört: »Wo steckst du? Ich mache mir solche Sorgen um dich!«

Auf Markus' Lippen legt sich ein leichtes Lächeln. »Mama«, antwortet er, »warum? Du hast keinen Grund dazu«, beruhigt er sie.

»Doch, ich weiß nicht einmal, wo du steckst!«

Markus erzählt ihr kurz, dass er in Ho-Chi-Minh-Stadt ist, um endlich das verdammte Teleskop zu verkaufen. Er sagt ihr, dass er am nächsten Tag den Termin mit den Iranern habe und danach wieder nach Hause kommen werde.

Plötzlich hält ihn nichts mehr zurück, laut schnaubt er ins Telefon: »Warum hast du mir nicht gesagt, dass Herbert mein Vater ist?«

Verena antwortet nicht. Es ist still in der Leitung.

»Sprich!«, wird Markus ungeduldig.

»Ich, ich«, vernimmt er schließlich Verenas zögerliche Erklärungsversuche, die sie allerdings wieder abbricht. »Woher weißt du?«, fragt sie stattdessen.

»Das spielt jetzt keine Rolle.« Markus ist gereizt. »Sag mir nur, warum. Warum, will ich wissen!«

»Weil Herbert uns niemals hätte ernähren können«, platzt es aus Verena heraus, »der hatte doch immer nur sein verdammtes Teleskop im Kopf, er hat nicht einmal mitbekommen, dass ich schwanger war.«

Markus schluckt. Er schaut verunsichert zu seinem Vater. »Trotzdem«, sagt er schließlich stur.

»Was heißt da ›trotzdem‹?« Verena buhlt mit mütterlicher Stimme um Verständnis. »Markus, ich musste mich um uns kümmern. Ich trug dich in mir, aber Herbert war mittellos und Matthias nahm uns auf.«

»Dich! Dich nahm er auf, mich hat er nie akzeptiert«, bricht es aus Markus heraus.

»Sei nicht ungerecht, er war ein guter Vater für dich, sonst hätte ich es nicht so lange mit ihm ausgehalten.«

Markus schießen Tränen in die Augen. Wie durch einen Schleier sieht er, wie Herbert unruhig aufsteht und angespannt durch das Zimmer tigert, alle anderen in der Runde starren weiter auf ihn und hören ihm verstohlen zu.

»Mama«, krächzt seine Stimme, dann reißt ihm Herbert das iPhone aus der Hand.

»Verena, ich bin's, Herbert.«

Wieder ist es, als wäre die Leitung unterbrochen. Wieder herrscht absolute Stille. Bis Herbert weiterredet: »Ich dachte es mir manchmal«, seine Stimme ist leise und gebrochen, »wenn Markus als kleiner Junge auf seiner Geige spielte oder sehnsüchtig meine Plattensammlung und meine Bücher durchstöberte, Verena!«

»Ja«, haucht sie, »ja, ich habe es oft gesehen. Auch mir hat es fast das Herz zerrissen, aber was hätte ich tun sollen? Du warst immer nur mit dir und deinen Ideen und Fantasien beschäftigt. Und jetzt hab ich euch beide verloren und bin allein.«

»Du und allein«, stößt Herbert verächtlich hervor, »wo ist denn dein Joseph?«

»Weg. Er ist seit zwei Tagen spurlos verschwunden. Zeitgleich mit euch. Deshalb mache ich mir solche Sorgen.«

»Warum? Was hat Joseph bitte mit uns zu tun?«, wundert sich Herbert, »wir sind in Ho-Chi-Minh-Stadt und werden meine Erfindung endlich verkaufen – stell dir vor, sogar die Chinesen sind daran interessiert. Danach kommen wir wieder zurück.«

»Hoffentlich bald«, seufzt Verena völlig verunsichert, »ich habe Angst.«

»Wovor hast du denn Angst?«

»Ich kann es nicht genau sagen, aber Joseph war so seltsam in der letzten Zeit.«

»Wie – seltsam? Was heißt das?«

»Na ja, er wollte immer ganz genau wissen, was Markus treibt, und jetzt sind beide weg. Markus und Joseph.«

»Mach dir keine Sorgen, Markus und ich sind wohlauf. Verena, wir kommen bald nach Hause, dann müssen wir über alles reden.«

Markus winkt genervt ab und reißt Herbert das Telefon aus der Hand. »Wo ist dein Handy?«, will er unvermittelt wissen.

Verena ist irritiert, stottert kurz und erklärt sagt: »Das habe ich schon gesucht, kann es aber nirgends finden.«

»Verdammt«, zischt Markus und legt auf.

Herbert schaut seinen Sohn fragend an.

»Wer schickt mir eine SMS von dem Handy meiner Mutter?«

Herbert stiert ratlos in die Runde, um kurz darauf zu sagen: »Vielleicht Joseph?«

»Wie das?«, fragt Markus ahnungslos.

»Er ist verschwunden, Verena hat keine Ahnung, wohin.«

»Joseph?«, Markus legt ungläubig die Stirn in Falten.

»Wer ist das?«, schaltet sich Björn Otto in das Gespräch ein und wendet sich an Ines.

»Hatte ich nicht weiter berücksichtigt«, entschuldigt sie sich, »das ist der Stecher von Verena.«

»Wie heißt der genau?«, erkundigt sich Otto und tippt nervös den Namen ›Joseph‹ und, als Ines ihm den Nachnamen nennt, auch ›Brodsky‹ in seinen PC.

24

Leon hat seinen Posten vor Ottos Haus aufgegeben. Was hätte er da noch weiter ausrichten können? Er ist um das Haus geschlichen, hat immer wieder versucht, in die Zimmer zu spähen, aber all seine Unternehmungen blieben zwecklos. Das Haus ist verbarrikadiert wie eine Burg. Alle Fenster sind gesichert, zum Teil sogar mit Rollläden verschlossen. Nach weiteren zwei unnützen Stunden hat er seinem Taxifahrer erklärt, dass er nun in das ›Rex‹ zurück wolle.

An der Rezeption nennt Leon seine Zimmernummer, nimmt den Schlüssel an sich und geht gedankenverloren durch das Foyer. Er fährt auf die Terrasse des legendären Hotels, vom Dachgarten aus genießt er den Blick über die heimliche Hauptstadt Vietnams, er denkt dabei an Lena, bekommt einen Anfall von Sehnsucht und startet einen neuen Anlauf, sie anzurufen.

Er steht an der Balustrade des Dachgartens, das Freizeichen ertönt, während seine Augen interessiert über die Gäste des Restaurants schweifen. Plötzlich erschrickt er, schaut genauer hin und schluckt.

»Dass du es wagst, anzurufen!«, hört er Lena am anderen Ende seiner Leitung im fernen Deutschland, »ich schufte mir hier einen ab, mähe mühsam das viel zu hoch gewachsene Gras, und du?«

»Ich? Ich rufe gleich zurück!« – Leon bleibt die Luft weg. Er legt einfach auf. Er muss, er kann nicht anders. Verdammt! Vor ihm sitzt Joseph. Joseph Brodsky, der Bodyguard-Typ, den Markus ihm vorgestellt hatte, der geschniegelte Armani-Träger, der Freund von Markus Kluges Mutter. Was macht der hier?, fragt sich Leon völlig überrascht.

Beunruhigt wendet er sich ab. Er hat keine Idee, wie er sich auf die Schnelle tarnen kann, aber dieser Kerl darf ihn auf keinen Fall sehen. Zum Schutz hält er schnell wieder das Handy an sein Ohr, als würde er noch immer angestrengt telefonieren, und eilt mit Blick in die andere Richtung zum Ausgang des Dachgartens. Erst im Flur des Penthouse atmet er durch, steckt das stumme Handy ein und schielt verunsichert zurück. Es ist eindeutig dieser Gigolo, der ihm in Friedrichshafen beim Dornier-Büfett das leckere Thunfischhäppchen vor der Nase weggeschnappt hat. Er sitzt mit zwei weiteren Männern an einem Tisch und redet auf sie ein.

Leon fällt wieder Lena ein, verdammt, er hat sie einfach abgewürgt, was wird sie nun denken? Aber er hat nicht anders gekonnt, hat einfach auflegen müssen. Joseph darf ihn auf keinen Fall entdecken. Was macht der Kerl bloß hier?

Langsam beruhigt sich Leon wieder. Joseph hat ihn nicht gesehen, Gott sei Dank. Die Sache mit Lena wird er später wieder geradebiegen. Solange sie sich über ihn noch ärgert, ist er trotz seines spontanen Ausflugs bei ihr im Rennen. Er wird ihr nachher alles in Ruhe erklären.

Jetzt muss er sich erst mal um diesen Joseph Brodsky kümmern. Der Mann steht auf, lässt seine beiden Gesprächspartner an ihrem Tisch zurück und geht auf den Ausgang zu, hinter dem sich Leon befindet.

Er verschwindet schnell in einem Nebenzimmer des Dachrestaurants und beobachtet durch den Türspalt, wie Joseph in den Fahrstuhl steigt. Er selbst eilt die zwölf Stockwerke über das Treppenhaus ins Foyer hinunter.

Unten wartet er auf den Aufzug. Eigentlich müsste er ihn überholt haben, schließlich hat er in fast jedem Stockwerk den Aufzugsknopf im Vorbeihasten gedrückt. Er schaut gespannt auf die Fahrstuhltür, doch kein Joseph erscheint. Nach kurzem Überlegen geht er zur Rezeption und fragt nach Joseph Brodsky. Eine junge Frau strahlt ihn aus ihren Mandelaugen freundlich an, tippt vermutlich den Namen in ihren PC und nennt ihm ohne Argwohn dessen Zimmernummer.

Leon nimmt den Aufzug, fährt ins achte Stockwerk, in dem Joseph sein Zimmer hat, schleicht an besagtem Raum vorbei und huscht im Gang um die nächste Ecke.

Er ist völlig irritiert, da er sich bisher nicht um diesen Typen gekümmert hat. Warum auch? Er war bislang nicht in Erscheinung getreten, erst vorgestern auf der Eröffnungsfeier in Friedrichshafen. Und dort lediglich als Anhängsel von dieser aufgedonnerten Verena Kluge.

Aus dem Zimmer nebenan tritt ein Liebespaar. Er, eine stattliche Langnase mit Cowboyhut, eingeschnürt in einen, für seine Ausmaße, viel zu engen Jeans-Anzug. Sie, eine zierliche Asiatin mit hochtoupierten Haaren, kräftigem und buntem Make-up, einem knappen silbernen Kleidchen, das kaum über ihre nicht vorhandenen Pobacken reicht, und silbernen High Heels, damit sie den großgewachsenen westlichen Männern wenigstens bis zum Hosenladen reicht.

Leon sieht dem ungleichen Paar nach, registriert die Zimmernummer auf ihrer Tür und folgt ihnen zum Ausgang. Er beobachtet, wie der Cowboy an der Rezeption den Schlüssel in die Keybox gleiten lässt und die beiden das Hotel verlassen.

Spontan eilt Leon an die Rezeption, lächelt die Damen dahinter breit an und entschuldigt sich höflich: »I've forgotten something in my room.«

Wie selbstverständlich schnappt er sich den Schlüssel, den der Cowboyhut gerade in die offene Box geworfen hat, und geht lässig zum Aufzug.

Im Flur 8 eilt Leon schnurstraks zu der Zimmertür, aus der das Pärchen gerade gekommen war, schaut sich nur kurz in deren Raum um, öffnet die Balkontür und geht hinaus.

Vorsichtig lugt er um die Ecke. Die Balkone der Hotelzimmer reihen sich aneinander. Rechts von ihm muss das Zimmer von Joseph sein. Nur ein Schritt entfernt ist sein Balkon.

Von unten dröhnt der Großstadtverkehr herauf, Leuchtreklamen blinken. Das achte Stockwerk, in dem Leon auf dem Balkon steht, liegt über dem Schein der Straßenlaternen im Dunkeln.

Er schielt nochmals vorsichtig nach allen Seiten, dann lehnt er sich weit über die Balustrade und versucht, in den Raum von Joseph zu blicken, aber in dem Zimmer ist es finster.

Leon tritt zurück in das Zimmer des Liebespärchens, schaut sich um, schnappt sich einen Flakon von einem Nachttischchen, geht damit auf den Balkon zurück und wirft es auf den Vorsprung, direkt vor die Balkontür von Joseph.

Es scheppert laut, doch im Zimmer nebenan rührt sich nichts. Leon schaut sich um, fasst sich ein Herz und steigt über das Geländer. Er macht einen kleinen Satz und krallt sich an der Brüstung des Nachbarbalkons fest. Als er genügend Halt hat, steigt er schnell über die Balustrade und redet sich dabei Mut zu: Was soll mir denn dieser Joseph schon antun? Vorsichtig drückt er seinen Körper gegen die Balkontür des fremden Zimmers.

Doch sie ist verschlossen. Sein Herz rast. Ihm ist klar, Joseph hat ein Geheimnis. Er muss es herausfinden.

Jetzt!

Die Scheibe klirrt, aber der Straßenlärm ist lauter. Leon hat ein kleines Seitenfenster der Balkontür mit seinem Ellenbogen eingeschlagen. Er greift mit der Hand durch den Bruch und öffnet die Tür von innen.

Schnell huscht er in den Raum. Es ist dunkel, er tastet sich zu einem Lichtschalter vor, legt ihn um und sieht das Hotelzimmer nun hell erleuchtet vor sich.

Das Bett unberührt, in der Ecke steht nur ein kleiner Koffer, selbst im Bad liegen keine Utensilien.

Leon schnappt sich schnell den Koffer, legt ihn auf den Boden, kniet davor und öffnet ihn. Er sieht zwei fein gebügelte Hemden und zwei Hosen sowie einen Kulturbeutel. Sonst nichts, mit Ausnahme eines unscheinbaren Lederriemens. Verwundert zieht er daran. Eine Lederkapsel, ein zweites Band und eine weitere Kapsel kommen zum Vorschein.

Während er den Riemen in der Hand hält, fröstelt es ihn. Er erinnert sich an die jüdische Tradition des Gebetsriemens und der Thora. Verdammt, ihm wird heiß.

Nichts wie weg.

Eine jähe Angst überfällt ihn. Schnell verstaut er den Gebetsriemen wieder im Koffer, stellt diesen an seinen Platz zurück und nimmt den nächstbesten Weg aus dem Raum. Er rennt zur Zimmertür, sie lässt sich von innen öffnen, schnell tritt er auf den Flur und eilt durch das Treppenhaus hinunter ins Foyer.

Unter Menschen atmet er durch. Hier versucht er, unauffällig zu wirken, schlendert langsam an die Rezeption, lächelt den Damen erneut freundlich zu und wirft den Schlüssel des Cowboyhutträgers zurück in die Schlüsselbox.

Mit Herzklopfen tritt er hinaus auf die noch immer belebte Straße. Touristen bummeln am Hotel vorbei. Straßenhändler bieten Erfrischungsgetränke an. Leon schaut sich erneut unsicher um und stürmt ohne Ziel und mit schnellen Schritten los, immer geradeaus, in die Gassen des Millionen-Molochs.

Nur langsam beruhigt er sich. Verdammt, er hat das Geheimnis von Joseph Brodsky gelüftet. Der Gigolo ist Jude. Leon ist klar, wenn Kommissar Sibold mit seiner Vermutung recht hat, dass der israelische Geheimdienst hinter dem Mord an Kluge und der Bootsexplosion steckt, dann ist mit Joseph nicht zu spaßen, dann ist Joseph ein Agent des gefürchteten Mossad.

Leon bekommt im Nachhinein noch weiche Knie. Sein Herz beginnt bei all seinen Gedanken erneut zu rasen. Er schaut sich um, ob ihm jemand folgt. Stellt sich in einen dunklen Eingang und atmet tief durch.

Er ruft sich die Gesichter der Gesprächspartner von Joseph in Erinnerung, auf die er allerdings kaum geachtet hat. Es waren keine Asiaten, die beiden Männer sahen aus wie Hinz und Kunz auf der Stuttgarter Königsstraße.

Seine Angst lässt ihn zu seinem Handy greifen. Nur zweimal ertönt das Freizeichen: »Reden Sie, was gibt's Neues?«, will der Kommissar sofort wissen.

»Kennen Sie einen Joseph Brodsky oder so ähnlich?

»Nein, wieso?«

»Können Sie herausfinden, ob Ihre Kollegen vom BKA wissen, ob der Mann ein israelischer Agent ist?«

»Warum?«

»Er ist der Freund der Witwe Verena Kluge und er ist ganz plötzlich in Ho-Chi-Minh-Stadt aufgetaucht. Ich habe keine Ahnung, was er hier will. Deshalb war ich in seinem Zimmer. Ich bin sicher, dass er Jude ist, ich denke, ich habe so etwas wie einen Gebetsriemen bei ihm gefunden.«

»Gott verdurri«, stöhnt der Kommissar im fernen Singen, »ich warne Sie, Herr Dold! Halten Sie sich endgültig zurück. Kapieren Sie denn nicht, was da gespielt wird? Ein toter, neugieriger Journalist fällt da nicht mehr ins Gewicht, der zählt nicht. Passen Sie auf sich auf, ich habe das Gefühl, den letzten Toten hat es in diesem Drama noch nicht gegeben.«

»Wie meinen Sie das?«

»Sie werden von mir hören, ich gebe den Namen sofort weiter. Bitte, verhalten Sie sich ganz ruhig, am liebsten wäre es mir, Sie würden sich in Ihrem Zimmer verbarrikadieren und abwarten, bis ich Sie wieder anrufe.«

»Ja, ganz bestimmt!«, lacht Leon, durch den telefonischen Kontakt zu dem Kommissar wieder mutiger geworden, »deshalb bin ich ja hier.« Dann überlegt er kurz und schiebt neugierig nach: »Was haben Sie über diesen Otto herausbekommen? Und DigDat?«

»Okay«, stöhnt der Kommissar, »Ines Köppke kennt niemand, vermutlich eine Legende, man müsste ihr Bild haben. Das BKA geht davon aus, dass sie früher mit Otto beim Staatssicherheitsdienst der DDR zusammengearbeitet hat. Denn dieser Otto ist den Herren bekannt. Otto jedenfalls war Offizier der Stasi, hat nach dem Fall der Mauer im Westen ein bisschen mit seinem Wissen geprahlt, soll sich jedoch längst aus dem Geschäft zurückgezogen haben.«

»Ja, wenn dies Ihre Herren meinen«, antwortet Leon zynisch und legt auf.

Ein wenig von seiner Angst befreit, streift er um die Häuser und Straßenschluchten rund um das ›Rex-Hotel‹. Er ist gefesselt von der Exotik dieser bunten Welt. Es ist kurz nach Mitternacht, aber in vielen Geschäften geht es noch munter zu. An jeder Ecke gibt es Suppen und Tee. Garküchen brutzeln um die Wette. Die Vietnamesen stehen in Grüppchen beisammen oder sitzen auf niedrigen Plastikstühlen mitten auf dem Gehsteig. Sie essen, trinken und lachen. Manche winken ihm freundlich zu, andere bieten ihm billige Uhren oder andere nachgeahmte Markenartikel an.

Er kauft eine Damen-Rolex für 15 Dollar. Er wird sie Lena mitbringen. Verdammt, Lena! Jetzt hat er Zeit, schnell wählt er ihre Nummer. Soll sie doch ihre Gardinenpredigt vom Stapel lassen.

Das Freizeichen ertönt nur einmal, schon nimmt Lena ab: »Wie geht es dir? Was machst du? Alles okay?«

»Ja«, antwortet Leon irritiert, »was ist denn los, warum plötzlich so nachsichtig? Ich habe dich schwer versetzt, ich denke, du bist stinksauer?«

»Gerade waren zwei Männer von der Polizei hier, die haben mir richtig Angst gemacht. Ich musste ihnen alle deine Handynummern, E-Mail-Adressen und selbst ein Bild von dir aushändigen. Sie würden dich suchen, behaupteten sie.«

»Warum? Ich habe nichts ausgefressen.«

»Du wärst in Lebensgefahr, sie wollen dich beschützen.«

»Ich habe dir gesagt, ich bin in Ho-Chi-Minh-Stadt.«

»Ja, trotzdem«, hört er Lena liebevoll flüstern, »komm zurück, ich brauche dich hier bei mir.«

»Zum Rasenmähen«, lacht Leon spöttisch, doch in Wahrheit rührt ihn Lenas Sorge. Er weiß um die Gefahr, kann aber längst nicht mehr zurück. »Ich bin bald zu Hause, mach dir bloß keine Gedanken. Von mir will keiner was. Ich bin weder Täter noch Opfer, ich bin nur der Pressefuzzi.«

Langsam schlendert er zu seinem Hotel zurück, schildert nebenbei Lena, wie exotisch die Welt um ihn herum aussieht, und verspricht mit tausend Liebesschwüren, dass er nächste Woche rund um ihren Bauernhof in Taisersdorf für Ordnung sorgen werde.

Danach geht er in sein Hotelzimmer, schließt seine Tür dreimal ab, legt die Kette davor und verriegelt zusätzlich die Balkontür.

25

Am nächsten Morgen erwacht Leon aus einem tiefen traumlosen Schlaf. In Vietnam ist es kurz vor 9 Uhr, in Deutschland 3 Uhr in der Nacht. Vor zwei Wochen erst hat er diesen Matthias Kluge tot aufgefunden, danach ist alles sehr schnell drunter und drüber gegangen und gestern hat er eher unbeabsichtigt den mutmaßlichen Mörder entlarvt. Joseph Brodsky! Wenn er wirklich ein Agent des Mossad ist, ist er wahrscheinlich auch für die toten Iraner auf dem Motorboot verantwortlich.

Leon liegt in seinem Bett und würde sich am liebsten unter der Decke verkriechen. Was soll er jetzt tun? Wohin muss er als Nächstes gehen? Vielleicht hatte der Kommissar recht und er sollte sich einfach in seinem Zimmer verschanzen. Auf keinen Fall darf er diesem Joseph über den Weg laufen.

Er steht auf, duscht ausgiebig, rasiert sich, putzt die Zähne gründlich und schneidet sich die Fuß- und Fingernägel. Mehr Kosmetik fällt ihm nicht ein, dabei wird ihm klar, er will sich nicht verstecken. Er zieht sich an, huscht aus seinem Zimmer und verlässt das ›Rex-Hotel‹. Auf das Frühstück auf der sonnigen Dachterrasse muss er verzichten. Die Gefahr, Joseph zu begegnen, ist zu groß.

Auf der Straße herrscht ununterbrochener Trubel. Tausende Radfahrer ziehen am Hotel vorbei, ebenso viele Mopeds und einige Autos. Ein Taxi fährt vor, der Fahrer vom Vortag winkt ihm freudig zu.

»Good Morning«, ruft er fröhlich, er scheint auf ihn gewartet zu haben.

»Okay«, lacht Leon und steigt ein. Die gestern verdienten 50 Euro scheinen den Taxifahrer heute auf ein neues Geschäft hoffen zu lassen und Leon ist froh, ein bekanntes Gesicht zu sehen und einen Wagen zur Verfügung zu haben. Die Belege wird er nach seiner Rückkehr Schwanke vorlegen, schließlich ist er in seinem Auftrag unterwegs.

Doch bevor er sich auf die Fährte von Markus Kluge macht, lässt er den Wagen in der Stadt vor einem Kaffee anhalten. ›Pappillon‹ steht auf der Fassade, das verspricht zumindest französischen Kaffee und vielleicht sogar Croissants.

Der Fahrer redet mit der asiatischen Bedienung. Er fragt Leon, ob er ein Frühstück wolle, Leon nickt und denkt an einen frisch aufgebrühten Café au Lait und ein Schinken- oder Käse-Baguette. Wenige Minuten später löffelt er zusammen mit dem Fahrer eine heiße Nudelsuppe.

Es ist gerade 10 Uhr, trotzdem herrscht für Mitteleuropäer eine unmenschliche tropische Hitze. Die Suppe treibt Leon Schweißperlen auf die Stirn, er bestellt ein Saigon-Bier. Die Flüssigkeit verdampft in seinem Schlund, Leon ordert ein weiteres, seinem Fahrer aber gönnt er heute lediglich Mineralwasser.

Kurz danach brechen sie auf. Leon fühlt sich gestärkt, er will noch mal zu Ottos Privathaus fahren, heute allerdings wird er mutig klingeln. Er muss endlich wissen, ob Herbert Stengele dort festgehalten wird. Und er muss Markus Kluge ausrichten, dass Onkel Gunther kein Onkel mehr ist, sondern sein Vater.

Es dauert fast eine Stunde, bis das Taxi sich durch den zähen Massenverkehr in den etwas ruhigeren Außenbezirk geschoben hat. Plötzlich sieht Leon das Bürogebäude von DigDat vorbeiziehen, schnell entscheidet er anders und lässt den Fahrer umkehren. Er weist ihn an, vor die Schranke des EDV-Unternehmens zu fahren, ein uniformierter Sicherheitsmann tritt an den Wagen, Leon brüllt vom Beifahrersitz aus hinüber: »We are friends of Mr Otto.«

Der Mann salutiert devot und schiebt die Schranke ohne weitere Fragen beiseite. Der Fahrer fährt Leon bis vor den Haupteingang des Gebäudekomplexes.

Leon bleibt unschlüssig im Wagen sitzen. Der Fahrer dreht sich erwartungsvoll zu ihm um, Leon späht interessiert durch die Glastür in den Flur.

Dann beobachtet er das Firmengelände. Nach einiger Zeit erscheint eine junge Frau, die auf den Eingang zustrebt. Leon passt sie geschickt ab und steigt im richtigen Augenblick aus dem Taxi, um direkt hinter ihr her ebenfalls zum Eingang zu eilen.

Die Frau ist nur wenige Sekunden vor Leon an der Tür und öffnet sie mit einer Plastikkarte und einem Code, den sie eintippt. Die Tür springt auf, Leon nimmt sie ihr aus der Hand, schiebt sie ganz auf und bedankt sich bei ihr mit einem perfekten vietnamesischen »came-on«, wofür sie ihm ein zuvorkommendes Lächeln schenkt.

Mutig schlüpft er hinter ihr durch die Tür in die geheimnisvolle Firma. Als wäre er hier zuhause geht er zielstrebig zu den Aufzügen. Viet hatte ihm gestern erzählt, dass der Chef im fünften Stock residiert, also fährt Leon direkt in dieses Stockwerk.

Er steigt aus dem Lift und steht vor einer weiteren Glastür. Auch sie ist verschlossen. Leon sieht einen elektronischen Türöffner, kehrt um, lauert um die Ecke auf einen Mitarbeiter, um mit dem gleichen Trick auch diese Hürde zu überwinden.

Es dauert nicht lange, dann kommt Phebe den Flur entlang, in Leons Augen irgendeine Angestellte unter vielen. Sie geht auf die Glastür zu, tippt ihren Code ein, der Türöffner summt, sie macht die Tür auf und schon steht Leon hinter ihr.

Die junge Frau erschrickt, schaut an Leon hoch und fragt ihn auf vietnamesisch irgendetwas, das er nicht versteht.

Er aber lacht freundlich und antwortet auf Englisch: »Ich suche Björn Otto, ich habe einen Termin mit ihm.«

Sie scheint irritiert, lässt Leon jedoch höflich herein und fordert ihn auf, ihr zu folgen. Sie führt ihn durch einen langen Gang, der gesäumt ist von hellen Großraumbüros, in denen Leon vietnamesische Frauen und Männer vor flimmernden Monitoren in ihre Tastaturen hacken sieht.

Plötzlich bleibt Phebe stehen. Der Flur verbreitert sich, in der Mitte steht offensichtlich ihr Schreibtisch, denn sie greift zu dem Telefon darauf, nimmt den Hörer ab und wählt eine Nummer.

Sie spricht zwei Sätze und reicht den Telefonhörer an Leon weiter.

»Otto«, hört Leon eine raue Männerstimme, »wer sind Sie?«

Leon muss reagieren und antwortet auf Deutsch: »Ich bin Journalist und zufällig hier in Ho-Chi-Minh-Stadt. Ich habe in einer Zeitung gelesen, wie erfolgreich Sie hier in Vietnam arbeiten. Selbst der deutsche Außenminister hat Sie als ein Vorzeigeunternehmen gepriesen. Ich würde gern ein Porträt über Ihr Unternehmen machen.«

»Vergessen Sie's«, sächselt Otto, »ich habe diese Woche zu tun.«

»Könnte ich mich wenigstens umschauen?«

»Ich sagte doch, ich habe zu tun«, wird Otto deutlich. »Nicht diese Woche!«

Leon bleibt gelassen und höflich, bedankt sich bei Otto für das Gespräch und legt auf.

»Mr Otto ist sehr freundlich«, wendet Leon sich an Phebe, »Sie mögen mir bitte sein Zimmer zeigen«, sagt er bestimmend.

Phebe lächelt, verschränkt ihre Arme, verbeugt sich vor der Langnase und biegt um die Ecke. Leon folgt ihr, sie öffnet eine Tür, bleibt auf der Schwelle stehen, Leon geht hinein.

Der Raum ist groß und hell, modernes Bürodesign, weiße Schreibtischflächen, mehrere, große Monitore. Mehr gibt es nicht zu sehen. Das Chefzimmer wirkt kalt, das liegt aber nicht nur an der Klimaanlage, die hörbar auf Hochtouren läuft, es fehlen persönliche Gegenstände oder selbst ein Bild. Gegenüber der Zimmertür reicht ein Fenster über die gesamte Wand. Davor schlängelt sich der braune Saigon River an dem Betriebsgelände vorbei, dahinter sieht man die Skyline der Stadt.

Leon geht entschlossen zu dem großen Schreibtisch, sucht auf der aufgeräumten Fläche einen Terminkalender und fragt wie nebenbei: »Hat Herr Otto heute viele Termine?«

»Nein, nur einen«, lächelt Phebe, »aber sehr wichtig!«

»Allein oder mit Herrn Kluge?«

»Ich weiß nicht«, lächelt sie.

»Kennen Sie Herrn Kluge? Haben Sie ihn schon gesehen?«

»Nein«, schüttelt Phebe ihren schwarzen Pagenschnitt, »Herrn Kluge kenne ich nicht.«

»Und Herrn Stocks?«

»Nein«, wiederholt sie, »den auch nicht.«

»Wann kommt Herr Otto wieder?«, fragt Leon.

»Heute Mittag«, antwortet sie schüchtern, dann hebt sie ihre rechte Hand, »oh, bitte entschuldigen Sie mich, das Telefon.«

Leon nickt zustimmend. »Gehen Sie ruhig«, weist er sie an, als ob er in dem Unternehmen das Sagen hätte, und setzt sich auf Ottos Schreibtischstuhl.

Kaum ist Phebe verschwunden, öffnet er die oberste Schublade des fremden Schreibtisches. Er muss irgendetwas finden, das ihm weiterhilft. Er nimmt einen Stapel Papiere aus der Schublade, blättert sie schnell durch, bleibt bei einem grünen Blatt hängen. Seine Augen weiten sich. ›Holger Stocks‹ steht darauf, dann offensichtlich Stocks Adresse in der Schweiz, darunter nur ›Lieber Björn‹ und zwei Zeilen: »Iran-Offerte unbedingt stoppen; Russen und Chinesen bedienen.« Mehr ist nicht darauf zu lesen.

»Sie dürfen hier nicht sein, Herr Otto ist sehr böse!« Phebe kreischt mit schriller Stimme durch den Flur.

Leon schaut auf, nimmt das Blatt Papier an sich und geht auf Phebe zu. Sie ist sichtbar aufgebracht, starrt ihn entgeistert an und entschuldigt sich gleichzeitig: »Ich habe gerade mit Herrn Otto gesprochen, er sagt, Sie haben hier nichts zu suchen, Sie dürfen nicht hier sein, er schimpft mich.«

»Stimmt, da haben wir uns vielleicht missverstanden. Dann verabschiede ich mich jetzt besser«, antwortet Leon im Gehen und eilt schnell durch den langen Flur zurück zu den Aufzügen. Glücklicherweise lässt sich die Glastür von innen ohne Code öffnen, der Fahrstuhl bringt ihn problemlos ins Erdgeschoss.

Unten angekommen, rennt er los. Er läuft über den Hof, sieht seinen Taxifahrer vor dem Auto eine Zigarette rauchen, ruft ihm zu: »Schnell, gib Gas, wir sehen uns draußen auf der Straße!«

Leon ist plötzlich klar geworden, in welcher Falle er saß. Björn Otto hat sicherlich seinen Sicherheitsdienst verständigt, aber noch ist die Schranke geöffnet, der Wachmann sitzt in seinem Häuschen und telefoniert.

Leon rennt an ihm vorbei auf die Straße. Sein Taxifahrer spielt erneut Schumacher und schießt mit aufheulendem Motor hinter ihm her.

26

Björn Otto ist aufgebracht. In einer Stunde kommt die chinesische Delegation in sein Unternehmen, um die längst georderten Papiere zum Bau dieser sensationellen Strahlenwaffe in Empfang zu nehmen. Er feuert Ines an, sie soll voranmachen, sie muss ihn mit Herbert Stengele begleiten. Und gerade jetzt turnt ein ihm unbekannter Journalist durch sein Unternehmen.

Er muss sofort in die Firma, Markus Kluge wird später seine Iraner treffen. Er kann ihn nicht zurückhalten, selbst Stocks lässt dem jungen Mann freie Hand, obwohl gerade er weiß, dass dieser Deal scheitern wird. Aber das ist nicht sein Bier, redet er sich ein, soll der Teufel den arroganten Schnösel holen.

Er muss die Chinesen beliefern, und das wird er in einer Stunde tun. Zehn Millionen für die Patente und sämtliche Unterlagen zum Bau dieses ZAS-Spiegels, weitere zehn Millionen, wenn seine Firma anschließend die Bauleitung übernimmt. Er wird den Chinesen versprechen, dass der Ingenieur Herbert Stengele die Bauphasen persönlich begleitet, aber dieses Problem wird er später lösen.

Zehn Millionen! Das ist die erste Rate. Otto setzt seine Ausgaben dagegen und grinst zufrieden. Diesen Deal lässt er sich nicht nehmen, er ruft nochmals bei Phebe an, sie beruhigt ihn, der fremde Mann sei weg.

Otto lässt sich mit dem Sicherheitsdienst verbinden. Sie sollen sofort die Aufnahmen der Überwachungskameras auswerten, darauf muss der Kerl zu sehen sein, dann wird ihn die vietnamesische Polizei schon schnappen.

Er treibt seinen Fahrer zur Eile an, in einer Stunde erwartet er die chinesische Delegation. Herbert Stengele hat er einige Beruhigungspillen in den Kaffee getan, damit der Kerl nicht zu viel plappert.

Auf der Gegenfahrbahn kreuzt ein Taxi Ottos Weg, allerdings kann er nicht ahnen, dass darin dieser fremde Besucher, Leon Dold, sitzt. Der ist durch seinen kleinen Coup noch mutiger geworden und fährt jetzt zielstrebig zum Privathaus von Björn Otto.

Er lässt das Taxi direkt vor dem protzigen Säuleneingang anhalten, steigt aus, durchschreitet das offene Eisentor und klingelt an der Haustür.

Eine Angestellte öffnet. Sie spricht vietnamesisch, Leon lächelt und winkt den Taxifahrer zu sich.

»Fragen Sie bitte, ob ein Herr Kluge, Markus Kluge, im Haus ist.«

Der Fahrer übersetzt, das Hausmädchen schüttelt den Kopf.

Leon fragt nach Herbert Stengele, aber sie beteuert, dass niemand im Haus sei, nur sie ganz allein.

Leon ist neugierig, gern würde er seinen Trick wiederholen, er fragt naiv, ob er kurz eintreten dürfe, aber kaum hat der Fahrer seine Bitte übersetzt, schlägt ihm die junge Frau energisch die Tür vor der Nase zu.

»Zurück in die Stadt«, entscheidet Leon. Er wird unruhig, denkt an Joseph und an die Entscheidung von Stocks: ›Iran-Offerte unbedingt stoppen!‹. Was hat das zu bedeuten?, rätselt er.

Leon schaut auf die Uhr, es ist kurz vor 15 Uhr, also 9 Uhr morgens in Deutschland. Er wählt Sibolds Telefonnummer.

In kurzen Sätzen schildert er seinen neuen Kenntnisstand. Der Kommissar dagegen hat nichts Neues zu bieten. »Die lassen mich am ausgestreckten Arm verhungern«, jammert er, überlegt kurz und schöpft Hoffnung: »Vielleicht bedeutet das auch Entwarnung. Denn wenn Stocks den Iranverkauf abbläst, wird sich der Mossad zurückziehen.«

»Warum ist dann aber Joseph hier?«, rätselt Leon, während ihn das Taxi zurück ins ›Rex‹ kutschiert.Leon lässt den Wagen weit vor dem Hotel anhalten. Ihm ist nicht wohl bei dem Gedanken, dass Joseph ihn entdecken könnte. Trotzdem würde er gern wissen, wo der Kerl jetzt steckt.

Er schlendert, vorsichtig in alle Richtungen schauend, auf den Haupteingang zu, betritt das Foyer, fragt nach Mr Brodsky und bekommt die Antwort, er sei außer Haus.

Auch Leon geht wieder zurück auf die Straße. Heißer Wind bläst ihm ins Gesicht. Er schwitzt, als würde er zu Hause den Rasen mähen, nur hier bewegt er sich kaum, und die Luft ist stickig, die Windböen in den Straßenschluchten spenden keinen Deut Erfrischung.

Leon nimmt seinen kleinen Kamerarekorder aus dem Rucksack und dreht ein paar Sehenswürdigkeiten der Stadt: Die große Statue von Onkel Ho, das weiße Rathaus, das ›Rex‹ von unten, den Ben Thanh Markt.

Er umrundet die große Markthalle und genießt den Geruch der offenen Garküchen, des lodernden Feuers unter den großen Woks. Es riecht nach Zimt, Anis und Ingwer und er staunt, was die Vietnamesen alles essen. Jedes Tierchen und jedes Insekt scheinen sie bedenkenlos in ihre Töpfe und Frittierpfannen zu werfen. Er dreht mit seiner Kamera lebende Frösche in Netzen auf den Markttischen, zappelnde Fische in Eimern, krabbelnde Schildkröten auf den Tischen, rekelnde Schlangen und krabbelnde Skorpione in Glasgefäßen.

Er selbst isst zwischendurch eine unendlich scharfe Frühlingsrolle mit einer ihm unbekannten Füllung. Sie schmeckt nach Meeresfisch und Algen. Dann steckt er sich ein in Paksoiblättern eingewickeltes Thunfischröllchen in den Mund und genießt den frischen Fisch- und Koriander-Geschmack. Den vietnamesischen Sauerkohl mit Balut, angebrütete Enteneier, lässt er lieber stehen, als er deutlich den gelben Schnabel und die ersten dunklen Federn des jungen Kükens erkennt.

Leon ist fasziniert von den vielen bunten Bildern, er lässt sich treiben. Er hat den Grund seines Besuchs fast vergessen. Dabei wird es langsam Abend, die Markthändler beleuchten mit kleinen Lampen ihre Stände. Leon weiß, er muss langsam zurück und Herbert Stengele und Markus Kluge suchen. Er will zum Hotel, doch er spürt plötzlich eine Veränderung der Atmosphäre. Immer mehr Menschen kommen ihm entgegen, dann wird die Straße, die er hochgehen wollte, von der Polizei gesperrt und immer mehr Stände und Buden werden aufgebaut. Die Autos, Rad- und Mopedfahrer werden umgeleitet, der exotische Nachtmarkt beginnt.

Leon dreht mit seiner Kamera noch ein paar Menschen in dem dämmrigen Licht. Ihre Gesichter sind meist mit tiefen Furchen durchzogen, ihre Haut ist braungelb gegerbt. Die Männergesichter zieren dünne, zottige Barthaare, die lang und ungepflegt abstehen. Die Frauen tragen ihre Strohhüte tief ins Gesicht gezogen und weite Gewänder. Nur wenige haben sich dem Weststandard angepasst und tragen Marken-T-Shirts, andere hingegen sind offensichtlich richtig arm. Ihre Kleidung scheint den Rot-Kreuz-Säcken der europäischen Kleidersammler entnommen zu sein. Manchen Menschen fehlen einzelne Glieder, auffallend viele sind ohne Beine, sie rutschen auf selbst gebauten Holzgestellen durch die Menge und betteln. Leon erinnert sich an das Bild der kleinen Nguyen Thi Ly, sie ist auf einem preisgekrönten Presse-Foto zu sehen, ein erst neunjähriges Mädchen, völlig missgestaltet. Es leidet 35 Jahre nach dem Krieg an den Giften, die seine Eltern in den 60er-Jahren einatmeten, nachdem US-Flugzeuge die Wälder des Vietcong mit Agent Orange zur Entlaubung besprüht hatten.

Leon will das Bild des kleinen Mädchen mit dem deformierten Kopf und seinen großen schwarzen Augen in seinem Hirn wegwischen, da bleibt er plötzlich wie erstarrt stehen. Schnell drückt er das Okular seiner kleinen Kamera an sein rechtes Auge und hält mit der anderen Hand seine linke Gesichtshälfte verdeckt. Im Sucher sieht er zweifelsfrei ein ihm bekanntes Gesicht: Markus! Er lacht, scherzt und ist im Gespräch mit drei Männern.

Leon schaut sich die Herren genauer an, filmt ihre Gesichter und fragt sich, warum Markus sich hier in Ho-Chi-Minh-Stadt mit Arabern trifft. Ihre Gesichtszüge sind eindeutig: Schmale Gesichter, feine Nasen, mandelförmige Augen, hoch gewölbte Stirnen und dunkelbraune bis schwarze Hautfarbe, tiefschwarzes Haar, und schwarze, oder schon angegraute Bärte.

Die Gruppe steuert zielstrebig auf einen Stand auf dem Nachtmarkt zu, ein vietnamesischer Standbesitzer geht ihnen freundlich entgegen. Er bietet ihnen einen freien Tisch an, den er eben erst mit zwei Helfern aufgebaut hat. Der Tisch steht etwas abseits, um ihn herum herrscht wenig Betrieb. Der Vietnamese führt die Gruppe gezielt an diesen Platz.

Die vier Männer schauen sich um, stimmen sich ab, die abseitige Stelle scheint ihnen zu gefallen, sie setzen sich auf die ihnen zugewiesenen Plätze.

Leon dreht die Szene. Er ist gut getarnt, steht hinter einem weiteren Marktstand und fühlt sich unbeobachtet. Er zoomt

Markus etwas heran. Dieser scheint gut gelaunt und spricht sehr angeregt mit den Dreien.

Leon will auf die Verhandlungspartner von Markus schwenken, da stößt ihn ein Fremder gegen den Arm. Leon will sich nicht stören lassen, will einfach weiterdrehen, als ihm jemand unvermittelt die Kamera vom Gesicht reißt und ihn auf den Boden zerrt. Im gleichen Augenblick hört Leon eine unglaubliche Detonation, sie muss in seiner unmittelbaren Nähe stattfinden, fast direkt neben ihm, es dröhnt in seinen Ohren und alles um ihn herum ist plötzlich hell erleuchtet.

Dann herrscht eine gespenstische Ruhe.

Es ist wieder dunkel.

»Sie sollten jetzt wirklich nach Hause fahren«, sagt der Mann, der neben ihm auf dem Boden kauert, unvermittelt auf Deutsch. Er drückt weiterhin seinen Kopf auf das Straßenpflaster und lächelt dabei Leon an. Er lockert seinen harten Griff, gibt Leon einen freundschaftlichen Klaps auf den Hinterkopf und berlinert verschwörerisch: »Die Polizei, dein Freund und Helfer.«

Bevor Leon sich aus seiner Schockstarre lösen kann, ist der Mann mitsamt seiner Kamera verschwunden.

Gleichzeitig setzt ein chaotisches Schreien und Rufen ein.

Leon steht ungläubig auf, schaut sich verunsichert um, versteht nicht, was passiert ist, blickt in die Richtung, in der alle wild durcheinanderrennen. Er sieht die Stelle, an der gerade noch der Tisch mit Markus und seinen Gästen stand. Jetzt bietet der Platz ein Bild des Grauens: In Rauch und Trümmern liegen Menschen neben den umgeworfenen Tischen und Hockern auf dem Boden. Die Körper der drei Araber sind zerfetzt. Ihre dunklen Anzüge sind zum Teil verkohlt, ihre weißen Hemden sind schwarz und braun von kleinen züngelnden Flammen und rot von ihrem eigenen Blut getränkt, das aus ihren offenen Wunden quillt.

Leon läuft zum Tatort, schaut sich nach Markus um. Sieht ihn ebenfalls am Boden liegen, ihn hat es auf die Seite geschleudert. Sein buntes Hemd strahlt noch seine Lebensfreude aus, doch sein Gesicht ist völlig entstellt. Blut läuft aus den Augen über seine Wangen, sein blondes Haar ist zerzaust, Blut quillt auch aus seinen Ohren.

Leon beugt sich zu ihm, blickt in sein schmerzverzerrtes Gesicht und wendet sich schnell ab.

Er schaut nach oben in viele Gesichter, die auf ihn und den Unglücksort starren. Hilflos und verstört blickt er sich um, dann sieht er ihn, hört Polizeisirenen, Krankenwagen teilen die Menge.

Leon springt auf und bahnt sich einen Weg durch die Schaulustigen. Manchmal hebt er den Kopf, um sich zu vergewissern, wo er ist. Plötzlich sieht er ihn wieder: Joseph! Nur kurz, nur einen Augenblick, nur sein Gesicht, dann ist es wieder aus seinem Blickfeld verschwunden.

Leon sucht nach ihm, sieht ihn erneut, er dreht sich schnell um, will sich offensichtlich davonmachen. Doch Leon hat ihn jetzt ausgemacht, er hat die schlanke, sportliche Figur des Gigolos erkannt. Er rennt los und stürzt sich auf ihn. Gerade will er ihn von hinten am Kragen packen und ihn zu Boden werfen. Jedoch bevor er den Kragen erwischen kann, hat sich Joseph unvermittelt umgedreht und schnell Leons Handgelenk gepackt. Er dreht ihm den Arm brutal auf den Rücken.

»Was willst du? Was hast du gesehen?«

»Was machen Sie hier?«, brüllt Leon unter Schmerzen.

Joseph dreht Leons Arm weiter, sodass Leon wimmert.

»Was du gesehen hast, will ich wissen«, wiederholt Joseph.

»Dich!«, schreit Leon mit schmerzverzerrtem Gesicht. »Dich, wen sonst? Was machst du hier?«

Joseph lacht diabolisch und zieht Leon in eine abgelegene Ecke des Nachtmarktes: »Du kleiner Schnüffler, wir erhalten dir deine heile Welt, dass Ahmadinedschad dir nicht eines Tages einen bombigen Gruß aus dem Iran schickt.«

»Du, du«, stottert Leon, »du hast Markus umgebracht!«

»Ich?«, fragt er spöttisch, »ich?« Dann schüttelt er seinen Kopf und sagt nachdenklich: »Der hat sich selbst umgebracht!«

»Und du?«, schreit Leon.

»Ich bin Zeuge, wie du. Ich bin ganz zufällig hier vorbeigegangen.«

Leon schüttelt den Kopf, er kann es nicht fassen. »Du warst sicherlich auch ganz zufällig Zeuge, als Matthias Kluge sich das Leben genommen hat, und zufällig warst du Zeuge, als die Iraner ihr Motorboot auf dem Bodensee in die Luft gejagt haben. Du bist der unschuldige Zeuge, der immer dabei ist, wenn deine Kollegen des Mossad zuschlagen.«

Joseph lässt Leons Arm los. Er schaut ihn an, lächelt verhalten und antwortet ernst: »Ihr alle wollt uns nicht verstehen. Aber wer mithilft, unser Land zu bedrohen, ist ein Feind Israels. Und wer unseren Feinden trotz etlicher Mahnungen Waffen verkauft, die unser Land vernichten können, muss sterben, Punkt!« Dann schiebt er Leon auf die Straße zurück: »Wir haben ihn gewarnt, ich sogar noch heute Mittag, aber er wollte nicht hören!«

»Deshalb hast du ihn getötet?«

»Diese Strahlenwaffe darf nicht in die Hände des Teufels geraten. Wer sie an Schurkenstaaten verkauft, ist selbst ein Schurke und hat den Tod verdient!«

Am nächsten Morgen ist Leon wie gerädert. Es geht ihm beschissen, er hat einen dicken Schädel und einen schalen Geschmack im Mund. Nach dem gestrigen Anschlag auf Markus und seine iranischen Partner hat er einen Sixpack Saigon-Bier und, ganz gegen seine Gewohnheit, eine Schachtel Zigaretten gekauft. Damit ist er kleinlaut in sein Hotel geschlichen und hat sich zugeschüttet. Nach den sechs Flaschen Bier musste die Minibar dran glauben, auch diese hat er restlos geleert.

Immer wieder tauchen die schrecklichen Bilder der Explosion vor seinen Augen auf. Zwischendurch hat er den Kommissar in Singen angerufen und ihm alles ganz genau geschildert.

»Dann sind die Kerle ja doch zu was gut«, quittiert Sibold Leons Bericht, nachdem er ihm von dem unbekannten Lebensretter erzählt hat, der ihn zu Boden geworfen und während der Explosion auf die Erde gedrückt hatte.

»Das war exakt nach Zeitplan, Herr Kommissar. Der Mann muss gewusst haben, dass die Bombe genau in diesem Augenblick hochgeht.«

»Nachdem Sie mir Joseph geschildert hatten, habe ich nach ihm recherchiert, auch bei den Kollegen der Dienste. Gehen Sie mal davon aus, dass BKA und BND den Mann kennen und vermutlich auch sein Treiben decken.«

»Wie meinen Sie das?«, hat Leon naiv gefragt.

Daraufhin holte der Kommissar wieder einmal zu einer Belehrung aus: »Ja, glauben Sie denn, dass erst Sie auf diesen Mann aufmerksam wurden? Trauen Sie dem BKA nicht zu, dass die schon während der Ermittlungen nach dem Mord an Matthias Kluge auf den Freund von Verena Kluge gestoßen sind? – Nein, nein, mein Herr Dold, die kennen sich schon länger und waren über die Aktion des Mossad informiert.« Endlich in seinem Element und hörbar stolz auf seinen Verein holte der Kommissar weiter aus: »Der Mann hat sich einbürgern lassen, um ganz geschickt an deutsche Papiere zu gelangen. Ich hatte ihn bereits überprüft, aber für mich schien alles in Ordnung. Jetzt erst stellt sich heraus, dass er aus Israel stammt und sich nach Paragraf 116 des Grundgesetzes als Sohn verfolgter Juden hat einbürgern lassen. Mich Dorfpolizisten hat er mit seiner Legende hinters Licht geführt, aber das BKA wusste, was Sache ist.«

»Wie sind Sie hinter seine wahre Identität gekommen?«

»Sie haben mich doch darauf gelupft«, schimpfte Sibold, »eine der Grundregeln des Geheimdienstgewerbes lautet, nie Legenden zu vermischen, doch in diesem Fall war offenbar genau das geschehen. Zuerst trat Joseph unter einem anderen Namen auf, bis er einen neuen hatte. Dann nur noch mit dem Namen seiner vermeintlich verfolgten Eltern: Brodsky, angeblich geboren am 12. April 1968. Womöglich hat der Mossad dafür die Identität eines echten Israelis kopiert; bei Tel Aviv lebt ein unbescholtener Mann namens Brodsky, der aus Deutschland stammte und 1945 nach der Befreiung in den jüdischen Staat eingewandert war.«

»Woher wissen Sie das alles?«

»Von einem Kollegen des BKA, der hat mir gestern reinen Wein eingeschenkt. Dem hatte ich zuvor ans Herz gelegt, Sie auf jeden Fall aus der Sache rauszuhalten.«

»Das glaub ich doch nicht«, echauffierte sich Leon, »das hieße ja, die deutschen Behörden wussten von dem geplanten Anschlag auf Markus? Mich haben sie geschützt und Markus ins offene Messer laufen lassen?«

»Sagen wir mal so: Das Räderwerk läuft. Das BKA ermittelt, die Sicherheitsbehörden in Berlin stellen die Weichen. Der Mossad genießt in Deutschland gewisse Freiheiten und der Anschlag hat nun mal in Vietnam stattgefunden.«

»Aber ermordet wurde ein deutscher Bürger!«

»Rührend, wie gerade Sie sich für einen illegalen Waffenschieber einsetzen«, frotzelte Sibold, »vergessen Sie nicht, der Mann hat wiederholt versucht, eine kriegsentscheidende Strahlenwaffe an ein Land zu verkaufen, das auf der Embargoliste steht.«

»Ja, ich kenne Ihre Theorie«, kam ihm Leon als gelehriger Schüler zuvor und bewies seine Bibelfestigkeit, »wer zum Schwert greift, wird durch das Schwert umkommen, Matthäus 26,52.«

»So isch worre«, knurrte Sibold.

»Und meine Kamera? Meine Bilder von Schwanke und Stocks?«

»Mann, Sie leben noch! Vergessen Sie alles andere.«

Die Ansicht des Kommissars spukte Leon die ganze Nacht durchs Hirn. Markus Kluge ist in seine Rolle hineingeboren worden, er war zu jung, um die Tragweite seines Handelns zu erkennen. Und Matthias Kluge ist einem Job nachgegangen, der nach Schwankes Theorie vielen Menschen in Deutschland einen sicheren Arbeitsplatz bietet. Dann dachte er wieder an das 9-jährige Mädchen Nguyen Thi Ly, erst heute geboren, und noch immer an den Folgen des Krieges von vor 35 Jahren leidend.

Er fand keinen Schlaf, deshalb griff er wieder und wieder in die Minibar, bis sie leer war, schließlich schüttete er das letzte kleine Fläschchen Whisky in sich hinein. Danach hatte Gunther Schwanke angerufen.

»Heinomol!«, hatte der immer wieder vor sich hingebrummelt und ihn inständig angefleht, sofort Herbert Stengele zu suchen. »Der tut sich sonst was an«, hatte er sich plötzlich um seinen Mitarbeiter gesorgt.

»Morgen, wenn ich nüchtern bin«, hatte Leon geantwortet und Schwanke gebeten, ihm und Stengele den nächstmöglichen Rückflug zu buchen.

Er wollte nach Hause.

Dann war er eingeschlafen.

Leon träumt von verschneiten Bergen, rasanten Skiabfahrten und einer Jahrhundert Seegfrörne des Bodensees. Er erwacht und liegt frierend auf dem großen Bett in seinem Hotel. Die Klimaanlage bläst unablässig, er steht auf, schaltet sie ab und öffnet die Balkontür. Ein heißer Luftzug erfüllt schnell den kleinen Raum. Er geht unter die Dusche, richtig kalt ist das Wasser nie, dafür ist es in Vietnam viel zu heiß, trotzdem versucht er, seinen brummenden Kater mit wechselnden Temperaturen zu vertreiben.

Es ist noch früh am Morgen. Heute nimmt Leon sich die Freiheit und fährt auf die Dachterrasse des Hotels, um ausgiebig zu frühstücken. Vor Joseph muss er sich nicht mehr verstecken, er kann entspannt das Continental Breakfast bestellen und sich genussvoll bedienen lassen. Zuerst aber nimmt er sich, wie es sich für einen Asiaten gehört, die obligatorische Nudelsuppe.

Während des Frühstücks legt er sich einen Schlachtplan zurecht. Er wird als Nächstes zu Björn Otto fahren. Herbert Stengele müsste, nach seinen Überlegungen, bei ihm sein, wohin sollte er sich sonst in dieser fremden Stadt wenden?

Vielleicht trifft er dort auch auf diesen Herrn Stocks. Von ihm würde er gern erfahren, warum er Markus so offensichtlich in den Tod laufen ließ. Seine Anweisung an Otto, die er aus dessen Schreibtisch gezogen hatte, ist klar und deutlich. Der Verkauf an die Iraner war gestoppt! Von wem auch immer.

Das Handy klingelt. Schwankes Sekretärin gibt ihm die Rückflugdaten durch. »Zwei Tickets liegen heute Abend um 18 Uhr am Swissair-Schalter bereit«, vermeldet sie kurz angebunden und legt wieder auf.

Leon sendet die Nachricht an Lena und hängt ein selbst geschossenes Porträt von sich über den Dächern von Ho-Chi-Minh-Stadt mit an die MMS.

Er tritt vor das Hotel, schaut sich nur kurz um, schon steht sein Taxifahrer der vergangenen beiden Tage vor ihm. Der schmalgesichtige Asiate lacht breit, deutet auf seinen sauber geputzten Toyota und zeigt in das Innere auf das Armaturenbrett. Er hat den gesamten Firlefanz, an dem Leon die letzten Tage herumgenörgelt hatte, selbst abgeräumt. Die künstlichen Blumen, die grässliche Vase, die übel riechenden Räucherstäbchen und selbst der bei jedem Schlagloch winkende Buddha sind im Exil.

Leon weint dem allem nicht nach, steigt mit nach oben gestrecktem Daumen ein und lässt sich von dem Fahrer zuerst zu dem Privathaus von Otto kutschieren.

Sein weißer Mercedes steht nicht in der Einfahrt. Der Taxifahrer stellt sich direkt davor und begleitet Leon, wie schon am Tag zuvor, erneut zur Haustür.

Leon klingelt, dieselbe Hausangestellte öffnet. Er aber drückt heute die Person resolut zur Seite, tritt in das Haus ein und steht in einem großen, abgedunkelten Wohnraum.

Die Hausangestellte bellt ihm in ihrer Sprache aufgebracht etwas nach. Leon kümmert sich nicht darum. Er sieht, kaum haben sich seine Augen an die Dunkelheit in dem Raum gewöhnt, Iris Köppke und Herbert Stengele gemeinsam an einem Tisch sitzen.

»Sie!«, ruft Stengele überrascht und springt auf, »was machen denn Sie hier?«

»Sie abholen, unsere Tickets liegen bereit, wir fliegen nach Hause.«

»Was fällt Ihnen ein, wer hat Sie hereingelassen?«, fällt ihm Iris umgehend ins Wort. »Was suchen Sie hier?«

»Wohl kaum Markus.« Leon sieht, mit seinem heutigen Wissen, die ehemalige Stasiagentin mit anderen Augen: »Den haben Sie ja geopfert, wie sonst nur Schachspieler ihre Bauern.«

Iris Köppke schaut zu Herbert Stengele, der sich mit geröteten Augen abwendet und aufschluchzt.

»Kein Grund, zu weinen, Herr Stengele«, versucht Leon Iris Köppke weiter zu provozieren, »für diese Frau ist der Tod von Markus nur ein kleiner Betriebsunfall oder wollen Sie Mitleid und uns was über die wahre Liebe erzählen?«

»Halt's Maul!«, raunzt sie Leon an, »ich habe die Bombe nicht gezündet.«

»Aber Sie wussten, dass Markus sich in Gefahr begibt.«

»Woher denn?«

»Holger Stocks hatte es Ihnen geschrieben: ›Verkauf an Iraner unbedingt stoppen.‹«

»Was wissen denn Sie?«

Leon schaut die entlarvte Agentin durchdringend an.

Sie erwidert seinen Blick gelassen.

Er greift in seine Hosentasche und zieht den grünen Wisch aus Ottos Büro hervor: »Habe ich von Ihrem Freund Björn.«

Iris Köppke reißt das Papier an sich, hält es vor ihre Augen und liest laut: »Iran-Offerte unbedingt stoppen; Russen und Chinesen bedienen!« Sie lässt ihre Arme sinken und flucht tonlos: »Das Schwein.«

»Wer, Otto?«, fragt Leon irritiert.

»Nein, Stocks, der war mit dem Iran-Deal beauftragt. Ohne Widerspruch hat er Markus allein zu dem Termin gehen lassen. Dabei wusste er offensichtlich, dass dieser Deal gar nicht möglich sein würde. Das Schwein hat hinter unserem Rücken andere Absprachen getroffen und dann auch noch die Russen informiert.«

Langsam bewegt sich auch Herbert Stengele, der bisher starr am Frühstückstisch sitzen geblieben ist. Er steht auf, sein Stuhl fällt um, er geht auf Iris zu: »Gib her!«, befiehlt er schroff und reißt ihr die Depesche aus der Hand, um den Inhalt selbst zu lesen. Dann brummelt er geistesabwesend: »Den bringe ich um!«

Leon achtet nicht weiter auf ihn. »Wo ist Stocks jetzt?«, fragt er Iris.

»Sicher bei Otto«, mischt sich Herbert Stengele erregt ein.

»Dann kommen Sie, Herr Stengele, besuchen wir die beiden, bevor wir abreisen.«

Ohne Iris noch eines weiteren Blickes zu würdigen, folgt Herbert Leon zur Tür. Bereits im Gehen begriffen dreht er sich noch einmal um. Er hat es sich anders überlegt: »Sie kommen auch mit«, packt er Iris an ihrem Arm, »ich möchte nicht, dass Sie Otto oder Stocks warnen, bevor wir bei ihnen sind.« Rüde bugsiert er sie aus dem Haus ins Taxi.

»Sie sind ja 'ne coole Socke«, provoziert er im Auto Iris, »zuerst vögeln Sie mit dem Alten, dann liefern Sie ihn seinen Schlächtern ans Messer und beginnen das gleiche Spiel mit dem Jungen. Alle Achtung, echt cool oder besser gesagt kaltherzig!«

Iris Köppke sitzt mit hängendem Kopf auf der Rückbank des Toyotas. Jetzt schaut sie zu Leon auf. Ihre dunklen Augen funkeln, sie wischt sich eine kurze braune Haarlocke aus der Stirn, ihre Züge sind wie versteinert. Giftig zischt sie: »Weder Matthias noch Markus habe ich ans Messer geliefert, das ist nicht mein Job.« Dann wendet sie sich zu Herbert Stengele, der neben ihr auf der Rückbank kauert, und fleht ihn mit weinerlicher Stimme an: »Glaub mir, Herbert, ich habe nichts damit zu tun. Ich wäre gern mit deinem Sohn zusammengeblieben, ich hätte mir das gut vorstellen können. Er war wirklich ein besonderer Mensch. Ja, ich glaube, ich liebte ihn tatsächlich.«

Leon lacht hell auf und schaut überrascht zu Herbert Stengele: »Ihr Sohn?«

Stengele hat schon wieder Tränen in den Augen, öffnet seinen Mund, um etwas zu sagen, nickt allerdings nur stumm.

»Ich dachte …«, beginnt Leon, bricht ab, setzt erneut an: »Ich sollte …« Erneut hält er inne und behält schlussendlich Schwankes Vermutung, Markus Kluge sei sein Sohn, für sich.

Der Taxifahrer fährt direkt auf das Betriebsgelände von DigDat. Der Wachmann hinter der Schranke hat sich an den täglichen Besuch des Taxis gewöhnt. Er öffnet, ohne eine Erklärung abzuwarten, die Schranke.

»Sie werden die Tür bestimmt öffnen können?«, fragt Leon Iris vor dem feudalen Eingangsportal.

Sie nickt und geht wie in Trance voran.

Leon schiebt sie und Stengele ungeduldig in den Fahrstuhl. Iris Köppke schlägt seine Hand weg.

»Nur nicht so empfindlich, Mrs Mata Hari«, stichelt Leon, »ich bin ja wohl nicht der erste Mann, der Sie anfasst. Zugegeben, ich kann Ihnen dafür keine Geheimnisse verraten, trotzdem: Sie sind doch sonst nicht so prüde?«

»Sparen Sie sich Ihre Scherze«, funkelt sie ihn mit verächtlichem Blick an, »wenn ich die gleichen Informationen wie Sie gehabt hätte, hätte ich Markus zurückgehalten. Sie haben ihn in den Tod laufen lassen!«

Bevor Leon antworten kann, stehen sie vor der Glastür im fünften Stock. Ines lässt Leon stehen und geht selbstbewusst voran, gibt den Zahlencode in die elektronische Schleuse ein, die Tür springt auf, die drei betreten den langen Flur zu Ottos Büro.

»Hoher Besuch«, empfängt Otto bereits im Flur die kleine Gruppe. Er scheint über ihr Kommen informiert worden zu sein, denn er steht direkt vorm Empfangstresen der kleinen Phebe. »Der Herr Erfinder höchstpersönlich«, lächelt er arrogant und geht auf Leon zu: »Und wer bitte sind Sie?«

Phebe kommt um die Ecke, sieht Leon, fasst Otto schnell am Arm und will ihn zur Seite ziehen.

»Dann ist das ja auch geklärt«, lächelt Leon und kommt Phebe zuvor, »ich war gestern schon hier, Herr Otto, ich bin Journalist und wollte mich in diesem ominösen Privat-Geheimdienstnest mal umschauen.«

Björn Ottos Augen verfinstern sich: »Raus! Verschwinden Sie«, herrscht er ihn an.

»Warum? Ich wollte mit Ihnen und Herrn Stocks einige Dinge klären, die ich einfach nicht kapiere.«

»Raus!«, brüllt Otto erneut.

»Warum haben Sie Markus in den Tod geschickt?«

»Ich rufe den Sicherheitsdienst!«

»Mich würde das aber auch interessieren, du Schwein«, löst sich Herbert Stengele plötzlich aus seiner Apathie, »warum hast du meinen Sohn nicht vorgewarnt? Du hast ihn auf dem Gewissen, du und dieser Stocks!«

»Herbert«, wendet sich Otto mit bemüht sanftem Ton an Stengele, »haben wir gestern nicht alles besprochen?« Er legt seinen Arm um Stengeles Schulter und versucht ihn zu beruhigen: »Wir sind uns doch in der Einschätzung des Unglücks von gestern einig.«

»Nein!«, brüllt Stengele, »nicht mehr. Du hast uns etwas Wesentliches verheimlicht. Du hattest längst mit Stocks abgesprochen, dass ihr nicht an die Iraner verkauft, sondern an die Chinesen und Russen.«

»Woher willst du das wissen?«, lacht Otto irritiert, woraufhin Stengele ihm die grüne Depesche von Stocks unter die Nase hält, die er, seit er das Papier Iris aus den Händen gerissen hat, immer noch krampfhaft umklammert.

Otto sieht die Nachricht von Stocks, wirkt kurz verunsichert, fängt sich jedoch schnell wieder. »Ja und? Was willst du damit sagen? Wir haben die Russen als neue Partner ins Boot geholt, nachdem das Geschäft mit den Iranern fraglich wurde. Das ist doch wohl in deinem Sinne, du willst doch doppelt kassieren. Und die Iraner, das war ganz allein Markus' Handel. Er wollte unbedingt diesen Deal, obwohl die gesamte westliche Welt den Iran auf der Embargoliste führt. Das war unverantwortlich von ihm!«

»Und China?«, fragt Leon naiv, »was ist mit den Chinesen und Russen? Haben Sie für diese beiden Länder eine Ausfuhrgenehmigung aus Deutschland für Stengeles Patente? Soviel ich weiß, nein!«

»Die Ausfuhrgenehmigungen werden wir bekommen. Dieser Handel ist im Interesse aller. China und Russland müssen mit Amerika Gleichgewicht halten. Herr Stocks hat die Zusicherung aus den Ministerien in Berlin. Das amerikanische Verteidigungsministerium wird seine Bedenken zurückstellen.«

»Warum, so plötzlich?«, fragt Leon. »Wie können Sie so sicher sein?«.

Björn Otto schnaubt abfällig und wendet sich an Stengele: »Deine geheimen Patente, lieber Herbert, kann man bald auf dem Mauna Kea besichtigen. Die Amerikaner nutzen ihren Vorsprung. Aber sie wollen deshalb das Gleichgewicht nicht verschieben.« Dann schaut er staatsmännisch zu Leon: »Deshalb soll Herr Dr. Stocks das technische Know-how in den Osten transferieren. Ich werde ihm mit meinen Beziehungen in Moskau im bescheidenen Rahmen behilflich sein, das ist alles.«

»Ich nehme an, Herr Dr. Stocks hat dank der zwei Millionen Schmiergeld von Schwanke für den Verkauf schon so gut wie grünes Licht aus Berlin?«

»Ich verstehe nicht«, spielt Otto den Ahnungslosen, »ein globales Raketenabwehrsystem von Wladiwostok bis Vancouver würde Militärexperten zufolge die Wahrscheinlichkeit des Einsatzes von Atomwaffen auf Null setzen. Wenn sich jetzt Amerika und Russland einig sind und beide ein gleichwertiges Raketenabwehrsystem installieren, dann könnten die Atomwaffenpotenziale gegenseitig gesenkt werden.«

»Sie haben aber an die Chinesen verkauft?«

»Das gilt auch für China. Es muss ebenfalls an diesem Abwehrsystem beteiligt sein. Wenn die westeuropäischen Staaten und Israel dem globalen Raketenschild zustimmen und daran teilnehmen, würde China allein gestellt darauf nervös reagieren. Aber mittlerweile haben wir alle in einem Boot. Das nennt man Friedensmaßnahmen.«

Herbert Stengele lacht hysterisch auf: »Wollen Sie meine Patente sozialisieren? Sind die jetzt für alle und für jeden?«

»Sie haben technisch ermöglicht, was nun zu einer weiteren Friedenssicherung gemeinsam umgesetzt werden muss. Nur so bleibt der Krieg der Sterne ausgeglichen und begrenzt, deshalb bekommen die Russen und auch die Chinesen ganz offiziell alle notwendigen Kopien zum Bau des Raketenschirms mit Ihrer Strahlenwaffe.«

»Das bestimmen Sie?«, staunt Leon.

»Sie und Herr Stengele auf jeden Fall nicht«, bemerkt

Otto überheblich, »Herr Dr. Stocks ist wahrlich nicht nur ein Waffenverkäufer oder Lobbyist, wie Sie vielleicht meinen. Herr Dr. Stocks zeigt sehr viel Verantwortung und Fingerspitzengefühl in diesem Geschäft, deshalb wird er von allen Regierungen auch überaus geschätzt.«

»Bekommt dieser Waffenschieber den nächsten Friedensnobelpreis?«, lästert Leon, erstaunt über die Beschreibung des noblen Herrn Dr. Stocks.

»Ich denke, er hätte ihn verdient«, antwortet Björn Otto allen Ernstes.

28

Es ist für Leon ein wahrer Horrorflug, obwohl der Airbus 310 gleichmäßig und ruhig von Ho-Chi-Minh-Stadt direkt nach Zürich düst. Doch Leon findet trotzdem keine Ruhe. Herbert Stengele liegt ihm ununterbrochen in den Ohren. Der Mann ist am Ende seiner Kräfte. Er hadert mit sich und seinem Schicksal und mit seinem gesamten bisherigen Leben.

»Ich hätte nie und nimmer zu Schwanke gehen dürfen«, ist sein Fazit, nachdem er fast 25 Jahre bei Defensive-Systems in der Rüstungsindustrie tätig war. »Matthias hat mich damals mit Schwanke bekannt gemacht. Ich war noch immer an der Uni. Ich wollte eine Assistentenstelle. Ich war begeistert von der Astrophysik, das war mein Thema. Aber Matthias hatte gedrängt: ›Du wirst ein ewiger Student, du musst endlich Geld verdienen. Wenn du mal eine Frau halten willst, dann brauchst du auch ein Einkommen, Haus und Heim.‹ Ich dachte, vielleicht hat er recht und ich bekomme so Verena wieder zurück«, jammert Herbert. »Matthias fuhr damals schon einen Mercedes, während ich noch Geld sparen musste für die Stadtbahn in Stuttgart. Ich dachte, deshalb wäre Verena zu ihm gezogen. Und Herbert hatte mir das Angebot von Schwanke übermittelt: 5.000 Mark Monatsgehalt, Weihnachtsgeld und Urlaub – das war damals nicht schlecht. Er wusste zu der Zeit schon: ›Der Krieg der Sterne ist nicht weit, wenn du Geld verdienen willst, musst du zu Schwanke.‹«

»Und«, lässt Leon ihn plappern, »haben Sie Ihr Geld verdient und Ihre Wohnung abbezahlt?«

Das erste Mal an diesem Tag lacht Stengele, wenn auch verbittert. »Ja! Ich habe heute sogar drei Wohnungen. Aber wozu? Verena lag trotzdem bei Matthias im Bett und nicht bei mir. Und ich hab's all die Jahre geschluckt.« Sein Lachen geht erneut in ein Weinen über. »Und jetzt, jetzt habe ich auch noch meinen Sohn verloren.«

Eine Stewardess kommt vorbei und fragt besorgt, ob alles in Ordnung sei. Stengele bestellt mit gebrochener Stimme eine weitere Bloody Mary.

Die Flugbegleiterin schaut Leon verunsichert an, er hofft, dass Stengele bald einschlafen wird. Doch dieser lamentiert weiter und hadert mit seinem Schicksal als Erfinder. »Kann man in diesem Staat überhaupt technische Erneuerungen vorlegen, die das Militär nicht nutzt?«

»Das haben sich 1957 Otto Hahn und Carl-Friedrich Weizsäcker auch gefragt«, erinnert Leon an den Göttinger Aufruf, in dem 18 Wissenschaftler die Geister der Atombombe, die sie selbst gerufen hatten, von den Regierenden wieder zurückforderten.

Stengele leert seine Bloody Mary in einem Zug und greift in die Innentasche seiner verbeulten, blauen Anzugsjacke. Heraus fingert er ein ziemlich verblasstes Bild. Leon erkennt darauf die junge Verena Kluge. Kokett wirft sie dem Fotografen einen Handkuss zu.

»Ob sie mir verzeihen wird?«, seufzt Stengele.

»Sie Ihnen?«, Leon glaubt, sich verhört zu haben.

»Ja, sie mir. Mir war das verdammte Teleskop immer wichtiger, deshalb hat sie sich ja von mir getrennt – und jetzt hab ich alles verloren.«

»Und sie, Verena?«

»Sie war ein liebes, nettes Mädchen, als wir uns kennengelernt haben. So wie sie heute ist, wurde sie erst neben Matthias. Ich habe sie vernachlässigt, er hat ihr den Hof gemacht, und nachdem er sie hatte, ging er nur noch seine eigenen Wege. Manchmal dachte ich, er wollte sie mir einfach nur ausspannen, jetzt glaube ich, er dachte, sie hätte ihm nur ein Kuckucksei untergeschoben. Hätte ich mich damals um Verena gekümmert wie es sich gehört, wäre ich mit ihr und Markus heute eine glückliche Familie. Aber ich wollte ja nur eins: The big eye!«

29

Parallel zum Airbus der Swissair fliegt ein weißer Learjet von Ho-Chi-Minh-Stadt nach Zürich. Außer dem Flugpersonal sitzen darin nur zwei Fluggäste: Joseph Brodsky und Dr. Holger Stocks.

Björn Otto hat den Herren den Jet gechartert. Er kann sich großzügig zeigen. Seine Geschäfte laufen gut. Er ist mit dem Verkauf dieser ZAS-Patente gut gefahren. Die Chinesen sind bekannt für pünktliche Bezahlung und dank Stocks ist er auch in den Russland-Deal involviert. Sie werden die Patente, mit der offiziellen Zustimmung der amerikanischen Regierung, dem russischen Militär liefern. Stengele braucht er dazu nicht mehr, die Amerikaner haben seine Berechnungen längst geknackt und weiter entwickelt.

Stocks hat die Erlaubnis, direkt mit den Ingenieuren auf Mauna Kea Kontakt aufzunehmen, er wird seine Beziehungen nach Moskau aktivieren. Damit hat er sich mit seiner Firma als Arms-Dealer international etabliert. Die einzige Branche, die weltweit, trotz Wirtschaftskrise, boomt. In Südostasien sitzt er dafür strategisch genau am richtigen Ort. Der Rüstungswettlauf hat eine neue Dimension erreicht, Waffen aus Deutschland sind begehrt. Vor allem extrem teure Kampfflugzeuge und U-Boote mit raffinierten Zusatzausstattungen ›Made in Germany‹ sind gefragt.

Der Learjet mit Brodsky und Stocks an Bord fliegt über Pakistan, Afghanistan und nördlich am Iran vorbei. Kluge schaut aus dem Fenster und weiß, die Kriegsgebiete unter ihnen verlangen ständig nach neuen Waffen. Sorglos lehnt er sich in seinen Sessel zurück.

Joseph Brodsky greift in die Tasche seines Jacketts und legt seinen Reisepass der Bundesrepublik Deutschland und eine kleine, digitale Filmkassette auf den Tisch.

Den Reisepass verstaut er in einer Mappe. »Für unser Archiv«, erklärt er vergnügt. Die Filmkassette schiebt er Stocks über den Tisch: »Für Ihr Archiv: Schöne Aufnahmen von Ihnen und Herrn Schwanke in Zürich«, belustigt er sich.

Stocks begreift nicht, er starrt irritiert auf die Kassette.

»Sie tranken gewiss einen trockenen Champagner auf der Terrasse dieses wunderschönen Hotels in Zürich. Er muss geschmeckt haben, nachdem Schwanke Ihnen einen so wertvollen Koffer ausgehändigt hatte?«

Stocks staunt: »Warum wertvoller Koffer? Verstehe ich nicht.«

»Nun, zuvor sieht man Schwanke mit seiner Ines in eine Bank marschieren, dann mit dem Koffer zu Ihnen. Ich denke, Schokolade hat er bei der UBS nicht geholt?«

Stocks wirkt plötzlich völlig verwirrt und lächelt verlegen.

»Gute Arbeit, hat ein unbedeutender Journalist aufgezeichnet, wir haben ihm das Filmchen abgenommen«, freut sich Brodsky über sein Geschenk und legt die Kassette endgültig in Stocks Hand, »genauer gesagt der BND.«

»Werde ich mir zu Hause in Ruhe anschauen, aber ich verstehe immer noch nicht ganz?«

»Unberechtigte Aufnahmen privater Personen, dachte sich der BND sicher, deshalb haben seine Mitarbeiter den Film kassiert«, lächelt Brodsky nach wie vor jovial, »wir mussten einige Teile löschen, ich wollte Ihnen nur Ihren kleinen Anteil als Darsteller zukommen lassen.«

»Ich bin Ihnen und Ihrem Staat Israel zu Dank verpflichtet.«

»Ich bitte Sie, Sie haben uns über die ersten Verhandlungen dieses Herrn Matthias Kluge mit dem Iran informiert, dafür haben wir Ihnen zu danken. Wir mussten dieses Geschäft verhindern. Ich weiß, Sie haben dafür Verständnis.«

»Auf jeden Fall! Bei allen unseren Geschäften – und das versichere ich Ihnen – geht die Sicherheit des Staates Israel vor, das ist doch ganz selbstverständlich. Ich hoffe, dass Ihr Land bei anderen Geschäften dafür hin und wieder mal im Gegenzug auch uns unser Business betreiben lässt. Waffen beschützen unsere Freiheit, wir müssen nur dafür sorgen, dass sie immer in den richtigen Händen sind.«

Joseph Brodsky, der sich gerade aus einer kleinen Tasche einen diplomatischen Pass des Staates Israel in seine eigene Jackentasche steckt, antwortet gelassen: »Ich gebe Ihnen als Benjamin Benichou mein Wort, der Staat Israel wird Ihnen Ihre Dienste nicht vergessen. Sie wissen, wir haben Ihnen Ihre umfangreiche Panzerlieferung in arabische Länder längst nachgesehen.«

Der israelische Diplomat Benjamin Benichou steht auf, geht an die Minibar des Jets und holt eine Flasche Champagner heraus. »Sie sollten an Ihren Gepflogenheiten festhalten. Björn Otto hat uns sicherlich fast so einen guten Champagner kalt gestellt, wie Sie im Baur au Lac mit Schwanke getrunken haben.«

»Ich bin mir sicher, heute schmeckt er noch besser«, lacht Stocks, »wir haben den Menschen einen guten Dienst erbracht – darauf trinken wir.«

Benjamin Benichou hebt sein Glas und gibt eine Belehrung aus dem Talmud preis: »Wenn jemand daherkommt, dich zu töten, stehe auf und töte ihn zuerst!«

30

Leon steht im neuen Zeppelin NT am offenen Fenster und schaut auf das nördliche Ufer des Bodensees. Die silberne Zigarre gleitet tänzerisch durch die Luftschichten. Lena schmiegt sich an seine Seite, hält ihn fest und strahlt ihn aus ihren braunen Augen an. Sie hat ihm sein plötzliches Verschwinden schnell verziehen, nachdem er ihr die zwei Karten für einen Zeppelinrundflug über den Bodensee unter die Nase gehalten hatte.

Leon blickt nach unten, er sieht die Oberschwäbische Barockstraße, die Werksgebäude der EADS und anderer Waffenproduzenten.

Lena sieht den blauen See, das romantische Ufer, die idyllischen Rebhänge von Hagnau, das dominante Schloss in Meersburg, das Barock-Juwel Birnau und ihre geliebte Altstadt Überlingen.

Leon denkt an den jungen Markus Kluge und seiner gewaltsamen Tod, sein buntes Hemd und sein Blut.

Lena genießt die tänzerische Leichtigkeit des Zeppelins und die Seelandschaft unter ihnen. Sie küsst ihren Leon und seufzt romantisch: »Wie friedlich.«

Anhang

Das ist ein Roman! Trotzdem sind nicht alle Fakten und Ereignisse frei erfunden. Aber alle Ähnlichkeiten mit lebenden oder realen Personen wären rein zufällig. Vor allem persönliche Darstellungen entspringen ausschließlich der Fantasie des Autors.

Dies gilt auch für Herbert Stengele, er ist eine reine Fantasiefigur. Sein gesamtes Privatleben, seine Gedanken, seine Meinungen und Aussagen sind frei erfunden und entbehren jeder realen Grundlage.

Doch die Idee zu dem ahnungslosen Erfinder im Visier der Militärmächte lieferte mir Hermann Hügenell. Während meinen Recherchen in der Welt der Geheimdienste und Wirtschaftsspione bin ich vor Jahren auf den ZAS-Patente-Inhaber Hermann Hügenell bei Ludwigshafen gestoßen. Vieles, was Herbert Stengele in diesem Roman erlebt, widerfuhr Hermann Hügenell, nach der Erfindung seines Superteleskops ZAS tatsächlich. Seine Patente wurden zum ›Staatsgeheimnis im Sinne des Paragrafen 93 des Strafgesetzbuches‹ – bei Verrat, bzw. Anwendung seiner Erfindung, droht ihm eine lebenslängliche Gefängnisstrafe. Vieles spricht dafür: Die Geheimhaltung der Patente erfolgte auf Weisung der US-Regierung, nachdem der US-Geheimdienst ihn ausspioniert und seine Patente entwendet hatte.

Auch die Figur Björn Otto ist ausschließlich in meiner Fantasie entstanden, jegliche Ähnlichkeiten mit einer lebenden Person wären rein zufällig. Allerdings bin ich während meinen Recherchen für die ARD-Dokumentation »Wo sind meine Daten?« tatsächlich in Ho-Chi-Minh-Stadt auf einen großen, deutschen EDV-Dienstleister gestoßen. Viele Daten europäischer Bürger werden dort bearbeitet, ohne dass die Betroffenen es selbst wissen. Dabei habe ich auch von gesammelten Daten deutscher Krankenversicherter erfahren, die – nach deutschem Recht – gesetzeswidrig in Vietnam bearbeitet wurden. Es braucht nicht viel Vorstellungskraft, um den weiteren Missbrauch von persönlichen Daten europäischer Bürger in Vietnam weiter zu spinnen ...

Die Person Holger Stocks ist ebenfalls frei erfunden, alle persönlichen Merkmale entspringen meiner Fantasie. Aber wer sich die Karrieren von Karlheinz Schreiber oder Holger Pfahls anschaut, erkennt im Handeln der beiden Waffen-Lobbyisten Ähnlichkeiten mit der Romanfigur Stocks, die beabsichtigt sind.

Auch Joseph Brodsky ist als Person frei erfunden, aber als Mossad-Agent mit deutschem Pass und tödlichem Auftrag gibt es ihn in der jüngsten Geheimdienst-Geschichte (siehe Spiegel 28/2010).

Dass auch dieser 3. Fall mit Leon Dold am Bodensee spielt, ist kein Zufall. Rüstungsfirmen am See, wie EADS, Diehl Defence, ZF usw., haben mich dazu animiert. Ihre Manager und Mitarbeiter argumentieren wie Gunther Schwanke in diesem Roman, doch als Person existiert auch er nicht real.

Das Werden und Wachsen der Rüstungsindustrie am Bodensee ist in vielen Dokumentationen und Büchern nachgezeichnet. ›Zeppelin und die Rüstungsindustrie‹ von Oswald

Burger, ›Nachkriegszeit in Südwürttemberg‹ von Michaela Häffner, und Joachim Wachtels ›Claude Dornier – Ein Leben für die Luftfahrt‹ sowie mehrere andere Geschichtsquellen bieten die Grundlage für den historischen Teil der Rüstungsunternehmen.

Eine exakte Übersicht über die heute aktuellen Rüstungsbetriebe bietet der kirchliche ›Rüstungsatlas Bodensee‹.

Dieser führt unwillkürlich zum Vorwort, an den Anfang des Romans, zurück:

Alle unsere Bemühungen, etwas Vernunft in die Geschichte des Menschen zu bringen, um sie vor Gräueln des Krieges zu warnen, haben nichts genützt. Ihr habt nichts dazugelernt. Denkt keiner an das Ende des vorigen Krieges?

Tami Oelfken (dt. Schriftstellerin +1957)

Überlingen, im Frühling 2011
Erich Schütz

ERICH SCHÜTZ
Doktormacher-Mafia
....

416 Seiten, Paperback.
ISBN 978-3-8392-1220-2.

»HERR DR.« GEGEN CASH
Leon, Journalist aus Stuttgart, träumt nicht von einem akademischen Grad, sondern von der ganz großen Story. Bei Recherchen über falsche Doktoren und Professoren gerät er in das Netz einer international operierenden Titelhändler-Organisation. Leon dringt tief in die mafiösen Strukturen ein, bekommt ein nicht ganz seriöses Angebot und trifft auf die mysteriöse »Spinne«. Die Spur führt ihn an den Bodensee ...

ERICH SCHÜTZ
Judengold
....

424 Seiten, Paperback.
ISBN 978-3-8392-1015-4.

JÜDISCHES GOLD Leon Dold ist Journalist. Als er am Bodensee für einen Dokumentarfilm recherchiert, stößt er auf einen Fall von Goldschmuggel und eine Geschichte, die schon im Dritten Reich begann: Jüdisches Kapital wurde damals in die Schweiz verschoben; ein Zugschaffner namens Joseph Stehle spielte offensichtlich eine tragende Rolle, auch ein Schweizer Bankhaus war involviert. Jetzt soll es gewaschen nach Deutschland zurückgebracht werden.

Auf der Suche nach den Hintergründen stößt Leon auf unglaubliche Machenschaften und verstrickt sich immer tiefer in den brisanten Fall: Eine Organisation, die Verbindungen in höchste Geheimdienstkreise zu haben scheint, von deren Existenz jedoch niemand etwas wissen will, streckt ihre tödlichen Fänge nach ihm aus ...

Wir machen's spannend

HARALD PFLUG
Tschoklet

....

370 Seiten, Paperback.
ISBN 978-3-8392-1198-4.

BESATZUNGSGEBIET Karlsruhe
1945. Captain John Edwards, Leiter einer Scoutpatrouille der 7. US-
Armee, macht sich kurz nach der
Kapitulation Deutschlands mit seiner Truppe auf den Weg nach Karlsruhe. Unterwegs werden zwei seiner
Soldaten erschossen. Anschließend
versucht ein Unbekannter, das Fahr-
zeug des Offiziers mit einer Pan-
zermine auszuschalten. Der Versuch misslingt. Edwards und seine
Leute wissen nicht, warum man
ihnen nach dem Leben trachtet. Bis
sie in der ehemaligen Panzerkaserne
in Schwetzingen erste Hinweise auf
den Täter bekommen …

UTA-MARIA HEIM
Feierabend

....

327 Seiten, Paperback.
ISBN 978-3-8392-1178-6.

WIR HABEN ES ZU LANGE
TOTGESCHWIEGEN Zusam-
men mit ihrer Tochter Susanne lebt
Helene in einer Kleinstadt am Rand
des Schwarzwalds. Die Wochenen-
den verbringt sie mit Marius, der am
anderen Ende wohnt. Alles scheint
geregelt und eingespielt. Bis bei ihr
eingebrochen wird. Der Dieb stiehlt
nur ein Parfüm. Aber auch Jakob
Silberzahn, der jüdische Psychoana-
lytiker, der deportiert wurde und als
Geist im Arbeitszimmer haust, ist
verschwunden. Dafür taucht wenig
später eine dubiose Putzfrau auf,
Marius entzieht sich und Susanne
führt ein Doppelleben.
Unaufhaltsam schlittert Helene in
eine Lebenskrise. Sie beginnt sich
mit der verdrängten Vergangenheit
zu beschäftigen. Zu der auch Brun-
hilde gehört – die behinderte Zwil-
lingsschwester ihrer Mutter, die vor
70 Jahren in der NS-Tötungsanstalt
Grafeneck umgekommen sein soll.

Wir machen's spannend

WILDIS STRENG
Ohrenzeugen
. . . .

366 Seiten, Paperback.
ISBN 978-3-8392-1191-5.

ALLES HASENREIN? Der
Hohenloher Bauer und passionierte
Kleintierzüchter Rudolf Weidner
wird nachts vor seinem Hasenstall
mit einer Axt erschlagen. Die einzigen Zeugen sind 25 Deutsche Riesenschecken. Neben der Leiche wird
eine Taschenuhr entdeckt, in die ein
Datum eingraviert ist. Heiko Wüst
und Lisa Luft, die ermittelnden
Kommissare, hören sich zunächst
unter den Hohenloher Kleintierzüchtern um, doch auch die Witwe
ist verdächtig. Der Tod ihres Mannes berührt sie kaum, da er nicht nur
dem Alkohol zugeneigt war, sondern auch wegen seiner Hasen kaum
noch Zeit für die Familie hatte ...

SABINE THOMAS (HRSG.)
Tod am Tegernsee
. . . .

174 Seiten, Paperback.
ISBN 978-3-8392-1195-3.

TEGERNSEE-MORDE Der malerische Tegernsee in der oberbayerischen Alpenregion ist nicht nur
Heimat von Prominenten, Millionären und Milliardären, sondern
auch Schauplatz von mörderischen
Geschichten. Elf namhafte Autoren haben sich zusammengefunden
und präsentieren spannende Kurzkrimis von Gmund über Tegernsee,
von Rottach Egern über Kreuth bis
Bad Wiessee. Eine Tretbootfahrt
endet tödlich, eine Zockerin setzt
im Spielcasino alles auf eine Karte,
ein Bauer sucht eine Frau und findet den Tod ...

GMEINER

Wir machen's spannend

WILLIBALD SPATZ
Alpenkasper

....

229 Seiten, Paperback.
ISBN 978-3-8392-1175-5.

HOCHZEIT MIT HINDERNIS-
SEN Panik in Augsburg. Birne ist
verschwunden! Und das kurz vor
seiner Hochzeit mit Katharina. Zum
Glück gibt es da Jakob, Birnes Bruder. Der macht sich auch gleich auf
die Suche. Doch seine einzige heiße
Spur ist schnell kalt: Ein Rentner,
zu dem Birne zuletzt Kontakt hatte,
wird vor seinen Augen ermordet.
Was hat der dubiose Heilpraktiker
Lugner, den Jakob auf einer Pre-
mierenparty im Stadttheater ken-
nenlernt, mit der Sache zu tun?
Warum verhält sich Katharina so
seltsam? Und wieso werden Birnes Kollegen auf einem Schützen-
fest fast gelyncht? Fragen über Fragen, auf die nur einer die Antworten
weiß: Birne – Augsburgs letzter Kri-
miheld!

FRIEDERIKE SCHMÖE
Wasdunkelbleibt

....

273 Seiten, Paperback.
ISBN 978-3-8392-1199-1.

ANGRIFF AUS DEM CYBER-
SPACE Halloween. Ghostwriterin
Kea Laverde staunt nicht schlecht,
als vor ihrem Haus weit vor den
Toren Münchens ein junger Mann
seinen Roller parkt. Noch verwir-
render ist die Geschichte, die Bastian Hut ihr auftischt: Er sei vor drei
Jahren im Alter von 15 von Krimi-
nellen als Hacker angeworben worden. Seine Erlebnisse habe er in
einem Text zusammengefasst, aber
er brauche die Hilfe der Ghostwriterin, um daraus ein Buch zu machen.
Kea sichtet die Aufzeichnungen. Sie
hält den Jungen für einen Wichtig-
tuer, nimmt den Auftrag aber an, um
ihre Kasse aufzubessern. Wenig später ist Bastian tot – und ein Hacker
namens x03 in das Intranet des LKA
in München eingedrungen …

Wir machen's spannend

Unsere Lesermagazine

2 x jährlich das Neueste aus der Gmeiner-Bibliothek

DIN A6, 20 S., farbig *10 x 18 cm, 16 S., farbig* *24 x 35 cm, 20 S., farbig*

GmeinerNewsletter

Neues aus der Welt der Gmeiner-Romane

Haben Sie schon unsere GmeinerNewsletter abonniert?
Monatlich erhalten Sie per E-Mail aktuelle Informationen aus der
Welt der Krimis, der historischen Romane und der Frauenromane:
Buchtipps, Berichte über Autoren und ihre Arbeit, Veranstaltungs-
hinweise, neue Literaturseiten im Internet und interessante Neuig-
keiten.

Die Anmeldung zu den GmeinerNewslettern ist ganz einfach.
Direkt auf der Homepage des Gmeiner-Verlags (www.gmeiner-ver-
lag.de) finden Sie das entsprechende Anmeldeformular.

Ihre Meinung ist gefragt!

Mitmachen und gewinnen

Wir möchten Ihnen mit unseren Romanen immer beste Unterhaltung
bieten. Sie können uns dabei unterstützen, indem Sie uns Ihre Meinung zu den Gmeiner-Romanen sagen! Senden Sie eine E-Mail an
gewinnspiel@gmeiner-verlag.de und teilen Sie uns mit, welches Buch
Sie gelesen haben und wie es Ihnen gefallen hat. Alle Einsendungen
nehmen automatisch am großen Jahresgewinnspiel mit attraktiven
Buchpreisen teil.

Wir machen's spannend

Alle Gmeiner-Autoren und ihre Romane auf einen Blick

ANTHOLOGIEN: Tod am Tegernsee • Drei Tagesritte vom Bodensee • Nicht ist so fein gesponnen • Zürich: Ausfahrt Mord • Mörderischer Erfindergeist • Secret Service 2011 • Tod am Starnberger See • Mords-Sachsen 4 • Sterbenslust • Tödliche Wasser • Gefährliche Nachbarn • Mords-Sachsen 3 • Tatort Ammersee • Campusmord • Mords-Sachsen 2 • Tod am Bodensee • Mords-Sachsen 1 • Grenzfälle • Spekulatius **ABE, REBECCA** Im Labyrinth der Fugger **ARTMEIER, HILDEGUNDE:** Feuerross • Drachenfrau **BAUER, HERMANN:** Philosophenpunsch • Verschwörungsmelange Karambolage • Fernwehträume **BAUM, BEATE:** Weltverloren • Ruchlos Häuserkampf **BAUMANN, MANFRED:** Wasserspiele • Jedermanntod **BECK SINJE:** Totenklang • Duftspur • Einzelkämpfer **BECKER, OLIVER:** Das Geheimnis der Krähentochter **BECKMANN, HERBERT:** Die Nacht von Berlin Mark Twain unter den Linden • Die indiskreten Briefe des Giacomo Casanova **BEINSSEN, JAN:** Todesfrauen • Goldfrauen • Feuerfrauen **BLANKENBURG, ELKE MASCHA** Tastenfieber und Liebeslust **BLATTER, ULRIKE:** Vogelfrau **BODE-HOFFMANN, GRIT / HOFFMANN, MATTHIAS:** Infantizid **BODENMANN MONA:** Mondmilchgubel **BÖCKER, BÄRBEL:** Mit 50 hat man noch Träume Henkersmahl **BOENKE, MICHAEL:** Riedripp • Gott'sacker **BOMM, MANFRED** Blutsauger • Kurzschluss • Glasklar • Notbremse • Schattennetz • Beweislast • Schusslinie • Mordloch • Trugschluss • Irrflug • Himmelsfelsen **BONN, SUSANNE:** Die Schule der Spielleute • Der Jahrmarkt zu Jakobi **BOSETZKY, HORST [-KY]:** Promijagd • Unterm Kirschbaum **BRÖMME, BETTINA** Weißwurst für Elfen **BUEHRIG, DIETER:** Der Klang der Erde • Schattengold **BÜRKL, ANNI:** Ausgetanzt • Schwarztee **BUTTLER, MONIKA:** Dunkelzeit Abendfrieden • Herzraub **CLAUSEN, ANKE:** Dinnerparty • Ostseegrab **CRÖNERT, CLAUDIUS:** Das Kreuz der Hugenotten **DANZ, ELLA:** Ballaststoff Schatz, schmeckt's dir nicht? • Rosenwahn • Kochwut • Nebelschleier Steilufer • Osterfeuer **DETERING, MONIKA:** Puppenmann • Herzfrauen **DIECHLER, GABRIELE:** Glutnester • Glaub mir, es muss Liebe sein • Engpass **DÜNSCHEDE, SANDRA:** Todeswatt • Friesenrache • Solomord • Nordmord Deichgrab **EMME, PIERRE:** Zwanzig/11 • Diamantenschmaus • Pizza Letale • Pasta Mortale • Schneenockerleklat • Florentinerpakt • Ballsaison Tortenkomplott • Killerspiele • Würstelmassaker • Heurigenpassion Schnitzelfarce • Pastetenlust **ENDERLE, MANFRED:** Nachtwanderer **ERFMEYER, KLAUS:** Irrliebe • Endstadium • Tribunal • Geldmarie • Todeserklärung • Karrieresprung **ERWIN, BIRGIT / BUCHHORN, ULRICH:** Die Reliqui von Buchhorn • Die Gauklerin von Buchhorn • Die Herren von Buchhorn **FINK, SABINE:** Kainszeichen **FOHL, DAGMAR:** Der Duft von Bittermandel Die Insel der Witwen • Das Mädchen und sein Henker **FRANZINGER, BERND** Familiengrab • Zehnkampf • Leidenstour • Kindspech • Jammerhalde Bombenstimmung • Wolfsfalle • Dinotod • Ohnmacht • Goldrausch • Pilzsaison **GARDEIN, UWE:** Das Mysterium des Himmels • Die Stunde des König

Wir machen's spannend

Alle Gmeiner-Autoren und ihre Romane auf einen Blick

ARDENER, EVA B.: Lebenshunger **GEISLER, KURT:** Friesenschnee • Bäuersterben **GERWIEN, MICHAEL:** Alpengrollen **GIBERT, MATTHIAS P.:** Zeitbombe • Rechtsdruck • Schmuddelkinder • Bullenhitze • Eiszeit • Zirkusluft • Kammerflimmern • Nervenflattern **GORA, AXEL:** Das Duell der Astronomen **GRAF, EDI:** Bombenspiel • Leopardenjagd • Elefantengold • Löwenriss • Nashornfieber **GUDE, CHRISTIAN:** Kontrollverlust • Homunculus • Binärcode • Mosquito **HAENNI, STEFAN:** Scherbenhaufen • Brahmsrösi • Narrentod **HAUG, GUNTER:** Gössenjagd • Hüttenzauber • Tauberschwarz • Höllenfahrt • Sturmwarnung • Riffhaie • Tiefenrausch **HEIM, EVA-MARIA:** Feierabend • Totenkuss • Wespennest • Das Rattenprinzip • Totschweigen • Dreckskind **HENSCHEL, REGINE C.:** Fünf sind keiner zu viel **HERELD, PETER:** Das Geheimnis des Goldmachers **HOHLFELD, KERSTIN:** Glückskekssommer **HUNOLD-REIME, SIGRID:** Janssenhaus • Schattenmodellen • Frühstückspension **IMBSWEILER, MARCUS:** Die Erstürmung des Himmels • Butenschön • Altstadtfest • Schlussakt • Bergfriedhof **JOSWIG, VOLKMAR / MELLE, HENNING VON:** Stahlhart **KARNANI, FRITJOF:** Notlandung • Turnaround • Takeover **KAST-RIEDLINGER, ANNETTE:** Liebling, ich kann auch anders **KEISER, GABRIELE:** Engelskraut • Gartenschläfer • Apollofalter **KEISER, GABRIELE / POLIFKA, WOLFGANG:** Puppenjäger **KELLER, STEFAN:** Totenkarneval • Kölner Kreuzigung **KINSKOFER, LOTTE / BAHR, ANKE:** Hermann für Frau Mann **KLAUSNER, UWE:** Kennedy-Syndrom • Bernstein-Connection • Die Bräute des Satans • Odessa-Komplott • Pilger des Zorns • Walhalla-Code • Die Kiliansverschwörung • Die Pforten der Hölle **KLEWE, SABINE:** Die schwarzseidene Dame • Blutsonne • Wintermärchen • Kinderspiel • Schattenriss **KLÖSEL, MATTHIAS:** Tourneekoller **KLUGMANN, NORBERT:** Die Adler von Lübeck • Die Nacht des Narren • Die Tochter des Salzhändlers • Kabinettstück • Schlüsselgewalt • Rebenblut **KÖHLER, MANFRED:** Tiefpunkt • Schreckensgletscher **KÖSTERING, BERND:** Goetheglut • Goetheruh **KOHL, ERWIN:** Flatline • Grabtanz • Zugzwang **OPPITZ, RAINER C.:** Machtrausch **KRAMER, VERONIKA:** Todesgeheimnis • Rachesommer **KRONENBERG, SUSANNE:** Kunstgriff • Rheingrund • Weinrache • Kultopfer • Flammenpferd **KRUG, MICHAEL:** Bahnhofsmission **KRUSE, MARGIT:** Eisaugen **KURELLA, FRANK:** Der Kodex des Bösen • Das Pergament des Todes **LASCAUX, PAUL:** Mordswein • Gnadenbrot • Feuerwasser • Wursthimmel • Salztränen **LEBEK, HANS:** Karteileichen • Todesschläger **LEHMKUHL, KURT:** Dreiländermord • Nürburghölle • Raffgier **LEIMBACH, ALIDA:** Wintergruft **LEIX, BERND:** Fächergrün • Fächertraum • Waldstadt • Hackschnitzel • Zuckerblut • Bucheckern **LETSCHE, JULIAN:** Auf der Walz **LICHT, EMILIA:** Hotel Blaues Wunder **LIEBSCH, SONJA / NESTROVIC, NIVES:** Muttertier @n Rabenmutter **LIFKA, RICHARD:** Sonnenkönig **LOIBELSBERGER, GERHARD:** Mord und Brand • Reigen des Todes • Die Naschmarkt-Morde **MADER, RAIMUND A.:** Schindlerjüdin • Glasberg

Wir machen's spannend

Alle Gmeiner-Autoren und ihre Romane auf einen Blick

MAINKA, MARTINA: Satanszeichen **MISKO, MONA:** Winzertochter • Kindsblut **MORF, ISABEL:** Satzfetzen • Schrottreif **MOTHWURF, ONO:** Werbevoodoo • Taubendreck **MUCHA, MARTIN:** Seelenschacher • Papierkrieg **NAUMANN, STEPHAN:** Das Werk der Bücher **NEEB, URSULA:** Madame empfängt **ÖHRL, ARMIN/TSCHIRKY, VANESSA:** Sinfonie des Todes **OSWALD, SUSANNE:** Lieb wie gemalt **OTT, PAUL:** Bodensee-Blues **PARADEISER, PETER:** Himmelreich und Höllental **PARK, KAROLIN:** Stilettoholic **PELTE, REINHARD:** Inselbeichte • Kielwasser • Inselkoller **PFLUG, HARALD:** Tschoklet **PITTLER, ANDREAS:** Mischpoche **PORATH, SILKE / BRAUN, ANDREAS:** Klostergeist **PORATH, SILKE:** Nicht ohne meinen Mops **PUHLFÜRST, CLAUDIA:** Dunkelhaft • Eiseskälte • Leichenstarre **PUNDT, HARDY:** Friesenwut • Deichbruch **PUSCHMANN, DOROTHEA:** Zwickmühle **ROSSBACHER, CLAUDIA:** Steirerblut **RUSCH, HANS JÜRGEN:** Neptunopfer • Gegenwende **SCHAEWEN, OLIVER VON:** Räuberblut • Schillerhöhe **SCHMID, CLAUDIA:** Die brennenden Lettern **SCHMITZ, INGRID:** Mordsdeal • Sündenfälle **SCHMÖE, FRIEDERIKE:** Lasst uns froh und grausig sein • Wasdunkelbleibt • Wernievergibt • Wieweitdugehst • Bisduvergisst • Fliehganzleis • Schweigfeinstill • Spinnefeind • Pfeilgift • Januskopf • Schockstarre • Käfersterben • Fratzenmond • Kirchweihmord • Maskenspiel **SCHNEIDER, BERNWARD:** Flammenteufel • Spittelmark **SCHNEIDER, HARALD:** Räuberbier • Wassergeld • Erfindergeist • Schwarzkittel • Ernteopfer **SCHNYDER, MARIJKE:** Matrjoschka-Jagd **SCHÖTTLE, RUPERT:** Damenschneider **SCHRÖDER, ANGELIKA:** Mordsgier • Mordswut • Mordsliebe **SCHÜTZ, ERICH:** Doktormacher-Mafia • Bombenbrut • Judengold **SCHUKER, KLAUS:** Brudernacht **SCHULZE, GINA:** Sintflut **SCHWAB, ELKE:** Angstfalle • Großeinsatz **SCHWARZ, MAREN:** Zwiespalt • Maienfrost • Dämonenspiel • Grabeskälte **SENF, JOCHEN:** Kindswut • Knochenspiel • Nichtwisser **SPATZ, WILLIBALD:** Alpenkasper • Alpenlust • Alpendöner **STAMMKÖTTER, ANDREAS:** Messewalzer **STEINHAUER, FRANZISKA:** Sturm über Branitz • Spielwiese • Gurkensaat • Wortlos • Menschenfänger • Narrenspiel • Seelenqual • Racheakt **STRENG, WILDIS:** Ohrenzeugen **SYLVESTER, CHRISTINE:** Sachsen-Sushi **SZRAMA, BETTINA:** Die Hure und der Meisterdieb • Die Konkubine des Mörders • Die Giftmischerin **THIEL, SEBASTIAN:** Die Hexe vom Niederrhein **THADEWALDT, ASTRID / BAUER, CARSTEN:** Blutblume • Kreuzkönig **THÖMMES, GÜNTHER:** Malz und Totschlag • Der Fluch des Bierzauberers • Das Erbe des Bierzauberers • Der Bierzauberer **TRAMITZ, CHRISTIANE:** Himmelsspitz **ULLRICH, SONJA:** Fummelbunker • Teppichporsche **VALDORF, LEO:** Großstadtsumpf **VERTACNIK, HANS-PETER:** Ultimo • Abfangjäger **WARK, PETER:** Epizentrum • Ballonglühen • Albtraum **WERNLI, TAMARA:** Blind Date mit Folgen **WICKENHÄUSER, RUBEN PHILLIP:** Die Magie des Falken • Die Seele des Wolfes **WILKENLOH, WIMMER:** Eidernebel • Poppenspäl • Feuermal • Hätschelkind **WÖLM, DIETER:** Mainfall **WYSS, VERENA:** Blutrunen • Todesformel **ZANDER, WOLFGANG:** Hundeleben

Wir machen's spannend